YULGOK AND LAOZI

A Philosophical Exploration on *SUNEON*

율곡과 노자

『순언』에 관한 철학적 모색

이종성

충남대학교출판문화원

율곡과 노자
「순언」에 관한 철학적 모색

발행일 1판 1쇄 2016년 10월 31일, 1판 2쇄 2017년 8월 1일 발행인 오덕성
지은이 이종성 펴낸곳 충남대학교출판문화원 주소 대전광역시 유성구 대학로 99
전화 042-821-6045 홈페이지 http://www.cnupress.co.kr E-mail cnupress@cnu.ac.kr

ISBN 978-89-7599-603-0 93140
정가 18,000원

율곡과 노자

『순언』에 관한 철학적 모색

책머리에

현대는 다양성의 시대이다. 그래서 그 어느 때보다 서로 간의 차이가 인정되고, 서로 간의 다름이 상호 존중되는 시대가 되었다. 다양한 학문과 다양한 문화와 다양한 종교들이 현대에 와서 자기의 정체성을 다양하게 보장받는 것이 현대라고 할 수 있다. 그래서 현대에 와서는 전통적인 획일성을 찾아보기가 어렵게 된 것이 사실이다. 그럼에도 여전히 특정한 학문과 특정한 문화와 특정한 종교는 자기의 정체성을 자신과는 전혀 다른 타자들과의 차별성에서 찾고 있는 경우가 많다. 이로 인해 자신과 다른 학문은 절대로 인정하지 않고, 자신과 다른 문화는 절대로 용인하지 않는가 하면, 자신과 다른 종교에 대해서는 철저하게 외면하고 배척하기까지 한다.

물론 학문과 문화와 종교 등의 자체적 객관성과 보편성을 인정하기 어려운 것들이 없다고 볼 수는 없다. 그러한 것들을 가리켜 그동안 인류는 '사이비'라고 규정하기도 하고, '이단'이라고 규정하기도 하였다. 그 극단적인 '사이비'와 '이단'의 기준을 제시하는 것도 중요한 일임에 분명하다. 그러나 자기와 다른 모든 것들에 대한 상호 비방과 공격은 온전한 것이라 말할 수 없다. 경우에 따라서는 무엇이 진정한 '사이비'이고 진정한 '이단'일까를 묻게 된다. 일찍이 율곡(栗谷) 이이(李珥, 1536~1584)는 그것이 내 밖에 존재하는 경우보다 내 안에 존재하는 경우가 더 문제라고 지적한 바 있다. 내 안에 존재하고 있는 '사이비'와 '이단'의 굴레를 벗어던질 수만 있다면, 우리는 새로운 타자들과 새로운 방식으로 더 가깝게 아주 가깝게 조우할 수 있지 않을까?

통일신라시대를 살다간 고운(孤雲) 최치원(崔致遠)은 한국의 전통사상이 유불도 삼가사상을 모두 포함하는 풍류의 정신에 그 핵심이 있다고 갈파

한 바 있다. 오랜 시간 동안 한국인은 이와 같은 풍류의 정신을 갖고 살아온 것이 사실이다. 풍류의 정신은 세계를 바라보는 한국인의 시각에 조화의 세계관을 심어주었고, 또한 한국인의 삶의 질서에 연동된 소통의 행동지침을 제공해주었다. 조화와 소통의 정신이야말로 한국적인 삶의 방향성을 가장 잘 말해주는 정신이라고 할 수 있다. 이러한 점에서, 풍류정신의 현대적 가치적용은 결코 무의미하지 않다고 본다.

그런데 오랜 기간 전통적인 조화와 소통의 풍류정신이 사라졌던 것 같다. 특히 학문적으로 볼 때, 조선시대에 들어오면서 국학으로 정립된 성리학의 영향 때문에 불교와 도가에 대한 관심과 연구는 상대적으로 홀대받을 수밖에 없었다. 이것은 불교와 도가사상 연구의 좌절이기도 하였지만, 전통적으로는 고유하게 내려오던 풍류정신의 조화성을 배반한 행태이기도 하였다. 이 와중에 특히 도가에 대한 관심과 연구는 불교보다도 더 척박한 지경에 내몰려 있었다. 도가사상은 유교 성리학에 대한 '사이비'이자 '이단'이라고 평가받았다. 그것을 연구하는 연구자조차 '사이비'이고 '이단'이라고 내몰렸던 때가 조선이라는 시대였다.

그런데 이러한 시대상황 속에서도 율곡 이이가 『노자』를 읽고 이것을 자신의 방식으로 재편집하여 전체 40장으로 구성된 『순언(醇言)』이라는 저서를 남겨놓았다는 점은 매우 의미 있는 일이었다. 다행스럽게 이 책이 지금까지 사라지지 않고 이 시대에 전해지고 있어서, 조선시대 유교 지식인들이 가졌던 노자관의 일단을 확인할 수 있는 기회를 제공하고 있다.

이 책 『순언』이 발굴되어 연구되는 데는 충남대학교 철학과 출신들의 공헌이 지대하였다. 먼저 1974년 당시 서울대학교 규장각에 근무하고 있던 류칠노 전 한남대 교수가 『순언』을 처음 발굴하여 세상에 알렸는데,

그는 다음해 이 책을 김길환 전 충남대 교수에게 전해 1976년 『순언』에 관한 최초의 연구논문인 「율곡의 노자관」을 저술하는 계기를 마련해 주었다. 이 연구논문이 발표된 이후 지금까지 여러 편의 연구논문과 석사 학위논문 몇 편이 발표되었고, 또한 번역서도 몇 종이 출간되었다.

『순언』이 발굴되기 이전까지만 해도 주류 성리학자라고 하는 율곡이 과연 노자를 연구하였던 사실이 있었을까, 하는 문제에 대해서는 의문이 있었다. 일찍이 율곡은 어머니 신사임당을 여읜 이후 금강산에 들어가 불교를 접하였던 일이 화근이 되어 정적들로부터 끊임없는 정치적 공격을 감내해야 하는 일이 있었다. 그런데 그런 그가 불교 이외에 또다시 도가서인 『노자』를 연구했었고, 더군다나 그 주해서인 『순언』이라고 하는 저술을 편찬한 사실이 있었다고 한다면, 이것은 보통 심각한 문제가 아닐 수 없었을 것이다.

그래서인지는 모르지만, 율곡은 이 책을 출간한 이후 도의지교를 맺고 있던 절친한 벗 구봉(龜峰) 송익필(宋翼弼, 1534~1599)에게 전해주고 의견을 물었고, 자신의 사위였던 신독재(愼獨齋) 김집(金集, 1574~1656)에게 전해주는 등 몇몇 소수의 믿을 만한 사람들에게만 전해주었다. 담와(淡窩) 홍계희(洪啓禧, 1703~1771)가 『순언』을 신독재 김집의 집에서 얻었다는 기록을 볼 때, 율곡이 신독재에게 『순언』을 전해준 것은 분명한 사실인 것 같다.

『순언』은 오랜 기간 많은 사람들에게 공유되지 못하고 소수의 사람들에게만 알음알음 전해져 오다가, 1974년 규장각에서 발굴되어 세상에 자신의 얼굴을 드러내게 된 것이다. 지금은 율곡이 『노자』를 연구했었다는 사실에 대하여 그 어느 누구도 이의를 제기하지 않을 뿐만 아니라, 전연 의아하게 생각하지도 않는 분위기가 형성되어 있다. 내가 규장각본 『순언』

의 사본을 개인적으로 소장하게 된 것은 대학원 석사학위과정에 입학했을 때였다. 선배들로부터 전해지고 있던 『순언』을 한부 얻어 무슨 신주단지마냥 모시고는 마냥 신기하게만 바라보던 당시의 기억이 아직도 새롭다.

내가 『순언』을 연구대상으로 삼아 논문으로 작성하기 시작한 것은 충남대 철학과에 전임교수가 되기 바로 전년도인 1998년이었다. 지나간 햇수를 셈해보니 벌써 18년 전의 일이다. 그때 나는 『순언』 연구에 관한 전문연구서 출간을 목표로 꾸준히 연구논문을 작성해나갈 계획을 세우고 있었다. 그러나 그 이후 몇 편의 원고를 근근이 작성하긴 하였지만, 이러저러한 일들로 인해 애초에 계획한 뜻을 이루지 못하였다. 그러다가 근자에 들어오면서 다시금 마음을 다잡고 그동안의 지지부진한 연구 성과만이라도 모아서 책으로 엮어보고자 마음먹게 되었다. 이러한 결심을 갖게 된 이후 시간에 쫓기면서 몇 편의 원고를 추가로 더 발표하게 되었고, 이렇게 그 글들을 이전의 글들과 더불어 한자리에 모을 수 있게 되었다.

그동안 발표한 글들을 한자리에 모아 엮다보니, 이전의 내 관점이 조금씩 변화하고 있다는 것을 느낄 수 있었다. 그리고 몇 군데 오류를 범한 내용들도 뒤늦게나마 확인할 수 있었다. 진중하지 못했던 내 글들에 대한 부끄러움이 자괴감을 가져왔다고 고백하지 않을 수 없다. 그러나 연구자의 삶이 지나간 자신의 흔적의 결과물로 인한 부끄러움 때문에 자괴감 따위에 내동댕이쳐지는 데 머물고 만다면, 그 연구자의 생명력은 이미 죽은 것이라고 생각하게 되었다. 도리어 나 자신의 자괴감을 깨뜨릴 수 있는 내면적 반성이 보다 더 중요할 것이라는 생각이 들었다. 이것이 내가 이 책을 기획하게 된 결정적인 이유이다.

내가 『순언』에 관한 연구 성과를 단행본으로 엮어내지 못하고 차일피일 게으름을 피우고 있던 기간 동안, 저간의 상황을 살펴보니 다른 연구자들에 의해 번역서도 이미 몇 종이 출간되었고, 연구논문도 여러 편 발표되어 있었다는 것을 알게 되었다. 그 모든 연구실적들이 『순언』의 가치를 보다 풍성하게 해준다는 점에서는 마냥 반갑고 기쁜 일이었다. 그러나 그것이 나 자신에게는 스스로 다짐해두었던 오래된 과제를 마치지 못하고 있다는 것에 대한 부담감을 일깨우며 하나의 부메랑이 되어 되돌아왔다. 그래서 마치 무언가에 쫓기듯이 이 책의 발간을 서두르게 되었던 것이다. 이 책의 발간으로 인해 이제 나는 내가 가지고 살아오던 부채와도 같던 마음의 짐 하나를 내려놓게 되었다.

이 책은 전체 11장으로 구성되었다. 제1장은 『순언』의 저술 동기와 구성 체계를 살펴보았고, 제2장은 『순언』에 나타난 형이상학의 문제에 관하여 검토해보았으며, 제3장은 덕론과 그 구현의 문제를 살펴보았다. 그리고 제4장은 수기론 또는 자아 수련의 문제에 관하여 살펴보았고, 제5장은 삼보론과 삶의 기술에 내함된 철학적 의의를 검토해보았다. 또한 제6장은 양생론의 함의를 새로운 각도에서 짚어 보았고, 제7장과 제8장은 경세론의 기본 입장과 그 과제를 '무실(務實)의 경세학'이라는 측면에서 살펴보았다. '무실(無實)'을 넘어 '무실(務實)'하고자 한 율곡철학의 특징을 『순언』에서 확인하고자 한 것이다. 이어서 제9장은 정치철학적 믿음관의 함의를 살펴보았고, 제10장에서는 『순언』의 마지막 장에 제시된 큰길과 곁길이라는 문제를 가지고 『순언』의 최종 선택지의 문제를 검토하여보았다. 제11장은 그동안 연구된 『순언』의 연구동향과 과제를 제시함으로써 『순언』 연구의 현재와 미래적 전망에 관해 논의하였다.

또한 이 책은 전체의 내용을 확인하는 데 도움을 주기 위하여 권미에 부록을 실어 『순언』의 원문과 『노자』의 원문을 상재하였다. 다만 두 가지 모두 번역문은 싣지 않고 원문만 상재하여 원 자료의 가치에 충실코자 하였다. 특히 『순언』의 원문에는 율곡이 원용하고 있는 『노자』의 개별적인 장들을 각주로 명시함으로써, 『순언』의 각 장들이 『노자』와 어떻게 연계되어 있는지 편리하게 확인할 수 있도록 하였다. 현재 전해지고 있는 필사본 『순언』에는 몇 가지 문자의 출입이 나타나는데, 이에 대한 교감도 함께 밝혔다. 『순언』에 인용된 『노자』의 관련 문구들은 이 책의 말미에 소개한 『노자』의 원문을 참고하여 함께 살펴보면 나름의 도움이 될 것이다.

어떤 책이든 한 권의 책이 출간되는 데는 각별한 인연과 사연이 있다. 나는 이 책 역시 이러한 다양한 인연들의 결집물이라고 본다. 내가 충남대학교라는 인연을 통해 만났던 여러 선배들의 학문적 고뇌와 그 결과물들이 내게로 전해져 이 책을 쓸 수 있게 도왔다고 본다. 『순언』의 발굴과 연구에 기여한 류칠노, 김길환 두 교수님과 나를 노장의 학문세계로 인도해준 은사 효촌 신동호 선생님, 그리고 율곡철학 연구로 평생을 매진한 황의동 교수님의 직간접적인 영향이 없었다면 이 책의 저술은 불가능했을 것이라 생각한다.

또한 일찍이 내가 소장하고 있는 규장각본 『순언』의 사본을 서슴없이 전해준 이규상 선생님과 도가적 삶의 방향성에 대해 잔잔한 울림을 보여주면서 살아가는 충북대 이재권 교수님도 감사한 인연들이다. 그리고 이 책에서 『순언』의 번역은 주로 예문서원에서 출간된 김학목 선생님의 번역서를 참고하여 직접 인용하거나 내용에 따라 부분적으로 수정하여 인용하기도 하였는데, 나는 이 점에서 김학목 선생님의 『순언』 번역에 많은 빚을 지고 있다. 이 책의 말미에 붙은 『순언』 원문에 대한 교감은 그의 연구 성과에 큰 도움을 받았음을 밝힌다. 이 점에서 특히 김학목 선생님에게 감사드린다.

아울러 부족한 나를 믿고 그 어렵다는 인문학도의 길을 걸어가고 있는, 그리고 인문학 중에서도 지난하기 이루 말할 수 없다는 철학도의 길을 묵묵하게 걸어가고 있는 나의 정신적 도반들에게 감사의 말을 전한다. 그들은 나의 동지들이나 다름없다. 이 세상에 같은 꿈을 꾸면서 같은 뜻을 품고 서로가 의지하고 격려하면서 한세상을 살아간다는 것처럼 아름다운 일이 또 있을까? 행운이랄까, 축복이랄까, 내 주변에는 그래도 여러 명의 길동무가 있다. 나는 그 많은 길동무들에게 경의를 표하고 또한 무한한 감사의 말을 전하고 싶다. 그들이 존재하고 있기에 내가 걷고 있는 이 길이 마냥 외롭지만은 않은 것이라는 점을 믿어 의심치 않는다. 일상의 소소한 기쁨을 그들과 함께하고, 그들의 기쁨이 또한 나의 기쁨이 되길 바란다.

끝으로 시장성 없는 이 책을 출간될 수 있도록 격려해주고 힘써준 충남대학교출판문화원의 모든 관계자 여러분께 진심으로 감사드린다. 이제 나는 그 많은 인연들에게 유・무형으로 진 빚을 조금이나마 갚아나가기 위해서 다시 제자리로 돌아와 새로운 꿈을 꾸어야만 할 차례가 되었다.

중정원에 내려앉는 달빛이 동무처럼 어우러진
충남대 인문관 연구실에서
2016년 10월 12일
이종성 삼가 쓰다

목 차

04 수기론 또는 자아 수련의 문제

05 삼보론과 삶의 기술

06 양생론의 철학적 의의

10 큰길과 곁길: 『순언』의 선택지

11 『순언』의 연구동향과 전망

부록

일러두기

1. 이 책의 연구저본은 규장각본 『순언』(도서번호 7731)이다.
2. 원문번역은 이이, 김학목 옮김, 『율곡 이이의 노자』(서울: 예문서원, 2001)를 기준으로 직접 인용하거나 부분적으로 수정하여 인용하였다.
3. 이 책에서 인용한 『율곡전서』는 율곡사상연구원에서 1978년 영인한 도서출판 대제각의 판본을 대본으로 삼았다. 서명과 편명은 각각 겹낫표와 홑낫표로 구분하였는데, 『율곡전서』 안에 상재된 『성학집요』와 『격몽요결』 등은 저서로 인정하여 겹낫표로 처리하였다.
4. 인명 표기는 중국 신해혁명을 기준으로 그 이전 인물들에 대해서는 호를 사용하는 것을 원칙으로 하였으며, 경우에 따라서는 호와 이름을 병기하였다. 그리고 신해혁명 이후에 출생한 인물의 중국인명은 직접 이름을 밝혔으며, 현대식 중국 발음을 따라 표기하였다. 일본 인명은 모두 일본식 발음에 따라 표기하였다.
5. 인명 표기에 있어서 호보다 자가 더 알려진 소철의 경우는 소자유라는 명칭으로 통일하였다. 널리 알려지지 않은 인물의 경우나 일부 예외적인 경우는 인명을 그대로 표기하였다.
6. 이 책은 아래의 논문들을 저서의 형식에 맞추어 새롭게 수정 · 보완한 것이다.
   (1) 제1장, 제2장: 「율곡의 『순언』에 나타난 형이상학적 세계관」, 『유학연구』 제6집, 충남대학교 유학연구소, 1998. 및 「율곡의 노자관에 반영된 성리학적 존재론의 구조」, 『한국사상과 문화』 제21집, 한국사상문화학회, 2003.

(2) 제3장: 「『순언』의 덕론과 그 구현의 문제」, 『도교문화연구』 제44집, 한국도교문화학회, 2016.

(3) 제4장: 「율곡의 노자관에 있어서 자아 수련의 문제」, 『대동철학』 제19집, 대동철학회, 2002.

(4) 제5장: 「『순언』과 '양생': 그 정치철학적 양생론의 가능성에 대한 모색」, 『대동철학』 제40집, 대동철학회, 2007.

(5) 제6장: 「율곡 『순언』의 경세론적 기본 입장」, 『동서철학연구』 제44호, 2007.

(6) 제7장: 「'정치적 진실성의 결여'로부터의 탈주-『순언』의 경세론적 과제와 의의에 관하여」, 『동서철학연구』 제46호, 한국동서철학회, 2007.

(7) 제8장: 「『순언』과 세 가지 보배: 그 정치철학적 맥락에 관한 검토」, 『동양철학』 제27집, 한국동양철학회, 2007.

(8) 제9장: 「『순언』에 나타난 정치철학적 믿음의 함의」, 『동서철학연구』 제80호, 한국동서철학회, 2016.

(9) 제10장: 「큰길과 곁길: 『순언』의 최종 선택지에 관하여」, 『대동철학』 제75집, 대동철학회, 2016.

(10) 제11장: 「『순언』의 연구동향과 과제」, 『율곡사상연구』 제13집, 율곡학회, 2006.

제1장

『순언』의 저술 동기와 구성 체계

1. 율곡철학의 특징

율곡(栗谷) 이이(李珥, 1536~1584)는 사화와 당쟁이 절정을 이루고 있던 1536년(중종 31년) 강릉 오죽헌에서 태어났다. 출생하던 날 밤에 어머니 신사임당이 흑룡이 바다에서 날아 들어오는 태몽을 꾸고 율곡을 낳았다고 한다. 이러한 태몽 때문에 그의 아명을 현룡(見龍)이라 하였고, 산실을 몽룡실(夢龍室)이라 하여 지금도 보존되고 있다.

율곡은 16세기 한국 성리학을 대표하는 인물이다. 그는 퇴계(退溪) 이황(李滉, 1501~1570)과 자주 비교되어 논의된다. 그동안 학계에서는 퇴계가 리의 불멸성과 능동성을 강조하여 '주리론(主理論)'을 대표하는 인물이라면, 율곡은 상대적으로 기의 불멸성과 능동성을 강조하여 기의 측면을 전폭적으로 긍정한 '주기론(主氣論)'의 대표자라고 인식되어 왔다. 그러나 이러한 '주리론'과 '주기론'의 개념적용의 기준은 온당하지 못하다.[1] 단적으로 말해 율곡을 주기론의 철학자라고 말할 수 없다는 것이다.

---

1) 한국 성리학을 주리론과 주기론으로 양분하여 차별화한 것은 일제 강점기 때의 식민사학자들의 영향이라는 점에서, 우리는 그 용어의 폐기에 대해서 신중한 고민을 해보아야만 한다. 특히 다카하시 도루(高橋亨, 1878~1967)의 조선유학사에 대한 관점이 크게 작용하였다는 점을 반성하여야 한다. 다카하시는 퇴계와 율곡을 정점으로 조선 성리학을 고찰한 「이조유학사에 있어서 주리파 · 주기파의 발달(李朝儒學史に於ける主理派主氣派の發達)」(1929)을 발표하였는데, 학계에서는 아직도 그의 분류법을 따라 주리론과 주기론으로 한국 성리학을 분류하는 경향성이 남아있다. 이젠 이러한 정신적 속박과 답습으로부터 벗어나지 않으면 안 된다. 다카하시 도루의 조선유학사 연구의 영향과 극복의 문제에 대해서는 다음을 참고하라. 다카하시 도루, 이형성 역, 『다카하시 도루의 조선유학사』, 서울: 예문서원, 2001.

율곡이 기의 세계와 작용에 관하여 관심을 집중한 것은 사실이지만, 이러한 사유 때문에 그가 리의 세계와 작용에 대해 전적으로 부정하였다고 볼 수는 없다. 일례로 율곡철학의 특징이 화담(花潭) 서경덕(徐敬德, 1489～1546)의 기학과 유사하다고 보아 주기론으로 규정하는 경우가 있는데, 양자의 세계관은 큰 차이가 있다. 화담이 궁극적 존재를 '태허의 기'로 보았던 것[2]과는 달리, 율곡은 '태극의 리'로 본다.[3] 율곡이 궁극적 존재로서 '태극의 리'를 상정했다는 것은 율곡철학을 주기론이나 기학으로 규정하는 관점에 의문을 제시하기에 충분하다.

그래서 황의동은 율곡 성리학을 주기론이나 기학으로 상정하지 않고 '리기지묘(理氣之妙)'의 특징을 가진 것으로 설명한다. 율곡철학은 일방적인 주기론도 아니고 일방적인 주리론도 아닌, 리와 기의 상호 조화의 철학을 제시하였다는 의견이다. 율곡의 우주론, 심성론, 경세사상도 '리기지묘'의 사유구조를 근간으로 전개되고 있다. 율곡은 리와 기를 분변하여 설명하지만, 항상 묘합을 전제로 한 설명을 하고 있다. 이로 인해 율곡의 리와 기의 개념은 양자가 비교되면서 대대적 관계 속에서 그 역할이 설명되고 있다.[4]

다른 한편 황의동은 율곡철학의 또 하나의 특성이 '도학(道學)'의 특징에 있다고 본다. 혹자는 '도학'의 개념을 도가철학을 의미하는 것으로 대체하여 사용하기도 한다. 그러나 율곡이 사용하는 '도학'의 개념

---

2) 『화담집』 권2, 잡저, 「太虛說」, "太虛, 虛而不虛. 虛則氣, 虛無窮無外, 氣亦無窮無外." 참조.

3) 율곡은 『성학집요』에서 장남헌(張南軒, 南軒은 張栻의 호임, 1133～1180)의 말을 인용하여 "오행이 낳은 질은 비록 같지 않으나 태극의 리는 어디든 없는 곳이 없다"(『율곡전서』 권20, 『성학집요』, 「수기 상」, "張南軒曰: 五行生質, 雖有不同. 然太極之理, 未嘗不存也.")고 밝히면서, '태극의 리'를 상정함과 동시에 이를 궁극적 존재의 특징으로 인정하고 있다.

4) 황의동, 『율곡사상의 체계적 이해(1)』, 서울: 서광사, 1998, 43쪽 참조.

은 도가철학과는 전연 무관하다. 도리어 그것은 공자의 학문을 가리키는 것으로서, 특히 조선조 15, 16세기의 학문경향을 의미한다. 요컨대 도학이란 유학을 일컫는 말이지만 특별히 달리 부르게 된 것은 유학이 지나치게 관념화되고 실천성을 결여하고 있다는 반성에서 대두된 말이다.[5] 율곡은 도학이 왕도구현의 기초라고 볼만큼 중시하였다.[6] 그것은 도학이 도를 행하고 올바른 뜻을 지켜 상황에 따라 적의하게 실천하며, 수기와 치인을 아우를 뿐만 아니라, 하늘의 덕을 구현하여 안으로 성인이 되고 밖으로 군왕의 도를 실천하는 학문이라고 보았기 때문이다.[7]

율곡철학의 의의는 매우 크다. 율곡은 이른바 명분과 실질 또는 의리와 이익을 구별하여 이원화하는 명분론적 사유방식에서 벗어나 도덕적 의리와 경세론적 실리를 일원화하고자 한 의의가 있기 때문이다. 율곡철학은 단순히 이론으로서가 아닌 실천론의 방안으로 제기되었던 것이기 때문에 이러한 철학적 특징은 특히 율곡 사후에 전개되는 한국의 의리학과 실학의 형성에 결정적인 영향을 미친 철학사적 의의가 있다. 뿐만 아니라 그의 철학사상은 오늘날에 있어서도 주체와 상황, 그리고 현실과 이상의 괴리로부터 발생하는 갖가지 문제점들을 극복하는 대응방안으로도 전연 손색이 없는 조화와 화해의 이념을 제공한다는 점에서도 주목된다.

---

5) 황의동, 앞의 책, 59쪽 참조.

6) 『율곡전서』 권15, 잡저2, 『동호문답』, "夫道學者, 格致而明乎善, 誠正而修其身, 蘊諸躬則爲天德, 施之政則爲王道." 참조.

7) 황의동, 앞의 책, 62쪽 참조.

2. 『순언』의 저술 동기

한국철학사에 있어서 『노자』에 관한 전문적 해석을 통한 연구가 본격적으로 시작된 것은 정통 주류 성리학자였던 율곡으로부터 비롯된다. 율곡은 『노자』의 주해서인 『순언(醇言)』이라는 저서를 남겼는데, 이 책은 율곡이 전체 81장으로 구성된 『노자』를 총 40장으로 재편집하여 구결을 달고 주해를 단 조선조에 매우 보기 드문 저술이다. 이 책은 율곡이 자신의 입장에서 『노자』를 재편집하여 주해를 한 것이다 보니, 노자의 철학과 율곡의 세계관이 상호 교차적으로 만나고 있는 저서임에 분명하다. 이러한 점은 『순언』의 특징임과 동시에 자체적인 한계로 늘 비판의 대상이 되기도 한다.

『노자』에 대해서는 전통적으로 여러 가지 해석방식이 전해져 왔다. 불교인에게는 불교의 방식으로, 유교 지식인에게는 유교적으로 독해되어 왔다. 물론 도가의 지식인들에게는 도가적으로 해석되어 온 것이 『노자』이다. 한 명의 노자가 『노자』의 저자가 아닌 이상 『노자』에 대한 다양한 해석을 획일적으로 가늠하는 것은 어려운 일임에 분명하다. 도가의 지식인들에게 읽혀진 『노자』 역시 다의적 해석에 개방되어 있었음을 부정할 수 없다.

율곡은 『노자』를 자신의 방식대로 다시 배열하여 구결과 해설을 붙인 『순언』을 저술함으로써 한국철학사에 있어서 도가철학의 연구를 체계적으로 시도한 선구적 업적을 남기고 있다. 우암(尤菴) 송시열(宋時烈, 1607~1684)에 따르면, 율곡은 이미 10세에 유가의 경서를 통독하고 당시에 이단시되던 불교와 노장의 서적까지 광범위하게 연구하였다고 한다.[8] 율곡은 전형적인 사대부의 신분이었음에도 불교뿐만 아니라 노장철학에까지 깊은 관심을 가지고 폭넓게 연구하였음을 알 수 있다.

이것은 성인의 진리가 단지 유가에 국한된 것만은 아니라는, 학문의 객관성에 관해 그가 인지하고 있었기 때문에 가능한 결과였다. 율곡은 도가나 불교 역시 진리의 근원에 있어서는 유가의 가르침과 전적으로 배치되지는 않는다고 본 것이다. 그렇다고 율곡이 도가나 불교를 전적으로 긍정하는 것은 아니다. 그 역시도 유학의 기준 위에서 도가나 불교를 이해하고 있기 때문에 도가철학과 불교사상을 허무와 적멸의 도로서 파악하기도 한다. 이것은 도가와 불교의 말단이 보여준 폐해현상에 대한 지적이라고 할 수 있다.

특히 율곡은 노자를 철학적으로 보고자 하는 도가와 종교적으로 보고자 하는 도교로 구분하고 후자를 부정적으로 보면서 이를 비판한다. 율곡은 "노자의 글은 해괴한 바가 많은데 그가 말하는 '무위'와 '무욕'은 이치에 가까운 말이기는 하나 비록 군자라도 취할 바가 있다. 그러나 그의 양생의 말은 방사들이 숭상하는 것이다"[9]라고 한다. 노자를 철학적으로 보건대 그가 주장하는 '무위'와 '무욕'은 진리에 가깝다고 할 수 있지만, 도교의 사제인 방사(方士)들에 의하여 도교화된 노자의 가르침은 '양생술'로 전락하였다는 것이 율곡의 생각이다. 특히 '방술', '선술', '방선도' 등의 잡술 즉 주술적인 경향을 띤 여러 기교들[10]에 대하여 율곡은 부정적이었다고 볼 수 있다.

신선가들의 도교적 '양생술'의 이론적 전거로 적극적으로 수용되는

8) 『宋子大全』 권19, 「進文元公遺稿仍辨師友之誣又乞許孫疇錫歸田讀書疏」, "李珥, 天資極高, 年纔五六歲, 已知爲學之方, 逮及十歲盡通經書, 而曰; 聖人之道, 只此而已乎? 於是泛覽佛老諸書."

9) 『율곡전서』 권20, 『성학집요』, 「수기 상」, "眞氏曰: 老氏所該者衆, 無爲無欲, 近理之言, 雖君子有取焉; 養生之言, 爲方士者尙焉."

10) 정재서, 『불사의 신화와 사상』, 서울: 민음사, 1995, 32쪽.

것은 『노자』와 『장자』 중에서도 특히 『노자』의 사상이 그 논리상의 전제로서 수용되는 면모를 보인다.[11] 『노자』를 '양생술'과 연관시켜 해석하는 근거는 『노자』 제33장의 "죽어도 망하지 않는 것이 수를 누리는 것이다"[12]라는 구절과 『노자』 제7장에 표현된 '장생(長生)'[13]이라는 개념이 노자철학을 '양생술'로 보고자 하는 도교적 관점의 이론적 근거로서 충분히 거론됨직한 부분이다.

율곡은 노자의 철학적 종지가 불로장생을 추구하는 '양생술'에 있는 것은 결코 아니라고 본다. 그는 이와 같은 견해에 대하여 부정적이다. 뿐만 아니라 율곡은 '현학화된 노자'에 대해서도 대단히 부정적인 태도를 취한다. 율곡은 "청담의 화가 왕필(王弼, 226~249)과 하안(何晏)에 이르러 최고조에 이르렀다"[14]고 비판한다. 이것은 노자의 철학보다도 위진 시대에 이르러 '현학화된 노자'가 더 한층 문제가 된다는 율곡적 의식의 반영이라고 할 수 있다.

사실상 성리학의 시대라고 해도 무관한 고려 말기로부터 조선조 말까지 노자 등 주자학 외적인 사상체계인 비유학적 사상 체계가 본격적으로 검토되고 탐구된 예는 그리 많지 않다. 도가사상을 가지고 말할 때, 이들 사상체계를 담고 있는 『노자』나 『장자』 등의 저작이 직접적으로 탐구의 대상이 된 것은 율곡의 『순언』이 그 효시라고 할 수 있다. 한국성리학의 역사를 퇴계와 더불어 대표하는 율곡이 한국 도가철학사의 흐름을 본격적으로 개시하는 선하가 된다는 것은 당시 한국사상계의 풍토를 통하여 볼 때는 괄목할 만한 업적이라고 하지 않을 수 없다.[15]

---

11) 정재서, 앞의 책, 41쪽 참조.
12) 『노자』 제33장, "死而不亡者壽."
13) 『노자』 제7장, "天長地久, … 故能長生."
14) 『율곡전서』 권20, 『성학집요』, 「수기 상」, "清談之禍, 至王弼何晏而極."

왜냐하면 당시에는 노자와 장자의 도가철학을 연구하는 학문적 행위조차도 유학사상에 대한 이단으로서 사문난적을 의미하는 호교론(Apologeticum)의 태도가 유효하게 적용되고 있었기 때문이다. 주자학 외적인 학문에 대한 순수한 연구욕구가 오히려 정치적 박해로까지 직결되고 있었던 것이 조선조의 사상적 풍토였고 보면 율곡의 『순언』이 한국철학사에서 차지하는 비중은 실로 크다고 아니할 수 없다.

율곡의 이단의식은 좀 더 포괄적인 내용을 담고 있다.[16] 즉 율곡의 이단적 범주는 특정한 학파에만 치우치지 않는다는 말이다. 이단이란 그 학문이 이단이라서 문제가 되는 그런 종류의 것이라기보다는 자아의식의 그릇된 욕망의 확장을 통한 자타의 분열을 조장하는 데서 나온 이단의식이 더 문제라고 볼 수 있다. 다음과 같은 율곡의 말을 참조해 보자.

> 이단이란 말이 어찌 반드시 불교와 노자, 선(禪)학과 육(상산)학만을 가리키겠는가? 세상에서 선왕의 도를 그르치고 자기 한 몸의 욕망만을 따르는 자는 모두 이단 아닌 것이 없다.[17]

이 인용문을 참고할 경우 주자 성리학 이외의 학문만이 이단이 되는 것이 아니다. 정학으로서의 지위를 가지고 있는 주자 성리학일지라도 이것이 현실적으로 어떻게 변통되느냐에 따라서 그것은 항상 이단으로의 추락 가능성에 열려 있는 것이다. 이것은 주자 성리학의

---

15) 윤천근, 『한국인의 철학』, 서울: 외계출판사, 1992, 251쪽.

16) 이와 관련하여 아래에서 설명될 내용들은 지은이의 다음 논고의 내용을 원용한 것이다. 이종성, 「율곡의 노자관에 있어서 자아 수련의 문제」, 『대동철학』 제19집, 대동철학회, 2002.

17) 『栗谷全書』 권13, 발, 「學蔀通辨跋」, "異端之言, 豈必佛老禪陸爲然乎? 世之非先王之道, 循一己之欲者, 莫非異端也."

학문적 토대 위에서 활동하던 율곡 당시의 많은 지식인들의 현실적 삶의 태도가 학문을 통하여 자아 인격의 고매함을 성취하려고 노력하기보다는, 주자 성리학의 학문적 권위를 교조주의로 내몰아 정치 권력화하려는 모습으로 나타나고 있었기 때문에 제기된 비판적 현실 대응론이라고 할 수 있다.

율곡이 볼 때 이단이란 외부에만 있는 것이 아니다. 내부에 있는 이단이야말로 더 큰 이단이 아닐 수 없다. 조직의 분열과 붕괴는 항상 내부자에 의해 발생한다. 내부자의 음모와 불신, 그리고 결정적인 배신은 가히 이단의 외재성이 미치지 못할 파괴력을 갖는다. 이와 같은 율곡적 방식의 이단관은 도가철학과 불교를 극단적인 이단으로 몰아 배척하던 조선 성리학의 학문 풍토에서는 매우 이색적인 것이 아닐 수 없다. 그것은 조선 건국과 함께 삼봉(三峯) 정도전(鄭道傳, 1342~1398) 이래로 전해져 내려오던 이단의 기준을 새롭게 정립했다는 점에서 사상사적 의의를 갖는다.

율곡은 주자 성리학을 후학들이 잘못 공부하면 이단이 될 수 있는 것과 마찬가지로 노자철학 역시 후학들의 접근 방식이 올바르지 못하면 여러 가지 폐단이 속출한다고 본다. 율곡은 남송의 유학자였던 서산(西山) 진덕수(眞德秀, 1178~1235)의 말을 인용하여, 이것의 구체적인 역사적 실례를 도교적 방사들과 음모술수적인 병가 내지는 위진 현학 시대의 청담가들로부터 확인한다.

> 노자의 글은 포괄하는 바가 많다. 그의 무위·무욕은 이치에 가까운 말이니 아무리 군자라 할지라도 그것을 취함이 있는 것이다. 그의 양생의 말은 방사들이 숭상하는 것이요, 빼앗으려면 반드시 먼저 준다는 것은 음모의 말이라 병가가 숭상하며, 그 사물을 거친 형적으로 삼고 공허를 묘용으로 삼는다는 것은 청담하는 자가 모방하였다. …

> 성인의 학문 아래의 것은 한 쪽으로 치우치고 굽어진 학문이니 그 폐단을 이루 다 말할 수 없다.[18]

그러나 율곡이 볼 때, 노자철학의 원형은 그렇게 부정적인 것만은 아니었다. 율곡이 『노자』를 읽고 자신의 방식으로 이를 다시 분장한 후 『순언』이라는 표제를 붙인 것에서도 알 수 있듯이 노자의 글은 실로 정밀하고 순수한 언어의 극치를 보여주는 부분이 있다고 볼 수 있다. 『노자』에는 순수한 언어의 진실성이 있기 때문에 율곡은 노자철학이 유학의 진리와도 서로 만날 수 있다고 생각한 것이다.

율곡은 노자의 철학사상이 비록 유학에서 존숭하는 성인의 가르침과는 다르지만, 학문상의 근원적 구경의가 유학의 진리관과 서로 배치되는 것은 아니라고 본다. 그래서 그는 당시의 지식인들처럼 노자를 전적으로 배척하지 않고 자신의 학문적 입장에서 이를 긍정적으로 연구하였던 것이다. 율곡은 『순언』을 저술하여 자신이 지닌 노자관의 진면목을 유감없이 보여주고 있다.

『순언』의 발문을 적고 있는 담와(淡窩) 홍계희(洪啓禧, 1703~1771)는 『순언』의 전승에 직접적인 기여를 하고 있다. 담와는 『순언』의 발문에서 충청도 지방을 둘러보다가 연산 지역의 신독재(愼獨齋) 김집(金集, 1574~1656)의 후손으로부터 신독재가 직접 필사한 『순언』을 얻게 되어, 이것이 없어질 것을 걱정하다가 활자로 몇 권을 간행하게 되었다고 적고 있다.[19] 우리가 지금 구해 볼 수 있는 『순언』의 저본이 신독재에

---

18) 『율곡전서』 권20, 『성학집요』, 「수기 상」, "眞氏曰: 老子所該者衆. 無爲·無欲近理之言, 雖君子有取言; 養生之言, 爲方士者尙言; 將欲奪之, 必固與之, 此陰謀之言也, 兵者尙焉; 其以事物爲粗迹, 以空虛爲妙用, 淸談者做之. … 下乎此, 則一偏·一曲之學, 其弊有不勝言者."

19) 『순언』, 「跋」, "啓禧按湖西巡過連山, 偶得此編於愼齋金先生後孫, 乃金先生手筆也. 或恐泯沒, 以活字印若干本, 仍識其顚末如右云." 참조

의하여 기록된 것을 담와가 활자로 편찬하여 전하였다는 판본이고 보면, 신독재와 더불어 담와는 실로 율곡의 『순언』을 오늘날까지 전하는 일에 중요한 역할을 담당하였다고 평가할 수 있다.[20]

담와는 율곡이 『순언』을 저술한 동기를 순수한 학문적 입장에서 다음과 같이 말하고 있다.

> 율곡 선생은 일찍이 노자의 글 가운데에서 진리에 가까운 2,098자를 가려내 『순언』을 짓고 주해와 구결을 달았다. 일찍이 한유(韓愈, 768~824)는 순자에 대하여 약간의 결함이 있을 뿐 매우 순수하다고 여기고, 그 중 유학과 맞지 않는 부분을 삭제하여 성인들의 전적에 넣고자 하여 이것도 공자의 뜻이라고 하였다. 율곡 선생이 이 글을 짓고 『순언』이라고 이름붙인 것은 아마도 이와 비슷한 의도에서 나왔을 것이다. 내가 본문을 살펴보니 경서의 도리와 어긋난 것은 다섯 중 셋을 버렸으니 선생이 취한 내용이야말로 정말 순수하다고 해도 무방하다. 택하고 버림이 공평하고 주해 역시 명백하고 정당하며, 반드시 유학의 도리로 귀결시켰다.[21]

담와의 지적처럼 율곡은 『노자』 가운데 자신이 순수하다고 생각한 것들을 뽑아 『순언』을 저술하였다. 그러나 율곡이 『순언』을 저술한

---

20) 그런데 불행하게도 오늘날 전해지고 있는 홍계희의 발문이 붙은 규장각본 『순언』의 원본은 현재 한국에 없다. 규장각에서 『순언』을 발굴한 류칠노에 의하면, 규장각본 『순언』은 일제 강점기 때 필경사에 의해 필사된 것일 뿐이며, 그 원본은 일본으로 반출된 상태이다.

21) 『순언』, 「跋」, "栗谷先生, 嘗鈔老氏之近於吾道者, 二千九十有八言, 爲醇言一編, 仍爲之註解口訣. 昔韓愈, 以荀氏爲大醇而少疵, 欲削其不合者, 附於聖人之籍, 曰亦孔子之志歟. 先生編書命名之意, 或取於此耶. 啓禧攷本文, 盖去其反經悖理者, 五之三爾, 其取者誠不害乎, 謂之醇也. 去取如衡稱燭照, 註解又明白亭當, 必援而歸之於吾道." 이 책의 『순언』 번역은 김학목, 『율곡 이이의 노자』(서울: 예문서원, 2001)를 주로 참고하였고, 내용에 따라 부분적으로 수정하여 인용한 곳도 있음을 밝힌다.

동기가 『노자』 가운데 유학사상과 맞지 않는 부분을 삭제하여 성인들의 전적에 넣고자 한 것이었다고 보는 것은 문제의 소지가 있다.

왜냐하면 담와는 전형적인 유학자로서 주자학의 학문적 우위론에 입각하여 이미 노자와 순자까지도 차별적으로 보기 때문이다. 그러므로 담와의 주장처럼 율곡이 『노자』에서 유학의 패러다임 안으로 수용할 수 있는 내용만을 선별하여 『순언』을 저술했다고는 보이지 않는다. 담와의 주장대로라면 『순언』은 일방적으로 유학적 진리관을 담은 저술이라고까지 간주할 수 있겠기 때문이다. 이러한 담와의 관점은 그 절반만이 인정된다. 『순언』이 유학적 진리관을 기준으로 『노자』를 해석한 것은 부정할 수 없는 명백한 사실이지만, 그럼에도 그 안에는 유가 성리학 이외에 『주역』과 『장자』 등 다양한 사유방식들이 내재되어 있음을 부정해서는 안 된다.

율곡은 『순언』의 마지막 장에서 『노자』는 최고의 경지를 논한 곳이 많지만 기초적인 배움에 관하여 논한 곳은 적다고 하면서, 『노자』가 재능 있는 지식인이 접하기에는 적합하지만 보통 이하의 사람들은 이해하기가 어렵다고 보았다.[22] 그것은 『노자』 특유의 역설과 반어법의 문장내용들 때문이기도 하지만, 형이하학적 내용보다는 형이상학적 내용의 추상성을 통해 『노자』를 이해하고자 한 학문적 태도 때문이라고 볼 수도 있다. 이러한 점에서 율곡은 『노자』의 형이상학적 측면보다는 형이하학적 측면에 초점을 맞추어 『순언』을 저술하고자 하였음을 밝힌다.[23] 이러한 점을 감안하고 본다면, 『순언』은 보통 이하의 사람들까지 『노자』를 알기 쉽게 이해할 수 있기를 바라는 심

22) 『순언』 제40장 말미의 종결부분, "此書 … 論上達處多, 論下學處少, 宜接上根之士, 而中人以下, 則難於下手矣."

23) 『순언』 제40장 말미의 종결부분 및 『논어』, 「憲問」, "子曰: 不怨天, 不尤人. 下學而上達. 知我者, 其天乎!" 참조.

정으로부터 저술된 측면이 없지 않다.

그렇다면 『순언』이 『노자』를 유가적 패러다임 안으로 끌어들여 재단한 것처럼 보는, 왜냐하면 담와는 『순언』의 5분의 3이 유학적 기준에 맞지 않는다고 하여 버려졌다고 보기 때문에, 이와 같은 종류의 믿음에는 어느 정도의 오류가 있다고 볼 수 있다. 그래서 윤천근은, 『순언』에서 거론되는 『노자』의 글귀들은 그것이 유학적 입장에서 보아 긍정될 수 있는 것들이기 때문에 해설되는 것이 아니라, 율곡이 『노자』를 이해하는 시각에서 보아 필요한 것들이기 때문에 해설되는 것이라고 보는 것이다.[24]

그럼에도 율곡이 볼 때 『노자』를 해석하는 과정에 있어서 성리학적 해석의 모형보다 적절한 대안은 없었다. 당시의 지식인들은 누구나가 성리학적 사유반경 안에서 세계와 인간을 이해하고 있었기 때문이다. 그러다보니 『순언』에서는 율곡이 기본적으로 지니고 있던 성리학적 세계관과 노자의 도가적 세계관이 이념적 대결 없이 상호회통적 구조를 지니고 만나고 있다. 그래서 혹자는 한국의 성리학은 선천적으로 도가적인 색채를 띠고 있었다고 보기도 한다. 그리고 이러한 경향은 퇴계나 율곡 같은 거유들이 도가서에 관심을 가짐으로써 한국의 성리학은 도가적 색채가 더욱 짙게 되었다고 주장하기도 한 것이다.[25]

이러한 주장은 '이단을 물리치고 도학을 밝힌다'(闢異端, 明道學)는 도학주의적 기치가 기준이던 당시의 정황을 상고해보건대 다소 무리가

---

24) 윤천근, 앞의 책, 253쪽 참조. 이러한 주장은 다소 추상적이고 주관적인 해설방법에 의지하고 있다. "율곡이 『노자』를 이해하는 시각에서 보아 필요한 것들이기 때문에 해설되는 것"이라는 주장의 내용 가운데 '율곡의 시각'이 유가철학 내지는 성리학이라고 전제할 수 있는 가능성에 열려있기 때문이다.

25) 차주환, 『한국도교사상연구』, 서울: 서울대학교 출판부, 1993, 19~20쪽.

따르는 견해라고 할 수 있다. 율곡은 기본적으로 유학의 학문적 토대 위에서 노자철학을 이해하기 때문이다. 『순언』은 '유학으로써 노자를 해석하는' 그의 유학적 학문관이 투영된 사유의 결정물이다. 율곡은 노자철학을 해석하는데 있어서 이렇게 '유학으로써 노자를 해석하는' 방법을 통하여 유학의 진리와 노자의 진리가 서로 이율배반적인 것은 아니라고 보고, 도리어 양가의 사상은 진리의 근원처에서 근본적으로 만난다고 본다.

요컨대 율곡은 유가와 도가의 두 사상을 하나로 회통하여 보고자 한 것은 틀림없는 사실이지만, 그러나 그 회통의 주체는 어디까지나 유학, 특히 성리학이었음을 부정할 수 없다. 다만 노자철학 역시 궁극적 진리를 지향한다는 점에 있어서는 유학과 다를 바 없다고 본 것이 율곡의 입장이었던 것이다.

사실상 노자철학은 일반적으로 알려져 있는 것처럼 유학에 대하여 반기를 들고 출발한 사상이라고 말할 수 없으며, 더욱이 유학사상의 반정립이 곧바로 노자철학이라고 볼 수 있는 근거는 없다고 하겠다. 노자철학은 주나라 말기의 타락한 인문주의에 대한 반성으로부터 출발한 것이며, 이러한 점은 인문주의로 대표되는 유학사상이라고 하여 예외는 아니었기 때문이다.[26] 특히 노자의 비판의식은 주나라의 인문주의가 낳은 폐단의 경향성을 두고 이루어진 것이며, 더 나아가

26) 이종성, 「서계 박세당의 『신주도덕경』에 있어서의 노자관」, 『동양철학연구』 제16집, 동양철학연구회, 1996, 167쪽 참조. 특히 곽점(郭店) 죽간본 『노자』의 내용 가운데는 전통적으로 반유학적 요소로서 거론되던 통행본 『노자』의 제18장(곽점 죽간본 병서(丙書)에 수록)·제19장(곽점 죽간본 갑서(甲書)에 수록) 등의 내용이 반유학적이라고 비쳐지기에는 곤란한 부분이 등장하기 때문에 유가와 도가의 대척점보다는 양가의 회통적 시각의 필요성이 재론될 수 있다고 본다. 侯才, 『郭店楚墓竹簡『老子』校讀』, 大連: 大連出版社, 1999, 4쪽 및 120쪽 참조.

시대를 초월한 범인류적인 인위적 행위에 대한 부정의 방편으로 제시된 것이라고 보아야하기 때문이다.

3. 『순언』의 구성 체계

『순언』은 매우 분명한 구성 체계를 갖추고 있는 저서이다. 왜냐하면 율곡은 『순언』을 종결짓는 제40장의 마지막 부분에서 자신이 『순언』을 전체 40장으로 분장한 이유를 각 장의 특징에 맞추어 주제별로 분류하여 제시하였기 때문이다.[27)]

율곡은 『순언』 전체 40장의 내용이 다음과 같은 주제에 의하여 분장된 것임을 밝힌다.

- 제1장~제3장: 도체
- 제4장: 심체
- 제5장: 수기치인의 처음과 끝을 총체적으로 말함
- 제6장, 제7장: '덜어냄'(損)과 '아낌'(嗇)을 수기치인의 요지로 삼은 뜻을 말함
- 제8장~제12장: 앞의 의미를 미루어 확대하여 논의함

27) 『순언』 제40장 말미의 종결부분, "右醇言, 凡四十章. 首三章言道軆, 四章言心軆, 第五章摠論治己治人之始終. 第六章七章, 以損與嗇爲治己治人之要旨, 自第八章止十二章, 皆推廣其義. 第十三章因嗇字, 而演出三寶之說, 自十四章止十九章, 申言其義. 二十章言輕躁之失, 二十一章言淸靜之正. 二十二章推言用功之要. 二十三章四章申言其全天之效, 二十五章言軆道之效, 二十六章止三十五章言治人之道及其功效. 三十六章言愼始慮終, 防於未然之義. 三十七章八章言天道福善禍淫虧盈益謙之理. 三十九章四十章歎人之莫能行道以終之."

- 제13장: '아낌'(嗇)이란 말을 가지고 세 가지 보배에 대한 설명을 부연하여 이끌어냄
- 제14장~제19장: 앞의 의미를 거듭 펼쳐서 말함
- 제20장: 경솔함과 조급함에서 생기는 잘못을 가지고 말함
- 제21장: 맑고 고요함이 천하의 으뜸이 됨을 말함
- 제22장: 공부하는 요점을 미루어 말함
- 제23장, 제24장: 천성을 온전히 하는 효과를 거듭 말함
- 제25장: 도를 체득한 효과에 대해 말함
- 제26장~제35장: 치인의 방법 및 공효에 대해 말함
- 제36장: 시작하는 처음을 삼가고 끝맺음을 염려해야 함을 말했으나, 아직 그렇게 되지 않았을 때 미리 방지하라는 뜻을 말함
- 제37장, 제38장: 하늘의 도가 착한 이에게는 복을 주고 지나친 자에게는 재앙을 내리며, 가득 찬 것은 덜어내고 겸손한 것은 더해주는 이치를 말함
- 제39장, 제40장: 사람들이 도를 행하지 않음에 관해 한탄하면서 마침

금장태의 분류에 의하면, 『순언』 전체 40장은 『노자』 81장 가운데 전연 취하지 않은 장이 무려 29개의 장에 이른다. 해당 장은 1, 2, 3, 4, 6, 7, 13, 14, 15, 16, 17, 18, 19, 20, 21, 25, 28, 32, 35, 36, 38, 52, 61, 65, 71, 74, 75, 80장이다. 그리고 전체 한 장을 순서대로 한꺼번에 취한 경우는 17개의 장이다. 즉 9, 11, 12, 26, 29, 30, 33, 44, 46, 47, 49, 54, 56, 68, 70, 73, 76장이 여기에 해당한다. 나머지 35개의 장은 부분적으로 일부만 취하거나 구절을 쪼개어 다른 장에 배치하거나, 아니면 아예 순서를 바꾸기도 하였다.[28]

송항룡은 율곡이 『노자』의 내용 가운데 난해한 요체만을 뽑아 일

28) 금장태, 『한국유학의 『노자』 이해』, 서울: 서울대출판부, 2006, 41쪽 참조.

반인들이 이해하기 쉽게 풀이한 것이 『순언』일 것이라고 간주한 바 있다.[29] 그러나 위와 같은 분류를 통해서볼 경우, 이러한 견해는 그리 돈독한 견해로 비쳐지지는 않는다. 왜냐하면 율곡이 『순언』을 편집하면서, 도가철학자들이 『노자』에서 중요하다고 본 제1장을 비롯한 제2장과 제3장을 전연 언급하지 않고 있기 때문이다. 위원(魏源, 1794~1857)의 경우만 하더라도 『노자』에서 가장 중요한 장은 제1장이라고 보았고,[30] 김충열은 제1, 2, 3장 및 제38장이 『노자』의 전체적인 핵심에 해당한다고 주장한 바 있다.[31]

그럼에도 율곡은 이상 3개의 장에 대해서는 전연 언급하지 않는다. 물론 중요한 것과 난해한 요체는 서로 다른 것일 수 있다. 그러나 『노자』의 제1장[32]의 경우를 예로 든다 하더라도 이것을 『노자』의 난해한 요체와는 거리가 있는 장이라고 평가할 수 있을 것인지는 의문이다. 문장의 구절을 끊어 읽는 문제부터 존재와 언어의 문제, 존재와 지식의 문제, 존재와 현상의 문제 등에 대한 난해한 형이상학적 문제들을 가득 담고 있는 것이 『노자』 제1장이기 때문이다.[33]

또한 『노자』 제2장[34]의 문제는 가치평가와 사실판단의 문제를 비

---

29) 송항룡, 「율곡 이이의 노자연구와 도가철학」, 『한국도교철학사』, 서울: 성균관대학교 대동문화연구원, 1987, 122쪽.

30) 魏源. 『老子本義』(『魏源全集』 제2책, 長沙: 岳麓書社, 1982), 제1장 주, 656쪽, "全書大旨, 總括于此. 所謂言有宗事有君也."

31) 김충열, 『김충열교수의 노장철학 강의』, 서울: 예문서원, 1995, 64~65쪽 참조.

32) 『노자』 제1장, "道可道, 非常道. 名可名, 非常名. 無名天地之始; 有名萬物之母. 故常無欲, 以觀其妙; 常有欲, 以觀其徼. 此兩者同, 出而異名, 同謂之玄. 玄之又玄, 衆妙之門."

33) 이에 대해서는 다음의 논문을 참고하라. 신동호, 「노자사상의 존재론적 검토」, 『인문과학논문집』 제8권 2호, 충남대학교 인문과학연구소, 1981.

34) 『노자』 제2장, "天下皆知美之爲美, 斯惡已. 皆知善之爲善, 斯不善已. 故有無相生, 難易相成, 長短相較, 高下相傾, 音聲相和, 前後相隨. 是以聖人處無爲之事, 行不言之教; 萬物作焉而不辭, 生而不有. 爲而不恃, 功成而弗居.

롯한 무위의 가르침에 대한 노자의 역설이 담겨있는 난해한 장의 하나임에 분명하다. 만일 이와 같은 전제를 수용한다고 한다면, 율곡이 난해한 요체의 기준만을 가지고 『순언』을 편집하지는 않았다고 볼 수 있다. 『순언』의 편집 의도는 다른 데 있었다고 보지 않으면 안 된다. 이 문제는 『순언』의 구성 체계와 밀접한 관련이 있다고 보이는데, 이에 관해서는 뒤에서 재론하기로 한다.

『순언』의 편장 체계는 율곡에 의해 『노자』와는 다르게 배열된다. 율곡은 특히 『노자』 제42장의 일부 구절을 『순언』 제1장에 배치하여 노자철학에 대한 새로운 패러다임을 제시한다.[35] 백서본이 통행본 제38장의 내용을 제1장으로 삼은 것이나 죽간본이 제19장의 내용을 제1장으로 삼은 것, 또는 현대 타이완의 노장연구가인 양링펑(嚴靈峯, 1903~1999)이 제25장을 제1장으로 삼아 『노자』를 이해한 것처럼[36] 율곡 역시 자신의 관점에 의거하여 통행본 제42장을 『순언』 제1장으로 내세운 특징을 보여준다.[37] 그만큼 율곡은 제42장의 내용을 중요하게 여긴 것이다. 이것은 성리학의 도체론적 입장에서 『노자』의 형이상학적 구조를 새롭게 독해해보고자 한 이유와 무관하지 않다.

夫唯弗居, 是以不去."

35) 『순언』 제1장은 『노자』 제42장, 제5장, 제42장의 내용을 연결시켜 구성하고 있다. 참고로 『순언』 제1장의 내용은 다음과 같다. "道生一ᄒᆞ고 一生二ᄒᆞ고 二生三ᄒᆞ고 三生萬物ᄒᆞ니 天地之間이 其猶橐籥乎ᆫ뎌 虛而不屈ᄒᆞ며 動而愈出이니라 萬物이 負陰而抱陽ᄒᆞ고 冲氣以爲和ㅣ니라"

36) 嚴靈峯, 『老子章句新編』(『道家四子新編』(臺北: 臺灣商務印書館, 1977), 23쪽 참조. 양링펑의 『노자장구신편』은 『노자』를 '도체(道體)'·'도리(道理)'·'도용(道用)'이라고 하는 세 가지 주제에 맞추어 새롭게 편집한 것이다.

37) 율곡은 여기서 언급한 『노자』 제19장, 제25장, 제38장 등의 내용을 『순언』의 본문에서 전연 언급하지 않는다. 다만 제25장의 한 문장인 "吾不知其命, 字之曰道, 强爲之名曰大"를 『순언』 제19장의 주에서 "强名之曰道"라고 변형하여 표현한 곳이 있을 뿐이다. 이러한 특징은 율곡이 전통적인 『노자』의 판본들 및 주석가들의 관점과는 전혀 다른 방식에서 『노자』를 이해하고 있음을 보여준다.

그렇다면 『순언』의 각 장에서 취하고 있는 통행본 『노자』의 해당 장들은 어떤 장들일까? 이것을 도표화해서 살펴보면 다음과 같다.[38]

「순언」	「노자」	「순언」	「노자」
제1장	42, 5, 42	제21장	45
제2장	51	제22장	56
제3장	37	제23장	55
제4장	11	제24장	50
제5장	12, 10	제25장	34, 63
제6장	48	제26장	54
제7장	59	제27장	81
제8장	22, 24, 22, 24	제28장	27
제9장	33	제29장	49
제10장	44	제30장	29
제11장	47	제31장	57, 58
제12장	46	제32장	43
제13장	67	제33장	30
제14장	78	제34장	31
제15장	9	제35장	60
제16장	39	제36장	64, 63, 64
제17장	8, 66	제37장	73, 72
제18장	68	제38장	77, 79
제19장	41, 45, 81, 41	제39장	70
제20장	23	제40장	53

38) 금장태, 앞의 책, 40~41쪽 참조. 금장태는 『순언』이 인용한 『노자』 해당 장들을 원문 전체를 인용한 곳과 부분적으로 인용한 곳 등을 구체적으로 나누어 도표화했는데, 이것을 참고하여 여기에서는 인용된 해당 장들과 인용된 장들의 순서만을 제시하였다.

『순언』 각 장의 내용은 『노자』에서 인용된 것이지만, 김학재에 의하면 "『순언』의 체계는 주자학의 체계를 경학적으로 근거짓는 『대학』과 그것의 신유학적 표현인 『근사록』과 율곡 자신의 『성학집요』의 구도 및 체계와 밀접한 연관이 있음을 알 수 있다"[39]고 한다.

즉 '수신-제가-치국-평천하'의 『대학』의 논리체계와 '수기-정가-위정-성현도통'의 『성학집요』의 논리체계가 『순언』의 편집 체계와 매우 밀접한 연관성을 보이고 있다. 『근사록』 역시 '용력-처기-치인-변이단-관성현'을 내세우고 있다는 점에서 『순언』의 편집 체계와 상호 유사성이 보인다. 다만, 『대학』과 『성학집요』에 비해 『근사록』은 이단변별에 대한 내용을 표면적으로 가시화하고 있다는 점에서 도리어 개방적 학문관을 보여주고 있는 『순언』과 비교할 때 다소 거리가 있다. 이와 같이 본다면, 『순언』은 경학적 측면에서 『대학』에 기초를 두고 저술된 『성학집요』의 '수기-정가-위정-성현도통'의 맥락에 충실한 저술이었다고 평가된다.

요컨대 『순언』은 앞서 송항룡이 주장했던 것과 같이 『노자』 안의 난해한 요체를 설명하기 위한 방편으로 저술된 저서가 아니라,[40] 성리학적인 '수기-정가-위정-성현도통'의 철학을 확인하고자 하는 목표에 의하여 새롭게 구성, 편집된 저서라고 할 수 있다. 『순언』의 내용 안에는 유가 성리학의 진리관을 비롯하여 『장자』와 같은 도가적 사유방식과 성리학의 이치에 맞지 않는 내용까지 포용하여 설명하는 내용들이 있다.[41] 이러한 점에서 『순언』은 사상내용의 다양성을 갖

---

39) 김학재, 「율곡 『순언』의 연구」, 한국정신문화원 한국학대학원 석사학위논문, 2001, 60쪽.

40) 금장태 역시 "『순언』의 구성 체계가 『노자』를 주석하기 위한 것이 아니라, 율곡 자신의 의도에 따라 『노자』를 해체시키고 있음을 의미한다"(금장태, 앞의 책, 41쪽)고 본다.

41) 이에 대한 구체적인 내용에 대해서는 다음 절에서 논의할 「담와 홍계희의

추고 논의되고 있는 특징이 인정된다. 그럼에도 그 저서의 골격을 이루는 편집의 체계만큼은 확실하게 『대학』 또는 『성학집요』의 기본 틀을 따르고 있다고 보지 않으면 안 된다.

그렇다면 이 지점에서 『성학집요』와 『순언』이 발간된 선후문제를 검토해볼 필요성이 요청된다. 왜냐하면 '수기-정가-위정-성현도통'의 철학체계를 『성학집요』가 먼저 세운 것인지, 아니면 『순언』이 먼저 이와 같은 논리체계를 세운 것인지의 선후문제가 발생하기 때문이다. 『성학집요』는 1575년(선조 8년)에 완성된 것임에 비해 『순언』은 1580년(선조 13년)에 저술되었을 것이라 추정된다.[42] 만일 이와 같은 『순언』의 저술연대를 인정한다면, 『성학집요』의 구성 체계가 『순언』을 저술하는데 결정적인 역할을 수행하였을 것임을 부정하기 어렵다. 그 저술연대의 선후문제를 차치하고 본다 하더라도, 『순언』은 『대학』 및 『성학집요』에 나타난 구성 체계와 매우 밀접한 연관성 위에서 저술된 저서임이 분명하다.

4. 담와 홍계희의 『순언』관

담와는 『순언』을 읽어본 후 『순언』의 말미에 이에 대한 발문을 남겼다. 담와가 『순언』의 발문을 작성한 시기는 1750년(경오년)이었다.[43]

「『순언』관」을 참고하라.

42) 『구봉집』에 상재된 구봉이 율곡에게 보내는 서간문(「與俶獻書」)을 참고할 때, 『순언』의 저작연도는 늦어도 1580년에는 완성되어 있었을 것이라 추정된다(금장태, 앞의 책, 81쪽 참조).

43) 『순언』, 「跋」, "庚午正月上澣, 後學洪啓禧謹書."

그가 『순언』 발문의 앞부분에서 밝힌 내용은 앞 절의 인용문에서 살펴본 내용과 같다. 그는 율곡이 『순언』을 저술한 근본 취지가 유학의 입장에서 『노자』를 해석한 데 있다고 본다. 율곡은 『노자』에서 유학의 가르침과 위배되는 내용은 과감하게 삭제하고 유학의 내용과 배치되지 않는 순정한 내용들만 취사선택하여 『순언』을 저술하였다는 것이다. 여기에 인용된 『노자』의 구절들은 5분의 2에 지나지 않는다고 한다. 『노자』 5,000여 자 가운데 『순언』이 선택한 문자는 실제로 2,098자였음이 이를 방증한다고 본 것이 담와의 입장이다.

담와는 이상과 같은 내용을 발문의 앞부분에서 하나의 대전제처럼 구체적으로 명시한 후 이에 대한 근거를 다음과 같이 부연하여 설명한다.

> 내(홍계희)가 본문을 상고해보니, 대개 상도를 뒤집고 도리에 어긋난 내용을 버린 것이 다섯 개 가운데 세 개며, 취한 것은 진실로 순일하다고 해도 손색이 없었다. 버리고 취함이 마치 저울질하고 등불에 비춰보는 것 같으며, 주해가 또 명백하고 정당해 반드시 끌어다가 우리 유학에 귀결시켰으니, 아는 사람들은 선생의 이 글을 놓고 분명하게 인지하는 총명함이 아니면 능히 할 수 없는 일이라 생각했다. 이단이 우리 유학에 어긋나는 까닭은 그릇되기 때문이니, 그릇되지 않는 것은 진실로 취할 만한 것이 있으며, 그릇된 것을 버리면 순일해진다. 고상하고 명석한 선비가 이단에 빠져도 깨닫지 못하는 것은 다만 순일함만 보고 그릇됨을 잊어버리기 때문이다. 진실로 선생처럼 아주 공평하고 매우 명철하지 못해서 사악한 것인데도 아름다운 것으로 파악한다면 순일한 것과 그릇된 것이 서로 뒤섞여서 쓸 수 있는 것조차 끝끝내 쓸 수 없는 것이 되어버리고, 쓸 수 없는 것을 도리어 간혹 쓸 수 있는 것으로 여기게 되니, 그 피해는 무엇으로도 대가를 치를 수 없다. 어떻게 하면 순일한 것과 그릇된 것을 구별해서 쓸 수 없는 것은 버리고, 쓸 수 있는 것은 보존할 수 있겠는가?[44)]

즉, 율곡은 유학의 가르침과 뒤섞일 수 없는 순일한 내용들만 『노자』에서 취사선택한 후 『순언』을 작성하였다고 본 것이다. 이단의 말과 유학의 언어가 혼란스럽게 뒤섞이지 않은 저서가 『순언』인데, 그것은 율곡의 명철함과 공평함의 학문정신에 의하여 탄생할 수 있었다는 것이다. 그래서 저서명도 유학의 정신에 위배되지 않는 순정한 언어라는 의미에서 『순언』이라고 이름붙였다고 본 것이다.

담와는 율곡이 『순언』을 지은 학문적 의의를 존숭한다. 그것은 『순언』이 저술되었던 당시에 이미 제기되었던 『순언』에 대한 비판을 겨냥한 것이다. 담와는 율곡의 둘도 없는 친구 구봉(龜峯) 송익필(宋翼弼, 1534~1599)의 비판을 예로 들면서도 율곡을 두둔하며 다음과 같이 말한다.

> 선생이 이 책을 지을 때 닥쳐서 구봉 송 선생이 말리면서 말했다. "노자 본연의 뜻이 아니며, 구차하게 유학과 동일시하려는 혐의가 있다." 그 말이 또한 정직하게 잘라 말해서 좋기는 하지만, 선생과 같은 학문적 범위나 곡진한 성취에 이르게 되면 비록 이단과 외도일지라도 쓸 수 있는 것이 쓸 수 없는 것에 섞여 들어감을 오히려 안타깝게 여기고 반드시 그릇된 것을 버려서 순일한 데로 돌아가게 하고자 했을 것이다. 오랜 세월이 지난 뒤에야 진실로 그 마음을 알 수 있을 것이니, 아! 극진하도다.[45]

---

44) 『순언』, 「跋」, "啓禧攷夲文, 盖去其反經悖理者五之三尒, 其取者, 誠不害乎謂之醇也. 去取如衡稱燭照, 註解又明白亭當, 必援而歸之於吾道. 識者以爲非先生知言之明, 莫能爲也. 異端之所以倍於吾道者, 以其駁也. 不駁者, 固不無可取, 去其駁, 則醇矣. 高明之士, 墮落而不悟者, 特見其醇而忘其駁也. 苟無如先生之大公至明, 惡而知其美, 則醇駁相混, 可用者, 卒歸於不可用, 而不可用者, 或以爲可用, 其爲害不貲. 曷若區別醇駁, 去其不可用, 而存其可用哉?"

45) 『순언』, 「跋」, "當先生之編此也, 龜峯宋先生止之曰: 非老子之本旨, 有苟同之嫌. 其言亦直截可喜. 而至若先生之範圍曲成, 雖於異端外道, 尙惜其可用

여기서 담와가 인용하고 있는 말은 『구봉집』에서도 유사한 내용이 발견된다. 구봉은 다음과 같이 말한다.

> 형이 새롭게 편찬한 『순언』 한질을 보았는데 재주를 부린 것 같다. 형을 위해서도 의아스럽게 여겨진다. 또한 주회암(주자)이 『참동계』를 마음에 두었던 뜻과 무관한 것인가? 거듭 세상의 도리를 위해서도 탄식이 일어난다. 이단을 굴복시키고자 하면서도 도리어 같이 되고자 한다면 노자의 본뜻을 상실한다. 그리고 우리 유학의 도에 있어서도 또한 구차하게 같게 하고자 한 혐의가 있을 뿐만 아니라 주석 또한 견강부회하였다.[46]

이를 통해볼 때, 율곡이 『순언』을 저술하였던 것이 분명한 사실이었음이 확인된다. 다만, 규장각본 『순언』과 『구봉집』에서 언급된 『순언』의 한자가 약간 다르게 표현되어 있을 뿐이다. 규장각본은 '순일할(순박할) 순'(醇)자를 써서 『醇言』이라 표현하고 있는데 비해 『구봉집』에서는 '타이를 순'(諄)자를 써서 『諄言』이라고 표기하고 있다. 구봉은 율곡에게 보내는 서간문을 통해 율곡이 자신보다 두 살 아래였음에도 극진한 공대를 표하고 있을 만큼 도의지교가 두터웠다. 구봉은 율곡을 스스럼없이 '형'이라고 호칭하고 있는 것이다. '형'이란 말은 꼭 나이가 자기보다 많다는 것만을 의미하지는 않는다. 전통시대에는 친구 간에 서신을 주고받을 때 벗을 높여서 '형'이라고 호칭했다. '대

者, 混歸於不可用, 必欲去其駁, 而俾歸乎醇. 百世之下, 眞可以見其心矣. 於乎至哉!"

46) 『구봉집』 권4, 玄繩篇上, 「與叔獻書」, "見兄新編諄言一帙, 似爲才氣所使. 爲兄致疑焉. 抑無乃朱晦庵參同契遺意耶? 重爲世道興歎. 屈異而欲同之, 失老子本旨. 而於吾道, 亦有苟同之嫌, 註又牽合."

형(大兄)', '아형(雅兄)', '인형(仁兄)', '형장(兄丈)' 등이 모두 친구를 높여 부를 때 사용한 호칭이다.

아무튼 『구봉집』에 나타난 발언이나 『순언』의 발문에서 담와가 인용하고 있는 구봉의 『순언』에 대한 비판적 입장은 매우 분명하다. 구봉이 볼 때, 『순언』은 노자 본연의 뜻과는 전연 다른 내용이며, 그것은 구차하게 유학으로써 노자를 해석하여 양자를 동일시하고자 한 혐의가 있다는 것이다. 한마디로 그것은 견강부회에 지나지 않는 저술이라는 것이다. 담와는 이와 같은 구봉의 『순언』 비판이 무의미하지 않다고 본다. 담와는 구봉의 『순언』 비판이 매우 분명한 점이 있음을 인정한다. 실제로 『순언』 전체의 내용을 살펴보면, 율곡이 유학 또는 성리학의 기준을 가지고 노자를 이해하고자 한 특징이 있기 때문이다.

그럼에도 담와는 율곡이 『순언』을 저술한 것은 구봉이 비판한 것 이상의 가치와 의의가 있다고 본다. 담와는 노자의 현실적용 가능성을 염두에 두고 율곡이 노자에게서 쓸 수 있는 범주들을 찾아내어 『순언』을 저술하였다고 인식한 것이다.[47] 그리고 제 아무리 이단사설이라고 하더라도 현실적용 가능성이 있는 것들이라면, 그 그릇된 것을 버려 순일한 데로 돌아가게 하고자 한 뜻이 있었을 것이라고 본다.

이러한 점에서 『노자』의 구절들이 비록 유학의 정신에 배치되는

---

47) 『순언』은 『노자』에서 유학의 기준으로 볼 때 순수하다고 판단된 내용과 함께 현실적용 가능성이 있는 논의들을 적극적으로 채택하여 재편집한 저술이다. 따라서 『순언』은 유학의 관점에서 받아들일 수 있는 내용의 유무와는 상관없이 율곡이 보아 『노자』를 이해하는 시각에서 필요한 것들이기 때문에 설명되고 있는 것들이라고 볼 수 있다. 이러한 점 때문에 앞서 언급한 "『순언』에서 거론되는 『노자』의 글귀들은 그것이 유학적 입장에서 보아 긍정될 수 있는 것들이기 때문에 해설되는 것이 아니라, 율곡이 『노자』를 이해하는 시각에서 보아 필요한 것들이기 때문에 해설되는 것이라고" 본 윤천근의 설명은 의미가 있다(윤천근, 앞의 책, 253쪽).

것들일지라도 그 일부는 『순언』 안에 수렴된다. 김학목은 이 점에 주목한 바 있다. 그는 이와 관련된 세 가지 예를 들고 있는데, 대체적인 내용은 다음과 같다.[48)]

(1) 『노자』 제48장에 있는 학문과 도의 실천내용[49)]을 하나로 회통하여 보고자 한 점이다. 율곡은 유학의 지행관을 통해 유학의 일반적 시각을 벗어난 도와 학문의 방법까지 적극적으로 용인하는 태도를 보인다.

(2) 『노자』 55장에서 덕을 가진 자는 독충이나 맹수, 그리고 맹금류조차 해치지 않는다는 구절[50)]을 의미론적으로 이해한 점이다. 율곡은 그것이 이치적인 측면에서 그런 것일 뿐 사실과는 다를 수 있음을 인정한다. 그는 다소 비합리주의적으로 비쳐지는 『노자』의 문구까지 적극적으로 원용하여, 그것이 말하고자 한 언어 이면의 배경과 그 이치에 대해 생각해보고자 한 것이다.

(3) 『노자』 제78장[51)]의 더러움을 받아들이는 것에 관하여 율곡은 모두를 어짊으로써 감화시키는 것이라고 풀이한 점이다. 가치평가의 경계가 명확한 유학의 입장에서 더러움을 받아들인다는 것은 선뜻 용납될 수 없는 일일 것임에도, 율곡은 유학의 관점을 통해 더러움조차 포기하지 않는 어짊의 보편성에 대해 논의하고자 한 것이라 볼 수

---

48) 김학목, 앞의 책, 140~142쪽 참조.

49) 『노자』 제48장, "爲學日益, 爲道日損. 損之又損, 以至於無爲." 및 『순언』 제6장, "爲學은 日益ᄒᆞ고 爲道ᄂᆞᆫ 日損이니 損之又損ᄒᆞ야 以至於無爲니라" 참조.

50) 『노자』 제55장, "含德之厚, 比於赤子. 毒蟲不螫, 猛獸不據, 攫鳥不搏." 및 『순언』 제23장, "含德之厚ᄂᆞᆫ 比於赤子ㅣ니 毒蟲이 不螫ᄒᆞ며 猛獸ㅣ 不據ᄒᆞ며 攫鳥不搏ᄒᆞᄂᆞ니라" 참조.

51) 『노자』 제78장, "受國之垢, 是謂社稷主; 受國不祥, 是謂天下王." 및 『순언』 제14장, "是以聖人이 言ᄒᆞ사ᄃᆡ 受國之垢ㅣ 是爲社稷主ㅣ오 受國不祥이 是爲天下王이라ᄒᆞ시니라" 참조.

있다.

율곡의 입장은 당시의 정치적 현실이나 학문적 분위기에 대한 비판적 인식과 무관하지 않을 것이다. 당시 피아의 경계를 가려 나와 다른 것들이라고 판단된 것들이라면 무조건 비판하고 배격만 일삼던 시대적 정황에서, 과연 무엇이 진정한 문제인가를 제대로 규명해보지 않으면 안 된다는 인식이 율곡으로 하여금 『순언』을 저술하게 만들었을 것이라 추정된다. 또한 성리학 바깥의 다름으로부터 성리학 내부의 동질성에 문제가 있을 수 있음을 확인하고자 한 학문적 반성 의식이 『순언』을 저술하게 한 또 다른 동기일 것이라 파악된다. 이와 같은 『순언』의 의의는 결코 작다고 평가할 수 없다.

그래서 담와는 『순언』이 지금 당장 사람들에게 인정받기는 어려울지라도 세월이 지나고 나면 자연스럽게 그 진실을 인정받게 될 것이라고 판단한 것이다. 이러한 이유 때문에 담와는 율곡의 학문적 회통 정신이나 개방적 연구의 태도가 실로 극진한 것이 아닐 수 없다고 최종적인 평가를 내릴 수 있었던 것이라 여겨진다.

제2장

형이상학적 세계관

1. 머리말

율곡은 『순언』 가운데 제1장부터 제3장까지의 세 개의 장[1]이 '도체론(道體論)'에 해당한다고 규정한다. 이와 같이 『순언』의 앞부분을 '도체론'으로 규정하는 율곡의 편집방식은 『순언』의 철학적 전제가 우선은 형이상학적 문제에 있다는 것을 보여준다. '도체론'의 문제는 『순언』의 이론적 근거라고 볼 수 있다. 형이상학은 생성론과 존재론의 범주 내지는 신학적 범주와 관련된 내용을 주된 사유의 대상으로 삼는데, 여기에서는 율곡의 노자관에 반영되어 있는 존재론적 근거를 살펴보는 데 그 논의의 초점을 두기로 한다.

율곡의 『노자』 해석은 그의 성리학적 소양에 바탕을 두고 전개된다는 사실을 부정할 수 없다. 이 말은 결국 율곡이 『노자』를 읽게 된 이유가 노자철학에 동화되고자 한 것이 아니라 유학적 소양 위에서 『노자』를 이해해보고자 한 특별한 목적의식 때문이었다는 사실을 반영한다. 어떠한 이유가 되었든 율곡은 자신의 성리학적 사유를 통해 『노자』를 재해석한다. 이것은 형이상학적 문제도 예외는 아니다. 그렇다면 율곡은 어떠한 세계관을 가지고 세계를 바라본 것일까? 결정적으로 『순언』에까지 영향을 미친 형이상학적 세계관의 특징은 무엇일까?

율곡철학은 기본적으로 '리기지묘(理氣之妙)'[2]의 근저 위에 그 성리학

---

1) 『순언』 제40장 말미의 종결부분, "醇言, 凡四十章. 首三章言道體."

2) 『율곡전서』 권10, 서, 「答成浩原」, "理氣之妙, 難見難說." 및 같은 책, 같은 곳, "理氣之玅, 本無離合." 등 참조. 율곡이 '리기지묘'를 직접 언급한 것은 7번에 불과하지만, 그 내용상의 의미에 있어서는 율곡의 철학적 관심이 여

적 체계를 구체화한 특징이 있다. '리기지묘'는 '하나이면서 둘이요(一而二), 둘이면서 하나(二而一)'라는 논리로 설명된다.[3] 율곡에 의하면 리와 기는 둘도 아니고 또한 하나도 아니다. 하나가 아니기 때문에 하나인 듯하면서 둘이고, 둘이 아니기 때문에 둘인 듯하면서 하나이다. 그러면 왜 리와 기는 하나가 아니라고 하는가? 리와 기가 비록 서로 떠나지 못하지만 묘합한 가운데에서도 리는 스스로 리이고 기는 스스로 기여서 서로 섞이지 않기 때문에 하나가 아니다. 그렇다면 왜 둘이 아니라고 하는가? 비록 리는 스스로 리고 기는 스스로 기여서 섞이어 틈이 없어 앞과 뒤도 없고 헤어지고 합하는 것도 없어서 둘이 되는 것을 보지 못하기 때문에 둘이 아니다.[4]

이것은 율곡이 주자의 '리기는 서로 떨어질 수 없다'는 원칙과 '리기는 서로 섞여서는 안 된다'는 원칙을 '리기지묘'로써 요령 있게 설명한 것이다.[5] 그런데 이것은 주자의 설명대로 사물상에서 볼 때에는 '리와 기가 서로 떨어지지 않는다'는 의미에서 하나이지만, 원리적으로 본다면 '리기는 서로 섞이지 않는다'는 의미에서 둘이라는 뜻이다.[6]

그래서 율곡은 주자와 같이 노자의 '도'를 '태극'의 차원으로 이해한다.[7] 그리고 주자와 같이 '도'를 '체용론(體用論)'에 근거하여 설명하기

기에 있음을 의심할 수 없다(황의동, 「율곡의 리기론」, 『율곡 이이』, 서울: 예문서원, 2002, 153쪽).

3) 『율곡전서』 권10, 서, 「答成浩原」, "非一物故一而二; 非二物故二而一也."

4) 이상의 내용은 「답성호원(答成浩原)」 서를 비롯한 『성학집요』 「수기 상」에 자세하게 논의되고 있다. 관련된 내용의 구체적인 인용문은 생략하기로 한다.

5) 황의동, 『율곡사상의 체계적 이해(1)』, 서울: 서광사, 1998, 191~192쪽 참조.

6) 『주희집』 권46, 「答劉叔文」, "所謂理與氣, 決是二物. 但在物上看, 則二物渾淪, 不可分開各在一處, 然不害二物之各爲一物也. 若在理上看, 則雖未有物而已有物之理, 然亦但有其理而已, 未嘗實有是物也."

7) 『순언』 제1장 주, "朱子曰; 道卽易之太極."

도 한다. 율곡은 말하기를 전체 가운데도 '체 · 용'이 있고 각기 갖추어진 개별적인 것들 가운데도 '체 · 용'이 있다고 한다. 율곡의 이러한 '체용론'적 관점은 주자가 '통체일태극(統體一太極)'과 '각구일태극(各具一太極)'으로 설명한 것과 같은 방법이다. 율곡에게 있어서 태극은 동정하는 음양과의 묘합으로 실재하며, 그것은 방소가 없고 정체가 없는 '신(神)'이나 '역(易)'과 같은 성격을 갖는다.[8]

이와 같이 본다면, 율곡의 노자관은 기본적으로 성리학에 토대를 둔 그의 '리기지묘'적 논리에 기반을 두고 있다는 점이 보다 분명해진다. 그리고 '도'와 '사물'의 존재 구조 및 양자의 관계를 성리학적 '체용론'의 관계 위에서 풀이하는 특징을 드러낸다는 점에서, 필연적으로 율곡의 노자관은 노자로써 노자를 해석하는 방식과는 거리가 먼 성리학적으로 노자를 다시 해석하는 결과를 낳게 되는 것이라고 말할 수 있다.

2. 도의 본체와 묘용: '무위'의 공능과 '무불위'의 효용

율곡은 노자의 '도'를 '천도(天道)'로 보고, 그것이 현상적 만유를 생기게 하는 궁극의 근원이라고 이해한다.[9] 즉 '도'는 모든 만물의 근원적 존재로서 현상이 현상되는 '소이연자'라고 말할 수 있다. 그래서 율곡은, "'도'는 하늘 위에 있으면서 어떠한 소리도 없고 냄새도 없는데, 현상 만유가 생겨나는 것은 실로 여기에 뿌리를 두고 있다. 그러므로 사

8) 황의동, 앞의 책, 116~117쪽 참조.

9) 『순언』 제2장 주, "道卽天道, 所以生物者也."

람의 경우에 있어서는 유목적적으로 어떠한 것을 생각하지 않고 인위적으로 하지 않아 고요히 움직이지 않다가 감응하여 마침내 천하의 연고에 통한다"[10]라고 한다.

이러한 율곡의 설명은 주자가 주렴계(周濂溪, 1017~1073)의 「태극도설(太極圖說)」을 해석하면서, "하늘 위에 실린 것은 소리도 없고 냄새도 없다. 그러면서도 실제적으로 조화의 추뉴가 되며 모든 다양한 사물들의 뿌리가 된다"[11]고 한 말을 원용한 것이기도 하고, 보다 직접적으로는 『중용』 제33장[12]과 『주역』 「계사 상」[13]의 내용을 인용한 것이라고 볼 수 있다. 여기에는 천지 만물이 하늘의 이법에 근원을 두고 있듯이 천지 만물의 중추적 존재인 인간 역시 그것을 본받아야 한다는 율곡의 생각이 개입되어 있다.

율곡은 주자와 같이 '도'가 없으면 현상 세계는 어떠한 것도 드러나지 않는다고 본다. '도'는 구체적인 사물로 자기 자신의 모습을 세계의 전면에 떠올리게 되는데, 이때 '도'는 '덕'으로서 자신을 드러낸다. 이것이 바로 구체적인 사물의 존재 내면에 각기 고유하게 분유되어 내재화된 성품이다. 이러한 특징 때문에 인간과 현상 만유는 '도'가 아니면 자생함이 없게 되고, 또한 '덕'이 아니면 '리'를 따라 자양함이 없게 된다.[14]

율곡이 볼 때 현상 만유에 개별적으로 분유되어 내재화된 고유한

---

10) 『순언』 제3장 注, "上天之載, 無聲無臭, 而萬物之生, 實本於斯, 在人則無思無爲, 寂然不動, 感而遂通天下之故也."

11) 『근사록』 권1, 「太極圖說解」, "上天之載, 無聲無臭, 而實造化之樞紐, 品彙之根柢也."

12) 『중용』 제33장, "上天之載, 無聲無臭, 至矣."

13) 『주역』, 「계사 상」, "易无思也, 无爲也, 寂然不動, 感而遂通天下之故."

14) 『순언』 제2장 注, "德則道之形體, 乃所謂性也. 人物非道則無以資生, 非德則無以循理而自養, 故曰; 道生德畜也. 物之成形, 勢之相因, 皆本於道德, 故道德最爲尊貴也."

성품은 '리'라고도 말할 수 있는 것이라는 점에서, 이러한 사유방식은 '성즉리(性卽理)'라는 성리학적 범주 안에 놓이게 되는 것이라고 말할 수 있다. 그래서 존재가 형체를 구비하게 될 때 그 존재의 내면에는 필연적으로 '성' 내지는 '리'를 함유하게 되는 것이다. 구체적인 개별자들은 '리'를 따라 자생하고 자양한다는 것이 율곡의 생각이었다. 따라서 '성즉리'에 기초한 율곡의 노자관은 '리'를 통하여 노자를 해석하려는 시도라고도 볼 수 있다.[15)]

그러나 율곡이 성리학적 사유반경의 범주 안에서 자신의 철학을 구상하고 있을지라도, 그는 주자의 성리학적 세계 이해와는 다른 철학적 특징을 보여주기도 한다. 이 말은 율곡이 주자학에만 일방적으로 경도되지는 않았다는 의미이기도 하다. 이것은 노자의 '무위'를 주자가 부정적으로 해석한 반면 율곡은 오히려 긍정적으로 이해한다는 점을 통해서도 확인된다.

주자는 노자의 '무위'를 '아무런 행위도 하지 않는 것'이라고 해석한다. 그래서 주자는 "노자가 말하는 무위는 완전히 아무것도 일삼지 않는 것이다. 그러나 유가에서 말하는 성인의 무위라는 것은 일찍이 하지 않음이 없는 것이다"[16)]라고 주장한다. 그러나 이와 같은 주자의 '무위'에 대한 해석은 온당하다고 볼 수 없다.

왜냐하면 노자가 말하는 '무위'가 주자가 보는 것처럼 전칭 부정으로서 '아무런 행위도 하지 않는 것'은 아니며, 이것은 오히려 특칭 부정으로서 '유목적적인 어떠한 행위도 하지 않는 것'을 말하기 때문이다. 그래서 율곡은 이 점에 관한 한 주자의 견해를 맹목적으로 추종하지는 않는다. 여기에서 우리는 율곡이 오히려 노자에 대한 주자적 사유의 틀

15) 『순언』 제14장 주, "以理勝氣." 참조.

16) 『주자어류』 권23, 「論語 · 爲政」, "老子所謂無爲, 便是全不事事. 聖人所謂無爲者, 未嘗不爲."

을 어느 면에서는 넘어서고 있다고도 말할 수 있게 되는 것이다.

'무위'는 노자에게서 '도'의 실질적 내용이나 다름이 없다. 그런데 노자는 자신이 말하는 '무위'의 개념이 잘못 인식될 수 있음을 우려한 듯하다. 그래서 노자는 '무위'의 기능은 오히려 '하지 않음이 없는 것'이라고 뒤에서 곧바로 지적해 준다. 즉 '무위'란 '아무것도 하지 않는 것'이 아니라 '하지 않음이 없는 것'이라는 효용성의 의미를 지닌다는 것이다. 이것이 바로 노자가 말하는 "도는 항상 '무위'하면서도 '무불위'한다"[17]는 것의 내용이다.

율곡은 이것을 '도체론'을 설명하는 마지막 장인 『순언』 제3장에 배속시킨 후 거기에 구결을 달고 있다.[18] 뿐만 아니라 율곡은 이것을 노자철학의 핵심이라고까지 생각한다. 그래서 율곡은 『순언』의 종장인 제40장 말미의 종결부분에서 "대개 이 책은 무위를 근본으로 삼고 있지만 그 쓰임에 있어서는 하지 않음이 없으니, 결코 허무에 빠지는 것은 아니다"[19]라고 총평하였던 것이다. 여기서도 율곡은 노자의 '무위'를 적극적으로 긍정함으로써 '무위'의 해석에 관한 한 주자의 부정적 해석과는 다른 입장을 보여주고 있다.

그런데 '도'는 어떠한 속성도 지니지 않는다. 다시 말하자면, 이것은 율곡이 『순언』 제3장에서 지적한 것처럼 '도'가 어떠한 냄새도 없고, 어떠한 소리도 없으며, 어떠한 색깔도 지니지 않는다는 말이다.[20] 뿐만 아니라 '도'는 '무위'하기 때문에 자신이 어떠한 특정한 목적을 가지고 자의적으로 행위하지 않는다. 그러므로 '도'는 무목적적

---

17) 『노자』 제37장, "道常無爲而無不爲."

18) 『순언』 제3장, "道常無爲호ᄃᆡ 而無不爲니라"

19) 『순언』 제40장 말미의 종결부분, "大抵此書, 以無爲爲宗, 而其用無不爲, 則亦非溺於虛無也."

20) 『순언』 제3장 주, "上天之載, 無聲無臭, 而萬物之生, 實本於斯."

이다. 이러한 '도'는 시간적으로 영원하고 공간적으로 무한하다고 할 수 있다는 점에서 노자는 이것을 '항상성'(常)이라는 용어를 빌어 표현하고 있다.

요컨대 '도'는 시간적으로는 시작이 없고 끝이 없다. 또한 공간적으로 안과 밖이라는 구분이 없다. 이것은 '도'가 시간과 공간의 현상적 범주를 넘어서 있기 때문에 가능한 설명이다. 여기에서 보는 바와 같이 노자는 '도'가 유한하고 일시적인 현상적 사물의 존재 방식을 넘어서 있다는 것과 관련하여 이것을 항상성의 범주 안으로 끌어들임으로써 시·공간적인 범주들을 포월하여 존재하는 것이 바로 '도'임을 설명하고자 하였던 것이다.

근본적으로 노자의 '도'는 '무위'의 기능을 지니고 있다. 그런데 노자는 언제고 '무위'를 '무불위'와 연결하여 생각한다. 율곡은 이것이 '도'의 본체와 묘용을 동시적으로 설명하려는 노자의 철학적 방편이라고 해석한다.[21] 율곡이 볼 때 '도'의 본체는 '역(易)'과 같이 '무위'하면서 '적연부동'한 것이며, 그 묘용은 '무불위'하면서 또한 '감응하여 천하의 연고에 통한다'는 것으로 이해된다.[22]

그런데 통상적으로 '무위'와 '무불위'는 서로 다른 논리적 의미를 지닌다는 점에서 상호 모순된다고 할 수 있다. 여기에서 노자는 의도적으로 논리상 상호 모순을 일으킴으로써 자신의 논지를 보다 효과적으로 전달하는 성과를 거두고자 한다. 그래서 그는 역설의 논리를 통하여 우리에게 논리적 규정의 의미망을 넘어서기를 기대한다.

A는 A일 뿐 A가 아닌 다른 것일 수 없다. 그럼에도 노자는 A가 A이면서 동시에 A가 아닌 것일 수도 있다고 본다. 그 대표적인 표현이

---

21) 『순언』 제3장 주, "第三章, … 而言道之本體無爲, 而妙用無不爲, 是一篇之大旨也."

22) 『주역』, 「계사 상」, "易, 无思也, 无爲也, 寂然不動, 感而遂通天下之故." 참조.

'무위하면서 무불위한다'라는 말이다. 이것은 상호 모순되는 내용의 언어진술이다. 그러나 그 모순의 이면에는 역설이 존재한다. '무위하면서 무불위한다'라는 말을 통해 노자는 긍정과 부정의 논리를 동시에 설명해보고자 한 것이다. 이것은 곧 형식논리의 한계에 대한 지적임과 동시에 논리 자체에 매이지 말라고 하는 노자적 방식의 권유라고도 볼 수 있다.

'도'는 항상 자기 부정적 무규정성을 지닌다. 그러므로 '도'는 형식논리의 영역을 넘어서 있다. 형식 논리는 일반적으로 동일율과 모순률로 집약되는데, 이들은 추상에 의지하여 일반 공통성이라는 것을 추출해 낸다. 그러나 이렇게 추출된 일반 공통성이라는 것은 벌써 존재를 어느 측면에서건 임의로 구획하고 단절하는 단편적 성격의 한계 위에 놓여 있을 수밖에 없는 것이다.[23]

이러한 형식 논리적 방법으로 '도'를 파악한다는 것은 전혀 불가능하다. 그래서 노자는 '무위'와 '무불위'의 구조적 모순을 해결하려는 방편으로 양자를 모두 수용할 수 있는 매개어를 동원한다. 그것이 바로 '무위'와 '무불위' 사이에 존재하는 차이의 동거를 용인하고자 끌어들인 글자 '이(而)'자의 용례이다.[24]

이상의 내용은 성리학의 유명한 명제인 '무극이태극(無極而太極)'과도 유사한 맥락을 지닌 것으로 볼 수 있는 측면이 있다. '무극'과 '태극'이 전연 별개의 차원에 별도로 존재하는 개별적인 것들이 아니라는 점에서 '무극이태극'의 논리구조는 노자의 '무위이무불위(無爲而無不爲)'의

23) 고형곤, 『선의 세계』, 서울: 삼영사, 1981, 18쪽 참조.

24) 이 '이(而)' 자를 통한 두 개념의 연결은 어떤 때는 '무위'하고 어떤 때는 '무불위'하기도 하여 '무위'할 때도 있고 '무불위'할 때도 있다는 시간상의 의미가 아니라, '무위'와 '무불위'는 항상 동시적 구조성을 가진다는 의미로 주어진 글자이다. '무위'이면서 동시에 '무불위'라는 것이다(송항룡, 『한국도교철학사』, 서울: 성균관대 대동문화연구원, 1987, 128쪽 참조).

해석의 방식과 구조상 크게 어긋나지 않는다. 양자는 모두 '무위'와 '무불위' 내지는 '무극'과 '태극'이라는 존재 양상의 상호 모순성에 대하여 '논리의 형식을 빌어 논리를 부정하는 방식'을 통하여 이를 설명해보고자 한 것들이라고 볼 수 있다.

이것은 규정을 불허하는 '도'의 존재 방식을 동시적으로 설명하려는 철학적 방편의 설정이라고 할 수 있다. '도'는 규정을 불허한다는 점에서 철저하게 자기 부정적이며, 이러한 점에서 '도'라는 말조차 '도'는 아니라고[25] 볼 수 있겠기 때문이다.

3. 사물의 본체와 작용: 사물의 현전과 기의 분화

율곡은 '도'의 존재 방식에 관한 체용론적 구조에만 관심을 갖지는 않는다. 율곡에게 있어 현실적 존재인 '사물'의 존재 구조는 폐기될 수 없는 중요한 의미체라고 할 수 있으며, '도' 역시 사물을 떠나 존재할 수 없는 존재성을 담지하고 있다. 율곡은 본원존재인 '도'에 체(體)·용(用)이 있는 것처럼 사물도 제 각각의 체·용 관계 위에 정립된다고 본다. 율곡에게서 '체'와 '용'은 항상 일원론적 관계를 유지하게 된다.

그렇다면 율곡은 '도'가 어떠한 방식을 통하여 현상적 만유를 드러낸다고 보는가? 이에 관하여 『노자』 제42장은 "도는 1을 생하고, 1은 2를 생하고, 2는 3을 생하며, 3은 만물을 생한다"[26]라는 식으로 설명

25) 『노자』 제1장, "道可道, 非常道; 名可名, 非常名."
26) 『노자』 제42장, "道生一, 一生二, 二生三, 三生萬物."

하고 있다. 율곡은 이 구절을 자신의 『순언』 제1장[27]의 첫머리에 둘 정도로 대단히 중요하게 생각하였다. 전통적으로 우리가 『노자』를 이해함에 있어서 가장 난해하다고 생각한 장 가운데 하나를 율곡 역시 『순언』의 첫머리로 이끌어낸 것이다. 그리고 여기에 대하여 그는 주자의 말을 인용하여 다음과 같이 설명한다.

> 주자가 말하기를 "도는 역의 태극이다. 1은 양의 기수이며 2는 음의 우수이다. 3은 기수와 우수가 모인 것이다. 그런데 여기서 2가 3을 생한다고 말한 것은 2와 1이 합해서 3이 된다는 것과 같다. 그리고 3이 만물을 생한다고 말한 것은 기수와 우수가 합해서 만물이 생한다는 것이다"라고 하였다.[28]

율곡은 주자역학(朱子易學)의 이론을 원용하여 '천도(天道)'의 변화 원리에 관하여 설명하고 있다. 특히 그 이론적 근거를 기본적으로 주자의 '하도십수설(河圖十數說)'에 두고 있는 듯하다.[29] 여기에서 2가 3이 된다

---

27) 『순언』 제1장, "道生一ᄒᆞ고 一生二ᄒᆞ고 二生三ᄒᆞ고 三生萬物ᄒᆞ니 天地之間이 其猶橐籥乎ᅵᆫ뎌 虛而不屈ᄒᆞ며 動而愈出이니라 萬物이 負陰而抱陽ᄒᆞ고 冲氣以爲和ㅣ니라"

28) 『순언』 제1장 주, "朱子曰: 道卽易之太極, 一乃陽之奇, 二乃陰之耦, 三乃奇耦之積, 其曰: 二生三, 猶所謂二與一爲三也. 其曰: 三生萬物, 卽奇耦合, 而萬物生也."

29) 그런데 '하도(河圖)'의 상과 그 의의에 관해서는 『주역』 「계사 상」의 '천지지수(天地之數)' 장에 잘 나타나 있다. 여기에 대하여 주자는 『주역본의』에서 '천도(天道)'를 '천지음양기우지수(天地陰陽奇偶之數)'라고 하면서, '천수(天數)' 1·3·5·7·9와 '지수(地數)' 2·4·6·8·10이 10·5를 중심으로 1·6, 2·7, 3·8, 4·9로 결합하여 각기 정위된다고 보고 있다(朱熹, 『周易本義』, "此言天地之數, 陽奇陰偶, 卽所謂河圖者也. 其位, 一六居下, 二七居上, 三八居左, 四九居右, 五十居中, … 天數五者, 一三五七九, 皆奇也. 地數五者, 二四六八十, 皆偶也. 相得謂一與二, 三與四, 五與六, 七與八, 九與十, 各以奇偶, 爲類而自相得, 有合, 謂一與六, 二與七, 三與八, 四與九, 五與十, 皆兩相合, 二十有五者, 五奇之積也, 三十者, 五偶之積也. 變

는 것은 음의 우수 2와 양의 기수 1이 합하여 3이 된다는 의미이며, 또한 3이 만물로 된다는 것은 음의 우수 2와 양의 기수 1이 합하여 현상 만유로 된다는 의미라고 할 수 있다.

그런데 『주역』 「계사 상」의 "역에는 태극이 있다(易有太極)"라는 말에 있어서 '역'은 어떤 존재자로서의 '역'을 의미하는 것이 아니다. 이것은 상대적 관계를 초월한 변화 자체라고 보아야 한다. 그러므로 "'역(易)'에는 '태극(太極)'이 있는데, 이것이 '양의(兩儀)'를 생하고, '양의'가 '사상(四象)'을 생한다"[30]는 말은 모두 변화 자체 속에서, 즉 순수 동작 가운데에서 존재가 개별자들로 현상화하는 과정을 설명한 것이라고 볼 수 있다.

율곡은 『주역』의 "역에는 태극이 있다"는 것을 『노자』의 "도가 1을 생하고, 1이 2를 생하고, 2가 3을 생하고, 3이 만물을 생한다"고 하는 존재의 사물적 전개과정과 연관시켜 설명하고 있는 것이다. 여기에서 '도'는 현상 만유의 궁극적 근원자로서 하나의 존재자가 아니라 순수 동작의 운동 자체로서 '태극'과 같은 존재성을 갖는다. 율곡은 이와 같이 현상 만유의 전개과정을 논리적으로 설명함으로써 그 궁극의 근원적 존재를 밝혀보고자 한 것이라 볼 수 있다.[31]

특히, 여기에는 우주 자연의 변화 원리를 상징적으로 나타낸 '역(易)'

化, 謂一變生水而六化成之, 二化生火而七變成之, 三變生木而八化成之, 四化生金而九變成之, 五變生土而十化成之, 鬼神, 謂凡奇偶生成之屈伸往來者." 참조).

30) 『주역』, 「계사 상」, "易有太極, 是生兩儀, 兩儀生四象." 주자는 『역학계몽』에서 "하도의 가운데 5와 10은 '태극'이다. 기수 20과 우수 20은 '양의(兩儀)'이다. 1·2·3·4로서 6·7·8·9가 된 것은 '사상(四象)'이다"(『易學啓蒙』, "河圖之虛五與十者, 太極也. 奇數二十, 偶數二十者, 兩儀也. 以一二三四爲六七八九者, 四象也.")라고 하여 '태극'과 '양의' 및 '사상'의 관계를 풀이하고 있다.

31) 송항룡, 『동양철학의 문제들』, 서울: 여강출판사, 1987, 150~151쪽 참조.

의 원리가 '수(數)'의 원리로 나타난다는 율곡의 생각이 반영되어 있다.[32] 이러한 율곡의 역학관은 최대한 주자역학의 사유에 근접해 있는 종류의 것이다. 일찍이 주자는 "리가 있으면 곧 기가 있고 기가 있으면 수가 있는데, 수는 바로 경계를 나누어 주는 것이다"[33]라고 하였다. 율곡은 이러한 주자의 관점에 따라 노자의 본의와는 무관하게 자신의 성리학적 토대 위에서 『노자』를 새롭게 읽고 있는 것이다.

현상적 세계는 기의 작용을 통하여 구체적으로 분화된 세계이다. 기가 구체적인 분화를 전개하기 이전에는 근원적 존재로서의 '도'와 더불어 자기 동일성을 유지하며 근원적 미분화의 상태로 존재한다. 그래서 노자는 이것을 1이라고 표현한다. 이러한 동일성은 기의 변화 운동과 더불어 깨지고 만다. 그리고 이것은 음의 성질을 띤 기와 양의 성질을 띤 기로서 구체적인 분화의 과정을 겪는다.

이와 관련하여 율곡은 "동물의 등은 뒤에 있으니 음기에 속하고 고요한 것이다. 입과 코, 귀와 눈은 앞에 있으니 양기에 속하고 활동적인 것이다. 식물은 추운 쪽을 등지고 따뜻한 곳을 향하고 있다. 그러므로 음을 지고 양을 껴안아 두 기가 서로 어울려 그 사이에서 운행한다"고 한 송대의 도사 동사정(董思靖)의 『도덕진경집해(道德眞經集解)』의 말을 인용함으로써,[34] 음기와 양기의 특징을 비유적으로 설명하기도 한다.

---

32) 이에 관한 율곡의 관점은 그의 「역수책(易數策)」에 잘 나타나 있다. 「역수책」은 '역'에 관한 11개의 '문목(問目)'과 그에 대한 '대책(對策)'으로 구성되어 있다. 율곡은 여기에서 '역'의 진리는 '체용 일원'의 구조를 지니고 있다고 주장한다(『율곡전서』 권14, 잡저, 「易數策」 참조).

33) 『주자어류』 권65, 「易 · 數」, "有是理, 便有是氣; 有是氣, 便有是數, 蓋數乃是分界限處."

34) 『순언』 제1장 주, "董氏曰; 凡動物之類, 則背止於後, 陰靜之屬也. 口鼻耳目, 居前陽動之屬也. 植物則背寒向煖. 故曰; 負陰而抱陽, 而沖氣則運乎其間也."

즉 이것은 우리의 눈, 귀, 코, 입 등의 앞쪽을 양에 소속시키고, 등의 뒤쪽을 음에 배속시키는 것이라고 볼 수 있다. 존재의 앞면이 양기에 해당하는 것이라면, 그 후면은 음기에 해당하는 것이다. 율곡이 이와 같이 동사정의 생각을 따르는 것은 음기의 정지성과 양기의 활동성을 강조하기 위함이었던 것으로 보인다. 그래서 율곡은 계속하여 동사정의 말을 인용함과 동시에 움직임이 양기에 속하는 것이라면 고요함은 음기에 속하는 것이라고 본 것이다.[35)]

그러나 음기와 양기가 각각 고정된 실체는 아니다. 음기는 양기로, 양기는 음기로 상호 전화되어지기 때문이다. 이러한 상호 전화의 과정 중에 다양성을 지닌 기의 작용력이 취산 작용을 일으킴으로써 상호 결합 내지는 해체를 야기한다. 이때 상호 결합된 다양한 기의 작용이 현상 만유의 세계를 떠올리는 것이라면, 그 작용력이 해체된 기는 존재의 본원으로 다시금 수렴됨으로써 존재 자체와의 본원적 조화를 이루게 되는 것이라고 말할 수 있다. 그 조화의 작용력은 '충기'[36)]에 있는데, 이로 인하여 양기의 강한 활동성과 음기의 강한 정지성이 일방적으로 존재 사물을 지배하지 못하게 되는 것이다.

이상에서와 같이 '도'가 자기를 전개하는 과정은 단계적으로 이루

---

35) 『순언』 제21장 주, "董氏曰: 動屬陽, 靜屬陰."

36) 율곡은 동사정의 설명 방식을 원용하여 기에 관한 자신의 생각을 전달하고 있는데, 동사정의 설명은 현대적 감각으로는 이해하기가 곤란한 점이 없지 않다. 그러나 동사정은 "충기는 그 사이를 운행한다(冲氣則運乎其間)"라고 하였다. 이것은 음양의 두 기 사이에 또 하나의 기가 운행하고 있는 것으로 생각한 것으로서 동사정은 이것을 곧 '충기'라고 보았던 것이다. 따라서 김충열은 이러한 설명은 '충기'를 하나의 기로서 음양의 두 기와 병렬시킨 것이 특징이라고 할 수 있다고 본다(김충열, 『중국철학산고(Ⅰ)』, 청주: 온누리, 1988, 155쪽 참조). 그러나 그것이 비록 음양의 두 기와 병렬되는 기라고 할지라도 이것은 본원기의 범주를 벗어나지 않는다. 음양의 두 기가 본원기로부터 분화된 이후에도 그 활동성은 본원적인 하나의 기위에서 활동하는 것일 뿐이다.

어진다는 것을 알 수 있다. 율곡이 파악한 '도'는 도가적 개념인 '무극'으로서보다는 성리학적 개념으로서의 '태극' 내지는 '리'로서 이해된다. 이로부터 1의 세계가 나타나는 것이다. 그리고 1로부터 2의 세계가 전개되는데, 이때 1과 2는 전일한 기와 음·양의 두 기를 각각 말하는 것이다. 그리고 이러한 기의 작용력은 3으로서의 '충기'에 의하여 상호 조화됨으로써 현상 만유를 떠올리게 되는 것이라고 말할 수 있다. 그래서 율곡은 천지간에는 음양의 두 기가 있어서 이것이 서로 왕래굴신하여 현상 만유를 드러내는데, 음양의 기는 만물의 '본체'가 되고 또한 이것이 충기로써 조화되어 그 '작용'이 되는 것이라고 하여,[37] '음양'과 '충기'의 관계를 '체용론'적 관계로 해설하였던 것이다.

결국 음양과 충기는 모두 기이므로, 율곡은 본체와 작용의 두 측면으로 파악한 것이라고 볼 수 있다. 현상 만유는 기의 논리에 의하여 드러나는 세계이며, 이 세계는 현상 자체를 초월한 또 다른 본질적 세계의 작동으로 나타나는 것은 아니라고 하겠다. 요컨대 존재 자신은 본연한 자기 동일성을 유지하면서 끊임없는 자기 분화의 과정 중에 놓여 있는 것이라고 할 수 있다.

이러한 율곡의 생각이 반영된 『순언』의 학문적 성과는 이미 율곡이 23세 때(명종 13년) 별시의 책문(策問)에 대책(對策)하였던 「천도책(天道策)」의 내용과 그 사유의 맥락을 같이 하고 있음이 발견된다. 다시 말하자면 『순언』은 「천도책」에 나타난 철학적 사유의 연장적 발전 위에서 이루어졌다고 할 수 있다는 것이다.

그 중에서도 특히 노장철학의 사유가 반영된 자연철학에의 관심은 『순언』을 통해서도 드러나는데, 『장자』의 「제물론」에 바탕을 두고

---

37) 『순언』 제1장 주, "天地之間, 二氣往來屈伸, … 萬物莫不以陰陽爲體, 以冲和爲用."

파악되는 천지 만물과 내가 하나라는 관점은[38] 『순언』 제1장에 대한 해석의 내용에 깊이 관여하게 된다.[39] 이렇게 본다면, 율곡의 『순언』 제1장에 나타난 존재론적 구조는 『주역』과 『장자』의 틀을 통하여 해석되고 있으며, 그 해석은 존재와 사유의 상호 공속성에 기반을 두고 이루어진다는 점을 보여주기에 충분하다.

더욱이 율곡은 「천도책」에서 기의 작용을 중심으로 천지의 조화를 설명하고 있다. 이러한 그의 존재론적 세계관은 『순언』에도 여실히 적용되고 있다. 『순언』을 통해 율곡은 현상은 기요 그 현상이 현상이게끔 되는 까닭은 리라고 하면서 양자는 서로 떨어져 있는 것이 아니라고 강조한다. 결국 이와 같은 리기론적 방식의 설명은 성리학적인 것이라고 할 수 있다.

4. 도와 사물의 존재론적 상관관계

근원적 존재로서의 '도'는 모든 가능성을 자신 안에 다 내재하고 있지만, 아직 어떤 구체적인 움직임이나 질서도 드러내지 않고 있는 세계라 할 수 있다. 그 세계를 우리는 '도리가 완벽하게 갖추어져 있는 세계'라고 부를 수 있다. 원래 완벽한 도리라는 것은 가능성의 총체일 따름이다. 현상적 사물의 세계는 그 가능성의 총체의 어떤 부분을 구

---

38) 『장자』, 「제물론」, "天地與我并生, 萬物與我爲一."

39) 『순언』 제1장 주, "其曰; 二生三, 猶所謂二與一爲三也." 이 부분은 『장자』, 「제물론」의 "一與言爲二, 二與一爲三."의 내용을 율곡이 원용한 것이다. 김학목은 『순언』의 번역본을 통하여 이 점을 잘 밝히고 있다(이이, 김학목 옮김, 『율곡 이이의 노자』, 서울: 예문서원, 2001, 33쪽).

현해 낸다. 그러므로 현상적 사물의 세계는 '도리가 완벽하게 갖추어져 있는 세계'라고 할 수 없는 것이다.[40]

율곡의 성리학적 세계관을 통하여 본다면, '도'와 현상적 사물은 '같으면서도 다르고, 다르면서도 같다'고 말할 수 있다. 이것은 율곡이 자신의 '리기지묘'라는 철학적 입장에 근거하여 리기의 관계가 '하나이면서 둘이요, 둘이면서도 하나'라고 한 논리적 규정과 그 사유의 맥락을 같이 하는 종류의 것이라고 하겠다.

다시 말하자면 율곡에게서 '도'와 사물은 원리상에 있어서 결단코 하나일 수 없는 둘이다. 그러나 사물 자체에서 보면 '도'는 사물을 초월하여 독립적으로 존재하는 고정된 실체가 아니기 때문에 그 존재적 차원을 같이 한다는 점에서 하나이다. 율곡은 이와 같이 '도'와 사물의 관계를 묘합적인 구조로서 파악하고 있는 것이다.

요컨대, 율곡의 성리학에 있어서 '리기지묘'의 논리 안에 내포된 리와 기의 두 가지 관계는 존재적(ontisch)인 것과 존재론적(ontologisch)인 것의 중층 구조를 이룬다고 볼 수 있다. 율곡 역시 주자와 같이 이 세계의 모든 존재들은 리와 기로 이루어진다고 본다. 그런데 우리가 리와 기의 가치론적 상관관계를 생각해본다면, 율곡 자신이 비판하는 것과 같이 퇴계와 같은 방식으로는 아닐지라도[41] 율곡은 주자의 '리선기후(理先氣後)'의 당위론적 사유방식을 자신의 사유내용 안에 수용하고 있다는 사실을 확인할 수 있다.

율곡은 '리기지묘'라는 사유틀 안에서 리기의 선후를 문제 삼기보

---

40) 윤천근, 『새로 보는 노자 도덕경』, 서울: 법인문화사, 1995, 117~118쪽 참조.

41) 율곡에게서 퇴계의 리기론은 시간적 선후와 공간적 이합을 상정한 근원적 오류를 범하고 있다고 지적된다. 따라서 율곡의 리기론은 이러한 시·공간적 측면을 배제한 논리적인 측면에서 리기의 관계에 접근한다는 점이 퇴계의 리기론과는 다르다고 할 수 있다.

다는 이들의 상호 공속성과 대대성에 주된 관심을 갖는다. 그러나 율곡의 성리학적 이상은 단지 존재의 원리에만 국한되는 한계를 지닌 것이 아니라, 존재의 원리와 당위의 원리를 동시에 발견해내고 이를 현실에 구현해내는 일이었다고 할 수 있다. 이러한 점에서 율곡의 '리선기후'는 필연적으로 당위론적 원리를 배제할 수 없는 성리학적 입장에 봉착하게 되는 것이다.

율곡은 분명 '리선기후'와 관련하여 리기는 시작이 없기 때문에 선후를 말할 수 없으나, 원리상으로 추론해본다면 부득이 '리선기후'라고 말할 수밖에 없다는 입장을 견지한다.[42] 이것은 주자적 사유에 충실한 한국 성리학의 특징이기도 한데, 우리는 여기에서 율곡이 리기의 상호 관계를 기본적으로 주자와 같이 존재적 관계, 존재론적 관계, 당위론적 관계라는 삼중 구조로 파악하고 있음을 알 수 있다.

그런데 당위론적으로 적용되는 '리선기후'의 논리는 리와 기의 관계를 수직적인 측면으로부터 접근한다는 점에서 '리와 기는 서로 떨어질 수 없다'는 존재적 방식이나 '리와 기는 서로 섞일 수 없다'는 존재론적 방식의 두 가지 수평적 접근의 측면과는 서로 다른 접근의 방식을 보여준다.

그럼에도 행위론적 관계 내지는 도덕론적 관계와 관련된 '리선기후'의 당위론적 주장은 주자학에서 필연적으로 등장하지 않을 수 없는 성질의 것이었다. 본래 주자학의 성립 과정에서 볼 때 '리선기후'의 문제는 처음부터 제기되었던 것은 아니며, 주자가 자신의 '이발(已發)'과 '미발(未發)'의 존재론적 근거를 마련하는 과정 중에 제기된 문제이다.[43]

---

42) 『율곡전서』 권10, 서, 「與成浩原」, "理氣無始, 實無先後之可言. 但推本其所以然, 則理是樞紐根柢, 故不得不以理爲先."

43) 천라이(陳來)에 의하면, 주자의 '리선기후'의 사상적 입론은 주자의 만년인

'리선기후'는 당위론적 측면만을 강조한 것은 아니다. 그것은 존재론적 측면의 리기의 선후까지도 문제 삼았던 점이 특기할 만하다. 그런데 존재적인 측면이 리기를 사물상에서 보는 것이라면 존재론적 측면은 원리적인 측면에서 보는 것이다. 이들은 다 같이 존재의 내면에서 리와 기의 상호 관계를 수평적인 관계로 파악한다. 여기에서 리와 기라고 하는 두 가지 존재는 서로 '체・용' 관계를 지닌 상보적 대대성을 확보하게 된다. 그러므로 '체용론'에 입각한 두 가지 존재로서의 리와 기는 그 어느 하나라도 폐기될 수 없는 것들이다.

율곡은 이러한 성리학적 사유 구조를 충실히 따르고 있다. 『노자』를 해석하는 율곡의 기본 입장은 이러한 성리학적 사유의 반경 속에 놓여 있는 것이라고 할 수 있다. 율곡은 자신의 리기론에 있어서 리기의 관계를 노자의 '무위이무불위(無爲而無不爲)'의 논리와 유사한 방식으로 '리무위이기유위(理無爲而氣有爲)'[44]라는 체용론적 방식으로 해설한다. 이것은 리와 기는 둘이면서 하나요, 하나면서 둘이라는 '리기지묘'의 관점을 표명한 것이라고 할 수 있다. 이러한 논리는 언어적 논리를 벗어난 체득의 논리라고 볼 수 있는 성격이 강하다.

우리는 이러한 철학적 사유의 단서를 『노자』 제1장[45]에서 확인할 수 있다. 노자는 현상의 세계(衆)와 '도'의 세계(妙)를 구분하면서도 이를 동일하게 본다. 현상적 세계는 다양성의 세계이다. 반면 '도'는 그 다양성을 포월하는 절대적 근원의 세계이기 때문에 결국 두 세계의 동일성은 '도'로부터 보장된다고 할 것이다.

62세 이후에 집중적으로 주장된다고 한다(陳來, 『朱子哲學硏究』, 上海: 華東師範大學出版社, 2000, 89~94쪽 참조).

44) 『율곡전서』 권10, 서, 「答成浩原」, "理無爲而氣有爲."

45) 『노자』 제1장, "道可道, 非常道. 名可名, 非常名. 無名, 天地之始, 有名, 萬物之母. 故常無欲, 以觀其妙, 常有欲, 以觀其徼. 此兩者同, 出而異名, 同謂之玄. 玄之又玄, 衆妙之門."

현상적 세계와 '도'를 둘로 나누어 보는 것은 우리의 의식으로부터 말미암는다. 그러므로 세계에 대한 구분이 우리의 의식으로부터 근원적으로 소멸하게 되면, '도'와 현상은 하나로 통일된다. 여기에서 이 둘은 서로 다른 차원에 존재하면서도 하나의 존재 구조 안에서 묘합적으로 일치하게 되는 것이다. 따라서 우리가 현상을 초월하여 별개의 영역에 존재하는 '도'를 상정한다거나, '도'를 위하여 현상을 배제한다면 이것은 무의미한 일이 되고 만다. 이러한 이유 때문에 노자는 '중요(衆徼)'의 세계에서 '중묘(衆妙)'를 보라고 한 것이다.[46]

율곡은 이와 같은 내용을 포함하고 있는 『노자』 제1장을 자신의 『순언』에서 직접적으로 거론하지는 않았다. 그 이유가 무엇인지는 분명하지 않다. 그러나 『순언』의 전반에 분포되어 있는 율곡이 본 『노자』 해석의 관점은 기본적으로 이와 같은 『노자』 제1장의 철학적 사유에 근거하고 있다고 보더라도 무방할 정도이다.

특히 『순언』에는 '도'와 '사물' 사이의 상호 관련성에 관한 율곡의 성리학적 입장이 『노자』 제1장의 사유방식과 말 없는 소통을 이루면서 상호 회통되고 있는 철학적 특질이 드러난다. 이러한 점에서, 율곡의 '리기지묘'에 바탕을 둔 성리학적 세계 구조는 노자철학의 존재론적 구조와 큰 마찰 없이 상호 조응할 수 있는 가능적 계기를 내재적으로 지니고 있었음이 확인된다.

---

46) 신동호, 「노자사상의 존재론적 검토」, 『인문과학논문집』 제8권 2호, 충남대학교 인문과학연구소, 1981, 200쪽 및 이종성, 「존재와 언어 그리고 자연」, 『도가철학』 제4집, 한국도가철학회, 2002, 72쪽 참조.

5. 맺음말

이상에서 살펴본 것과 같이 『순언』은 율곡 자신이 유학자의 신분을 스스로 탈피할 수 없었던 것과 마찬가지로 자신의 유학적 의식, 특히 성리학적 의식을 강하게 반영하는 철학적 산물이었다고 볼 수 있다. 그럼에도 율곡은 『노자』를 최대한 그 자체로 인정하면서 그에 대한 철학적 의의를 밝히고자 한 의의가 있다.

이 글에서는 연구의 주제적 한계 때문에 검토하지는 못하였지만, 율곡의 『순언』은 노자와 성리학의 상호 접점의 내용을 '수기치인'에서 확인하고자 한 두드러진 특징을 지니고 있다. 이러한 내용을 고려한다면, 이 글은 『순언』의 철학적 내용이기도 한 '수기치인'에 대한 기초적 연구의 성격을 갖는다고 할 수 있다. 이 글에서는 무엇보다도 『순언』의 '도체론'에 해당하는 제1장에서부터 제3장까지의 존재론적 구조에 관한 내용을 주로 검토하였기 때문이다.

율곡은 노자철학을 이해함에 있어서 기를 떠난 리 내지는 무극의 차원 등과 같은 그 어느 일방으로만 생각하지는 않았다. 그래서 율곡에게서는 기존의 유학자들과 같은 방식으로 노자를 허무 · 적멸과 같은 개념으로써 평가한다는 것 자체가 무의미할 수밖에 없다. 율곡이 노자를 보는 시각은 조선조 사대부들 중 그 누구보다 공정하다고 할 수 있다. 물론 그 공정함의 기준은 상대적일 수밖에 없다. 그럼에도 율곡은 최대한 노자철학의 가치와 의의를 인정해보고자 노력한 인물이다. 이러한 점에서 일방적으로 노자를 배척하던 다른 유학자들과는 달랐던 점이 있다.

율곡은 자신의 '리기지묘'의 철학적 기초 위에서 성리학적 세계관을 구축하고, 이러한 철학적 사유의 연장선 위에서 노자를 만난다. 그에게 있어서 노자는 단지 노자일 뿐 노자가 또 다른 목적 아래 폄하되어 배제되지는 않는다. 특히, 『순언』의 앞부분에서 율곡은 성리학적 체용론에 근거하여 노자의 도체론을 해석한 특징을 보여준다.

이러한 특징 때문에 「율곡의 노자관」을 처음 연구한 김길환[47]은 율곡의 노자관을 '유학의 입장으로써 노자를 해석한 것'이라고 규정하고, 그 입장을 『주역』의 관점과 '성즉리'라고 하는 성리학의 관점이라는 두 가지 측면에서 파악한 것이다. 이와 같은 김길환의 평가는 율곡의 노자관에 대단히 근사하게 접근한 탁견이라고 할 수 있다. 그러나 다른 한편 율곡의 노자관에는 이미 본문의 내용을 통해서도 확인한 바 있는 것처럼 『순언』 제1장으로부터 보이는 '도→1→2→3→만물'의 전개라는 존재론적 구조 안에 이미 『장자』적 사유방식도 반영하고 있었다는 점을 또한 간과할 수 없다. 이러한 점을 감안한다면, 『순언』은 일방적으로 유학적 사유방식으로만 해석된 것은 아니라고 보아야 한다.

그렇다면 결국 『순언』은 『주역』과 '성즉리'라는 성리학의 사상에 기반을 둔 유학사상과 도가철학의 『장자』적 사유방식에 토대를 두고 해석되었다고 보는 것이 보다 온당하다고 할 것이다. 그럼에도 유학의 세계관이 『노자』 해석의 기준이 된다는 점은 여전히 부정할 수 없다. 『순언』은 율곡이 『장자』를 원용하여 『노자』를 해석하는 곳보다는 유가 성리학의 사상을 빌어 『노자』를 해석하는 곳이 대부분이기 때문이다. 그럼에도 이와 같이 율곡이 『노자』와 유학사상을 한자리에서 철학적 담론으로 삼게 된 이유는, 율곡이 보기에 노자의 철학사상 역시 유가의 철학과 마찬가지로 근원적 진리를 추구한다는 점에

47) 김길환, 「율곡의 노자관」, 『한국학보』 제5집, 서울: 일지사, 1976.

서는 다를 바가 없다고 보았기 때문이다.

『순언』에서 율곡은 유가와 도가의 상호 회통을 기획한다. 율곡은 노자를 이단시하여 부정하거나 배척하지 않을 뿐 아니라, 오히려 보다 더 적극적으로 『노자』를 연구함으로써 그 참된 본령이 무엇인지를 밝혀보고자 한 것이다. 이러한 취지에서 율곡에 의하여 저술된 『노자』 주해서인 『순언』은 한국철학사의 전개나 한국도가철학사의 전개에 있어서 기념비적 작품이라고 평가할 수 있다. 왜냐하면 율곡의 『순언』이야말로 조선의 유학자로서는 가장 객관적으로 그 학문적 문호를 개방하여 『노자』를 연구한 선구적 업적에 해당할 뿐만 아니라, 이후 서계(西溪) 박세당(朴世堂, 1629~1703)의 『신주도덕경』이 저술되는 직접적인 계기가 되었고,[48] 보만재(保晩齋) 서명응(徐命膺, 1716~1787)의 『도덕지귀』를 비롯한 초원(椒園) 이충익(李忠翊, 1744~1816)의 『초원담노(椒園談老)』, 연천(淵泉) 홍석주(洪奭周, 1774~1842)의 『정노(訂老)』 등에 직간접적인 영향을 미쳤다고 평가되기 때문이다.

---

[48] 서계 역시 노자철학의 핵심을 율곡과 같은 방식으로 '수신치인'에서 확인한다. 뿐만 아니라, 『노자』보다도 '청담의 화'를 더 큰 부정적 요인으로 파악한다는 점을 비롯하여 유가의 체용론에 근거하여 『노자』를 읽고 있는 등 율곡적 사유의 연장선 위에서 노자를 바라보는 특징이 있다.

제3장

덕론과 그 구현의 문제

1. 문제의 제기

『순언』의 가치는 『노자』 해석의 방법들이 가진 다양한 해석의 관점 자체에서 찾아져야 한다. 율곡은 자신과 같은 시대를 살았던 대부분의 유교 지식인들처럼 『노자』를 이단으로 취급하여 배척하려고만 하지 않았다는 점에 주목해야 한다. 적어도 율곡은 『노자』를 극단적인 이단 비판론의 관점에 서서 해석하려고 하지는 않았다. 율곡은 도리어 『노자』를 자신의 학문체계 안으로 끌어들여 학문적 다원주의를 인정하는 방편으로 삼고자 하였고, 노자와 성리학 사이의 상호 회통의 접점을 찾아보고자 하였다. 율곡은 당대 조선의 성리학적 『노자』 해석의 대표성을 갖는다고 해도 과언이 아닐 정도로 『노자』를 성리학적 세계관을 통해 구명해보고자 한 특징이 있다.

지금까지 『순언』에 대한 연구는 김길환의 「율곡의 노자관」이 『한국학보』(1976)에 발표된 이후 여러 명의 연구자들에 의하여, 특히 형이상학과 경세론의 문제에 치중된 연구가 진행되어 왔다. 이 과정에서 무엇보다 율곡이 제시한 '수기치인'의 개념을 중심으로 『순언』의 전체 체제를 분석하는 방법론이 선호되었다. 그러나 『순언』이 담고 있는 보다 다양한 여러 가지 철학적 주제들이 검토될 수 있었음에도, 상대적으로 '덕'의 내용과 의의는 크게 주목받지 못한 것이 현실이다. 『순언』의 덕론은 김길환의 앞의 글에서 부분적으로 언급되었을 뿐,[1] 아직까지 이와 관련된 개별연구는 전무한 상황이다.

---

1) 김길환은 이 논문의 제Ⅴ장의 내용에서 「덕의 본질과 실현의 문제」를 검토한 바 있다. 김길환, 「율곡의 노자관」, 『한국학보』 제5집, 서울: 일지사, 1976, 94~99쪽 참조.

이에 이 글에서는 특히 『순언』에 나타난 덕론의 철학적 의의에 주목하여 율곡이 『노자』를 통해 밝히고자 한 덕의 철학적 의의에 대해 검토해보고자 한다. 이것을 위해 나는 먼저 율곡이 본 덕론의 기본 입장을 살펴보고, '덕'의 용례를 유형별로 나누어 그 특징을 살펴본 후 덕의 구현방법에 대한 율곡의 입장을 검토한 다음 결론적으로 『순언』에 나타난 덕의 철학이 어떠한 현대적 의의를 갖는지 구체적으로 검토해보도록 할 것이다.

2. 덕론의 기본 입장

'덕'의 사전적 의미는 '얻음'이다. 허신(許愼, 30~124)의 『설문해자』에서는 "덕은 밖으로 다른 사람에게 얻고 안으로는 자기 자신에게 얻는 것이다"[2]라고 하여, 덕의 의미가 얻음과 관련된다고 직접 명시한 대표적인 사례에 해당한다. 이와 같은 사전적 정의를 토대로 『노자』가 말한 '덕'을 '얻음'의 의미로 해석한 것은 왕필이 대표적이다. 왕필은 "도는 만물이 말미암는 것이며 덕은 만물이 얻은 것이다"[3]라고 한다. 그는 또한 "덕이란 얻음이다. 항상 얻어서 잃어버림이 없고 이로워서 해로움이 없으므로 덕이라고 이름을 붙인 것이다. 어떻게 덕을 얻는가? 도로부터 말미암는 것이다. 어떻게 덕을 다하는가? 무를 사용함으로써 한다"[4]고 말한다.[5] 그러나 왕필 이외에도 율곡이 가장 많은

---

2) 許愼, 『說文解字』, 北京: 中華書局, 1992, 217쪽, "悳: 外得於人內得於己也."

3) 『노자』 제51장 왕필 주, "道者, 物之所由; 德者, 物之所得也."

4) 『노자』 제38장 왕필 주, "德者, 得也. 常得而無害, 故以無爲名焉. 何以得

영향을 받았을 것이라 추정되는 성리학의 집대성자 주자(朱子, 1130~1200) 역시 덕을 '얻음'이라고 해석하는데, 그 내용이 『성학집요』에 그대로 인용되고 있다.[6]

요컨대 덕이란 만물이 고유하게 얻어서 지니고 있는 것이다. 그리고 만물이 얻어서 지니고 있는 것은 도 내지는 도의 작용이다.[7] 또한 덕의 얻음이란 것의 의미도 외재적 타자로부터 얻는 것이 아니다. 도에게 대상적 존재가 없는 것처럼 덕 역시 대상적 존재를 상정할 수 없기 때문이다. 그 덕은 고유의 존재론적 의의만이 아니라 윤리적 의미와 정치철학적 의의까지 갖는다. 물론 여기에는 개념의 기원상 종교적 의미도 있었을 것이다.

오노자와 세이치(小野澤精一)는 덕의 개념형성 과정에 관해 다음과 같은 견해를 보여준다. 주나라의 금문과 『시경』 및 『상서』에서의 덕은 접신을 위한 경건한 마음과 위의로서 제시되었다. 금문에 의하면 덕의 용법은 왕과 귀족 등이 지닌 경건한 마음과 연관되며, 이 경건한 마음자세가 위로는 하늘과 조상신의 신앙에 기초한 수명사상과 결부되고, 아래로는 백성 지배의 정치적 이념의 정당성과 관련되고 있다. 또한 일반적으로 널리 알려진 덕을 얻음의 뜻으로 보는 해석은 후대의 개념사적 발전의 맥락과 연관되어 있다.[8]

德? 由乎道也. 何以盡德? 以無爲用."

5) 이와 같은 특징 때문에 쉬푸관(徐復觀, 1904~1982)은 '덕을 도가 분화된 것'이라고 이해한다. 그는 이러한 해석에 기초하여 '덕'에 관하여 다음과 같이 설명한다. "만물이 도의 일체를 얻어 형체를 이룸에 있어서, 이 도의 일체는 각 사물 속에 내재되어 사물 자신이 사물이 되는 근원을 형성하게 되는데, 각 사물의 근원을 가리켜 노자는 덕이라고 일컬었다."(徐復觀, 『中國人性論史』, 臺北: 臺灣商務印書館, 1984, 338쪽, 337쪽).

6) 『율곡전서』 권24, 『성학집요』, 「爲政上」, "朱子曰: … 德之爲言, 得也."

7) 大濱晧, 『老子の哲學』, 東京: 勁草書房, 1976, 68쪽 참조.

8) 赤塚忠, 金谷治 외, 조성을 옮김, 『중국사상개론』, 서울: 이론과 실천,

율곡은 『순언』에서 '덕'을 '도'의 구현과 직접적인 관련성을 갖는 개념으로 인식하고, '도'가 몸에서 구체화된 것이 '덕'이라고 말한다. 율곡은 이 세상에 존재하는 것 중에 '도'와 '덕'만큼 존귀한 것이 없다고 본다. 이와 관련하여 율곡은 『순언』 제2장의 주해를 통해 다음과 같이 말한다.

> 도는 천도로서 만물을 낳는 것이다. 덕은 곧 도가 몸에서 구체화된 것이니 이른바 성이다. 사람과 만물은 도가 없으면 근거하여 태어날 방법이 없고, 덕이 아니면 이치를 따라 스스로 기를 방법이 없으니, 그러므로 "도가 낳고 덕이 기른다"고 한 것이다. 만물이 형태를 이루고 추세가 서로 말미암는 것은 모두 도와 덕을 근본으로 한다. 그러므로 도와 덕이 가장 존귀하다.[9]

이때 '도가 낳고 덕이 기른다'는 말은 『노자』 제51장의 내용을 율곡이 원용한 것이다.[10] 율곡은 도의 본질이 낳는 데 있다면 덕의 본질은 기르는 데 있다는 노자의 견해를 적극 수용하고 있는 것이다. 또한 이 인용문을 통해 추정해볼 때, 율곡 역시 '덕'을 '얻음'의 의미로 이해할 뿐만 아니라 만유에 내재한 것으로서 보고 있음을 확인케 된다.[11]

율곡은 '덕'을 '성(性)'으로 파악한다. 율곡은 주자 성리학의 전통 안

1990, 小野澤精一, 「IV. 인간관, 2. 덕론」, 207~213쪽 참조. 뿐만 아니라 '덕'의 개념적 기원을 추적해보면 경제적 분배의 의미가 들어있다는 주장도 있다. 이에 대해서는 다음을 참고하라. 西田長左衛門, 「德の概念とその發展」, 『漢學會雜誌』 第2卷 第1號, 東京: 東京大學文學部內漢學會, 1934, 58~59쪽.

9) 『순언』 제2장 주, "道卽天道, 所以生物者也. 德則道之形體, 乃所謂性也. 人物非道, 則無以資生, 非德, 則無以循理而自養, 故曰道生德畜也. 物之成形, 勢之相因, 皆本於道德, 故道德最爲尊貴也."

10) 『노자』 제51장, "道生之, 德畜之."

11) 김길환, 앞의 논문, 94쪽 참조.

에서 '도'를 '태극'이나 '리(理)'로 파악하는데,[12] '덕'을 '성'으로 파악하는 태도 역시 성리학적 입장에서 비롯된 것이다. 만물생성의 근원인 도는 형체가 없는 본체이고, 그 도의 형체를 띠고 나타난 것이 덕이다. 덕은 만물 속에 깃들어 있는 도이다. 이러한 관계는 유가에서 말하는 '천도'와 '성' 사이에도 적용된다.[13]

김석중은 위와 같은 관계가 『중용』에서 "하늘이 명한 것을 성이라 하고, 성을 따르는 것을 도라고 한다"[14]는 구절과 같은 관계를 지니고 있다고 보면서, 성을 따르는 것이 도일 수밖에 없는 이유에 관하여 그것이 성 속에 천도가 깃들어 있기 때문이라고 본다. 그는 여기서 말하는 천도는 성리학에서 말하는 '태극'이나 '리'와도 상통하는데, '성즉리(性卽理)'라는 명제가 바로 그것이라고 한다.[15]

나는 이와 같은 김석중의 의견에 찬동한다. 요컨대 율곡은 '성즉리'의 관점에서 노자가 본 '덕'의 의의를 인정한 것이다. 노자의 덕론은 결국 자연주의적 성향으로부터 율곡에 의하여 존재와 당위의 원리를 모두 포함하는 새로운 형태의 유가적 덕론의 형태로 전환된 것이다. 따라서 그것은 자연적인 형태의 천도와 성의 결합만을 의미하는 것도 아니고, 일방적으로 도덕정감의 성격을 갖는 인간주의적인 것만

---

12) 『순언』 제1장 주, "道卽易之太極." 율곡이 '도'를 '태극'으로 해석한다는 것은 곧 '리'로 해석하고 있음을 반영한다. 왜냐하면 성리학에서는 "태극이란 바로 리의 극치를 말할 뿐이다"(『朱子大全』 권37, 「答程可久」, "太極之義正謂理之極致耳.")고 한 주자의 견해를 적극 수용하기 때문이다. 또한 앞의 인용문에서 덕이 아니면 이치를 따라 스스로 기를 방법이 없다고 말한 '이치'(理)의 개념 역시 '태극'과 별개의 존재라고 말할 수 없다.

13) 김석중, 「『순언』을 통해 본 율곡의 노자이해」, 연세대학교 교육대학원 석사학위논문, 1994, 33쪽 참조.

14) 『중용』 제1장, "天命之謂性, 率性之謂道."

15) 김석중, 앞의 논문, 33쪽 참조. 쉬푸관 역시 노자의 덕이 『중용』의 '본성'과 같은 의미로 이해될 수 있다고 한다(徐復觀, 『앞의 책, 338쪽).

도 아닌 것이 되었다.

왜냐하면 천라이(陳來)의 견해에 따를 때, 주자 성리학에서 말하는 '성즉리'는 인간의 본성이 도덕원칙과 함께 우주의 보편법칙과 완전히 일치함을 강조하는 논의를 보여주는 것이기 때문이다. 그것은 본체론적으로 존재하는 리의 실체성이 인간의 본성과 일치한다는 천인합일의 논의에 토대를 두고 있는 것이기 때문이다.[16)]

이와 같은 '리'와 '성'의 일체화에서 하늘과 땅의 지극한 리는 하늘의 존재원리를 이어가는 것이고, 인물의 성은 그것을 이루는 것이다. 이러한 논리는 "한 번은 음하고 한 번은 양하는 것을 도라고 한다. (도를) 이어가는 것은 선이고 그것을 이루는 것은 성이다"[17)]라고 한 『주역』「계사 상」의 사유에 그 기원을 둔다. 하늘의 존재원리에 '원형이정(元亨利貞)'이 갖추어져 있는 것처럼 인간의 본성에는 '인의예지'가 갖추어져 있어서 하늘과 인간이 일원적 소통의 구조 위에 놓여 있다는 것이 '성즉리'의 철학이다. 율곡은 이와 같은 '성즉리'의 사상에 기반을 두고 덕의 여러 가지 유형과 특징에 대해 구체적으로 모색해 보게 되는 것이다.

3. 덕의 몇 가지 유형과 특징

『순언』에서 '덕'의 개념이 등장하는 곳은 총 16곳이다.[18)] 이것은

---

16) 陳來, 『朱子哲學硏究』, 上海: 華東師範大學出版社, 2000, 194쪽 참조.

17) 『주역』, 「계사 상」, "一陰一陽之謂道, 繼之者善也, 成之者性也."

18) 『순언』의 제2장, 제5장, 제7장, 제8장, 제12장, 제18장, 제19장, 제22장, 제23장, 제24장, 제26장, 제27장, 제29장, 제31장, 제35장, 제39장에서 '덕'의

율곡이 『노자』에서 직접 원문을 옮겨놓은 문장과 율곡의 주석 모두를 포함한 결과이다. 전체적으로 볼 때, '덕'이라는 개념이 독립적으로 홀로 사용된 경우보다는 대부분 다른 글자와 결합하여 이루어진 개념들이 많다. 예컨대 '상덕(上德)', '현덕(玄德)', '내덕(內德)', '지덕(至德)' 등이다.

이들은 모두 '만물 성장의 덕'[19]이란 의의가 있다. 이 '만물 성장의 덕'은 범주에 따라 다양한 함의를 지니고 있다. 이들을 몇 가지 용례로 분류하면, 그것은 대체적으로 현묘한 덕, 유약의 덕, 무량의 덕, 소박의 덕, 부쟁의 덕 등의 특징이 있는 것으로 파악된다. 이제 이에 대하여 좀 더 구체적으로 살펴보기로 한다.

1) 현묘한 덕

덕은 기본적으로 만물을 기르는 성장 담당의 특징이 있다. 존재의 덕이나 인간의 덕이 모두 마찬가지이다. 그럼에도 덕이란 만물 성장의 작용과 공에 대하여 자랑하는 법이 없다. 자신의 공적에 머무는 법도 없다. 이러한 점은 덕이 도가 지닌 무위의 특성을 계승한 것과도 무관하지 않다. 율곡은 『노자』에 등장하는 여러 가지 덕의 특징들 가운데 일차적으로 이와 같은 무위의 덕에 관하여 주목한다.

그러나 율곡이 본 노자의 덕이 노자가 본 덕 그 자체와 동일한 특성을 갖는 것은 아니다. 율곡은 자신의 입장에서 노자의 덕을 재해석한다. 노자가 강조하는 덕의 특징은 '현묘한 덕'(玄德)으로 대표된다. 노자는 '현묘한 덕'이 만물 성장의 덕을 가리키는 개념이라고 본다. 그래

개념이 등장한다.

19) 『노자』 제51장, "道生之, 德畜之." 및 『순언』, 제2장 주, "故曰道生德畜也." 참조.

서 '기른다'는 말과 '현묘한 덕'의 개념은 함께 기술될 경우가 많다.[20] '현묘한 덕'은 이른바 검은 덕이다. 검은 덕은 어두운 색채의 이미지와 연대한다. 검은 덕의 상징은 깊고 오묘하다는 뜻을 갖는다. '현묘한 덕'은 도의 작용이 깊이의 측면에서 오묘하다는 것을 의미한다.[21]

이에 반해 유가의 덕은 '명덕(明德)'으로서 밝은 덕으로 표상된다. 유가의 경우엔 끊임없이 그 '밝은 덕'을 밝혀야 함을 강조하여 '명명덕(明明德)'의 구현을 내세운다.[22] 율곡은 이와 같은 유가적 사유의 반경 안에서 '덕'의 의미를 파악하고 있기 때문에 노자가 말한 '현묘한 덕'이란 개념을 전적으로 용인할 수는 없었을 것이다. 그럼에도 그는 또한 유가의 입장과는 상호 배치될 수도 있는 '현묘한 덕'의 개념을 완전히 배제하지 않는 특징을 보여준다.

율곡은 이러한 이율배반을 해소하기 위한 방편으로 유가의 관점을

---

20) 『노자』에서 '현덕'이란 개념은 총3개의 장에서 4차례 등장한다. 그 예는 다음과 같다. ① 『노자』 제10장, "生之畜之, 生而不有, 爲而不恃, 長而不宰, 是謂玄德."; ② 제51장, "生而不有, 爲而不恃, 長而不宰, 是謂玄德."; ③ 제65장, "故以智治國, 國之賊; 不以智治國, 國之福. 知此兩者亦稽式常知稽式. 是謂玄德. 玄德深矣, 遠矣, 與物反矣, 然後乃至大順." 이 가운데 ③의 용례는 앞의 두 가지와 다르다. ③의 해석은 다음과 같다. "그러므로 교지로 나라를 다스리는 것은 나라를 망치게 하는 것이요, 교지로 나라를 다스리지 않는 것이 나라의 복이다. 이 두 가지를 아는 것이 또한 본받을 만한 법식이고, 그 법식을 알 수 있는 것을 일컬어 현묘한 덕이라고 한다. 현묘한 덕은 심원하다. 그것은 사물과 더불어 반복한다. 그래서 곧 큰 순응에 이른다."(번역은 김형효, 『사유하는 도덕경』, 서울: 소나무, 2004, 468쪽을 참조하여 부분적으로 수정하였음). 이처럼 노자는 나라를 다스리는 표준이 '현묘한 덕'이라고 하여(大濱晧, 앞의 책, 81쪽), 인간은 덕의 존재론적 작용을 본받아야할 존재임을 강조하고 있다. 그러나 『순언』에서는 앞의 ①과 ②와 같은 용례만 등장할 뿐 ③과 같은 용례는 등장하지 않는다. ①과 ②는 동일한 문장인데, 첸꾸잉(陳鼓應, 1935～)에 의하면 ①은 ②에 다시 나오므로 착간으로 여겨진다고 한다(陳鼓應, 『老子註譯及評介』, 香港: 中華書局, 1990, 99～100쪽). 결국 ①은 ②로 수렴된다.

21) 大濱晧, 앞의 책, 81쪽 참조.

22) 『대학』 경1장, "大學之道, 在明明德."

통해 노자가 말하는 '현덕'을 설명하고자 한다. 율곡은 다음과 같이 말한다.

> 하늘땅이 만물을 낳았지만 그 공을 소유하려 하지 않고, 조화를 운용하지만 자신의 힘에 의지하지 않으며, 모든 생물을 길러 주지만 그것을 자신이 주재했다는 마음이 없다. 성인의 현묘한 덕도 하늘땅과 같을 뿐이다. 현묘한 덕은 지극하고 성실하며 심원하고 미묘한 덕이다.[23]

사실 '현묘한 덕'은 지극한 무위의 덕이다. 그것은 자연의 덕이라고 말할 수도 있다. 그럼에도 율곡은 유가의 '성실함'(誠)의 덕목으로써 '현묘한 덕'의 의미를 해석함으로써, '현묘한 덕'을 유가적 개념으로 전용시킨다.

율곡은 덧붙여 "지극한 덕은 성실하고 전일하며 거짓된 행위가 없다. 그것은 마치 갓난아기의 마음과도 같다"[24]고 한다. 여기서 주목되는 것은 율곡이 노자의 '무위(無爲)'를 좀 더 구체화시켜 '무위(無僞)'로 해석하였다는 점이다. 노자가 말한 인위적인 행위의 거부가 율곡에 의하여 특정하게 거짓됨이 없는 행위로 해석된 것이다.

노자는 특히 인위적인 행위를 하지 않는 사람을 갓난아기와 같다고 비유한 것인데, 율곡 역시 거짓된 행위를 하지 않는 사람이 갓난아기와 같다는 점에 동의한 것이다. 거짓된 행위를 하지 않는다는 것은 진실하다는 것이며, 진실하다는 것은 성실하다는 것이다. 그 성실함

---

23) 『순언』 제5장 주, "天地生物, 而不有其功, 運用造化, 而不恃其力, 長畜羣生, 而無有主宰之心. 聖人之玄德, 亦同於天地而已. 玄德, 至誠淵微之德也."

24) 『순언』 제23장, "含德之厚ᄂᆞᆫ 比於赤子ㅣ니"에 대한 율곡의 주해, "含德之人, 誠一無僞, 如赤子之心也." 참조.

이 극치에 이르면 그것은 현묘한 것일 수밖에 없다.

율곡은 '현'의 의미를 '묘(妙)'라고 풀이한다.[25] 율곡의 '리기지묘(理氣之妙)'라는 철학체계의 기초 위에서 볼 때, '현'과 '묘'는 모두 심오하다는 의미를 갖는다. 이때의 '현'의 개념에는 검은 색의 상징성은 이미 배제되고 현묘한 도리라는 이성주의의 극치로 전향된 의미만이 남아 있다. 그런데 역설적인 것은 율곡의 '리기지묘'에서 말하는 '묘'라는 개념의 시원이 '현'과 마찬가지로 유가에 기원이 있는 것이 아니라 모두 『노자』 제1장에서 비롯된다는 점이 특기할 만하다.[26]

그럼에도 율곡은 이러한 『노자』의 특징을 뒤로하고, 맹자가 말한 갓난아기의 비유가 지니고 있는 은유의 유사성을 통해 성실함의 극치를 논의한다. 맹자가 본 갓난아기는 본성의 선함을 제대로 간직한 존재이기 때문이다. 갓난아기야말로 존재론적 자연함과 가치론적 선함의 담지자이다. 이러한 점 때문에 갓난아기는 율곡에 의하여 '현묘한 덕'의 소유자로 인정된 것이라 볼 수 있다. 그렇다고 그 '현묘한 덕'이 신비주의적인 특성을 갖는 것은 아니다. 다만 그 현묘하다는 것의 의미가 본성의 선함 내지는 성실함의 극치를 은유한 것에 지나지 않는 것임을 분명히 한 것이라 볼 수 있다.

요컨대 덕이 지극한 성실함의 극치에 도달하면 그 덕의 특징이 오묘하다. 또한 오묘한 덕의 작용은 지극한 성실함 이외의 다른 어떤 것도 아니다. 유가적으로 말하면 덕이란 성실함의 극치를 말하는 것이고, 노자의 사유방식으로 말하면 그것은 오묘함의 극치를 말하는 것이다. 율곡이 볼 때, 덕의 작용에 대한 표현방식은 노자나 유가가 서로 다를지라도 그 궁극적 작용의 최고점에 이르면 양가는 다를 게 없

25) 『순언』 제22장 注, "玄, 妙也."

26) 『노자』 제1장, "故常無欲, 以觀其妙. … 同謂之玄. 玄之又玄." 참조.

다는 입장인 것이다.

2) 무량의 덕

노자는 덕의 뛰어남, 또는 훌륭함에 대해 말한다. 노자가 '상덕(上德)'을 말하고 있는 경우가 그 대표적인 예에 해당한다. 이러한 덕의 의미는 서양철학에서 말하는 '아레테(arete)'라는 덕의 개념과 매우 유사한 면이 있다. '아레테'에 대한 사전적 정의는 다음과 같다. "일반적으로 사람이나 사물이 가지고 있는 탁월성, 유능성, 기량, 뛰어남 등을 의미하는 말이다. 이를테면 발이 빠른 것은 발의 아레테이고, 토지가 비옥한 것은 토지의 아레테이다. 플라톤 및 아리스토텔레스는 도덕적인 의미에서의 덕목이나 덕성(德性)에 이 말을 적용하였으나 그들의 경우에도 물론 일반적인 의미가 소멸된 것은 아니었다."[27]

즉 도덕적 의미의 덕의 개념 안에는 사람이나 사물이 가지고 있는 탁월성, 유능성, 기량, 뛰어남 등이 존재하고 있다는 것이다. 노자가 말하는 도덕이란 개념이 인간학적 의미에만 머무르지 않고 존재론적 의미까지 지니고 있다는 점을 감안하여 도덕을 이해한다면, 노자가 말하는 도덕 안에도 여러 가지의 탁월함, 유능성, 기량, 뛰어남 등의 요소들이 존재한다고 말할 수 있다. 다만 노자는 일상의 일반적인 탁월함과 유능성, 기량, 뛰어남 등은 진정한 가치가 아니라고 부정한다. 역설적으로 진정으로 탁월한 것은 탁월한 것이 아니고, 진정으로 뛰어난 것은 뛰어난 것이 아니라는 것이다. 그래서 노자는 "훌륭한 덕은 덕이 아니다"[28]라고 말한다.

'상덕'이란 개념은 『노자』 제38장과 제41장의 두 개의 장에서 논의

---

27) 철학사전편찬위원회, 『철학사전』, 서울: 중원문화, 2009, 580쪽.
28) 『노자』 제38장, "上德不德."

된다. 『순언』은 『노자』 제38장의 내용은 제외하고 제41장의 '상덕'의 개념만을 제19장의 내용으로 기술하고 있다. 즉, "훌륭한 덕은 골짜기와 같다"[29]는 말이 그것이다. 이에 대해 율곡은 "덕이 높은 수준에 도달한 자는 스스로 겸허하기가 마치 골짜기가 비어 있는 것과 같다"[30]고 풀이한다. 골짜기가 비어 있는 것과 같은 겸허함이야말로 훌륭한 덕이라고 본 것이다.

골짜기와 같이 텅 빈 덕은 그 작용이 끝이 없다. 그것은 존재세계의 덕이나 인간의 덕이나 마찬가지이다. 그래서 노자는 덕이 끝이 없는 것이라고 본 것이고,[31] 율곡은 이를 가리켜 '무량의 덕'이라고 이해한 것이다. '무량의 덕'은 율곡이 『순언』 제39장에서 제시한 '지극한 덕'(至德)[32]의 의미와 다르지 않다. 훌륭한 덕은 덕이 아닌 것처럼 지극한 덕 역시 덕이 아니라는 역설은 여전히 유효하다. 율곡은 다음과 같이 말한다. "그 덕에 어찌 제한된 양이 있겠는가? 덕에 제한된 양이 없어 넓고 두텁고 높고 밝은 경지에 도달한다면 그런 경지가 바로 유구하고 무구한 도이다."[33]

이와 같은 경지에 도달한 사람에게는 나라를 맡길 수 있다는 것이 율곡의 생각이다. '사람을 다스리고 하늘을 섬긴다'(治人事天)는 내용을 제시한 『노자』 제59장의 풀이에서 '무량의 덕'의 원리를 도출해낸 위와 같은 해석의 내용이 이를 잘 말해준다.[34] 율곡은 노자의 사유에서

---

29) 『노자』 제41장, "上德若谷."

30) 『순언』 제19장 注, "德之高者, 自謙如谷之虛."

31) 『노자』 제59장 및 『순언』 제7장, "莫知其極."

32) 『순언』 제39장 注, "內蘊至德." 참고로 '지극한 덕'(至德)이란 용어는 『노자』에서는 발견되지 않고, 『장자』에서 자주 보이는 철학적 개념이다. 유가의 경전 중에서는 『주역』, 『논어』, 『예기』, 『중용』, 『순자』 등에서 발견된다.

33) 『순언』 제7장, "其德豈有限量哉? 德無限量, 至於博厚高明, 則是悠久無疆之道也."

'무량의 덕'을 갖춘 자에게 나라의 정치를 맡겨야 한다는 생각을 읽어 낸 것이다.

3) 소통의 덕

율곡은 『순언』 제35장에 『노자』 제60장의 내용을 배치시키고 소통의 덕에 관하여 거론한다. 이와 관련된 『순언』 제35장의 내용은 다음과 같다.

> 도로 천하를 다스리면 귀신이 신령스럽지 않으니 귀신이 신령스럽지 않기 때문이 아니다. (도로 천하를 다스리면) 신령이 백성을 해치지 않는 것이지 신령이 백성을 해치지 않기 때문이 아니다. 성인 또한 백성을 해치지 않으니, 저 양자가 서로 해치지 않기 때문에 그 덕이 교대로 돌아간다.[35)]

이 인용문에서 볼 수 있는 것처럼 '덕'은 '교대로 돌아가는 것'(德交歸)이라는 특징이 있다. 그래서 오하마 아키라(大濱晧, 1904~1987)는 이렇게 '교대로 돌아가는 덕'의 특징을 가리켜 '양방(兩方)의 덕'이라고 불렀

---

34) 율곡이 『노자』 제59장에 깊은 관심을 가질 수밖에 없던 이유는 그것이 정치론의 형태를 띠고 있고 때문이다. 율곡이 『순언』 제31장의 주해에서 '정치는 덕으로써 해야 한다'(爲政以德)고 말한 것은 '위정'의 정신을 말한 『논어』를 적극 반영한 것이라고 할 수 있다(『논어』, 「爲政」, "爲政以德, 譬如北辰, 居其所而衆星共之."). 결국 노자와 율곡이 지향한 정치적 목표는 동일했을지 모르지만, 양자가 본 정치의 이념과 운용내용은 서로 차이가 있음을 인정하지 않으면 안 된다. 자연의 정치와 인의도덕의 정치의 차이가 양자 사이에는 존재하고 있기 때문이다.

35) 『순언』 제35장, "以道莅天下ㅣ면 其鬼不神ᄒᆞᄂᆞ니 非其鬼不神이라 其神이 不傷民이오 非其神不傷民이라 聖人이 亦不傷民이니 夫兩不相傷이라 故로 德交歸焉이니라"

다. 그리고 노자가 말하는 양방이란 ① 귀신과 백성, ② 성인과 귀신, ③ 성인과 백성을 말한다고 분석한다.[36] 이들 양방의 관계는 덕의 매개를 통해 상호 소통하는 특징을 갖고 있음이 확인된다. 양방의 덕이란 결국 자신의 덕이 상대방에게 돌아가고, 상대방의 덕이 자신에게 돌아온다는 의미이기 때문이다. 이에 관해 율곡은 다음과 같이 주해한다.

> 성인이 천하를 다스리면 사람과 귀신이 제각기 도를 얻어 음양이 조화를 이루고 만물이 다스려지니 못된 기운이 그 사이에 침범하는 일이 없다. 그러므로 귀신이 사람을 현혹하거나 기괴한 일을 일으키는 변란이 없으니, 이것이 귀신이 신령스럽지 않다는 것이다. 어찌 도깨비가 백성을 해치는 일이 있겠는가? 성인의 다스림은 백성을 해치지 않기 때문에 사람과 귀신이 서로 기뻐하고 모든 덕이 서로 교대로 돌아감이 이와 같다.[37]

요컨대 서로 상대방에게 돌아가는 덕의 특징은 유일한 도의 작용이 성인과 귀신, 그리고 백성을 관통한다는 말이다. 다만 성인의 덕이 귀신과 백성에게 영향을 미친다는 것뿐만 아니라 도의 작용 그 자체를 주고받는다는 것을 의미한다. 그리고 이와 같은 양방에게 돌아가는 덕 또한 도의 작용 가운데 하나일 뿐이다.[38]

그런데 앞서 언급한 양방의 관계에서 성인과 귀신의 덕이 서로 돌아간다는 것의 의미가 다소 생경하게 비쳐질 수 있다. 이 문제에 관해

---

36) 大濱晧, 앞의 책, 77~78쪽 참조.

37) 『순언』 제35장 主, "聖人之治天下, 人神各得其道, 陰陽和, 而萬物理, 無有邪氣干其間. 故鬼神無眩怪之變, 此謂其鬼不神也. 豈有鬼怪傷民者乎? 聖人之治, 不傷於民. 故人神胥悅, 衆德交歸如此."

38) 大濱晧, 앞의 책, 76~77쪽 참조.

서는 왕필의 다음과 같은 해석이 주목된다. “신이 인간을 괴롭히지 않고, 성인 또한 인간을 괴롭히지 않는다. 성인이 인간을 괴롭히지 않으면 신 또한 인간을 괴롭히지 않는다. 그러므로 (『노자』 제60장에서) ‘양쪽 모두 서로를 괴롭히지 않는다’고 말한 것이다. 신과 성인이 도와 합일하여, 서로가 차례로 돌아간다.”[39]

이와 같은 왕필의 해석은 ‘소통의 덕’에 대해 잘 말해주는 사례이다. 소통한다는 말의 의미가 일반적으로는 주체와 타자의 상호 교류와 관련된 원만한 관계성의 확립이라는 의미가 있지만, ‘막힌 것을 트이게 한다’는 본래의 말뜻이 있음에도 주목할 필요가 있다.[40] 왕필의 해석에 따를 때, 전통시대를 살아가던 인간의 입장에서 볼 때 자신들을 가로막고 관계의 불통을 이루게 한 대표적인 대상적 존재는 다름 아닌 신과 성인이었다고 볼 수 있다. 그들이 막힌 것을 스스로 거두어들이고 통하게 해야 한다는 것이다. 이것이야말로 ‘교대로 돌아가는 덕’이라고 할 수 있다.

이때 왕필이 말한 성인의 의미는 위정자로서의 왕을 지칭하는 것이라 볼 수 있다. 성인의 개념이 생각만큼 긍정적으로 묘사되지 않았음을 알 수 있다. 당연히 이와 같은 왕필의 주석을 율곡이 원용했을 리 없다. 율곡은 도리어 자신의 방식대로 ‘교대로 돌아가는 덕’의 의미를 풀이한다. 그것은 매우 유학적 해석의 방식이다. 율곡은 하늘땅이 바르게 자리매김하고 있는 것처럼[41] 귀신과 인간도 각자 올바르게 자신의 자리를 얻어야 한다고 본다.

---

39) 『노자』 제60장, 왕필 주, “神不傷人, 聖人亦不傷人, 聖人不傷人, 神亦不傷人, 故曰 兩不相傷也. 神聖合道, 交歸之也.”

40) 강신주, 「소통」, 『21세기의 동양철학』, 서울: 을유문화사, 2005, 361~362쪽 참조.

41) 『주역』, 「說卦」, “天地定位, 山澤通氣, 雷風相薄, 水火不相射, 八卦相錯, 數往者順, 知來者逆, 是故易逆數也.” 참조.

율곡은 이것이야말로 '교대로 돌아가는 덕'의 의의라고 본다. 이때 '교대로 돌아가는 덕'이란 교대로 각자 자기 자신의 자리로 올바르게 돌아가는 덕이며 교대로 각자가 근원인 도의 세계로 돌아가는 덕을 의미한다. 율곡은 이것을 왕도정치의 효과라고 말한다. 이른바 왕도정치가 구현되면 인간과 귀신도 각자 자기의 자리를 얻어 안정을 취하게 된다는 것이다. 무엇보다 정치의 현장에서 소통의 덕이 요청되는 이유이다.

4) 부쟁의 덕

사람들이 소통하지 못하는 것은 주로 다툼으로부터 기인한다. 따라서 율곡은 소통하기 위해서는 다투지 말아야 한다고 종용한다. 그것은 '부쟁의 덕'에 대한 깨달음의 요청이고, 실제로 다투지 말 것에 대한 실천적 행위의 요청이기도 하다. 이와 관련하여 율곡은 『순언』 제18장의 본문에 『노자』 제68장의 내용을 원용하여 다음과 같이 말한다.

> 훌륭한 선비는 싸움의 태세를 가지지 않으며, 싸움을 잘하는 사람은 성내지 않으며, 적을 잘 이기는 사람은 다투지 않으며, 사람을 잘 쓰는 사람은 스스로 몸을 낮춘다. 이것을 부쟁의 덕이라 하며 다른 사람의 힘을 씀이라 하니, 이것을 '하늘에 짝함'(配天)이라고 한다. 이것은 옛사람의 덕의 극치이다.[42]

이에 대해 율곡은 다음과 같이 주해한다. "겸허와 낮춤으로 자신을

---

42) 『노자』 제68장, "善爲士者, 不武; 善戰者, 不怒; 善勝敵者, 不與; 善用人者, 爲之下. 是謂不爭之德, 是謂用人之力, 是謂配天古之極."

기르고 사람들과 함께 선을 행하기 때문에 사람들이 기꺼이 그 사람을 위해 일을 한다. 그 덕은 '하늘에 짝함'에 이르니, 더 이상 보탤 것이 없다."[43]

여기서 『노자』가 말한 '하늘에 짝함'(配天)은 성리학의 주요전적인 『중용』에도 등장한다.[44] 율곡은 『성학집요』에서 주자의 해석을 원용하여 '하늘에 짝함'에 대하여 다음과 같이 풀이한다. "주자가 말했다. '하늘에 짝함'이란 그 덕이 하늘만큼 넓고 크다는 것을 말하는 것이다."[45] 이 해석을 통해볼 때, 결국 '부쟁의 덕'이란 그 크기가 하늘과 같이 크다는 의미이다. 그것은 또한 덕이 넓고 크지 못한 상태에 있으면, 사람들이 다투지 않기가 현실적으로 어렵다는 의미이기도 하다. 이러한 측면에서 크고 넓은 덕을 얻어서 지킬 수 있는 자아 내적인 수렴의 공부가 요청되는 것이다.

그래서 율곡은 '부쟁의 덕'의 요소로서 겸허와 낮춤의 방법을 제안한다. 이것은 외형상 소극주의적인 수렴의 방법에 해당한다. 그러나 율곡은 이러한 소극주의적인 수렴의 방법만이 덕을 넓히는 것은 아니라고 인식한다. 이러한 이유 때문에 율곡은 겸허와 낮춤의 덕목에 비하여 보다 적극적인 덕목에 해당하는 자애와 부드러움을 덧붙여 '부쟁의 덕'의 요인으로 상정하기도 한다.[46] 이처럼 자애와 같은 긍정적 가치의 덕목을 '부쟁의 덕'의 요인으로 제안하는 율곡의 태도는 유가의 현실주의적이고 적극주의적인 철학적 입장이 작용한 결과라고

---

43) 『순언』 제18장 주, "謙卑自牧, 與人爲善, 故人樂爲用. 其德配天, 無以尙矣."

44) 『중용』 제31장, "是以聲名洋溢乎中國, 施及蠻貊; 舟車所至, 人力所通, 天之所覆, 地之所載, 日月所照, 霜露所隊; 凡有血氣者, 莫不尊親, 故曰配天."

45) 『율곡전서』 권24, 『聖學輯要』, 「爲政下」, "朱子曰: 配天, 言其德之所及, 廣大如天也."

46) 『순언』 제18장 종결부분, "極言慈柔謙下之德, 可以配天也."

볼 수 있다.

율곡은 존재의 '부쟁의 덕'이 지닌 유능성과 탁월함을 본받더라도 단지 겸허와 낮음의 소극적인 방식에만 의지하여 생활해서는 안 된다고 본다. 그는 경우에 따라서는 보다 적극적인 사랑과 부드러움을 가지고 생활세계에 임할 필요가 있다고 주장한다. 이로부터 '부쟁의 덕'은 소극주의적인 형태로만 그 의의가 보장되는 것은 아니라고 본 율곡의 생각을 확인하게 된다. 마찬가지로 적극주의적인 형태로만 '부쟁의 덕'의 의의를 확보할 수도 없다는 입장도 알게 된다. 요컨대 율곡이 본 '부쟁의 덕'은 자기 반성적 겸허와 낮춤의 덕목 위에 자기 긍정적 자애와 부드러움의 조화와 합일을 통하여 구현되는 것이라 보는 것이 타당할 것이다.

5) 유약의 덕

『순언』에 명시된 덕의 개념 가운데 '유약의 덕'을 직접 언급한 장은 없다. 다만 『순언』은 제14장의 내용 안에 '유약의 덕'을 이야기한 『노자』 제76장[47]과 제78장[48]의 두 개의 장을 한 장으로 편집하여 자신의 생각을 밝히고 있을 뿐이다. 그럼에도 내가 『순언』 제14장을 '유약의 덕'으로 제시한 이유는 『노자』 하경이 『덕경』의 성격을 띠고 있다는 점에 주목했기 때문이다. 하경에 해당하는 위의 두 개의 장은 결

---

47) 『노자』 제76장, "人之生也柔弱, 其死也堅強. 萬物草木之生也柔脆, 其死也枯槁. 故堅強者死之徒, 柔弱者生之徒. 是以兵強則不勝, 木強則共. 強大處下, 柔弱處上."

48) 『노자』 제78장, "天下莫柔弱於水, 而攻堅強者莫之能勝, 其無以易之. 弱之勝強, 柔之勝剛, 天下莫不知, 莫能行." 『순언』 제14장은 『노자』 제78장의 전반적인 문구를 모두 인용하여 편집하였는데, 다만 마지막의 '正言若反'이라는 문구만을 생략한 특징이 있다.

국 노자의 덕론에 해당한다고 보기 때문이다.

『노자』는 제76장에서 살아있는 것과 죽은 것의 존재형태를 비교하여 유약이야말로 생명의 원리라고 강조한다. 또한 제78장을 통하여 세상에 물보다 유약한 것은 없다고 하면서 물이 지니고 있는 역설적 유능성에 주목한다. 이곳에서 노자는 물처럼 유약한 것이 도리어 바위처럼 견고하고 단단한 것을 이긴다는, 존재의 유능성에 대해 언급한 것이다. 다시 말해 율곡은 여기에서 물의 탁월함을 통하여 유약한 덕의 실질과 그 유능함의 특질에 관하여 말한 것이다. 결국 이것은 물의 탁월함이 유약함에 자신의 존재근거를 두고 있는 것처럼 사람 또한 유약의 근본정신을 본받아야 한다는 제안인 셈이다.

그런데 특기할 만한 것은 율곡이 노자가 말한 '유약의 덕'을 유가의 '어짊과 자애의 덕'으로 환치시켜 해석하고 있는 점이다. 이와 관련된 율곡의 주해를 참고해보기로 한다.

> 이른바 부드러움이란 단지 어짊과 자애를 드러낸 것에 대해 말했을 뿐이니, 부드럽고 유약한 것만 오로지 하는 것은 아니다. 만약 부드럽고 유약한 것만 오로지 한다면 어떻게 강하고 난폭한 것을 이길 수 있겠는가? 또 승리하게 되는 것도 이치의 흐름상 당연한 결과일 뿐 승리하고자 하는 마음이 있어서 일부러 부드럽고 약하게 처신한 것은 아니다.[49)]

물론 노자가 말하는 '유약의 덕'은 일상적인 견고함과 강함에 대한 상대주의적 유연함과 약함을 말하는 것이 아니다. 존재 자신이 지니고 있는 '유약의 덕'은 일체의 상대주의적인 속성들을 넘어선다. 이러

---

49) 『순언』 제14장 終結부분, "夫所謂柔者, 只言仁慈之形耳, 非一於柔弱而已. 若一於柔弱, 則豈能勝剛暴哉? 且其勝之者, 亦出於理勢之當然耳, 非有心於欲勝, 而故爲柔弱也."

한 점에서 '유약의 덕'에는 노자 특유의 역설이 있다. 견고하고 강한 것이 최고가 아니며, 도리어 유약한 것이 그것을 이길 수 있다는 역설이다. '유약의 덕'은 결국 자연의 도이며 덕 이외의 다른 것일 수 없다.

율곡은 이것을 유가적으로 해석한다. 그는 강하고 난폭한 것을 이기는 것은 어짊과 자애라고 한다. 지극한 어짊과 자애는 강하거나 난폭하지 않다는 것이 그 이유이다. 율곡이 볼 때, 어짊과 자애야말로 '유약의 덕'의 구체적인 내용이다. 이것은 '어진 이에게는 적이 없다' 고 한 맹자의 철학정신을 노자가 말한 '유약의 덕'과 관련지어 효과적으로 설명한 것이라고 할 수 있다.[50)]

4. 덕의 구현과 방법

율곡은 윤리적 측면의 덕과 정치적 측면의 덕이 상호 일체를 이루어 '왕도'를 구현하여야 한다고 본다. 그는 '수기'와 '치인'의 덕이 서로 배리관계를 이루어서는 안 된다고 본다. 또한 하늘의 덕과 인간의 덕이 하나로 만나 원만한 소통을 이루고 서로 관류하여야 한다고 생각한다. 율곡에게서 덕의 윤리는 곧 덕의 정치와 통한다. 그가 생각한 왕도의 구현이란 덕의 윤리를 구현하는 것이며 덕의 정치를 구현하는 것이기 때문이다.

왕도의 구현에 관한 문제는 『순언』에도 적용된다. 율곡은 왕도의 구현이 '지극한 정치'(至治)의 구현이라고 생각한다. 역설적이게도 율곡

50) 『맹자』, 「梁惠王上」, "仁者無敵." 및 『순언』 제13장 주, "故曰: 仁者, 無敵於天下也." 참조.

이『노자』의 저본으로 읽었던『도덕진경집해』에서 이 '지극한 정치'라는 개념이 등장한다.『도덕진경집해』를 통해 도교의 도사였던 동사정(董思靖)이 유가적 통치개념이라고 할 수 있는 '지극한 정치'를 언급한 것이다. 율곡이 이 점을 간과할 리 없었을 것이다. 율곡은 동사정의 말을 직접 인용하여 다음과 같이 말한다.

> 덕으로 정치를 하면 백성을 다스리는 데 있어 세세한 것까지 따지지 않으니, 세속적인 시각으로 보면 할 일을 제대로 하지 않는 것과 같다. 그러나 백성은 실제로 자연스러운 교화에 감화되니, 이것이 바로 순박하고 조화롭게 되는 '지극한 정치'가 되는 이유이다.[51]

이것은 율곡의 직접적인 말은 아니지만, '지극한 정치'의 문제에 관하여 공명한 율곡의 의식세계를 보여준다는 점에서는 전연 부족함이 없다.

'지극한 정치'란 개념의 기원은『서경』에서 찾아진다.[52] 이것은 조선조 유학사에서 일찍이 정암(靜菴) 조광조(趙光祖, 1482~1519)가 내건 중요한 정치적 이념이었다. 율곡은 '왕도'의 귀함을 알게 된 것이 전적으로 정암의 공이라고 평가한다.[53] '지극한 정치'를 통해 왕도의 구현을 이루고자 한 정암의 이상은 율곡에게 전하여져 율곡은 이른바 도학(道學)의 정치를 제안한다. 결정적으로 율곡은 정암의 철학을 가리켜 도학을 높이고 인심을 바르게 하며, 성현을 본받고 지극한 정치를 일으

51)『순언』제31장 주, "董氏曰: 爲政以德, 則不察察於齊民, 以俗觀之, 若不事於事. 然民實感自然之化, 乃所以爲淳和之至治也."

52)『서경』,「周書 · 君陳」, "至治馨香, 感于神明. 黍稷非馨, 明德惟馨爾."

53)『율곡전서』권28,『經筵日記』, "王可貴而霸可賤, 其有功于斯道, 不可泯也. 宜乎後人仰之若泰山北斗, 而寵命之錫, 久而愈隆也." 이 문장은 또한 율곡의『石潭日記』에 그대로 실려 있다.

키고자 한 것이라고 본다.[54)]

율곡은 '지극한 정치'라는 것이 '무위 교화의 극치'임을 인정한다.[55)] 단지 그는 노자의 '무위'를 성리학적으로 해독하여 어짊이나 자애 등과 같은 덕목을 포함하는 유가철학의 정치적 무위사상으로 해석한 특징이 있다. '무위'를 통한 '지극한 정치'의 구현을 위해서는 '격물'-'치지'-'성의'-'정심'의 공부가 필수적이다. 율곡이 볼 때, '수기'가 전제되지 않는 '지극한 정치'란 존재하지 않는다. 즉 '내성(內聖)'과 '외왕(外王)'이 별개의 것이 아니며, '하늘의 도'와 '왕도'가 분리된 것이 아니다.[56)] 이러한 점이 율곡이 본 '도학'의 이상이며, '지극한 정치' 구현의 이념이다. 율곡이 『순언』에서 덕의 구현문제로 제안하는 내용도 이를 벗어나지 않는다.

『순언』에서 율곡이 제시한 '지극한 정치'와 오강남이 『노자』에서 발견한 '정치 아닌 정치'의 맥락은 상호 유사성이 있다. 오강남은 다음과 같이 말한다. "정치라는 것이 있는지, 다스리는 것이 있는지 없는지 할 정도로 맹맹하고 밋밋한 '정치 아닌 정치'가 있을 때 사람의 본래적인 성품이 손상되지 않고, 또 손상되었으면 되살아나 건실하고 건강한 사회를 이룩하게 되므로 이런 정치야말로 실로 잘 되는 정치라는 것을 거듭 강조하고 있다."[57)] 이 말은 정치가 잘못될 경우 본성과 고유한 덕도 더불어 상실된다는 것을 의미한다.

그러나 '지극한 정치'는 손상된 덕을 되살리는 역할을 수행하기도

---

54) 『율곡전서』 권28, 『經筵日記』, "每以崇道學正人心法聖賢興至治之說, 反覆啓達, 辭旨勤懇." 참조.

55) 『순언』 제31장 종결부분, "右第三十一章. 承上章, 而言無爲之化也." 참조.

56) 『율곡전서』 권15, 『東湖問答』, "夫道學者, 格致而明乎善, 誠正而修其身, 蘊諸躬則爲天德, 施之政則爲王道." 및 『율곡전서』 부록, 「語錄上」, "道學本人倫之內, 故於人倫盡其理則, 是乃道學也." 참조.

57) 오강남 풀이, 『도덕경』, 서울: 현암사, 1995, 248~249쪽.

한다. 『순언』은 손상된 덕의 회복에 대해 언급한다. 『순언』은 덕의 구현과 회복을 위해서는 '아낌'(嗇)과 '복귀'라는 구체적인 방법이 요청된다고 본다. 먼저 율곡은 아낌과 관련하여 다음과 같이 말한다.

> 아낌은 바로 정신을 사용하여 절제하고 덜어서 마음을 거두어들여 저장하며 곧고 굳게 한다는 의미가 있다. 학자가 도를 오랫동안 일삼으면 마음은 넓어지고 기운은 충만해져서 완전한 하늘의 덕에 통달하게 된다.[58]

이것은 율곡이 "사람을 다스리고 하늘을 섬기는 데는 아낌보다 나은 것이 없다"[59]는 노자의 말을 주해한 것인데, 동사정의 말을 있는 그대로 직접 인용한 것이다. 율곡은 인간이 하늘의 덕에 통달하고 그 덕을 구현하는 방법으로서 아낌만 한 것이 없다고 본 것이다.

율곡은 아낌의 문제를 맹자적 시각에 입각하여 이해한다. 그는 맹자처럼 마음을 보존하고 본성을 기르는 것이 하늘을 섬겨 하늘의 도에 통달하는 방편이라고 본다. 율곡은 이와 관련하여 다음과 같은 설명을 덧붙인다.

> 내가 생각하기에 '하늘을 섬긴다'는 말은 바로 '자신을 다스린다'는 뜻이다. 맹자는 '마음을 보존하고 본성을 기르는 것이 하늘을 섬기는 것'이라고 말했으니, 자신을 다스리고 남을 다스리는 것은 모두 아낌으로 도를 삼아야 한다는 말이다. 아낌은 바로 마음을 아끼고 거두어들인다는 뜻이다.[60]

58) 『순언』 제7장 주, "董氏曰: 嗇, 乃嗇省精神, 而有斂藏貞固之意. 學者久於其道, 則心廣氣充, 而有以達乎天德之全矣."

59) 『노자』 제59장, "治人事天, 莫若嗇."

60) 『순언』 제7장 주, "按事天是自治也. 孟子曰: 存其心養其性, 所以事天也, 言自治治人, 皆當以嗇爲道. 嗇是愛惜收斂之意."

'수기'와 '치인'에는 각각 아낌의 방법이 있다. '수기'의 측면에서 본 아낌의 방법은 탐욕을 막고, 정신을 기르며, 말을 조심하고, 음식을 절제하는 것 등이다. '치인'의 측면에서 본 아낌의 방법은 법도를 조심스럽게 시행하고, 명령을 간략하게 하며, 번거로운 조목을 줄이고, 사치와 낭비를 없애는 것 등이다. 따라서 '수기'의 측면에서 본 아낌은 항상 마음을 바르게 하고 행사를 번거롭게 하지 않는 것이다. 또한 '치인'의 측면에서 본 아낌은 삼가하여 일하고 다른 사람을 사랑하는 것이다.[61]

율곡은 '아낌'이 도에 들어가고 덕을 이루는 방법이라고 본다. 그는 '아낌'이 끊임없이 '덜어내는 것'(損)이라고 한다.[62] 일찍이 율곡은 『주역』「손괘」 상전의 말을 『성학집요』에 인용한 바 있는데, '덜어내는 것'의 철학적 의미는 이 손괘의 정신과 무관하지 않다. 율곡이 『성학집요』에 인용한 「손괘」 상전의 내용은 다음과 같다.

> 또한 「손괘」 상전에서는 다음과 같이 말한다. '손'이란 지나친 것을 덜어 중도에 나아가고, 들떠 있는 말단의 것을 줄여 알맹이로 나아가는 것이다. 온 세상의 해로움은 말단이 우세한 것에서 말미암지 않는 것이 없다. 높은 집과 장식한 담장은 본래 궁실에서 나왔고, 주지육림은 본래 음식에서 나왔으며, 지나치게 혹독하고 잔인한 것은 본래 형벌에서 나왔고, 무력을 남용하고 함부로 군대를 동원하여 전쟁을 일으키는 것은 본래 정벌과 토벌에서 나온 것이다. 대체로 사람의 지나친 욕망은 모두 본래 몸을 봉양하는 데서 나온 것인데, 욕망이 멀리까

61) 『순언』 제7장 주, "以自治言, 則防嗜慾養精神, 愼言語節飮食, 居敬行簡之類, 是嗇也. 以治人言, 則謹法度簡號令, 省繁科去浮費, 敬事愛人之類, 是嗇也."

62) 『순언』 제7장 종결부분, "言入道成德, 以嗇爲功, 是損之之謂也."

> 지 흘러가면 해롭게 된다. 선왕이 근본을 따른 것은 '천리'이고, 후세 사람이 말단으로 흐른 것은 '인욕'이다.[63]

이와 같은 맥락에서 율곡은 『노자』 제22장의 내용을 원용하여, 『순언』 제8장에서 "자신을 드러내지 않으므로 밝아지고, 자신을 옳다고 여기지 않으므로 드러나며, 자신을 자랑하지 않으므로 공적이 있게 되고, 자만하지 않으므로 자신을 오래도록 유지하게 된다"[64]고 한 것이 다름 아닌 덕을 기르는 방법이라고 주해한다.[65]

다른 한편 율곡은 덕의 구현방법으로 복귀를 말한다. 노자에게 복귀의 논리는 고유한 것이지만, 율곡은 성리학적 의미의 복귀를 말한다. 즉 잃어버린 도덕적 본성을 회복하기 위한 공부 방법으로 복귀를 제시하는 것이다. 『순언』에서 찾아지는 대표적인 복귀의 방법은 '극기복례'이다. 이에 대해 율곡은 다음과 같이 말한다.

> 멀리 벗어나지 않고 복귀하면 자신의 사사로운 욕망을 극복하지 못할 것이 없다. 사사로운 욕망을 극복하고 예를 회복하면 세상 사람들이 어짊으로 돌아가니, 그런 사람의 덕에 어찌 제한된 양이 있겠는가? 덕에 제한된 양이 없어 넓고 두텁고 높고 밝은 경지에 도달한다면 이

---

63) 『율곡전서』 권24, 『聖學輯要』, 「爲政下」, "又損卦傳曰: 損者, 損過而就中, 損浮末, 而就本實也. 天下之害, 無不由末之勝也. 峻宇雕, 本於宮室. 酒池肉林, 本於飮食. 淫酷殘忍, 本於刑罰. 窮兵黷武, 本於征討. 凡人欲之過者, 皆本於奉養, 其流之遠, 則爲害矣. 先王制其本者, 天理也. 後人流於末者, 人欲也. 損之義, 損人欲以復天理而已." 이에 대한 번역은 김태완의 『성학집요』, 서울: 청어람미디어, 2007, 512~513쪽을 참조하여 부분적으로 수정하여 인용하였다.

64) 『순언』 제8장, "不自見故明ᄒᆞ며 不自是故彰ᄒᆞ며 不自伐故有功ᄒᆞ며 不自矜故長이니"

65) 『순언』 제8장 주, "此養德之方也." 이 주해도 동사정의 『도덕진경집해』의 주석을 인용한 것이다.

것이 바로 유구하고 무강한 도이다.[66]

다른 사람을 이기는 것은 혈기에서 나온 힘이고, 자신을 이기는 것은 의리에서 나온 용기이다. 자신의 사사로운 욕망을 극복하고 예로 돌아가면 인욕에 굴하지 않아 더 이상 강해질 것이 없다.[67]

『순언』이 말하는 덕의 복귀방법으로서의 '극기복례'는 주자 성리학의 '존천리 멸인욕(存天理滅人欲)'이라는 테제의 정신과 밀접하게 관련되어 있다. 개별적 인간이 사사로운 욕망을 배제하고 하늘의 이치로 되돌아간다는 복귀의 맥락이 여기에서 확인되기 때문이다. 요컨대 『순언』에서 말하는 덕에로의 복귀는 일체의 사사로운 욕망을 소멸시키는 방법이며, 하늘의 도덕적 이치에로 되돌아가는 방법이라는 데 그 의의가 있다.

5. 현대적 의의

율곡은 덕의 의미를 '성(性)'으로 파악하고, 이것을 '리(理)'로 간주되는 '도(道)'와의 상관관계에서 일원적인 것으로 논의한다. 이로부터 '성즉리' 사상에 의거한 노자의 '덕'이 재탄생한 것이다. '성즉리'의 토대 위에서 율곡은 『노자』에 나타난 다양한 덕의 개념들을 자신의 철학

66) 『순언』 제7장 주, "不遠而復, 則己私無不克矣. 克己復禮, 則天下歸仁, 其德豈有限量哉? 德無限量, 至於博厚高明, 則是悠久無疆之道也."

67) 『순언』 제9장 주, "勝人者, 血氣之力也, 自勝者, 義理之勇也. 克己復禮, 則不屈於人欲, 而强莫加焉."

적 범주 안으로 수렴하여 새롭게 논의하였는데, 이들은 무위, 유약, 소박, 부쟁, 겸허 등의 내용을 갖는다. 이들은 모두 『노자』에서 중시되는 덕의 특성들이다. 율곡은 자신의 성리학적 사유의 반경 안에서 이들을 자유롭게 원용한다.

『순언』의 덕론은 현대에도 시사해주는 바가 크다. 특히 주체적 자아의 도덕성에 대한 보편적 긍정과 타자와의 관계를 위하여 요청되는 덕목들에 대한 윤리적 실천의 의의는 현대에도 여전히 유효하다. 현대철학자 레비나스(Emmanuel Levinas, 1906~1995)가 타자에의 배려를 제시하였던 것처럼 율곡은 일찍이 타자를 배려한 삶의 정치에 대해 윤리적 실천을 제안한 바 있었던 것이다.[68] 율곡이 볼 때, 덕을 가슴에 품고 있는 사람은 지나친 아집이 없다. 만약 자신을 과장되게 드러내어 옳다고만 하고, 또한 자랑하고 자만한다면, 이는 자신의 편견에 매여 있는 것이다. 따라서 온전한 덕을 닦아 자신의 아집을 고집하지만 않는다 하더라도 주체적 자아의 본성은 날로 새로워져서, 타자와 원만한 관계를 이루게 될 것이다.[69]

이러한 점에서 주체적 자아의 도덕성에 대한 보편적 긍정은 매우

---

68) 현대 타자윤리학에 적용될 수 있는 율곡적 의미의 배려의 철학은 나와 타자가 서로 다름을 인정하고, 그 타자에의 인정을 통해 상호 소통함과 동시에 또한 그것을 통하여 스스로가 변화할 수 있다는 윤리적 인식과 태도에서 그 의의가 찾아진다. 율곡은 『순언』에서 자신의 편견과 선입견을 버리고 타자의 마음을 자신의 마음으로 대체하여 생각해볼 것을 제안하고 있다. 이러한 점을 감안한다면, 특히 위정자의 입장에서 본 타자의 철학과 배려의 윤리는 현대의 타자윤리학의 입장과 비교하여 검토해볼만 한 과제임에 분명하다.

69) 『순언』 제8장 注, "蓋抱一則無我. 若更自見自是, 自伐自矜, 則是我見未忘, 烏可以言一哉? 惟無我則光明盛大, 愈久愈新, 何爭之有?" 참조. 율곡은 『서경』을 인용하여 자아와 타자의 다툼이 일어나는 이유가 자기 자신이 지나치게 자만하거나 자랑하기 때문이라고 본다. 『순언』 제8장 注, "愚按, 書曰: 汝惟不矜, 天下莫與汝爭能, 與汝(惟)不伐, 天下莫與汝爭功, 卽此意也." 참조.

중요하다. 또한 이와 같은 주체적 자아의 도덕성의 토대 위에서 요청되는 타자에 대한 배려와 윤리적 실천의 의의는 인간성 회복의 문제와 관련해서도 충분한 현재적 의의를 갖는다. 율곡은 『순언』에서도 모든 인간의 본성이 선하다고 명시하면서,[70] 본성 회복을 위한 덕의 구현에 대해 깊은 관심을 피력하고 있기 때문이다.

뿐만 아니라 『순언』이 제안하는 덕론은 사회적으로나 정치적인 민생의 복지차원에도 적용될 수 있는 외재적 확장력을 가지고 있다는 점에서도 의의가 있다. 『순언』은 왕도정치가 구현된 세계를 이상으로 삼고 있다는 점에서,[71] 민생과 복지의 구현문제는 덕의 구현과 밀접한 관련을 갖는다. 물론 『순언』은 왕도정치의 구현과 관련된 직접적인 민생과 복지의 세부적인 문제들에 대한 해법까지 제시하지는 못하고 있다. 이것은 분명한 『순언』의 한계이기도 하다. 그러나 이러한 지엽적인 한계가 왕도정치의 이념을 손상시킬 수는 없다고 본다. 이제 왕도정치의 이념적 대안을 현실에서 찾아보고 나름의 해법을 제시할 책무는 오로지 우리들에게 남아있다. 『순언』은 그 책무에 대한 철학적 제언을 우리들에게 남겨두고 있는 셈이다.

그런데 본문의 내용을 통해 살펴본 다섯 가지 유형의 덕 가운데 특히 '소통의 덕'과 '부쟁의 덕'은 나머지 세 가지 덕에 비하여 그 사회정치적 차원에서의 철학적 의의가 뚜렷하다. 현대사회에서도 소통의 덕은 여전히 계층 간, 집단 간, 국가 간의 상호 불소통을 해소하는 대안으로서 의미가 있고, 또한 부쟁의 덕은 계층 간, 집단 간, 국가 간의 갈등과 투쟁을 해소하는 대안으로서 의미가 있다. 이러한 점 때문에

70) 『순언』 제7장 주, "愚按人性本善, 是先已有所積也."

71) 『순언』 제35장 주, "朱子曰: "若是王道修明, 則不正之氣, 都消鑠了." 및 종결부분, "右第三十五章. 言王道之效, 至於人神各得其所. 七章所謂嗇以治人者, 其義止此." 참조.

『순언』이 제안하는 덕의 철학은 현대가 요구하는 각종 민생과 복지의 문제를 해결하는 이념적 원리로서 전연 손색이 없다고 평가된다.

제4장

수기론 또는 자아 수련의 문제

1. 자아 수련과 유도 회통의 가능성

조선조의 유학적 사유반경 안에서 활동하였던 지식인들 중에서 『노자』를 읽고, 이를 정밀하게 분석하여 그 연구 결과를 하나의 저술로 남겨 놓은 것은 율곡이 가장 선구적이다. 율곡은 일찍이 『순언』을 통하여 유가와 도가, 보다 정확히 말한다면 조선 성리학과 노자철학의 회통적 접목을 시도하였다.

율곡의 이러한 회통적 접목의 시도는 사상사적으로 정통의 학문과 이단의 학문이 동일한 맥락에서 만날 수 있다는 하나의 전형을 제시했다는 점에서 큰 의미가 있다. 이것은 율곡의 이단관이 자가의 성리학을 기준으로 한 일방적 폐쇄성을 지니기보다는 일정 부분에 있어서 학파 간 문호의 개방성을 지니고 있었다는 점을 시사해주기에 충분하다.

율곡은 노자에 대하여 많은 것을 인정할 뿐만 아니라, 그 인정할 수 있는 많은 것들이 실제적으로는 유가의 학설과 전면적으로 배치되는 것은 아니라고 한다. 이와 관련하여 율곡이 스스로 『순언』을 총괄적으로 정리하고 마무리하면서 제기하였던 다음의 발언은 참고할 만하다.

> ① 대체로 이 책은 '무위'를 근본으로 하지만 그 효용은 하지 않음이 없는 것이니, 역시 '허무'에 빠진 것은 아니다.
>
> ② 다만 여기에서 하는 말이 대부분 도달해야 할 부분에 관한 것이기는 하지만 걸핏하면 성인을 칭하면서 위로 천리에 달하는 논의가 대부분이고 아래로 인사에 대해 배우는 논의는 적으니, 최상의 자질을 가진 선비들이 보기에는 마땅하지만 중간 이하의 자질을 가진 선

비들이라면 손대기조차 곤란하다.

③ 다만 자신의 사욕을 극복하여 인욕을 막고 고요함과 진중함으로 자신을 지키며 겸허함으로 자신을 기르고 자애와 간략함으로 백성을 다스린다는 뜻에 대한 설명은 모두 친절하고 재미가 있어서 배우는 자들에게 유익하니, 성인이 남긴 책이 아니라고 하여 보지 않아서는 안 된다.[1)]

인용문①은 『노자』의 핵심이 '무위'에 있으며, 그 효용은 하지 않음이 없는 것이라서, 일상에서 말하는 허무주의에 빠진 것이 아니라는 평가이다. 인용문②는 『노자』가 하늘의 이치를 논하는 형이상학적 담론이 많기 때문에 최상의 자질을 가진 선비들이 아니면 쉽게 이해하기 어렵다는 것을 밝힌 내용이다. 마지막 인용문③은 『노자』를 읽어야 하는 당위성을 밝힌 내용으로서, 그 이유가 "자신의 사욕을 극복하여 인욕을 막고 고요함과 진중함으로 자신을 지키며 겸허함으로 자신을 기르고 자애와 간략함으로 백성을 다스린다는 뜻에 대한 설명은 모두 친절하고 재미가 있어서 배우는 자들에게 유익하"기 때문이라고 한다.

율곡은 노자철학이 유학의 진리와도 서로 만날 수 있다고 생각한 것이다. 특히 율곡은 노자철학과 유학적 진리의 회통의 중앙에 '자아 수련'과 '타인에의 배려'의 문제가 자리를 잡고 있다고 본다. 인용문③

---

1) 『순언』 제40장 말미의 종결부분, "大抵此書以無爲爲宗, 而其用無不爲, 則亦非溺於虛無也. 只是言多招詣, 動稱聖人, 論上達處多, 論下學處少, 宜接上根之士, 而中人以下, 則難於下手矣. 但其言克己窒慾, 靜重自守, 謙虛自牧, 慈簡臨民之義, 皆親切有味, 有益於學者, 不可以爲非聖人之書, 而莫之省也." 본문의 인용문에서 원문자 ①②③은 지은이가 설명의 방편을 위하여 임의로 표기한 것이며, 문장의 단락을 구분한 것 역시 동일한 목적에서 이루어진 것이다. 이하 이 책의 원문자 인용문 표기의 경우 모두가 동일한 취지임을 전제한다.

의 내용은 결국 '자아 수련'과 '타인에의 배려'의 문제 이외의 다른 것이 아니다. 앞으로 이 책에서 사용하는 '자아 수련'과 '타인에의 배려'라는 개념은 유가에서 말하는 '수기'와 '치인'의 다른 표현임을 전제한다.[2] 따라서 여기서 검토해보고자 하는 '자아 수련'의 문제는 유가 성리학에서 말하는 '수기론(修己論)'을 달리 표현한 것임을 전제한다.

물론 이와 같은 말 풀이가 '수기'와 '치인'의 원의를 고스란히 드러내주지 못하는 한계가 없지 않을 것이다. 특히 타인을 다스린다는 정치 · 사회적 함의를 배제할 수 없는 '치인'의 개념에 이르면 더욱 그럴 수밖에 없다. 결국 '치인'이란 지식인들의 적극적 사회참여와 관련되는 개념이지만, 여기에서는 단지 '치자 대 피치자'의 관계규정으로부터 일방적 관계에 놓이게 되는 양자의 상황을 최대한 배제하고 그 형평의 관계성을 고려해보고자 하는 취지에서 '치인'의 개념을 '타인에의 배려'라는 의미로 풀어보고자 하는 것일 뿐이다.

율곡은 자아의 문제와 타인의 문제를 별개의 것으로 보지 않는다. 자아의 인격이 원숙할수록 타인에의 배려는 그만큼 크게 나타난다. 반면, 소아적 형태의 자아의 내면으로부터 분출하는 이기적 욕망에 깊이 침잠할 때 타인에의 배려는 원천적으로 차단되고 만다. 그러므로 자아 수련의 문제는 학문의 가장 기본적인 요건일 수밖에 없다. 율곡은 천자로부터 서인에 이르기까지 모두가 자아 수련의 문제를 근

---

2) '수기치인'은 송대 성리학자들의 세계관이 반영된 대표적인 개념의 하나이다. 이러한 사유의 기원은 공자에게 있다. 공자는 "수기함으로써 공경하고, 수기함으로써 사람을 편안히 하고, 수기함으로써 백성을 편안히 한다"고 『논어』「헌문」에서 밝히고 있다(『논어』, 「헌문」, "子路問君子. 子曰: 脩己以敬. 曰: 如斯而已乎? 曰: 脩己以安人. 曰: 如斯而已乎? 曰: 脩己以安百姓. 脩己以安百姓, 堯舜其猶病諸!" 참조). 즉, 공자에게서 '수기'는 '경(敬)'과 '안인(安人)' 및 '안백성(安百姓)'이라는 세 가지 조목으로 설명되고 있는 것이다. 이것을 통해볼 때, '치인'의 범주가 '수기'와 동떨어진 별개의 내용이 될 수 없음을 알게 된다.

본으로 삼아야 하고, 제왕의 학문도 자아 수련보다 먼저 할 것은 없다고 강조한다.[3] 그리고 율곡이 볼 때 자아 수련의 문제는 유학적 진리에만 국한된 것이 아니라, 근원적으로는 노자철학의 문제의식 또한 여기에서 벗어나지 않는다.

그럼에도 유학적 자아 수련의 방법과 노자의 자아 수련의 방법은 그 궤를 달리한다. 왜냐하면 유학적 자아 수련의 방법이 적극적으로 날마다 쌓아올리는 것이라면, 노자의 자아 수련의 방법은 나날이 덜어내는 것을 위주로 삼고 있기 때문이다. 그러나 율곡은 이러한 유학적 자아 수련의 긍정적 방법과 노자적 의미의 부정적 방법을 하나로 회통한다. 진리는 긍정적 논리의 일방만으로도 설명될 수 없으며, 부정적 논리의 일방만으로도 온전하게 설명될 수 없다는 것이 율곡의 생각이다. 만일 양가의 철학적 차별성만을 내세운다면 학문 간의 회통은 결코 이루어질 수 없을 것이다.

율곡은 『순언』을 통해 두 사상의 차별성을 부각시키기보다 오히려 양가의 근원적 일치점을 찾고자 노력하였다. 그 일치된 지점에서 찾아진 중심 문제 중의 하나가 '자아 수련'의 내면적 문제였고, 또 다른 하나가 '타인에의 배려'라는 외면적 문제였다. 이러한 점은 율곡의 『성학집요』와 『격몽요결』 등에 일관되게 적용되어 나타나는데, 『순언』도 그 범주를 벗어나지 않고 기술되는 상호 유사성을 보이고 있다.

그렇다면 이제 율곡이 『노자』를 통하여 드러내고자 한 중심 문제의 하나인 자아 수련의 문제에 관하여 좀 더 구체적으로 천착하여 살펴보기로 하자.

---

3) 『율곡전서』 권20, 『성학집요』, 「수기 상」, "臣按, 大學曰: 自天子以至於庶人, 一是皆以修身爲本, 其本亂而末治者否矣. 是故帝王之學, 莫先於修己." 이 인용문을 통해 보더라도, 율곡의 철학체계에 있어서 자아 수련의 문제는 상당히 중요한 비중을 차지하고 있음을 알 수 있다.

2. 몸과 마음의 현상학

『순언』은 모두 40개의 장으로 구성되어 있는데, 율곡은 『순언』의 종결부분에서 『순언』의 각 장이 무엇을 설명하려고 하였던 것인지 스스로 밝히고 있다.[4] 이를 통해서도 알 수 있지만, 율곡은 먼저 『순언』의 전반부 세 개의 장에서는 '도'의 형이상학적 측면에 관하여 기술하는 특징을 보인다. 또한 제4장에서는 자아 수련의 근거가 되는 마음의 구조에 관하여 기술하고, 제5장부터 제25장까지를 자아 수련의 마음공부와 관련된 내용들로 구성한 후 제26장부터 제35장까지를 타인에의 배려에 관한 문제에 관하여 다룬다.

이러한 『순언』의 구성 체계를 보면, 율곡이 『노자』를 치밀하게 분석한 후 이를 자신의 철학적 사유의 영역 안으로 수렴하여 재구성하였다는 점을 확인할 수 있고, 그 주된 논의의 초점이 자아 수련과 타인에의 배려 문제에 맞추어지고 있음을 알 수 있다.[5] 그러나 『순언』의 주된 논의가 자아 수련의 문제와 타인에의 배려 문제에 초점이 맞추어져 있다고 할지라도 『순언』에서 형이상학적 문제가 전적으로 배제되지 않는다는 점도 하나의 특징이다.

---

4) 『순언』, 제40장 말미의 종결부분, "首三章言道體, 四章言心體, 第五章摠論治己治人之始終. 第六章七章, 以損與嗇爲治己治人之要旨, 自第八章止十二章, 皆推廣其義. 第十三章因嗇字, 而演出三寶之說, 自十四章止十九章, 申言其義. 二十章言輕躁之失, 二十一章言淸靜之正. 二十二章推言用功之要. 二十三章四章申言其全天之效, 二十五章言體道之效, 二十六章止三十五章言治人之道及其功效. 三十六章言愼始慮終, 防於未然之義. 三十七章八章言天道福善禍淫虧盈益謙之理. 三十九章四十章歎人之莫能行道以終之."

5) 이러한 율곡의 노자관은 이후 박세당의 노자관에 결정적인 영향을 미치게 되는데, 그것은 유가와 노자철학의 교섭이 가능해지는 철학적 바탕에 자아 수련과 타인에의 배려가 서로 공조하게 된 점이다.

비록 많은 장을 할애하여 율곡이 『노자』의 형이상학적 문제들에 관하여 거론한 것은 아닐지라도 『순언』의 전반부 세 개의 장을 형이상학과 관련된 문제들로 구성하여 『순언』의 철학적 전제로 삼고 있다는 것은 중요한 의미가 있다. 사실상 『순언』의 전반부에 나타난 형이상학적 문제들은 이후 설명될 자아 수련의 문제나 타인에의 배려 문제에 직·간접적으로 관여하고 있기 때문이다. 그러므로 율곡이 『노자』에서 읽은 형이상학의 문제 역시 인간의 자아 수련의 문제나 타인에의 배려 문제와 무관하게 독립적으로 존재하는 초월적 형이상학과는 거리가 멀다. 이러한 율곡의 생각은 기본적으로 인간과 세계의 일원론적 조화 내지는 통일을 모색해 보고자 하는 그의 '리기지묘'의 세계관으로부터 비롯되는 것이라고 할 수 있다.

율곡은 인간의 몸과 마음도 이원적으로 분열되어 있는 것이 아니라, 일원론적인 통일 구조를 지니고 있다고 본다. 이러한 율곡의 입장은 『순언』 제4장에서 확인된다. 그러나 율곡이 『순언』 제4장의 본문을 통하여 곧바로 몸과 마음의 구조가 일원론적 통일 구조를 지니고 있다고 밝히는 것은 아니다. 실제로 우리가 『순언』 제4장에 대한 율곡의 주석을 보지 않고는 이 장이 인간의 몸과 마음에 관련된 내용이라는 것을 쉽게 알아내기는 어려운 실정이다. 왜냐하면 율곡은 여기에서 인간의 몸과 마음의 관계를 현상적 사물에 비유하여 설명하고 있기 때문이다.

율곡은 『순언』 제4장의 본문에서 『노자』 제11장의 말을 원용하여 다음과 같이 말한다.

> 수레바퀴의 서른 개 살이 모두 하나의 바퀴통에 모이니 바퀴통 속이 비어 있어야 움직이는 수레가 되고, 흙을 빚어 그릇을 만들 때에는 속이 빈 데가 있어야 담을 수 있는 그릇이 되고, 창과 문을 뚫어 방을 만

드니 빈 공간이 있어야 방으로 쓸 수 있다. 그러므로 사물을 만드니 적합한 이기(利器)가 되고, 비움으로써 쓸 수가 있다.[6]

여기에서 노자는 수레바퀴의 통, 그릇, 창문 등을 통하여 '있음(有)'과 '없음(無)'의 관계를 비유적으로 설명한다. 이러한 노자의 설명은 세계의 본체가 '있음'과 '없음'의 두 가지 실체로 구성되어 있다는 것을 의미하지는 않는다. 그리고 '있음'과 '없음'의 관계가 서로 절연된 절대적 관계에 있다는 것을 의미하지도 않는다.

율곡과 비슷한 시대를 살았던 중국 명나라의 초횡(焦竑, 1541~1620) 같은 사람도 "노자는 '없음의 없음'을 말한 것이 아니라 '있음의 없음'을 밝힌 것이다"[7]라고 하였던 것이다. 여기에서의 '있음'과 '없음'은 상호 대대의 관계로 구성된 현상적 세계의 존재방식에 대한 지적이라고 볼 수 있다. 즉 여기에 표명된 '있음'과 '없음'의 상호 관계는 세계의 근원적 실체와 이로부터 파생된 이차적 세계의 관계성을 지적하는 것은 아니라는 말이다.[8]

여기에서 설명되는 '있음'과 '없음'이란 형이상학적 실체의 존재적 '있음'과 '없음'이 아니라, 단순히 서로 간에 결핍된 상대적 결여 상태를 의미하는 것으로서 '있음'은 '없음'에 의존하며 '없음'은 '있음'에 의존한다는 의미를 벗어나지 않는다. 이러한 생각은 상식적이다 못해 대단히 하찮은 문제로까지 비쳐질 수 있다.

---

6) 『순언』, 제4장, "三十輻이 共一轂애 當其無ᄒᆞ야 有車之用ᄒᆞ고 埏埴以爲器애 當其無ᄒᆞ야 有器之用ᄒᆞ고 鑿戶牖ᄒᆞ여 以爲室애 當其無ᄒᆞ여 有室之用ᄒᆞ니 故有之以爲利오 無之以爲用이니라"

7) 焦竑, 『老子翼』, 「序」, "老子非言無之無也, 明有之無也."

8) 이러한 점에서 『노자』 제11장에 나타난 '있음'과 '없음'의 관계는 『노자』 제40장의 '있음'과 '없음'의 관계와 서로 차별된다(『노자』 제40장, "天下萬物生於有, 有生於無." 참조).

그러나 이렇게 하찮은 문제에 근원적 함정이 자리 잡고 있다. 그 함정의 한 가운데는 '있음'과 '없음'을 대하는 인간의 편견이 도사리고 있다. 그리고 이러한 편견은 '있음'에의 집착과 '없음'에의 간과를 유발하여 '있는 것'만이 '있는 것'이라는 지극히 단순한 실재론적 사유로 정형화되어 나타난다. 노자는 이렇게 단순히 '있음'에 집착하는 일상의 편견에 대하여 역설적으로 '없음'의 효용성을 주장한다. '있음'이 '있음'으로서 있기 위해서는 '없음'의 쓰임이 관여하여야 한다는 것이다. 그러므로 노자에게서 '있음'과 '없음'의 상호 관계는 상호 대립적인 것이 아니라 상호 의존적인 방식으로 나타나게 된다.

율곡은 노자의 이러한 점에 주목한다. 그러면서도 율곡은 형체를 지닌 것들을 대변하는 '있음'의 의미를 인간의 몸(身)에 비유하고, 형체가 보이지 않는 빈 공간의 의미로 표현된 '없음'을 인간의 마음(心)에 비유하여 『노자』를 자신의 방식으로 재해석한다. 이와 같은 율곡의 해석방식은 분명 전통적 해석의 방식과는 다른 율곡의 독창적 관점이다.

일찍이 하상공은 이 장에 대하여 '없음의 쓰임'이라고 이름을 붙였는데, 율곡이 『노자』를 읽음에 있어서 기본적인 텍스트로 삼고 있는 동사정이나 주자의 해석 역시 이러한 견해를 보여주고 있다. 특히 율곡은 이 장에 대한 주자의 해석을 전폭적으로 받아들이는 태도를 보인다. 주자의 말을 인용한 다음과 같은 주석이 이를 뒷받침한다. "주자는 다음과 같이 말하였다. 없음은 바퀴통 가운데의 빈 곳이다. 오직 그 비어 있음 때문에 수레바퀴의 살을 받아들일 수 있게 되어 수레바퀴가 굴러가는 것이 끝없게 된다."[9)]

율곡이 인용하고 있는 이상과 같은 주자의 견해는 『주자어류』에서

9) 『순언』 제4장 주, "朱子曰: 無是轂中空處, 惟其空中, 故能受輻而運轉不窮."

보다 자세하게 설명되고 있다. “이것은 마치 우산 손잡이의 목관자에 여러 우산 댓살이 모이는 것과 같은 것이다. 관자 가운데의 비어 있음 때문에 또한 우산을 사용할 때 펴고 접고 위로 올리고 아래로 내릴 수 있는 것이다. 수레의 바퀴통이라는 것도 역시 이와 같은 것이다. 장자가 말한 문의 지도리가 되어야 비로소 그 문고리의 가운데를 얻을 수 있게 되어 무궁한 변화에 응한다는 것도 역시 이러한 의미이다.”[10] 율곡이 이와 같은 견해에 기본적으로 찬동하기는 하지만, 그 ‘없음의 쓰임’을 일반적인 사물의 범주로부터 인간의 범주로 전환시켜 해석한다. 이것은 전통적 해석의 방식과 구별되는 율곡의 독자적 해석의 특징이라고 하겠다.

이와 같은 해석의 특징은 율곡이 ‘자아 수련’의 문제를 중심으로 『노자』를 이해하고자 하였기 때문에 나타나는 현상이다. 그렇다면 우선 ‘있음’과 ‘없음’의 문제를 자신의 방식대로 풀어나가는 율곡의 설명을 보도록 하자.

> 외적인 ‘있음’의 비유는 곧 ‘몸’을 말한 것이다. 내적인 ‘없음’의 비유는 곧 ‘마음’을 말한 것이다. … 몸이 아니면 마음이 머물 자리가 없고, 마음이 비어 있지 않으면 이치가 소용이 없게 된다. 군자의 마음은 반드시 비어 있어 밝은 상태이니 사물에 집착함이 없다. 그런 후에야 사물에 올바르게 감응할 수 있다.[11]

이 인용문에 나타난 율곡의 설명은 노자의 본의가 무엇인가와 상관

---

10) 『주자어류』 권125 「노씨 · 노자서」, “某嘗思之, 無是轂中空處, 惟其中空, 故能受軸而運轉不窮. 猶傘柄上木管子, 衆骨所會者, 不知名何. 緣管子中空, 又可受傘柄, 而闢闔下上. 車之轂 亦猶是也. 莊子所謂, 樞始得其環中, 以應無窮, 亦此意.”

11) 『순언』 제4장 주, “外有譬, 則身也, 中無譬, 則心也. … 非身, 則心無所寓, 而心不虛, 則理無所用. 君子之心, 必虛明無物, 然後可以應物.”

없이 『노자』가 인간의 자아 수련의 문제에 깊이 관여하는 저술임을 강조하는데 전연 어색함이 없다. 율곡은 여기에서 인간의 몸과 마음을 두 개의 실체로 상정하지 않고, 마치 동전의 양면과 같은 두 가지 형태로 생각하고 있음을 보여준다.

이 점에서 율곡은 몸과 마음을 분리하여 두 개의 실체로 간주하는 서구의 데카르트(R. Descartes, 1596~1650)적 사유와는 근원적으로 생각을 달리하고 있음이 발견된다. 몸과 마음은 물질과 정신이라는 두 가지 실체로 나뉠 수 없는 일원론적 구조를 지니고 있다는 것이 율곡의 생각이다. 데카르트적 사유에 있어서 실체란 그것이 존재하기 위해서 다른 어떤 것의 도움도 받지 않고 자기 자신에 의해서만 존재하는 그런 존재인데, 이러한 실체에는 '신'과 같은 무한 실체가 있는가 하면 '정신'과 '물질'이라는 유한 실체가 있다. 이러한 실체론적 사유에 있어서 정신과 물질의 관계는 항상 이원론적 형태를 띠게 된다. 그리고 악화된 이원론에 이르면 양자의 관계는 상호 대립적 성향을 드러내게 된다.

위의 인용문 가운데 "몸이 아니면 마음이 머물 자리가 없고, 마음이 비어 있지 않으면 이치가 소용이 없게 된다"[12]는 율곡의 진술에 근거한다면, 몸과 마음의 관계는 율곡 자신의 성리학적 세계 이해의 방식과 같이 '하나이면서 둘이고 둘이면서 하나'인 묘합의 구조를 지닌다고 할 수 있다. 즉 존재적 측면에 있어서 몸과 마음은 하나라고 할 수 있지만, 존재론적 측면에서 둘은 결단코 하나가 아니라 몸과 마음이라는 두 가지 이외의 것일 수 없는 것이다. 몸과 마음에 대한 이러한 율곡의 생각은 그의 형이상학적 세계관의 연장선상에 놓여 있는 것임에 틀림없다.[13]

---

12) 『순언』 제4장 주, "非身, 則心無所寓, 而心不虛, 則理無所用."

한편 황의동은 이러한 율곡의 '하나이면서 둘이요 둘이면서 하나' 라는 '리기지묘'의 관점을 주자와의 관련성 속에서 찾기도 한다. 그래서 이것은 주자의 '마땅히 합해 보기도 하고 떼어 보기도 해야 한다'(當離合看)는 말로 설명될 수 있는데, '하나'는 '리'와 '기'가 서로 떨어질 수 없다는 것으로서 '합간(合看)'의 측면이고, '둘'은 '리'와 '기'야말로 서로 섞여 혼동되어서는 안 된다는 것으로서 '이간(離看)'의 측면을 말한 것이라고 한다.[14]

몸과 마음의 문제에 있어서 율곡의 관심은 몸보다는 마음의 문제에 집중적으로 관여하고 있는 특징이 보인다. 그러나 마음의 문제 안에는 언제나 몸의 문제가 관여하고 있다고 보아야 한다. 실제적으로 율곡이 몸의 문제를 거론하지 않으면서 마음만을 주목하는 발언을 하더라도 여기에는 항상 몸의 문제가 부속되어 있다고 보아야 하는 것이다. 그래서 율곡은 몸이 송곳에 찔리거나 가려운 일이 있더라도 마음의 사려 작용이 없다면 우리의 몸은 아픔과 가려움 등을 지각할 수 없다고 한 것이다.[15]

이러한 율곡의 견해는 기본적으로 다음과 같은 『대학』의 사상을 벗어나지 않는다. "마음이 있지 아니하면 보아도 보이지 않고, 들어도 들리지 않으며, 먹어도 그 맛을 알지 못한다. 이것을 일러 몸을 닦음은 그 마음을 바르게 함에 있다고 한 것이다."[16] 그렇다고 몸이 소중하지 않은 것이 아니다. 율곡은 "명예와 몸 중에 어느 것이 더 절실하고, 몸과 재화 중에 어느 것이 더 많은가?"라고 한 『노자』 제44장의

---

13) 이종성, 앞의 논문, 204~205쪽 참조.

14) 황의동, 『율곡 사상의 체계적 이해(1)』, 서울: 서광사, 1998, 192쪽.

15) 『율곡전서』 권31, 「어록 상」, "內無心氣之虛靈, 則身之疾痛痾痒無所知, 而同於砂石之頑物也."

16) 『대학』 전 제7장, "心不在焉, 視而不見, 聽而不聞, 食而不知其味. 此謂修身在正其心."

말을 인용하여 『순언』 제10장의 서두를 기술하고 있다.[17] 율곡은 인간의 마음 이상으로 몸에 관해서도 중요하게 생각하고 있는 것이다.

이렇게 본다면 율곡의 노자관에 있어서 마음공부는 곧 몸을 닦는 기초가 된다고 할 수 있을 것이다. 요컨대 인간의 유형한 몸속에 마음이 깃들어 있으나, 그 마음이 비어 있지 않으면 개인의 사사로운 자아의 집착으로부터 벗어나지 못한다. 또한 개인의 사사로운 자아의 집착으로부터 벗어나지 못하면 사람다운 사람이 될 수가 없다.

『순언』 제4장을 총론적으로 마무리하는 주석에서 율곡은 자신이 마음의 문제에 깊이 관여할 수밖에 없는 입장을 다음과 같이 밝히고 있다. "이 장부터는 먼저 도리를 실현한 공효를 말하고, 마음 비우기를 가장 먼저 힘써야 할 것으로 보았다. 마음을 비워야 개인의 사사로움을 버리고 다른 사람의 선함을 받아들일 수 있어서 학문에 진전이 있고 실천에 성과가 있다."[18]

결국 비워진 마음과 대립하는 비워지지 않은 마음이 문제의 진원지가 된다고 할 수 있을 것인데, 율곡은 그 비워지지 않은 마음의 문제에 주목하면서 이를 비워야 한다고 역설한다. 왜냐하면 비워지지 않은 마음이 바로 일상의 사사로운 자아를 형성하고 있기 때문이다. 이러한 사사로운 자아를 통해서는 존재의 도리를 체득하기란 근원적으로 불가능하다. 그래서 율곡은 『순언』을 통하여 사사로운 자아의 부정적 작용을 극복할 자아 수련의 공부가 무엇보다 우선되어야 한다고 강조한 것이다.

---

17) 『순언』 제10장, "名與身이 孰親고 身與貨ㅣ 孰多오"

18) 『순언』 제4장 注, "此章以後, 始言行道之功, 而以虛心爲先務. 蓋必虛心然後, 可以捨己之私, 受人之善, 而學進行成矣."

3. 욕망의 제어와 분별지의 부정

율곡은 『순언』을 통하여 우리가 존재의 도리를 올바로 체득하기 위해서는 무엇보다도 '마음 비움'(虛心)의 공부에 힘써야 한다고 하였다.[19] 그리고 그 '마음 비움'의 구체적인 내용으로서 '욕망의 제어'와 '분별지의 부정'을 들고 있다. 『순언』 제5장은 바로 이러한 욕망의 제어 및 분별지의 부정에 관한 내용들로 이루어져 있다. 율곡은 『순언』 제4장에서 사사로운 자아를 극복해야 한다는 문제를 선언적으로 제시하고, 장을 달리하여 곧바로 제5장을 통하여 사사로운 자아의 극복에 관한 내용들에 관하여 보다 구체적으로 설명하였다.

『순언』 제5장의 내용을 결론적으로 요약하여 설명하고 있는 제5장의 종결부분에서 율곡은 다음과 같이 말한다. "제5장은 제4장을 이어서, 먼저 처음 공부할 때의 사사로운 욕망을 제어하는 공부를 들었고, 천지의 성대함에 참여하는 것으로 끝맺음을 하였다. 이후 몇 장의 논점은 이 장의 뜻을 벗어나지 않는다."[20] 실제적으로 『순언』 제5장의 바로 뒷장인 제6장의 내용은 앞의 제5장의 내용을 이어 다음 제7장의 의미를 돕는 방식으로 기술되었다.[21] 뿐만 아니라 이후 제24장까지가 모두 일관되게 '마음 비움'의 공부와 관련된 문장으로 구성되어 자아 수련의 문제와 직접적인 관련을 지니고 있다.[22]

---

19) 『순언』 제4장, "右第四章. 三章以上, 言道體, 此章以後, 始言行道之功, 而以虛心爲先務, 蓋必虛心然後, 可以捨己之私受人之善, 而學進行成矣." 참조.

20) 『순언』 제5장 주, "右第五章. 此承上章, 而始之以初學遏人欲之功, 終之以參贊天地之盛. 自此以後諸章所論, 皆不出此章之義."

21) 『순언』 제6장 주, "右第六章. 承上章以起下章之義."

22) 『순언』 제24장 주, "右第二十四章. 與前章, 皆申言全德之效. 七章所謂嗇以事天者, 其義止此."

『순언』 제5장[23)]은 『노자』 제12장과 제10장의 두 장을 합하여 구성되었다. 『순언』 제5장의 전반부에 해당하는 『노자』 제12장의 내용은 다음과 같다.

> 다섯 가지 색깔은 사람의 눈으로 하여금 눈멀게 하고, 다섯 가지 소리는 사람의 귀로 하여금 귀멀게 하고, 다섯 가지 맛은 사람의 입으로 하여금 병들게 하고, 말달려 사냥함은 사람의 마음으로 하여금 발광케 하고, 얻기 어려운 재화는 사람의 행실로 하여금 방해되게 하는지라 이렇기 때문에 성인은 배를 위하고 눈을 위하지 않으니, 그러므로 저것을 버리고 이것을 취한다.[24)]

노자는 여기에서 우리의 감각기관이 지닌 한계를 지적함과 동시에 본원존재가 분별지에 의하여 알려지는 것이 아님을 강조하였다. 여기에서 노자가 버리라고 말한 '저것'에 해당하는 다섯 가지 색깔이나 다섯 가지 소리, 다섯 가지 맛 등은 모두 우리의 감각기관에 의하여 분별되는 지식의 영역에 관련된다고 볼 수 있다. 그러므로 『노자』의 제12장은 분별지의 부정과 깊은 관련을 갖는 장이라고 할 수 있다.

율곡은 이 장을 분별지의 측면보다는 '욕망'의 문제에 초점을 두고 해석하였다. 그래서 율곡은 『순언』 제5장의 종결부에서 이 장의 전반부를 '욕망의 제어'에 관한 내용으로 기술하였다고 스스로 밝힌 것이며,[25)] 또한 다섯 가지 색깔이나 다섯 가지 소리, 다섯 가지 맛에 관

23) 『순언』 제5장, "五色이 令人目盲ᄒᆞ며 五音이 令人耳聾ᄒᆞ며 五味ㅣ 令人口爽ᄒᆞ며 馳騁田獵,이 令人心發狂ᄒᆞ며 難得之貨ㅣ 令人行妨ᄒᆞᄂᆞ니 是以聖人은 爲腹不爲目이라 故去彼取此ㅣ니라 滌除玄覽ᄒᆞ야 能無疵乎아 愛民治國애 能無爲乎아 天門開合애 能爲雌乎아 明白四達호ᄃᆡ 能無知乎아 生之畜之호ᄃᆡ 生而不有ᄒᆞ며 爲而不恃ᄒᆞ며 長而不宰ᄒᆞ니"

24) 『노자』 제12장, "五色令人目盲; 五音令人耳聾; 五味令人口爽; 馳騁田獵, 令人心發狂; 難得之貨, 令人行妨. 是以聖人爲腹不爲目, 故去彼取此."

하여 설명하면서 이것을 분별지의 문제보다는 욕망의 문제와 연관시키고 있는 것이다. 다음과 같은 율곡의 주석이 이 점을 잘 보여준다.

> 다섯 가지 색깔이나 다섯 가지 소리, 다섯 가지 맛은 원래 사람을 살아가게 하는 것이지 사람을 해치는 것이 아니다. 그러나 사람들은 지나치게 욕망을 추구하며 절제할 줄을 모른다. 그러므로 지나치게 색깔을 즐기는 자는 올바로 보지 못하고, 지나치게 소리를 즐기는 자는 올바로 듣지 못하고, 지나치게 맛을 즐기는 자는 올바로 맛을 느끼지 못한다.[26]

이와 같은 율곡의 생각 속에서 우리는 사사로운 자아를 구성하는 것들 중에 욕망보다 심각한 문제는 없다는 것을 확인할 수 있다. 그러므로 율곡의 자아 수련의 문제에 있어서 배제되어야 할 '지식'과 '욕망'의 문제 중 보다 근원적으로 배제되어야 할 문제는 바로 욕망이라는 문제로 귀결되게 되는 것이다. 이러한 경우 '지식'과 '욕망'의 범주에 있어서 지식의 영역은 자연스럽게 욕망의 영역 안으로 수렴된다.

욕망이야말로 자연한 존재의 질서를 파괴하는 가장 기본적인 요소라고 할 수 있다. 욕망은 존재에 대한 열망으로 나타나며, 언제나 자아 중심적 성격을 벗어나지 않는다. 이러한 존재에 대한 열망으로서의 자아 중심적 욕망은 자연의 질서에 균열을 가져오고, 동시에 자신의 존재력 자체를 소멸시키는 기능을 담지하고 있다. 그럼에도 인간은 자기 외적인 타자들을 끊임없이 열망한다. 인간의 욕망은 자신이 욕망하는 것으로 향해 있다. 욕망은 자신이 아닌 '자신이 욕망하는 것' 속에 자신의 현실적인 존재를 두고 있는 것이다. 그런데 이러한

---

25) 『순언』 제5장 注, "右第五章. … 而始之以初學遏人欲之功."

26) 『순언』 제5장 注, "五色五音五味, 本以養人, 非所以害人, 而人多循欲, 而不知節, 故悅色者失其正見, 悅音者失其正聽, 悅味者失其正味也."

욕망은 결국 자신이 욕망하는 것을 만나 욕망하는 것과 하나가 됨으로써만이 소멸한다. 즉 욕망이 자신이 욕망하는 것을 만나 현실화되면 자신은 소멸한다는 말이다.[27]

인간이 욕망하는 대표적인 대상으로는 장수, 명예, 지위, 재화와 같은 것들이 존재한다.[28] 이러한 욕망의 대상은 근원적으로 노자가 말하는 다섯 가지 색깔이나 다섯 가지 소리, 다섯 가지 맛과 같은 인간 외적 타자들이라는 성격을 갖는다. 그러나 이러한 외적 욕망의 대상들은 모두 덧없는 것들이다. 그래서 노자는 '저것을 버리고 이것을 취한다'고 한 것이다. 율곡은 노자가 여기에서 외부의 삿됨으로 내면을 채워서는 안 된다는 것을 경계한 것이라고 한다.[29] 율곡에게 있어서 노자가 말한 것처럼 버릴 대상으로서의 '저것'은 '인간의 욕망'에 해당될 것이고, 취하여야 할 '이것'은 '하늘의 이치'에 해당될 것이다. 이것은 주자학의 '하늘의 이치를 보존하고 인간의 욕망을 소멸하라'는 선언과 그 맥락을 같이 하기에 충분하다.

주자학적 사유반경 안에서 인간의 기본적 바탕은 '하늘의 이치'와 상반된 것이 아니다. 그러나 인간은 서로 간에 기질의 편차가 있고, 또한 그 기질에는 한 쪽으로 치우침이 있어서 인간의 몸은 좋아하고 싫어함이 있게 된다. 예컨대 눈은 아름다운 색깔을 좋아하며, 귀는 아름다운 소리를 좋아하고, 코는 향기로운 냄새를 좋아하고, 입은 맛있

---

27) 조광제, 「몸 · 욕망 그리고 권력」, 『시대와 철학』 제7호, 한국철학사상연구회, 1993, 189~190쪽.

28) 『열자』, 「양주」, "生民之不得休息, 爲四事故. 一爲壽, 二爲名, 三爲位, 四爲貨." 도가의 철학자 중에서 장자는 욕망의 종류에 대하여 보다 다양하게 분류하여 설명하고 있는데, 다음과 같은 사례가 이에 해당한다. 『장자』, 「至樂」, "夫天下之所尊者, 富貴壽善也. 所樂者, 身安厚味美服好色音聲也.", 「庚桑楚」, "貴富顯嚴名利六者, 勃志也. 容動色理氣意六者, 謬心也. 惡欲喜怒哀樂六者, 累德也. 去就取與知能六者, 塞道也."

29) 『순언』 제5장 주, "故此則戒其不可爲邪所實也."

는 음식을 좋아하고, 사지 육신이 편안함을 추구하는 것과 같은 것이다. 물론 그 각각의 상반된 상황에 대하여 인간의 몸은 싫어하는 반응을 나타낸다. 주자는 이러한 연유 때문에 덕을 해치게 된다고 본다.[30]

인간의 눈이 색깔을 보고, 귀가 소리를 듣고, 코가 냄새를 맡고, 입이 음식을 먹는 것과 같은 행위들이 인간의 기본적 욕구라는 것을 부정할 수는 없다. 문제는 인간이 본능적 욕구의 차원을 넘어 자신이 좋아하는 것에 지나친 집착을 보이고, 다른 것들을 복속하여 자기화하려는 존재 열망을 갖게 된다는 데 있다고 할 수 있다. 이것이 바로 본능적 욕구와는 구별되는 제2차적 욕망이다.

주자는 음식을 먹는 것을 예로 든다. 음식을 먹는 것은 '하늘의 이치'에 따르는 것이지만, 보다 맛있고 훌륭한 음식을 먹고자 하는 것은 사사로운 욕망이다. 즉 자연적 욕구와 제2차적 욕망은 차이가 있다.[31] 인간의 기본적 욕구가 '하늘의 이치'를 따르게 되면 공명정대하게 되지만,[32] 인간의 제2차적 욕망과 같이 사사로운 욕망의 대상을 욕망하게 될 때 그것은 '하늘의 이치'를 거역하는 결과를 초래한다. 율곡은 주자학적 사유의 반경 안에서 이러한 제2차적 욕망에 관하여 부정하는 것일 뿐 인간의 기본적인 모든 욕구 자체를 배제하고자 하지는 않는다. 이 점은 노자도 역시 마찬가지이다.

그럼에도 인간의 자연적 욕구는 제2차적 욕망으로 변질되는 경향이 강하다. 율곡은 그 원인을 인간이 지니고 있는 기운의 질서로부터 찾는다. 기운의 질서는 본래 유위하기 때문에 가변적 특성을 지닌다.

---

30) 『朱熹集』 권15, 「經筵講義」, "目之欲色, 耳之欲聲, 口之欲味, 鼻之欲臭, 四肢之欲安佚, 所以害乎其德者, 豈可勝言也哉."

31) 『주자어류』 권13, 學7, 「力行」, "問飮食之間, 孰爲天理, 孰爲人欲. 曰: 飮食者, 天理也; 要求美味, 人欲也."

32) 『朱熹集』 권13, 奏箚, 「延和奏箚2」, "蓋天理者, 此心之本然, 循之則其心公而且正."

문제는 그 가변성이 바람직한 방향으로 나아가느냐 그렇지 않느냐 하는 것이다. 율곡이 볼 때 기운의 편차는 대체적으로 제2차적 욕망을 발동시키고, 이로부터 '하늘의 이치'를 가려지게 한다.

율곡은 다음과 같이 말한다. "내 생각에 사냥을 좋아하는 것은 본래 하고자 하는 의욕인데 마음이 우왕좌왕 발광하는 지경에 이른다면 오히려 기운이 마음을 움직이는 것이다."[33] 그래서 율곡은 '기질을 고쳐야 한다'(矯氣質)든가 '기질을 변화시켜야 한다'(氣質變化)고 말하게 되는 것이다. 율곡에 의하면, 이미 학문을 참되게 하였다면 반드시 편벽된 기질을 고쳐서 본연의 성을 회복해야 한다. 본연의 성을 회복하는 방법은 곧 기질을 고치는 데 있다. 그 기질을 검속하여 기운의 담일청허(湛一淸虛)한 본연을 회복하면 마음은 욕망에 의하여 은폐되지 않는다.[34]

이러한 이유 때문에 율곡은 『순언』 제5장 가운데 『노자』 제10장[35]을 후반부에 배치하여 '마음의 물욕을 씻어내어 현묘한 이치를 통찰하라'[36]고 강조한다. 그리고 현묘한 이치를 통찰하게 되면 모든 것에 두루 통달하면서도 분별지로부터 벗어날 수 있다는 노자의 견해[37]를 적극 수용한다.

이처럼 율곡의 노자관에는 '욕망'의 영역 안에서 '지식'의 문제가 논

---

33) 『순언』 제5장 주, "愚按, 好獵者, 本是志也, 而及乎馳騁發狂, 則反使氣動心."

34) 황의동, 앞의 책, 323~325쪽 참조.

35) 『노자』 제10장, "滌除玄覽, 能無疵乎. 愛民治國, 能無爲乎. 天門開合, 能爲雌乎. 明白四達, 能無知乎. 生之畜之, 生而不有, 爲而不恃, 長而不宰, 是謂玄德." 『순언』 제5장에서는 『노자』 제10장 가운데 마지막 '是謂玄德' 부분은 인용되지 않았다.

36) 『순언』 제5장에 인용된 노자의 "滌除玄覽"과 이에 대한 주석 "滌除者, 淨洗物欲也. 玄覽者, 照察妙理也." 참조.

37) 『노자』 제10장, "明白四達, 能無知乎."

의된다. 박원재에 의하면, '지식'의 경우는 사실 그 자체로는 독립된 영역을 지니지는 못한다. '지식욕'이라는 말도 있듯이 그것 자체가 이미 욕망의 한 가지 표현이기 때문이다. 그럼에도 '욕망'과 병렬되면서 자아 수련을 가로막는 요소로 지적되는 이유는 이것이 욕망을 구조화시키는 특성을 갖고 있기 때문이다. '욕망'이 자기 아닌 것에 대한 희구라면 그것이 충족되기 위해서는 먼저 '자기'와 '자기 아닌 것'에 대한 명확한 인식이 있어야 하고, 그런 다음 '자기 아닌 것'을 '자기화' 하려는 작업이 뒤따라야 한다. 이런 면에서 인간에게 있어서 '지식'은 세계의 근본 질서에 대한 통찰에 기여하는 기능을 가지면서도, 동시에 자신을 그로부터 분리시키는 이중성을 지닌다.[38]

노자는 분별지를 부정한다. 그것은 분별지가 사물에 대한 부당한 시비와 호오의 감정을 생겨나게 하는 이유 때문이다. 분별지는 존재의 세계를 일정한 시간으로 단절하고, 특정한 공간으로 구획하는 기능을 담당하고 있다. 분별지는 '자기'와 '자기 아닌 것'에 대한 명확한 분별을 자신의 임무로 떠안고 있고, 이로부터 '자기'와 '자기 아닌 것'은 항상 대립적인 사태에 놓이게 된다.

그러나 존재의 도리는 분별지의 대상으로 타자화될 수 없는 것이기 때문에 분별지를 통하여 존재의 도리를 알고자 한다면, 분별지와 존재의 도리는 영원히 만날 수 없는 평행선 위에 놓여진다. 존재의 도리를 깨닫기 위해서는 분별지와 같은 방식의 지적 태도로는 불가능하다. 존재의 도리는 일체의 존재를 타자화하려는 분별지의 요구를 넘어서 있기 때문이다. 그러므로 존재의 도리를 제대로 알기 위해서는 분별지의 영역이 부정되어야 한다. 노자는 이것을 '무지'라고 표현

38) 박원재, 「도가의 이상적 인간상에 대한 연구」, 고려대학교 박사학위논문, 1996, 117쪽 참조.

한다. 그래서 노자는 "아무것도 모른다는 것을 아는 것이 가장 잘 아는 것이요, 아는 것이 무엇인지를 모르는 것이 병통이다"[39]라고 하면서 분별지가 배제된 상태야말로 가장 잘 아는 것이라고 말하게 되는 것이다.

여기에서 보는 바와 같이 '무지'야말로 가장 잘 아는 것이라고 하는 노자의 역설은 우리에게 '무지'의 의미를 다시 생각하게 한다. 노자가 말하는 '무지'는 일반적 의미의 우매함이나 몽매함과는 다른 의미를 지닌다. 노자의 이른바 '무지'는 주체와 대상이 서로 분화되기 이전의 마음 자체에 계합 또는 복귀되면 '아는 자'와 '알려지는 자'가 없다는 의미를 지닌 '무지'라고 할 수 있다[40]

노자적 의미의 '무지'는 상대적이고 대립적인 분별지를 넘어서 '무지'로 된 것이라고 볼 수 있는데, 이는 곧 '자기'와 '자기 아닌 것'을 항상 맞세우던 분별지가 자신의 이러한 성격을 탈각한 것이라고 할 수 있다. 율곡은 이러한 분별지를 넘어선 '무지'의 상태에 이르면 인간은 존재의 도리에 자연스럽게 순응하게 된다고 본다. 즉 분별지가 분별을 탈각한 '무지'에서는, 『시경』에서와 같은 "앎이 없이도 상제의 준칙을 따른다"[41]고 하는 주객일치 내지는 존재와 인간이 합일되는 경지에 도달하게 된다는 것이다.[42]

이와 같이 율곡 역시 노자처럼 분별지에 대하여 부정적이다. 뿐만 아니라 오히려 분별지의 태도를 버리고 '무지'의 상태에 도달할 때라야 만이 세상의 일에 대하여 모르는 것이 없게 되고, 해낼 수 없는 일

---

39) 『노자』 제71장, "知不知上, 不知之病."

40) 이재권, 「노자철학에 있어서의 「무」의 문제」, 충남대학교 석사학위논문, 1983, 37쪽 참조.

41) 『시경』, 「大雅」, 文王之什 · 皇矣, "不識不知, 順帝之則."

42) 『순언』 제5장 주, "詩所謂, 不識不知, 順帝之則者也."

이 없게 된다고 본다.[43] 그렇다면 욕망을 포함하여 분별지를 부정하는 구체적인 방안은 무엇이며, 이로 인한 자아 수련의 결과는 어디로 귀결되는 것일까? 이에 관한 율곡의 생각을 『순언』의 내용을 통하여 보다 구체적으로 검토해 보도록 하자.

4. 덜어냄과 아낌 혹은 수렴의 거경학

율곡은 『순언』 제6장[44]의 본문에 "학문을 하면 날마다 더해 가지만, 존재의 도리를 체득하려면 날마다 줄여야 한다"[45]는 노자의 말을 싣고 있다. 이것은 일견 율곡이 『순언』 제5장에서 분별지가 분별을 탈각한 '무지'에 대하여 논의한 이유가 바로 노자가 주목한 것과 같은 '학문'의 성격 때문이라고 설명하는 것처럼 보이게 한다. 율곡은 제6장의 주석에서 '학문'과 '존재의 도리'를 각각 '지식'과 '행위'의 문제로서 규정하고 있는데,[46] 율곡이 보는 지식 내지 학문의 성격은 노자의 '분별지'의 내용과는 크게 다르다. 노자가 말하는 분별지나 율곡이 말하는 지식의 특성은 기본적으로 글을 통하여 날마다 넓어지는 데 있는 것만은 틀림없다.[47]

율곡이 말하는 지식의 개념[48]이 긍정적 의미를 갖는 반면, 노자의

---

43) 『순언』 제6장 主, "愚按, 此言於天下之事, 無所不知, 無所不能, 而未嘗有能知之心." 참조.

44) 『순언』 제6장, "爲學은 日益ᄒᆞ고 爲道ᄂᆞᆫ 日損이니 損之又損ᄒᆞ야 以至於無爲니라"

45) 『노자』 제48장, "爲學日益, 爲道日損."

46) 『순언』 제6장 主, "學以知言, 道以行言."

47) 『순언』 제6장 主, "知是博以文. 故欲其日益."

분별지는 부정적 의미를 지니고 있다. 따라서 양자의 학문관은 서로 양립하게 되는 것이다. 실제로 율곡은 이러한 학문관의 차이 때문에 『노자』 제20장의 "학문하는 것을 끊으면 우환이 없어진다"[49]는 내용을 『순언』에서 전적으로 배제하였다. 학문을 부정하는 노자의 사상은 유학의 입장과는 상당히 어긋나는 것이기 때문이다. 유학에서의 지식이란 근본을 제대로 아는 것이라고 할 수 있다. 즉 사물의 본말과 일의 선후를 제대로 아는 것이 유학적 지식이다.

그리고 유학적 지식은 어짊을 실천하는 필요조건이다. 이러한 이유로 유학적 지식인들은 전통적으로 '호학(好學) 정신'을 지니고 있었고, 자아의 본성인 어짊을 찾고자 노력하였다. 한편 이러한 유학의 학문관은 남이 자기를 알아주기를 바라는 '다른 사람을 중시하는 학문'이 아니라, 그 자체가 목적이요 그 자체로서 충족 가능한 '자기를 중시하는 학문'이다. 다른 사람을 위해서가 아니라 자기 자신을 위하여 하는 '자기를 중시하는 학문'은 자아를 심화·확대하여 덕에 나아가고 진리를 밝히면서 성현이 되기를 희구하는 학문이다.[50]

노자가 보는 분별지 내지 학문의 성격은 유학의 관점과는 달리 오

48) 율곡은 사람이 태어나 살아가는데 학문이 아니면 사람이 될 수 없다고 하면서(『율곡전서』 권27, 「擊蒙要訣序」, "人生斯世, 非學問, 無以爲人."), 학문을 다음과 같이 정의한다. "이른바 학문이라고 하는 것은 이상스럽거나 별다른 것이 아니라, 단지 어버이가 되어서는 사랑해야 되고, 자식이 되어서는 효도해야 되고, 신하가 되어서는 충성해야 되고, 부부가 되어서는 서로 구별하는 것이다. … (이러한 학문은) 모두가 일상생활에 있어 처한 일에 따라 각각 합당하게 처신하는 것일 뿐, 현묘한 데 마음을 두어 기이한 효과를 바라는 것이 아니다."(『율곡전서』 권27, 「擊蒙要訣序」, "所謂學問者, 亦非異常別建物事也. 只是爲父當慈, 爲子當孝, 爲臣當忠, 爲夫婦當別, … 皆於日用動靜之間, 隨事各得其當而已, 非馳心玄妙.").

49) 『노자』, 제20장, "絶學無憂."

50) 이강수, 「선진 시대 유가와 도가의 학의 개념」, 『인문과학』 제59집, 연세대학교 인문과학연구소, 1988, 45~46쪽 참조.

히려 자아와 세계를 분열시키는 대립의 산물일 뿐이다. 노자는 문헌을 매개로 한 학문에 대하여 부정적 입장을 취할 뿐 아니라, 마음의 사려에 의한 배움 역시 자연의 진상을 파악하는데 한계가 있다는 입장을 취한다.[51] 그럼에도 율곡이 "학문을 하면 날마다 더해 가지만, 존재의 도리를 체득하려면 날마다 줄어야 한다"는 노자의 말을 인용하고 있는 것은, 노자가 본 학문의 의미를 유학적 의미로 희석하여 자신의 방식대로 재구성하고자 하는 의도 때문이다.

노자의 생각과는 다르게 율곡은 '학문'과 '존재의 도리'를 각각 '글에서 널리 배운다(博文)'는 것과 '예로써 요약한다(約禮)'는 정신으로 귀결시키고 있다. 『순언』에 나타난 이와 같은 율곡의 생각은 그의 『성학집요』에 나타난 철학적 내용과 그 논지가 일치하고 있다. 율곡은 공자의 말을 인용하여 군자가 '글에서 널리 배우고' '예로써 요약'하면 또한 도리에 어긋나지 않을 것이라고 한 점이 이를 방증한다.[52]

율곡은 자아 수련의 공부에는 '지식'과 '행위'의 두 가지[53]가 있음을 주장한다. '지식'은 착한 것을 밝히는 것이요, '행위'는 몸을 성실하게 하는 것이다.[54] "행위는 예를 통하여 절제되므로 날로 줄어들기를 바

---

51) 이강수, 앞의 논문, 54쪽 참조.

52) 『율곡전서』 권20, 『성학집요』, 「수기 상」, "子曰: 君子博學於文, 約之以禮, 亦可以弗畔矣夫." 뿐만 아니라 율곡은 이에 대한 주자와 정자의 말을 주해로 달고 있는데, 특히 다음과 같은 정자의 말은 참고할 만하다. "글을 널리 배우고 예로써 요약하지 않으면 반드시 한만한 데로 이를 것이니, 널리 배우고 능히 예를 지켜 규범을 따르게 되면 도리를 어긋나지 않을 것이다." (『율곡전서』 권20, 『성학집요』, 「수기 상」 註, "程子曰: 博學於文, 而不約之以禮, 必至於汗漫, 博學矣. 又能守禮, 而由於規矩, 則可以不畔道矣.").

53) 이것은 『중용』의 '덕성을 존중하고' '학문을 따르는' 두 가지와 다르지 않다(『중용』 제27장, "尊德性而道問學"). 기본적으로 율곡은 '지식'과 '행위'를 다 함께 강조하는 '지행병진(知行竝進)'의 태도를 견지하는데, 그것은 지식 없는 행위나 행위가 따르지 않는 지식은 다 같이 무의미한 것이기 때문이다.

54) 『율곡전서』 권20, 『성학집요』, 「수기 상」, "修己工夫, 有知有行, 知以明善, 行以誠身."

란다. 사람의 본성 가운데 온갖 선한 덕성은 그 자체 충족한 것이므로 더해야 할 도리가 없으며 기품에서 나온 물질적 욕망의 장애를 없애면 그만이다. 덜어내고 또 덜어내어 더 이상 덜어낼 것이 없게 되면 본연한 성이 회복된다."[55]

이러한 율곡의 관점은 기본적으로 유학의 정신에 충실하다. 율곡은 『중용』의 정신을 살려 하늘이 인간에게 부여한 올바른 이치를 덕성이라고 보고,[56] 이것을 잘 보존하는 일은 물욕을 제거하는 것이라고 본 것이다. 물욕은 본연한 성품에서 유래하는 것이 아니라, 기질의 편차로부터 연유하는 것이기 때문에 기질을 바로 잡아야 한다는 것이다. 그리고 율곡은 기질을 바로 잡는 성리학적 행위는 곧 노자의 '덜어냄'(損)의 정신과 상통하는 것이라고 보는 것이다. 율곡은 노자의 '덜어냄'의 의미가 '아낌'(嗇)과 다르지 않다고 보고, 『노자』 제59장[57]을 부분적으로 인용한 『순언』 제7장[58]에서 '다른 사람을 다스리고 하늘을 섬기는' 가장 좋은 방법은 '아낌'만한 것이 없다고 하였다.[59]

이때 '다른 사람을 다스린다'는 것은 타인에의 배려를 통하여 다른 사람을 편안하게 한다는 의미가 있고, '하늘을 섬기는 것'은 자신을 닦는 것과 같은 자아 수련의 의미를 지닌다. 율곡은 특히 '하늘을 섬기는 것'이 자아 수련의 문맥으로부터 벗어나지 않는다는 자신의 생

---

55) 『순언』 제6장 주, "盖人性之中, 萬善自足, 善無加益之理, 只當損去其氣稟物欲之累耳. 損之又損之以至於無可損, 則復其本然之性矣."

56) 『중용』 제1장, "天命之謂性."

57) 『노자』 제59장, "治人事天, 莫若嗇. 夫惟嗇, 是謂早服; 早服謂之重積德; 重積德則無不克; 無不克則莫知其極; 莫知其極, 可以有國; 有國之母, 可以長久; 是謂深根固柢, 長生久視之道."

58) 『순언』 제7장, "治人事天이 莫若嗇이니 夫惟嗇이면 是謂早復이오 早復이면 謂之重積德이니 重積德이면 則無不克ᄒᆞ고 無不克이면 則莫知其極이니 莫知其極이면 可以長久ㅣ니라"

59) 『순언』 제7장, "治人事天이 莫若嗇이니"

각을 뒷받침하기 위하여 『맹자』 「진심 상」의 말을 인용하고 있다.

> 내가 생각하기에 '하늘을 섬긴다'는 말은 바로 자신을 다스린다는 뜻이다. 맹자는 '마음을 보존하고 본성을 기르는 것이 하늘을 섬기는 것'이라고 하였다. 이것은 자신을 다스리고 남을 다스리는 것은 모두 '아낌'이 근본적인 도리임을 말한 것이다.[60]

물론 노자는 맹자와 같은 의미로 '하늘을 섬긴다'고 말한 것은 아니다. 노자가 본 하늘은 이법적 자연의 의미를 지니는 반면, 맹자의 하늘은 도덕적 의리의 내용을 담고 있는 것이기 때문이다. 그러나 율곡은 유학의 입장을 토대로 노자의 하늘을 자신의 방식대로 설명한다. 우리는 여기에서 유학의 방식에 의거하여 『노자』가 다시 읽히고 있음을 확인할 수 있다.

한편 율곡은 '아낌'의 의미에 대하여 다음과 같이 설명한다.

> '아낌'이란 바로 '마음을 아끼고 거두어들인다'는 뜻이다. '자신을 다스린다'는 측면에서는 탐내고 욕심 부리는 것을 막고, 정신을 기르며, 말을 조심하고, 음식을 절제하는 것이니, 항상 '몸가짐을 공경하게 하고' '행사를 번거롭게 하지 않는 것' 같은 것이 바로 '아낌'이다. 또한 '남을 다스린다'는 것을 기준으로 설명하면, 법도를 조심스럽게 시행하고, 명령을 간략하게 하며, 번거로운 조목을 줄이고, 사치와 낭비를 없애는 것이니, '일을 경건하게 하고 다른 사람을 사랑하는 것' 같은 것이 바로 '아낌'이다.[61]

---

60) 『순언』 제7장 주, "愚按事天是自治也. 孟子曰: '存其心養其性, 所以事天也,' 言自治治人, 皆當以嗇爲道."

61) 『순언』 제7장 주, "嗇是愛惜收斂之意. 以自治言, 則防嗜慾養精神, 愼言語節飮食, 居敬行簡之類, 是嗇也. 以治人言, 則謹法度簡號令, 省繁科去浮費, 敬事愛人之類, 是嗇也."

율곡은 여기에서 '아낌'의 의미에 대해 '마음을 아끼고 거두어들이는 것'이라고 개괄한 후에 '자아 수련'의 구체적인 사례들, 즉 탐내고 욕심 부리는 것을 막고, 정신을 기르며, 말을 조심하고, 음식을 절제하는 것 등을 열거한다. 그리고 '몸가짐을 공경하게 하고' '행사를 번거롭게 하지 않는 것'을 통해 '타인에의 배려' 문제를 제시한다. 요컨대 법도를 조심스럽게 시행하고, 명령을 간략하게 하며, 번거로운 조목을 줄이고, 사치와 낭비를 없애는 것 등이 모두 '타인에의 배려'와 연관된 행위들이다. 이렇게 볼 때 '타인에의 배려'는 결국 '일을 경건하게 하고 다른 사람을 사랑하는 것' 이외의 다른 것일 수 없다.

그런데 율곡이 『성학집요』에서 '경'을 성인이 되는 학문의 처음과 끝이라고 설명하면서 이것에 대해 '수렴'이라는 조목을 두고 있음[62]을 볼 때, 율곡은 주로 『노자』의 '아낌'을 성리학의 '수렴' 내지 '경'과 연결하면서 설명했던 것이다.[63] 앞에서 살펴 본 바와 같이 율곡은 『순언』에서 존재의 도리에 들어가고 덕을 이루는 공으로 '아낌'을 내세우고 있고, '덜어냄'의 공부인 '아낌'으로부터 공부를 시작해야 한다고 말하고 있다.[64]

이러한 율곡의 노자관은 성리학적 패러다임을 통하여 노자를 해석하는 하나의 전형을 보여주고 있다. 즉 율곡이 자신의 성리학적 세계

---

62) 『율곡전서』 권20, 『성학집요』, 「수기 상」, "臣按, 敬者, 聖學之始終也. 故朱子曰: 持敬, 是窮理之本末, 知者, 非敬, 無以知. 程子曰: 入道莫如敬, 未有能致知, 而不在敬者. 此言敬爲學之始也. 朱子曰: 已知者, 非敬, 無以守. 程子曰: 敬義立, 而德不孤, 至于聖人, 亦止如是. 此言敬爲學之終也. 今取敬之爲學之始者, 置于窮理之前, 目之以收斂, 以當小學之功."

63) 김학목, 「『순언』에 나타난 율곡 이이의 사상」, 『동서철학연구』 제23호, 한국동서철학회, 2002, 306~307쪽 참조.

64) 『순언』 제7장 주, "右第七章. 言入道成德, 以嗇爲功, 是損之之謂也" 참조.

관을 유감없이 펼쳐 보인 『성학집요』에서 '수렴'의 정신을 학문의 요체로 생각하고 '경'의 시작이라고 본 것은,[65] 『순언』에서 '덜어냄'의 공부인 '아낌'을 존재의 도리에 들어가는 공부로 본 것과 그 맥락을 같이 한다. 뿐만 아니라 『성학집요』에 제시된 '거경'[66] 공부의 시작인 '수렴'이 구체적으로 몸가짐(容止)의 수렴, 언어의 수렴, 마음의 수렴 등과 같은 '구용(九容)'을 의미[67]하는 것처럼 『순언』에 표명된 '아낌'의 구체적인 덕목들 또한 '구용'의 범주를 크게 벗어나지 않는다. 이러한 점에서 율곡의 『성학집요』의 성리학적 세계관은 『순언』의 노자적 세계관에 깊이 관여되고 있음이 확인된다.

율곡은 말하기를 몸과 마음을 수렴하는 데는 '구용'보다 더 절실한 것이 없다고 한다. 즉 ① 발 거동은 무겁게 하고, ② 손 거동은 공손하게 하며, ③ 눈 거동은 단정히 하고, ④ 입 거동은 그치며, ⑤ 소리의 거동은 고요히 하고, ⑥ 머리의 거동은 곧게 하며, ⑦ 기운의 거동은 엄숙하게 하고, ⑧ 서있는 거동은 덕 있게 해야 하며, ⑨ 얼굴 거동은 씩씩해야 하는 것이다.[68]

이와 같은 '구용'의 '수렴' 공부는 다름 아닌 『소학』의 공부 방법이

---

65) 『율곡전서』 권21, 『성학집요』, 「수기 중」, 小註, "收斂, 敬之始也."

66) '거경'이란 『논어』 「자로」의 "居處恭, 執事敬"을 줄인 말로서 '경에의 안거'를 의미한다. 일찍이 공자는 『논어』 「헌문」에서 "경으로써 자기를 닦는다"(修己以敬)라고 하여 '경'을 중시하였는데, 성리학의 시대에 이르면 이러한 '경'의 철학은 '성(誠)'과 더불어 주요한 핵심 주제로 부각되게 된다.

67) 황의동, 앞의 책, 325~326쪽 참조.

68) 『율곡전서』 권27, 『격몽요결』, "收斂身心, 莫切於九容, … 所謂九容者, 足容重, 手容恭, 目容端, 口容止, 聽容靜, 頭容直, 氣容肅, 立容德, 色容莊." 『격몽요결』에서 내세우고 『소학』의 '구용'은 『예기』 「玉藻」에 그 내용이 다음과 같이 실려 있다. "足容重, 手容恭, 目容端, 口容止, 聲容靜, 頭容直, 氣容肅, 立容德, 色容莊, 坐如尸." 여기에서 보는 바와 같이 『예기』에는 『격몽요결』에서 인용한 '聽容靜'이 '聲容靜'으로 표기되어 문자에 약간의 출입이 있을 뿐이며, '坐如尸'라는 항목이 마지막에 하나 더 추가되어 있다는 점이 다를 뿐이다.

다. 율곡은 『소학』과 같은 '구용'의 '수렴' 공부를 먼저 해야 한다는 것이다. 그러나 유의해야 할 것은, 율곡은 초보적인 『소학』 공부에서는 먼저 '수렴'을 한 후에 '궁리'를 해야 한다 하지만, 『대학』의 공부에서는 먼저 '격물치지'의 '궁리'가 된 후에 '수렴'을 해야 한다 하여, 배움의 수준에 따라 '궁리'와 '거경'의 선후를 달리한다는 점이다.[69]

이상에서 살펴 본 것과 같이 율곡은 성리학적 공부 방법인 '수렴'의 공부와 '거경'의 공부를 노자의 '덜어냄' 내지는 '아낌'의 덕목과 같은 맥락으로 이해하였다. 우리는 이러한 율곡의 성리학적 노자 해석이 특히 '자아 수련'의 문제에 직면하면서 보다 더 공고해지는 것을 발견하게 된다. 율곡이 이처럼 자아 수련의 문제 있어서 노자의 '아낌'을 성리학적 '수렴'이나 '거경'의 정신과 일치시켜 해석할 수 있었던 원인은 전적으로 주자의 영향 때문이라고 볼 수 있다.

앞에서 살펴 본 바와 같이 『순언』 제7장의 본문은 『노자』 제59장의 원문을 인용하여 구성되었는데, 특정 부분에서 『순언』 제7장과 『노자』 제59장은 서로 다른 문자의 표기가 발견되고 있다는 점이 특기할 만하다. 바로 『노자』에서 '早服(조복)'이라 표기된 것이 『순언』에서는 '早復(조복)'으로 바뀌어 표기되고 있다는 점이다. 이에 대한 노자의 생각은 우리가 '아낌'의 공부를 하게 되면 존재의 도리에 '일찌감치 복속'되어 '덕'을 거듭 쌓게 된다는 것인 반면, 율곡의 생각은 자신의 본성으로 '머지않아 돌아와' 본성을 올바르게 기르게 된다는 것이다. 이러한 율곡의 생각은 성리학적 수양론의 입장을 잘 반영하고 있다. 율곡은 특히 이 부분에 대한 주자의 해석[70]을 보고, 이를 적극적으로

69) 김태영, 「퇴율 성경사상 연구」, 충남대학교 박사학위논문, 1988, 107쪽.

70) 『주자어류』 권125, 「노씨 · 노자서」, "老子言: 治人事天, 莫若嗇. 夫惟嗇, 是謂早服; 早服, 是謂重積德. 被它說得曲盡. 早服者, 言能嗇則不遠而復, 便在此也."

자신의 노자관에 수용하고 있을 뿐만 아니라, 주자의 『노자』 해석에서 확신을 얻고 아예 문자 자체를 고쳐서 『노자』를 설명한 것이라 볼 수 있다.

이렇게 볼 때 율곡은 『순언』을 통하여 『노자』를 설명하고 있다기보다는 『노자』를 원용하여 성리학을 설명하고 있다는 혐의를 피할 수 없게 된다. 결국 율곡은 노자의 '덜어냄'의 공부와 '아낌'의 공부가 자아 수련과 타인에의 배려 문제에 대한 핵심적인 요지라고 보고, 이것을 성리학의 '수렴' 내지는 '거경'의 정신과 다르지 않다고 보는 것이다. 이러한 연유로 『순언』은 제7장 이후로는 제12장까지가 모두 '아낌'의 의미를 부연 설명하고 있고, 제13장에서는 세 가지 보배인 '자애' · '검약' · '겸허'를 자아 수련과 타인에의 배려 문제와 연결하여 설명하게 되는 것이다.

뿐만 아니라 율곡은 '아낌'이라는 글자를 가지고 세 가지 보배에 대한 설명을 부연하여 이끌어냈다고 한 것으로 볼 때, 율곡이 세 가지 보배의 논리 역시 '아낌'의 문제와 연결시키고 있음에 주목할 필요가 있다. 그리고 이후 제14장에서 제19장까지가 모두 세 가지 보배의 문제와 관련되어 설명되고 있으며, 제20장 또한 다시 제7장에서 설명된 '아낌'의 문제에 관여되며, 이어 제24장까지가 모두 이 문제를 벗어나지 않게 되는 것이다.[71] 이렇게 노자의 '아낌'이 율곡에 의하여 주목받고, 이를 통하여 『순언』이 다시 편집되면서도 그 철학적 근간은 역시 성리학적 공부론으로 귀결되고 있음은 율곡이 본 노자관의 큰 특징이자 의의라고 할 수 있다.

71) 김학목, 앞의 논문, 304~305쪽 참조.

5. 자아의 완성과 참된 도리의 구현

율곡은 자아 수련의 방법을 통하여 자아의 완성을 확보하고자 한다. 그리고 자아가 완성된 바로 그 자리에 '성인'이라는 이상적 인간상을 내세운다. 이것은 노자의 사상과 율곡의 성리학이 다 함께 추구하는 자아 수련의 일관된 목표이기도 하다. 노자나 율곡의 성리학에 있어서 '성인'은 존재의 도리를 체득한 이상적 인간이다.

한편 율곡은 '아낌'의 공부가 가져오는 결과를 다음과 같이 설명한다. "머지않아 돌아오면 자기의 사욕을 극복하지 못함이 없다. 자기를 극복하여 예로 돌아가면 세상이 어짊으로 돌아가니 그 덕이 어찌 끝이 있겠는가? 덕이 헤아릴 수 없어 '넓고 두텁고 높고 밝음'에 이르면, 이것이 오래도록 변치 않는 끝없는 도리인 것이다."[72]

이러한 율곡의 설명은 결국 '경'의 공부를 통하여 유가적 '인간의 본성'인 도덕적 자아를 드러낸다는 말이며, 또한 이러한 도덕적 자아의 상태에서 '예'로 돌아간다는 논리를 전개한 것이다. 따라서 이는 '경'의 공부를 '극기복례'로 설명한 것에 다름 아니다. 율곡은 '자기'와 '자기 아닌 것'을 구분하여 '자기 아닌 것'을 버리고 '자기'로 복귀할 것을 주장한 것이라 볼 수 있다. 즉 개인의 사사로운 욕망을 버리고 본래의 '자기'로 돌아가라고 한 것이다.

이러한 '극기복례'에 대한 생각은 공자가 안연에게 "예가 아니면 보지 말고, 예가 아니면 듣지 말며, 예가 아니면 말하지 말고, 예가 아니면 행위하지 말라"[73]고 한 '네 가지 금령'(四勿)으로부터 유래한다. 율

---

72) 『순언』 제7장 주, "不遠而復, 則己私無不克矣. 克己復禮, 則天下歸仁, 其德, 豈有限量哉. 德無限量至於博厚高明, 則是悠久無疆之道也."

73) 『논어』, 「안연」, "非禮勿視, 非禮勿聽, 非禮勿言, 非禮勿動."

곡은 이 '네 가지 금령'을 자신의 『격몽요결』에 인용하여 '하늘의 이치'에 어긋난 것을 '예'적 질서에 벗어난 것으로 보고, 이를 따라서는 안 된다고 경계하고 있다.[74] 성리학적 사유에서는 '사사로운 자기의 극복'이 '예로 복귀'하는 결과를 가져온다고 보는 것이 '극기복례'에 대한 일반적인 해석이며, 율곡은 기본적으로 이러한 성리학적 전통을 충실하게 따르고 있다.

'극기복례'는 『논어』「안연」에 들어 있는 말로서 특히 해석상 문제가 될 수 있는 것은 바로 '극기'에 대한 개념 규정이다. 일반적으로 성리학적 해석에 근거한다면 '극기'는 '사사로운 자기를 버린다'는 것으로 '극'자의 의미나 '기'자의 의미가 다 같이 부정적 의미를 갖는다. 그러나 '극'자의 뜻을 '능하다'의 의미로 풀이하고 '기'를 '본래의 자기'로 본다면 '극기'의 의미는 '본래의 자기에 충실할 수 있다'는 의미로 설명된다.

특히 '극기'의 '기'를 '사욕'으로서 자기 부정적으로 해석하는 것에 대한 이의가 명대 중엽 이후에 활발하게 나타는데, 예를 들어 양명 문하의 추수익(鄒守益, 1491~1562)은 마음의 본체가 바로 '하늘의 이치'라는 입장에서 '극기'를 '자기를 닦는 것'이라 하고, 구체적으로는 보고 듣고 말하고 행동하는 것이 '자기'에게 본래적으로 고유하게 존재하는 '하늘의 이치'를 따르는 것이라고 하였다.[75]

그런데 원래 주자가 '자기'를 '사욕'의 측면에서 해석한 것은 인간의 구체적인 것을 기질지성이라 하여, 거기에서 악을 보고 그것을 초극한 것에 선한 추상적인 본연지성을 추정한 데에서 온다. 즉 오관 및

---

74) 『율곡전서』 권27, 『격몽요결』, 「持身」, "非禮勿視, 非禮勿聽, 非禮勿言, 非禮勿動. 所謂非禮者, 稍違天理則便時非禮."

75) 戶川芳郎 외, 조성을 · 이동철 옮김, 『유교사』, 서울: 이론과 실천, 1990, 344쪽 참조.

감정의 작용 자체를 악의 소인으로 보고 그 작용을 '주경'·'정좌'에 의해 정적인 상태로 수렴시키려고 하는 데에서 온다.[76] 특히 이러한 '극기복례'에 대한 성리학적 논리는 노자의 '무위자연'과 같은 논리 구조를 띤다는 점에서 율곡으로 하여금 노자철학과의 경계를 소거하는 동시에 두 사상이 서로 동일한 지평에 있다는 점에 확신을 갖게 한다.

율곡에 있어서 '극기복례'는 '몸가짐을 바로 한다'는 '경'의 정신과 다르지 않으며, 그 결과는 어짊의 도리가 구현된다는 데 있다. 그리고 이러한 '경' 공부의 궁극적인 효과는 세상의 덕이 헤아릴 수 없을 정도로 확장되어 '넓고 두텁고 높고 밝음'에 이른다는 것이다. 그리고 이러한 세계는 유한하지 않고 유구하다는 특성을 지닌다. 이것은 율곡이 참된 세계의 덕에 대한 『중용』의 설명[77]을 인용하여 『노자』를 해석하면서, 자아 수련의 문제에 있어서 '경'은 참된 세계에 도달하는 공부의 요지이며 방법이라는 점을 보여주는 것이라 하겠다. 그래서 『중용』에서는 "참됨은 하늘의 길이요, 참되고자 하는 것은 사람의 길이다"[78]라고 한 것이니, '참되고자 하는 것'은 곧 '경'이라고 할 수 있는 것이다.[79] 그리고 참된 세계는 '하늘의 이치'로서 곧 존재의 도리를 말하는 것이니, 이것은 바로 노자의 '도'와 같은 세계를 의미한다는 것이 율곡의 생각이다.

율곡은 존재의 도리를 체득한 인간을 '성인'으로 제시하여 자아 완

---

76) 戶川芳郞 외, 조성을·이동철 옮김, 앞의 책, 345쪽 참조.

77) 『중용』 제26장, "故至誠無息, 不息則久, 久則徵, 徵則悠遠, 悠遠則博厚, 博厚則高明. 博厚所以載物也. 高明所以覆物也. 悠久所以成物也. 博厚配地, 高明配天, 悠久無疆. 如此者, 不見而章, 不動而變, 無爲而成. 天地之道, 可一言而盡也. 其爲物不貳, 則其生物不測. 天地之道, 博也, 厚也, 高也, 明也, 悠也, 久也."

78) 『중용』 제20장, "誠者, 天之道也; 誠之者, 人之道也."

79) 황의동, 앞의 책, 328쪽.

성의 결정체로 이해하였다. 율곡은 또한 '성인'과 같은 자아 완성의 담지자는 자신의 자아 수련의 결과를 토대로 삼아 가정과 국가, 그리고 천하의 일들에 대하여 마치 자신의 일처럼 관여하여 이들을 참된 세계에 이르게 한다는 경세론적 자세를 잃지 않는다는 것을 특징으로 내세운다. 율곡은 다음과 같이 말한다.

> 성인은 자기 자신으로부터 다른 사람에게 미치게 한다. 자신을 확립함으로써 타인을 서게 한다. 자신을 통달함으로써 타인을 통달하게 한다. 널리 중생에게 베풀고 도와주며 자기 자신에게는 결코 쓰지 않으니, 그 어짊이 번성하면 할수록 그 덕은 더욱 외롭지 않은 것이다.[80]

이 부분이 바로 자아 수련의 문제와 더불어 항상 병행되는 타인에의 배려 문제이며, 유가적 경세론의 문제인 것이다. 율곡은 노자의 자아 수련의 방법들을 성리학적 '경'의 공부로 해석하였던 것처럼 타인에의 배려 문제 또한 유가적 경세론의 관점으로 해석하는 태도를 보인다.

이제 율곡이 자신의 자아 수련의 철학적 문제의 연장선상에서 이해한 타인에의 배려 문제[81]가 성리학적 경세론의 문제와 맞물려 어떻게 해석되고 있는가 하는 점이 과제로서 남는다. 이에 대해서는 장을 달리하여 제7장과 제8장을 통해 구체적으로 살펴보기로 한다.

---

80) 『순언』 제27장 주, "聖人以己及人, 己立而立人, 己達而達人, 博施濟衆, 而於己未嘗有費, 其仁愈盛而其德愈不孤矣."

81) 율곡은 자아 수련의 문제를 그 여타의 다른 일들에 미루어 나가면 타인을 다스리고, 가정을 다스리고, 나라를 다스리고, 천하를 다스리는 일도 결국은 자아 수련의 문제에 지나지 않는다고 한다. 『순언』, 제26장 주, "修身推其餘, 以治人家國天下, 不外乎是." 참조.

제5장

삼보론과 삶의 기술

1. 문제의 소재: 삶의 기술을 찾아서

율곡은 인생의 좌우명과도 같은 하나의 잠언을 『노자』에서 직접 인용함으로써 삶의 모범으로 제시한다. 그것은 바로 우리가 삶을 살아가는데 필요한 세 가지 보배에 관한 것이다. 『순언』 제13장의 제1구는 이 세 가지 보배가 무엇인지에 대해 다음과 같이 말하고 있다. "나는 세 가지 보배를 갖고 있으면서 내 자신을 유지하고 보호하니, 첫째는 자애요 둘째는 검약이요 셋째는 감히 앞장서지 않는 것이다."[1]

이것은 『노자』 제67장의 내용에 기원을 둔다. 노자는 세 가지 보배가 ① '자애', ② '검약', ③ '감히 앞장서지 않는 것'이라고 하였는데, 율곡의 주해에 근거할 때 특히 ③의 '감히 앞장서지 않는 것'이란 다름 아닌 '겸허'의 다른 표현이라고 말할 수도 있다.[2] 여기서는 율곡의 주해에 따라 세 가지 보배를 ① '자애', ② '검약', ③ '겸허'로서 이해하기로 한다.

이 세 가지 보배는 모두 자아의 완성을 위한 공부와 그 확장을 통한 타자의 발전을 도모한다는 공통의 특징이 있다.[3] 이 경우 '자아'는 외부와의 폐쇄적 단절성을 특성으로 하는 부정적 자아가 아님은 분명하다. 그것은 일종의 '성리학적 자아'라고도 할 수 있는 종류의 것으로서, 외부 대상과의 개방적 소통성을 전제로 하는 긍정적 자아이다. 이러한 긍정적 자아는 어느 경우에든 자신의 발전을 타자와 공유하

---

1) 『순언』 제13장, "我有三寶ᄒᆞ야 保而持之ᄒᆞ노니 一曰慈ㅣ오 二曰儉이오 三曰不敢先이니라"

2) 『순언』 제13장 주, "不敢先者, 謙也."

3) 『순언』 제13장 종결부분, "右第十三章. 言三寶爲修己長物之要道."

고자 하며, 모든 것들과 소통하고자 한다. 그것은 '하늘의 이치'와 소통하고자 하는 형이상학적인 것으로부터 타인과 타물, 사회와 국가 등에 이르기까지 모든 분야에 걸쳐 있다. 그러므로 율곡은 세 가지 보배를 '수기'(수신)의 범주에서 문제 삼았던 것이며, '사적 자아' 또는 '사사로운 자아'라고 일컬어지는 부정적 자아의 측면에서 논의하지 않았던 것이다.

'사사로운 자아'는 공명정대함보다는 자기 지향적 편향성에 기준을 두고 행위한다. 따라서 '사사로운 자아'는 세 가지 보배에 대하여 관심을 두지 않는다. 세 가지 보배는 '사사로운 자아'의 이기심이 추구하는 정반대 편에 자리를 마련하고 있기 때문이다. '사사로운 자아'의 행위의 결과들은 언제나 '유위'적이다. 또한 그것은 언제나 모든 면에서 과도함을 수반하고 나타난다. '사사로운 자아'의 생각과 행위가 모두 지나치다보니 그 결과는 세 가지 보배를 갖추어 내기보다는 오히려 '세 가지 극단적 유위의 양태'로서 나타난다.

'세 가지 극단적 유위의 양태'가 제거의 대상임은 분명하다. 『순언』 제30장은 '세 가지 극단적 유위의 양태'에 대한 부정에 대하여 언급한다. 우선 관련 내용을 보자. "그러므로 성인은 '지나치게 심함'을 제거하고, '사치스러움'을 제거하며, '교만함'을 제거한다."[4] 여기에는 '유위'의 극단으로부터 벗어나야 한다는 의미가 담겨 있다. 북송의 육전(陸佃: 1042~1102)은 여기에 나타난 '세 가지 극단적 유위의 양태'가 노자가 말하는 세 가지 보배의 결여태라고 간주한다. 즉 '너무 심한 지나친 행위'는 '자애'의 결여태요, '사치스러움'은 '검약'의 결여태이며, '교만함'은 '감히 앞장서지 않는 것'(겸허)의 결여태라고 보는 것이다.[5] 여기

---

4) 『순언』 제30장, "是以聖人은 去甚去奢去泰니라"

5) 초횡, 『노자익』 제29장 注, "陸農師云: 去甚慈也, 去奢儉也, 去泰不敢爲天下先也."

에서는 육전의 해석에 대한 시비의 평가를 유보하기로 한다. 다만 분명한 것은, 이 '세 가지 극단적 유위의 양태'를 제거하면 마땅히 세 가지 보배를 얻게 된다고 한 육전의 해석을 통하여, 우리의 '자아'가 무엇을 지향하느냐에 따라 우리는 이 세 가지 보배를 품에 얻을 수도 있지만 거꾸로 '세 가지 극단적 유위의 양태'를 초래할 수도 있다는 점이다.

이와 같이 본다면, 세상과 소통할 수 있는 통로는 긍정적 자아의 공명정대함으로부터 비롯되는 것임을 알 수 있다. 그것은 '사사로운 자아'의 사적 이기심으로부터 연유하는 것이 아니다. 이에 율곡은 세상과 소통하는 제일의 방법을 『노자』의 세 가지 보배에서 찾고, 삶을 살아가는데 있어서 늘 '자애'하고, '검약'하며, '겸허'하라고 제안한다.

2. 첫 번째 보배: 자애에 관하여

세 가지 보배의 으뜸은 단연 '자애'이다. '자애'의 덕목은 나머지 두 가지의 보배로운 덕목을 자신 안에 자체적으로 내함하고 있기 때문이다.[6] 율곡은 자신의 입장을 강화하기 위한 방편으로 동사정의 말을 인용하여 세 가지 보배 중 가장 대표적인 덕목이기도 한 '자애'의 의의에 대하여 다음과 같이 설명하고 있다.

> 동씨는 다음과 같이 말하였다. "'자애'란 생명을 온전하게 하는 도가

---

6) 임희일, 『노자권재구의』 제67장 주, "前言三寶此擧其一能慈, 則二者在其中矣." 및 박세당, 『신주도덕경』 제67장 주, "慈爲三寶之首, 擧一而包餘也." 참조.

유행하는 것이니, 바로 '인'의 효용이다. 그러므로 세 가지 보배와 같은 비결의 으뜸이 된다. 자애로 남을 통솔하면 남들도 부모를 사모하는 것과 같이 그를 사랑하여 그를 위해 죽는 일도 사양하지 않으니, 이 때문에 전쟁을 하면 승리하고 수비를 하면 견고해진다. 그러므로 '어진 자는 세상에 적이 없다'고 하였다. 혹 사람이 미치지 못하는 점이 있으면 하늘이 또한 자애로 구원하고 호위해 주니, 천도는 갚아 주는 것을 좋아하여 항상 선한 사람과 함께하기 때문이다."[7]

동사정은 노자의 '자애'를 유가의 '인'으로 풀이하면서 이를 정치의 으뜸으로 삼는다. 그리고 왕도정치를 역설한 『맹자』로부터 '어진 자에게는 적이 없다'는 말을 인용한다. 동사정은 바로 연이어 "(옛날에 문왕이) '빈'이라는 땅을 버리고 '기'라는 지방으로 들어갔지만 주나라가 그 때문에 흥성해졌으니, 이것이 하늘의 구원이다"라고 한 송나라 정림(程琳: 988~1056)의 말을 인용하여 '자애'의 실질적인 모범이 될 만한 역사적 사례를 제시한다. 이 또한 『맹자』의 정신을 계승한 것이다.[8] '어진 자'(군왕)에게는 적이 없을 뿐만 아니라 오히려 백성들이 그를 따름으로써 하늘이 구원한다고 보는 것이다.

이상은 『노자』 제67장의 내용을 원용하고 있는 『순언』 제13장 제6구의 내용에 대한 율곡의 주석이다. 『순언』 제13장 제6구의 내용은

---

7) 『순언』 제13장 주, "董氏曰: 慈者, 生道之流行, 乃仁之用也. 故爲三寶之首. 以慈御物, 物亦愛之, 如慕父母, 效死不辭, 是以戰則勝, 守則固. 故曰: 仁者, 無敵於天下也. 苟或人有所不及, 天亦將以慈救衛之, 盖天道好還, 常與善人故也."

8) 『맹자』, 「양혜왕 하」, "滕文公問曰: 滕, 小國也. 竭力以事大國, 則不得免焉. 如之何則可? 孟子對曰: 昔者大王居邠, 狄人侵之. 事之以皮幣, 不得免焉; 事之以犬馬, 不得免焉; 事之以珠玉, 不得免焉. 乃屬其耆老而告之曰: 狄人之所欲者, 吾土地也. 吾聞之也: 君子不以其所以養人者害人. 二三子何患乎無君? 我將去之. 去邠, 踰梁山, 邑于岐山之下居焉. 邠人曰: 仁人也, 不可失也. 從之者如歸市." 참조.

다음과 같다. "자애는 그것으로 전쟁을 하면 승리하고 그것으로 수비를 하면 견고해지니, 하늘이 구원해 줄 적엔 자애로 호위한다."[9] 이는『노자』안에 있는 노자의 말이지만 노자의 말이라고 하기에는 어딘가 비노자적으로 보이는 말이기도 하다. 왜냐하면 비전론자이기도 한 노자에게서 전쟁론과 관련된 전략적 측면의 담론이 '자애'의 덕목을 빌어 논의되고 있는가 하면, 하늘과 인간의 관계가 또한 '자애'의 덕목을 통하여 연결되고 있기 때문이다.

일반적으로 '아랫사람에게 베푸는 도타운 사랑'이 '자애'라고 한다면, '자애'는 '어짊의 은택'과 같은 의미를 자체적으로 내함하고 있다고 여겨진다. '자애'는 마치 자식에 대한 어버이의 절실한 사랑과도 같은 것이다. 이렇게 볼 때 '자애'는 유가적 사유의 맥락과 유관한 측면이 있다고 평가될 수 있을 것이다. 그러나 노자의 생각에 충실하고자 한다면, 이것은 '자애'의 현실적 공효를 설명하기 위한 하나의 은유라고 보아야 한다.

노자는 기본적으로 '자연의 도리'는 친애함이 없다고[10] 주장하였음에도 여기에서는 스스로 자신의 논리에 모순을 범하는 것처럼 보이는 논의를 하고 있는 것이다. 하늘이 자애로운 것처럼 사람도 자애로워야 한다는 것이다. 그러나 노자에게서 그 자애로움이란 최상의 절대적 이념은 아니다. 노자는 '자애'를 넘어 '저절로 그러한 이법의 세계'를 보라고 한다. '참다운 자애'는 사실 역설적이게도 '자애'가 아니다. 그럼에도 세 가지 보배의 하나로 상정된 '자애'는 '참다운 자애'에 이르기 위한 하나의 방편적 기능을 수행한다는 점만큼은 부정할 수 없다.

---

9)『순언』제13장, "夫慈ᄂᆞᆫ 以戰則勝ᄒᆞ고 以守則固ᄒᆞᄂᆞ니 天將救之신댄 以慈衛之니라"

10)『노자』제79장, "天道無親."

율곡은 '자애'의 의미를 유학의 입장 또는 성리학적 입장으로 풀이한다. 율곡은 누구보다도 맹자의 성선설적 입장을 굳게 신봉한 핵심주류적 유가의 지식인이다. 그에게서 하늘의 존재와 인간의 존재는 모두 선의 이념 안에서 하나로 소통되며, 특히 인간은 자신의 선의지를 현실에 구현하여야 하는 실천적 존재로서 그 의의를 담당해 낸다. 그래서 노자가 말한 '자애'가 율곡에 의하여 유가적 시각에서 새롭게 독해된다.

율곡은 '자애'가 유가의 인의예지와 같은 도덕적 덕목과 유관하다고 본다. 그리고 그 중에서 '인의 공효'가 다름 아닌 '자애'라고 한다. 율곡은 맹자가 말한 '어진 자에게는 적이 없다'는 원칙을 믿는 유가의 지식인이었던 것이다. 어진 자에게 적이 없듯이 '자애'의 덕목을 가슴에 품고 살아가는 사람에게는 적이 있을 수 없다는 것이다. 적이 없기에 자애로운 자와 어진 자는 모두 용감하다고 한다.[11]

이와 같은 특성 때문에 율곡은 '자애'를 '부드러움'(柔) 및 '연약함'(弱)의 덕목과 연결한다. 율곡은 『노자』 제78장에서 "부드러움이 딱딱함을 이기고 연약함이 강함을 이긴다"[12]고 한 말을 『순언』 제14장에 배치하고 제13장에 이어 '자애'의 성향을 전체적으로 다시 한 번 설명한다. 특히 제14장의 종결부분에서 율곡은 다음과 같이 말한다. "(이 『순언』 제14장은) 앞 장의 전쟁에서 승리하게 된다는 설명을 가지고 '자애'와 '부드러움'이 강함과 난폭함을 이긴다는 뜻을 미루어 밝혔다. 이른바 부드러움이란 단지 어짊과 자애를 드러낸 것에 대해 말했을 뿐이다. 그것은 부드럽고 유약한 것만 오로지 하는 것은 아니다. 만약 부드럽고 유약한 것만 오로지 한다면 어떻게 강하고 난폭한 것을 이

---

11) 『순언』 제13장, "夫慈故能勇ㅎ고" 및 이에 대한 율곡의 주, "董氏曰: 仁者, 必有勇也." 참조.

12) 『노자』 제78장, "柔之勝剛, 弱之勝强."

길 수 있겠는가? 또 이기게 되는 것도 이치의 흐름상 당연한 결과일 뿐 이기고자 하는 마음이 있어서 일부러 부드럽고 약하게 처신한 것은 아니다."13)

요컨대 '자애'는 자의적인 인위성을 통하여 성취되는 것이 아니다. 계획적으로 의도된 '부드러움'과 '연약함'은 '자애'가 될 수 없다. 그리고 '자애'가 전제되지 않은 '부드러움'과 '연약함' 또한 무의미하다. 율곡적 의미에서는 노자의 '자애'가 '인'의 의미로 대체되어 인식되기 때문에 '인'이 결여된 '부드러움'과 '연약함'은 그 자체로 일상 언어적 의미의 '유약함'을 넘어서지 못한다.

율곡은 진정한 의미의 '유약함'이란 그 안에 필수적으로 '인'의 덕목을 갖추고 있어야만 한다고 본다. 따라서 이긴다는 것도 대상과 맞서 싸워서 대상을 전멸시킨다는 것에 의미가 있는 것이 아니라 부드러움과 연약함을 지켜 소통의 경지에 도달하는 것에 의미가 있다. 이긴다는 것은 힘에 의하지 아니하며 인격을 짓밟는 행위로 연출되지 않는다. 그래서 어진 자만이 이길 수 있는 것이다.

'인'이 '인의예지'의 사덕 중에서 으뜸인 것과 마찬가지로 율곡이 '인의 효용'으로 간주한 '자애'는 세 가지 보배 중에서 역시 으뜸의 자리를 차지한다. 그리고 '자애'로써 삶을 영위하는 사람은 언제나 부드럽고 연약함으로 타자를 대하며, 이로 인하여 타자의 강함을 무력화시키고 대적할 타자를 상정하지 않는다. '어진 자에게 적이 없다'는 말은 어진 자가 모든 타자를 굴복시킨다는 강압적 의미로서보다는 '어진 자'가 되어야만 타자와의 대립 없는 '관계의 소통'을 이루어낼

13) 『순언』 제14장 종결부분, "右第十四章. 因上章戰勝之說, 而推明慈柔勝剛暴之義. 夫所謂柔者, 只言仁慈之形耳, 非一於柔弱而已. 若一於柔弱, 則豈能勝剛暴哉? 且其勝之者, 亦出於理勢之當然耳, 非有心於欲勝, 而故爲柔弱也."

수 있다는 말이 된다.

타자나 세상과 화해하고 또한 이들과 하나가 되어 상호 소통하는 삶을 이루어내는 것은 근원적으로 '자애'로부터 비롯된다. 이것이 바로 '자애'가 세 가지 보배의 으뜸이 될 수밖에 없는 이유이다. 이것은 정치적 지도자로서 군왕이 갖추어야 할 첫 번째 벼리이며 덕목이기도 하다.

3. 두 번째 보배: 검약에 관하여

세 가지 보배 중에서 두 번째 덕목은 바로 '검약'이다. '검약'이란 '검소'와는 다소 거리가 있다. 우리는 일반적으로 복이 검소함으로부터 비롯된다는 믿음을 가지고 생활하면서 지나친 씀씀이에 대해 경계하기도 하는데, '검소'의 사전적 정의는 '사치하지 아니하고 간략하고 수수함'을 일컫는다. 그래서 '검소'는 물자를 낭비하지 않는다는 '절약'의 개념과 연계되어 이해될 경우가 많다.

『순언』 제13장은 "검약하기 때문에 널리 베풀 수 있다"[14]고 한다. 율곡은 '검(儉)'의 의미를 유가의 '요약하다' 내지는 '단속하다'(約)라는 말과 연계하여 풀이하는 것이다. 즉 그는 '박문약례'[15]의 정신을 '검'에 대입함으로써 '검약'이 절도에 맞는 행위이어야 함을 시사한 것이다. 이럴 경우 '검약'은 '자기 절제'의 윤리성을 강하게 지니게 된다. 이렇게 볼 때 '검약'의 의미 안에는 경제적 절약을 의미하는 '검소'의

14) 『순언』 제13장, "儉故能廣ᄒᆞ고"

15) 『논어』, 「안연」, "博學於文, 約之以禮."

뜻도 포함된다. 그리고 그것은 비단 경제적 측면에서만이 아니라 사물을 대하고 사회와 정치를 대하는 데 있어서도 '자기 절제'의 미덕을 잃지 않는 일련의 행위들을 통칭하는 것이기도 하다. 이런 면에서 '검약'은 일체의 탐욕이라든가 무절제, 방종, 방탕함, 사치스러움 등으로부터 벗어나는 '자기 절제'의 행위라고 말할 수 있다.

율곡은 『순언』 제15장을 『노자』 제9장의 내용을 가지고 편집하였는데, 그 내용은 '검약'에 관한 논의로 집중된다.[16] "금옥이 집에 가득하면 그 누구도 지킬 수 없으며, 부귀하고 교만하면 스스로 자신의 허물을 남길 것이니, 공명이 이루어지면 당사자는 물러나는 것이 하늘의 도이다."[17] 여기에 관하여 율곡은 유사립(劉師立: ?~640)의 말을 인용하여 다음과 같이 설명한다.

> 유사립은 다음과 같이 말하였다. "가득 차면 반드시 텅 비게 되니 가득 채움에 대해 경계하고, 날카롭게 하면 반드시 무디어지니 나아감에 대해 경계하고, 금옥은 반드시 폐가 되니 탐욕에 대해 경계하고, 부귀해지면 쉽게 법도를 벗어나게 되니 오만함에 대해 경계하였다. 공명이 이루어지면 반드시 위태로워지니 머물러 있을 곳을 알고 정도를 벗어나지 말아야 한다."[18]

이것은 동사정의 『도덕진경집해』 제9장의 내용을 인용한 것으로서,[19] 율곡이 유사립의 직접적인 전거를 인용한 것이라고 볼 수는 없

---

16) 『순언』 제15장 종결부분, "右第十五章. 言儉之義."

17) 『순언』 제15장, "金玉滿堂이면 莫之能守ㅣ며 富貴而驕ㅣ면 自遺其咎ㅣ니 功成名遂身退는 天之道ㅣ니라"

18) 『순언』 제15장 주, "劉師立曰: 盈則必虛, 戒之在滿, 銳則必鈍, 戒之在進, 金玉必累, 戒之在貪, 富貴易淫, 戒之在傲. 功成名遂必危, 在乎知止, 而不失其正."

19) 동사정, 『도덕진경집해』 제9장 주, "劉師立曰: 盈則必虛, 戒之在滿, 銳則必

다. 그럼에도 율곡도 동사정처럼 유사립의 관점을 옹호한다는 점만은 부인하기 어렵다. 유사립이 말한 '금옥'과 '부귀'와 '공명'은 모두 외물의 가치들이다. 유사립은 이들에게 매이지 않고 자유로워져야 함을 밝힌다. 율곡 역시 외부 대상에 대한 욕망으로부터 자신의 마음을 굳게 지켜 절제하여야 함을 제안한다. 그것이 바로 '검약'의 덕목이다. 따라서 '검약'의 범주는 단지 경제적 측면에만 해당되는 것이 아니라 사회적 지위라든가 정치적 명성 등과 같은 문제에까지 적용된다.

'검약'은 일체의 외물적 요소에 대한 '거리두기'이며, 외물을 부정하는 자기 절제의 태도라고 할 수 있다. 이러한 자기 절제의 행위는 율곡에게서 '예'의 형식으로 등장한다. 그러므로 외물을 대할 때 그것이 "예가 아니면 보지도 말고 듣지도 말며 말하지도 말고 움직이지도 말라"[20]고 하는 『논어』의 네 가지 금령은 '검약'의 정신을 대변한다고 볼 수 있다. '예'의 행위는 언제나 윤리적이며, 그 원리는 존재론적인 것임과 동시에 우주론적인 것으로서의 역할을 담지하고 있다. 그런데 인간이 '외물'을 접하는 방식은 욕망의 체계와 밀접한 관련을 갖는다. 이러한 욕망과 그 대상이 되는 외물은 모두 제거의 대상이다. 이를 검속하는 행위의 방식이 다름 아닌 '검약'이며, 그 '검약'의 중심에는 언제나 유가의 윤리적 기준이 작용을 멈추지 않는다.

외물에 대한 '자기 검속'이 완수되면 외물을 벗어나게 되고, 나아가 '하늘의 원리'와 근원적인 소통을 이루게 되며, 우주의 질서에 온전하게 동참하게 된다고 보는 것이 성리학자인 율곡의 생각이다. 이때 '자기 검속'으로서의 '검약'은 '극기복례(克己復禮)'의 정신과 일치한다. 자기 절제의 철저한 검속을 통하여 '예'로 돌아가면, 결국 '인'으로 돌아간

鈍, 戒之在進, 金玉必累, 戒之在貪, 富貴易淫, 戒之在傲, 功成名遂必危, 在乎知止, 而不失其正."

20) 『논어』, 「안연」, "非禮勿視, 非禮勿聽, 非禮勿言, 非禮勿動."

다는 것이다. '극기복례'가 바로 '인'이기 때문이다.[21] "하루만 자기를 극복하고 예로 돌아가면 천하가 인으로 돌아간다"[22]는 말처럼 '예'와 '인'은 불가분의 관계이다. 이렇게 볼 때 『순언』의 세 가지 보배에 있어서 두 번째 덕목인 '검약'을 갖추게 된다면 자연스럽게 첫 번째 덕목인 '자애'에 이를 수 있음을 알 수 있다. 율곡에게 있어서 '검약'이 '예'의 정신을 대변하는 것이라면 '자애'는 '인'의 범주에 해당하기 때문이다.

그런데 노자의 말처럼 "가득 채우기를 고집하면서 채우는 것은 그냥 놔두는 것만 못하다"[23]고 할 수 있다. 가득 채우기를 고집하면서 채우는 것은 '욕망'의 행위이며, 그냥 놔두는 것은 '자연'의 행위이다. 욕망은 어느 경우에든 소유의 열망으로 가득 차 있으며, 자기 아닌 타자까지 자기화하려는 속성을 드러낸다. 그런데 자기 과잉적인 욕망은 언제나 위태롭다.

이에 율곡은 다음과 같이 말한다. "가득 채워 혹 넘칠까 마음 졸이면서 채우기를 고집하느니 채우지 않아서 마음 편한 것이 낫고, 날카롭게 하여 혹 부러질까 조마조마하며 재어 보느니 날카롭게 하지 않아서 보존하는 편이 낫다. 소씨는 '가득 채우는 일이 없다면 굳이 고집을 피울 곳이 없고, 날카롭게 하는 일이 없다면 아무것도 잴 곳이 없다'고 하였다."[24] 율곡은 소자유의 말까지 인용하면서 욕망의 과잉에 대하여 경계하고 있는 것이다.

이때 가득 채우는 것과 날카롭게 하는 것은 모두 '욕망의 경향성'에

21) 『논어』, 「안연」, "克己復禮爲仁."

22) 『논어』, 「안연」, "一日克己復禮, 天下歸仁焉."

23) 『순언』 제15장, "持而盈之ㅣ 不如其已며"

24) 『순언』 제15장 주, "恐盈之或溢, 而持固之, 不若不盈之爲安也, 恐銳之或折, 而揣量之, 不若不銳之可保也. 蘇氏曰: 無盈, 則無所用持, 無銳, 則無所用揣矣."

해당하며, 고집을 피울 곳이 없고 아무것도 잴 것이 없다고 하는 것은 '존재의 경향성'에 해당한다. 욕망하는 주체는 자기 아닌 타자와 하나가 되어 이를 자기화할 때 오히려 자기의 본성을 상실한다. 그런데 '검약'은 욕망하는 주체의 자기 상실을 막기 위한 방편이다. 그것은 욕망하는 주체의 자기 현실화를 차단하는 대안이기도 하다. 율곡은 욕망의 과잉을 검속할 수 있는 '검약'의 행위가 수반된다면, '욕망의 경향성'으로부터 '존재의 경향성'으로 옮겨가 '자연의 세계'에 동참하게 된다고 본다.

따라서 정치적 지도자들은 외물을 대할 때마다 항상 '예'를 통한 자기 검속을 수행하여야 한다. 지도자들이 자기 욕망에 탐닉할 때 백성들의 삶은 그만큼 곤고해지기 때문에 '검약'의 덕목은 매우 중요하다.

4. 세 번째 보배: 겸허에 관하여

율곡은 『순언』 제16장과 제17장이 '겸허'의 미덕과 관련된 장이라고 한다. 특히 율곡은 세 가지 보배의 마지막 덕목인 '감히 천하에 앞서려 하지 않는다'는 말을 '겸허'로 읽기를 종용하고 있다. 그런데 여기서 살펴보고자 하는 '겸허'는 '교만'에 대한 상대적 개념이라고 볼 수 있다.

'겸허'는 자연 또는 '하늘의 이치'에 가깝지만, '교만'은 일상적 인간 또는 그가 지닌 '의지적 자아'의 열망과 관계가 깊다. '의지적 자아'의 존재를 향한 열망은 언제나 자기중심적인 일방적 방식으로 나타난다. 그것은 타자에 대한 존재포획의 열망인 동시에 자아의 타자에 대한 무분별한 독선적 확장이기도 하기 때문이다.

'겸허'의 개념은 대단히 다의적이다. 그것은 종교적 입장에서는 절대자에 대한 자기 낮춤의 성격을 강하게 지니며, 정치 사회적인 분야와 무관하게 이해되기도 한다. 이 '겸허'는 초기 그리스도교에 있어서는 매우 중요한 생활철칙이었다. '마음이 가난한 자' 또는 '애통하는 자'가 복이 있다는 예수 그리스도의 가르침은 모두 '겸허'의 고귀성을 말해 준다. 또한 불트만(Rudolf Bultmann, 1884~1976)에 의하면 '겸허'는 어떤 영적인 상태나 태도가 아니라 '사랑의 생활'을 가리킨다고 한다.

그러나 '겸허'는 반드시 종교적 성격만 지니고 있는 덕목은 아니다. '겸허'는 '겸손(謙遜·謙巽)' 내지는 '겸공(謙恭)', '겸양' 등과 유사한 의미를 지닌다. '겸허'가 스스로 자신을 낮추고 비우는 것이라면, '겸손'은 타자를 존중하고 자기를 내세우지 않는 것이며, '겸공'은 자기를 낮추고 타자를 높이는 것이다. 또한 '겸양'은 겸손한 태도로 남에게 양보하거나 사양하는 것을 말한다. 이들 상호간의 미묘한 개념적 차이를 뒤로 할 때 이들은 모두 자신과 타자의 '관계적 태도'를 중시한다는 공통점이 있다.

이와 같은 관계성 자체에 주목할 때 '겸허'의 미덕은 보다 존재론적이다. 그것은 '겸손'과 '겸공', '겸양'이 지니고 있는 보다 사회적이고 보다 직접적인 윤리적 관계성에 대한 이론적 근거가 되기도 한다. '겸허'에 대한 동양적 사유의 전통은 종교적이라기보다는 차라리 이러한 맥락에 충실하다고 할 수 있다.

그렇다면 『순언』에 나타난 세 가지 보배 중 마지막 덕목인 '겸허'의 특성은 어떠한 것일까? 우선 '겸허'와 관련된 『순언』 제16장의 내용부터 살펴보기로 한다. "귀한 것은 천한 것을 근본으로 삼고, 높은 것은 낮은 것을 기반으로 삼는다. 이 때문에 후왕이 스스로 '외로운 자',

‘모자란 자’, ‘여물지 못한 자’라고 한다. 그렇다면 이것은 천한 것을 근본으로 삼은 것이 아니겠는가?”[25] 이것은 『노자』 제39장의 내용을 가지고 편집한 『순언』 제16장 본문의 전문이다. 이에 관하여 율곡은 다음과 같이 풀이한다. “오직 스스로 천시하기만 하면 사람들이 반드시 귀하게 대우하며 스스로 낮추기만 하면 사람들이 반드시 높여 준다. 그러므로 천한 것을 근본으로 삼고 낮은 것을 기반으로 삼는다. 후왕이 스스로 폄하하는 것이 바로 스스로 천시하고 낮추는 방법이다.”[26] 이와 관련된 내용은 『노자』 제42장에도 나온다. “사람들이 싫어하는 것은 외로움, 모자람, 여물지 못함인데, 왕공은 이것을 칭호로 삼는다.”[27]

『순언』은 ‘겸허’의 내용과 관련하여 군왕(후왕)의 예를 들어 그 누구보다도 군왕이 먼저 ‘겸허’하여야 함을 말한다. 군왕은 만인의 위에 군림하면서도 스스로 자신을 낮추어 ‘외로운 자’, ‘모자란 자’, ‘여물지 못한 자’라고 겸사한다. 이럴 경우 백성들은 진심으로 그를 귀하게 대우하고 떠받들어 줌으로써 군신 상하가 하나로 소통되는 결과를 얻게 된다. 이처럼 나를 뒤로 물릴 때 세상 사람들은 오히려 나를 높은 자리에 오르게 한다. 그래서 『순언』은 “감히 앞장서지 않기 때문에 다른 사람들의 우두머리가 될 수 있다”[28]고 한 것이다.

『순언』은 ‘겸허’의 덕목을 특히 군왕의 지위 및 자세와 연관시켜 논의하는 특징을 보인다. 이러한 면에서 ‘겸허’의 덕목은 ‘정치적’이라고 할 수 있다. 그렇다고 하더라도 이때의 ‘정치적’이라는 말이 음모적이

---

25) 『순언』 제16장, “貴以賤爲本ᄒᆞ며 高以下爲基라 是以侯王이 自謂孤寡不穀ᄒᆞᄂᆞ니 此其以賤爲本邪이 非乎아”

26) 『순언』 제16장 주, “夫惟自賤, 則人必貴之, 自下, 則人必高之, 是以賤爲夲, 以下爲基也. 侯王之自貶, 是自賤自下之道也.”

27) 『노자』 제42장, “人之所惡, 唯孤, 寡, 不穀, 而王公以爲稱.”

28) 『순언』 제13장, “不敢先이라 故能成器長이니라”

라거나 또는 사술적이라거나 권모술수적이라는 의미를 갖지는 않는다. 거기에는 보다 내밀한 측면의 철학적인 정신이 깃들어 있다. 그렇다면 이때의 '정치적'이라는 말은 오히려 '정치철학적'인 것으로서의 의미로 이해할 필요가 있어 보인다.

만일 '겸허'의 미덕이 윤리적인 측면만을 지니는 것이라면, 동사정이나 율곡은 『주역』의 열다섯 번째 괘인 '겸괘'에 주목하였을 것이다. '간(☶)하 곤(☷)상'의 구조를 갖고 있는 '겸괘'의 괘상적 의미는 이미 '겸손'을 상징하고 있다. 땅도 이미 낮은 자리에 있는데 그 아래에 산이 들어가 있기 때문이다. '곤'은 바르게 따름을 상징하고, '간'은 멈춤을 상징한다. 바르게 따르면서 멈추니 지나치지 않은 것이다. 그럼에도 '겸허'의 상징을 빌어 순양괘인 '건괘'를 인용하고 있는 점은 전적으로 군왕의 지위와 태도에 관하여 주목하였기 때문이라고 풀이된다.

실제로 율곡은 이와 관련하여 다음과 같은 원론적인 태도를 보이고 있다. 율곡은 동사정의 주석에 가탁하여 '겸허'에 관한 자신의 입장을 『주역』 '건괘'(건(☰)하, 건(☰)상)의 내용에 담아 전달한다. "건(乾)의 도리는 만물에서 (으뜸으로) 나온다고 하였고 또 다음과 같이 말하였다. 모든 용(龍)을 보되 앞장서지 않으면 길하다."[29]

요컨대, 이것은 '건괘'에서 "9를 쓰는 것은 모든 용을 보되 머리가 없으면 길하다"[30]라는 말과 직접적인 관련이 있으며, 또한 이에 대한 정이천 『역전』의 내용과도 관계가 깊다. "9를 쓰는 것은 '건'의 강함에 대처하는 도리이다. … 강함과 부드러움이 서로 도와주는 것이 중도인데 순수한 강함을 쓰니, 이것은 강함이 지나친 것이다. 모든 용을 본다는 것은 양의 기운을 살펴보는 뜻을 일컬으니, 앞장서지 않으면

29) 『순언』 제13장 주, "自後者, 人必先之, 故卒爲有物之長也. 董氏曰: 乾之出庶物, 亦曰: 見羣龍無首吉."

30) 『주역』, 乾, "用九, 見羣龍, 无首, 吉."

길하다. 반면 강함으로써 천하에 앞장서는 것은 흉한 도리이다."[31]

한편 '건괘'의 「상전(象傳)」은 '건'의 도리가 만물의 시원이 되고 우두머리가 된다고 하여 이를 칭송하고 그 덕을 기린다. 그리고 "우두머리가 만물로부터 나오니 모든 나라가 두루 다 편안하게 될 수 있다"[32]고 한다. 이에 관하여 정이천 『역전』은 다음과 같이 말하고 있다. "하늘은 만물의 원조이고, 왕은 만방의 종주이니, '건'의 도리가 만물에서 으뜸으로 나옴에 만물이 형통하고, 군주의 도가 하늘의 자리에 높이 임함에 사해의 백성이 따른다. 왕자가 하늘의 도를 체행하면 만국이 모두 편안하다."[33]

이처럼 '건괘'는 정치적 군장이 될 수 있는 도리를 밝히고 있다. 그리고 「건괘」는 그 전제 조건으로서 남의 우두머리가 되는 자는 반드시 '인'을 체행하여야 한다는 경고를 잃지 않는다.[34] 이러한 '건괘'의 성격이야말로 율곡이 동사정처럼 '건괘'에 주목할 수밖에 없는 이유이기도 하다.

다음은 『순언』 제17장에 나타난 '겸허'의 내용이다. 제17장은 '겸허'의 상징으로 물을 들고 나온다. "최상의 선은 물과 같으니, 물은 만물을 잘 이롭게 하고 또한 다투지도 않으며 일반 사람들이 싫어하는 곳에 머무른다. 그러므로 거의 도에 가깝다."[35] 이것은 『노자』 제8장

---

31) 『주역』, 乾, 「程傳」, "用九者, 處乾剛之道, … 剛柔相濟爲中, 而乃以純剛, 是, 過乎剛也. 見群龍, 謂觀諸陽之義, 无爲首則吉也. 以剛爲天下先, 凶之道也."

32) 『주역』, 乾, "首出庶物, 萬國, 咸寧."

33) 『주역』, 乾, 「程傳」, "天爲萬物之祖, 王爲萬邦之宗, 乾道首出庶物而萬彙亨, 君道尊臨天位而四海從, 王者體天之道, 則萬國咸寧也."

34) 『주역』, 乾, 「文言傳」, "君子體仁, 足以長人" 및 이에 대한 정전, "體法於乾之仁, 乃爲君長之道, 足以長人也." 참조.

35) 『순언』 제17장, "上善은 若水ᄒᆞ니 水ㅣ 善利萬物ᄒᆞ고 又不爭ᄒᆞ며 處衆人之所惡ㅣ라 故幾於道ㅣ니라"

의 첫 구절을 옮겨 놓은 것으로서, 인구에 회자되고 있는 그 유명한 '상선약수(上善若水)' 장이다. 율곡은 이를 '겸허'의 보배로움과 관련지어 고찰한다. 그런데 율곡은 이에 관해서도 동사정의 주석을 인용하고, 그 관점에 동의하는 뜻을 밝힌다. 즉 "동씨는 '부드러움을 지키면서 낮게 처신하는 것은 바로 세속 사람들이 싫어하는 것이지만 실로 도에 가깝다'라고 하였다"36)라는 풀이가 그것이다.

동사정과 동일한 방식으로 율곡 역시 물의 상징을 통하여 '겸허'의 미덕을 발견해 나간다. 『순언』에 있어서 물은 '겸허'를 설명해 내는 하나의 상징이다. 그런데 동사정의 설명을 통하여 전해지는 물의 이미지는 ① 부드러움을 지키면서 낮게 처신하고, ② 세속 사람들이 싫어하는 것이지만, ③ 사실은 도에 가까운 것이다. 이 경우 ①, ②, ③은 모두 물을 설명하는 각각의 비유이다. 율곡은 이와 같은 물의 특징이 그 성격상 최상일 수밖에 없다는 점에 확신을 갖는 듯하다.

물이 모든 면에서 어느 때나 최상인 것일 수만은 없는 것이라면 이러한 설명은 반만 옳다. 왜냐하면 물이 지닌 정반대의 측면도 상정될 수 있기 때문이다. 물이 오히려 재난이 될 경우라면 그것은 최상의 선일 수 없다. '물의 선함'은 물의 본성이 아니다. 그것은 우리의 평가의식의 산물일 뿐이다. 우리는 '물의 악함'에 대해서도 이야기할 수 있다. 수재, 수난, 대홍수, 해일 등은 모두 '물의 선함'이 아니다.

율곡이 '상선약수' 장을 들어 '겸허'의 미덕에 관하여 시도하는 설명의 방식은 『순언』 제16장만큼 정치철학적이지는 않다. 물론 바로 이어지는 아래의 문구에서처럼 '물'의 상징은 또한 정치철학적인 측면으로 전환될 가능성을 내포하고 있는 것만큼은 확실하지만, 여기서는 '물'의 비유를 통한 정치론적 입론보다는 가치론적인 영역에 대한

---

36) 『순언』 제17장 주, "董氏曰: 守柔處下, 乃俗之所惡, 而實近於道."

관심이 오히려 더 크다는 점을 알 수 있다. 그리고 물의 가치가 존재 자체의 원리를 찾는 상징적인 것이라면, 그것은 '겸허'의 존재론적 원리를 모색하는 하나의 방편이라는 점에서 차라리 존재론적 성향을 갖는 것이기도 하다. 『순언』에 있어서 '겸허'의 보배로움은 이처럼 정치철학적인 성향을 띠면서도 가치론적인 측면과 존재론적 성향을 동시에 지니고 있다는 점이 확인된다.

『순언』 제17장은 '물'의 상징과 그에 관한 비유를 들어 '겸허'에 대하여 접근하는 하나의 통로를 확보한 후 이를 곧바로 정치철학적인 이념으로 제안하고 있다. 그것은 정치적 군장이 최상의 물처럼 사유하고 최상의 물처럼 정치에 임하라는 것이다. 이 말은 앞에서 언급한 것처럼 단순히 물처럼 사유하고 물처럼 정치에 임하라는 말과는 차별된다. 인간에 대한 물의 현실적 양상은 최고의 가치로 평가될 수도 있지만, 반대로 최악의 결과를 초래하기도 하기 때문이다. 물이 지닌 양가의 가치 중 전자의 덕목이 '겸허'의 미덕에 해당한다.

군주가 본받아야 할 물의 미덕은 항상 '최고의 가치'를 수반하지 않으면 안 된다. 그런데 최고의 덕이 '무위'하여 일부러 하는 법이 없는 것처럼[37] '겸허'는 일부러 낮추는 인위적인 행위여서는 안 된다. '겸허'는 자연스러워야 하며, 선악의 상대적 가치의 구도를 넘어 세상과 근원적으로 소통하는 것이어야 한다.

『순언』은 '상선약수'의 비유에 이어 『노자』 제66장에 나타난 '물'의 상징을 제17장 제2구로 옮겨 놓는다. "강과 바다가 모든 골짜기의 왕이 될 수 있는 것은 그것이 골짜기의 물보다 낮은 곳에 잘 머물기 때문이다. 이것이 모든 골짜기의 왕이 될 수 있는 이유이다. 이 때문에 성인은 말로써 자신을 낮추고 스스로 남들보다 앞서는 일이 없다. 그

37) 『노자』 제38장, "上德無爲而無以爲."

러므로 윗자리에 있어도 사람들이 중압감을 느끼지 않고 남들보다 앞서도 해롭다고 여기지 않으며, 천하 사람들이 기꺼이 추대하면서 싫어하지 않는다."[38] 여기에 관하여 율곡은 다음과 같이 주해한다.

> ① 물은 본래 도에 가까우며, 강과 바다 또한 물이 크게 모인 것이다. 송 휘종은 다음과 같이 말하였다. "준괘(屯卦)의 초구(初九)에 '귀한 신분으로 천한 이에게 몸을 낮추니 크게 민심을 얻는다'고 했으니, 백성의 마음을 얻는다는 말이다. 윗자리에 있어도 사람들이 중압감을 느끼지 않는다면 그를 추대하는 자가 기뻐하고, 앞서 나가도 사람들이 해롭다고 여기지 않는다면 그를 이롭게 여기는 자가 많은 것이다. 이와 같다면 무슨 생각을 해도 따르지 않음이 없다. 그러므로 싫어하지 않는다."
>
> ② 동씨는 다음과 같이 말하였다. "양웅이 '자신을 낮추는 자는 사람들이 높여 주고, 자신을 남보다 앞세우지 않는 자는 사람들이 앞으로 내세워 준다'고 하였다. 그러므로 천하의 사람들이 기꺼이 추대하면서 싫어하는 마음을 갖지 않는다."[39]

이 주석은 크게 두 가지 전거가 인용되고 있다. 편의상 이를 인용문①과 인용문②로 나누어 볼 때 인용문①은 『주역』을 인용하여 '겸허'의 덕목을 설명하는 송 휘종(徽宗, 1082~1135)의 관점이 나타나 있고, 인용문②는 양웅(揚雄, BC.53~AD.18)의 말을 인용한 동사정의 관점이 드러나 있다.

---

38) 『순언』 제17장, "江海所以能爲百谷王者ㄴ 以其善下之라 故能爲百谷王이니 是以聖人은 以言下之ᄒᆞ며 以身後之라 是以處上而人不重ᄒᆞ며 處前而人不害ᄒᆞ며 天下ㅣ 樂推而不厭ᄒᆞᄂᆞ니라"

39) 『순언』 제17장 주, "水固近道, 而江海又水之大者也. 宋徽宗曰: 屯初九曰: 以貴下賤, 大得民也. 得其心也. 處上而人不重, 則戴之也懽, 處前而人不害, 則利之者衆. 若是則無思不服, 故不厭也. 董氏曰: 楊雄曰: 自下者, 人高之, 自後者, 人先之. 故天下樂推戴, 而無厭斁之心也."

먼저 인용문①의 경우를 보자. 강과 바다는 '물의 하류'에 해당한다. 그래서 그것은 큰물을 이루고 있다. 세상 사람들이 싫어하는 것과는 달리 '물의 하류'는 모든 것을 포용하는 작용을 멈추지 않는다. 물은 낮은 곳에 있으면서도 다투는 법이 없고, 사람들이 싫어하는 '하류'에 거처하기를 거부하지 않는다. 그래서 노자는 물이 '하류'로 흘러 모이듯이 국가의 질서도 커다란 나라가 '하류'에 위치하게 되며, 커다란 나라는 천하의 소통을 이루어내는 공효가 있다고 한다. 이것이 '세상을 포용하는 여성성'이다.[40] 그 여성성은 어머니처럼 자애롭고, 부드러우면서 연약하며 자신을 낮추는 겸허함이 있다.

물의 본성이 언제나 최고의 양상을 띠는 것만이 아닌 것처럼 '물의 하류'가 언제나 바람직한 것만은 아니다. 『논어』에서는 "군자는 하류에 처하기를 싫어한다. 이것은 천하의 악이 모두 하류로 돌아가기 때문이다"[41]라고도 하였으니, '하류'에 대한 접근방식이 서로 다른 것이다. 그렇다고 사람들이 '물의 하류'를 싫어하는 이유가 『논어』의 경우에서처럼 윤리적 측면의 '악의 수용소'이기 때문만은 아니다. 그것은 오히려 인간의식의 상향적 지위향상에 대한 멈추지 않는 욕망의 작용과 관계된다. 또한 높은 것은 좋은 것인 반면 낮은 것은 나쁜 것이라는 임의적인 평가도 적용된다.

강과 바다가 모든 골짜기로 흘러들어가는 것은 자의적으로 이루어지지 않는다. 그것은 자연을 따르는 방식으로 이루어진다. 그러나 '악'을 수용하고 있는 '하류'는 자연세계라기보다는 인위적인 가치세계에 해당하는 경향성을 보인다. '자연의 하류'가 '하류의 인생'으로 전이된 것이다. 이로부터 '하류의 인생'은 저차원적 가치로 정향되며,

---

40) 『노자』 제61장, "大國者下流, 天下之交, 天下之牝."
41) 『논어』, 「자장」, "君子惡居下流, 天下之惡皆歸焉."

'상류의 인생'을 향하여 거슬러 올라가야 하는 사명을 남기게 되는 것이다. 맹자는 오히려 '물이 아래로 흐르는 것'을 준거로 삼아 '백성들이 인에 귀의하는 것'이 서로 같다고 언명하였는데,[42] 여기에는 물에 덧씌운 의식의 겉옷 같은 것은 발견되지 않는다. 물이 아래로 흐르는 것은 '자연의 질서'이다. 그러나 악이 아래로 흐른다는 것은 '의식의 질서'이다. '자연의 하류적 질서'는 의식의 세계를 비워내지만, '의식의 하류적 질서'는 자연의 세계를 엄폐하는 결과를 초래한다. 따라서 '자연의 하류적 질서'는 '겸허'의 미덕으로 나타나지만, '의식의 하류적 질서'는 강고한 독단으로 나타난다.

『순언』은 '자연의 하류적 질서'에 주목한다. 그래서 송 휘종이 언급한 '준괘(屯卦)' 초구(初九)[43]의 정신을 '물의 질서'에 연관시키고, 여기에서 '겸허'의 덕목을 발견함과 동시에 그 효과가 민심을 얻는 것으로 나타난다는 점에 동조한다. 귀한 신분임에도 천한 자에게 몸을 낮추는 것은 마치 물처럼 흘러 아래에 거처함과 같다. 그럼에도 오히려 자기를 낮춤으로써 크게 민심을 얻는다는 것이 '준괘'의 정신이다. 이러한 송 휘종의 관점은 동사정의 『도덕진경집해』 제66장의 주석에 원용되어 있고,[44] 율곡은 이를 자신의 주해에 적극적으로 반영하였다.

다음은 인용문②에서 동사정이 인용한 양웅의 관점을 살펴보자. "자신을 낮추는 자는 사람들이 높여 주고, 자신을 남보다 앞세우지 않는 자는 사람들이 앞으로 내세워 준다." 이것이 동사정이 인용하고 있는 양웅의 말이다. 이를 율곡이 재삼 인용하고 있는 것이다. 이 말

42) 『맹자』, 「離婁 上」, "民之歸仁也, 猶水之就下, 獸之走壙也."

43) 『주역』, 屯, "初九, 磐桓, 利居貞, 利建侯. 象曰: 雖磐桓, 志行正也, 以貴下賤, 大得民也."

44) 동사정, 『도덕진경집해』 제66장 주, "御註曰: 屯初九曰: 以貴下賤, 大得民也. 得其心也. 處上而人不重, 則戴之也懽, 處前而人不害, 則利之者衆. 若是則無思不服, 故不厭也."

은 자기 자신과 타인의 관계맺음에 대한 상호 역학관계를 기술한 것이다. 자기 자신은 아래로 낮추어야 하고 앞서지 않아야 한다. 그러면 타인은 오히려 나를 높여주고 앞세워준다고 한다. 그러나 이러한 관계맺음은 어떠한 경우에 있어서도 의도적이어서는 안 된다.

타인이 나를 높여주고 앞세워 주기를 바라는 결과를 기대하며 나를 낮추고 뒤로 물러서는 것은 전연 물과 같지 않다. 물은 의도적으로 자신을 낮추는 법이 없이 저절로 낮추기 때문에 자기 자신의 현실적 공효가 있는 것처럼 자기 낮춤의 일환인 '겸허'는 강제적이거나 유위적이어서는 안 된다. 진정한 '겸허'는 '무위'에 토대를 둔다. '무위'에 기원을 둔 '겸허'의 보배로움을 갖추었을 때라야 만이 "천하의 사람들이 기꺼이 '나'를 추대하면서 싫어하는 마음을 갖지 않는다"고 하는 결과를 낳는다. 이때 '나'라는 일인칭 대명사는 일상의 '나'가 아니라 '성인의 인격'을 함양한 '나'를 지칭한다. 이렇게 본다면, 백성이 '성인'에게 이끌리는 것은 전적으로 '성인'이 지닌 '겸허'의 미덕 때문이다.

'겸허'의 미덕은 대인관계에 대한 충실성과 관계가 깊다. 일반적으로 유가에서는 대인관계의 충실도를 높이는 방안으로 자기에 대한 충실성을 강하게 요구한다. 이것은 자아의 충실도가 자신의 범주를 넘어 타인에게 확장됨으로써 타인과의 관계까지 충실하게 한다는 이유 때문이다. 자신과 타자는 모든 경우 관계적이며, 상호 작용적이다. 그런데 대인관계를 유지하는데 있어서 무엇보다 중요한 것은 자기를 낮추고 타인을 존중하며 배려하는 '겸허'의 미덕을 갖추는 일이다.

『순언』은 제19장에서 '겸허한 인격'의 전형으로서 문왕과 안연을 제시하고 다음과 같이 이야기한다. "『순언』 제19장은 '겸허'의 덕이 도체의 본연에 합일됨을 미루어 밝혔다. 문왕이 도리를 깨닫고도 알지 못하는 듯이 행동하였고, 안연이 '능하면서도 능하지 못한 자에게 묻고 많은 지식이 있으면서도 별 지식이 없는 자에게 물으며, 있으면서도 없는 듯이 행동하고 차 있으면서도 비어 있는 듯이 행동하며, 자신에게 잘못을 범해도 따지지 않았다'는 것이 바로 이 장의 의미이다. 제13장의 세 가지 보배의 의미를 거듭 설명한 것이 여기에 있다."[45] 이때 세 가지 보배는 그 세 가지 보배 중에서도 특히 '겸허'를 지칭한다.

그런데 여기서 특기할 만한 것은 율곡이 세 가지 보배 중에서도 특히 '겸허'에 대하여 상대적으로 더 많은 지면을 할애하여 설명하였는가 하면, 그것이 도체와 합일할 수 있는 덕목이라고까지 간주하여 중시하는 입장을 보였다는 점이다. 관계의 소통을 이루어내기 위해서는 자기 낮춤보다 중요한 것은 달리 없다고 인식한 결과라고 하겠다.

5. 논의의 의의: 지도자의 덕목 갖추기

나는 본문의 내용을 통하여 세 가지 보배에 관한 율곡의 입장을 살펴보았다. 세 가지 보배는 '자애', '검약', '겸허'(감히 천하에 앞서지 않음)라는 세 가지 덕목이다. 그런데 『순언』에 나타난 세 가지 보배에 관한 철학적 담론은 유가의 '수기치인'의 범주와 무관하지 않다. 그리고 그 일인칭 주체의 시점이 '성인'이거나 실제적인 정치적 군장인 '군왕'의 범주를 벗어나지 않는다. 세 가지 보배에 대한 논의는 결국 지도자를 겨냥한다. 세 가지 보배는 참다운 지도자가 되기 위한 구체적인 덕목

---

45) 『순언』 제19장 종결부분, "右第十九章. 推明謙虛之德, 合乎道體之本然. 文王望道, 而如未之見, 顔子以能問於不能, 以多問於寡. 有若無, 實若虛, 犯而不校, 卽此章之意也. 申言十三章三寶之義者, 止此."

들인 셈이다. 세 가지 보배는 이런 면에서 정치철학적이다.

(1) '자애'의 덕목은 모든 인간이 갖추어야 할 것이기도 하지만, 특별히 군주의 도덕적 마음에 대한 요청을 염두에 두고 제시된 것이다. '자애'는 어버이, 그 중에서도 특히 여성주의적 문맥에 충실한 『노자』를 감안한다면 어머니가 자식을 대하는 방식처럼 사사로운 의지가 개입되지 않아야 하며, 부드럽고 연약한 것이라야 한다. 이것이 강함과 난폭함을 평정하여 천하를 편안하게 하는 방편적 역할을 담당하기 때문이다. 그것은 율곡에 의하여 '인'으로 대체되어 이해되기도 한다. 율곡에 의하여 '인'으로 이해된 '자애'는 지도자들이 필수적으로 지녀야 하는 첫 번째 원칙으로 제시된다.

(2) '검약'은 외물을 대하는 방식에 있어서 요청되는 '자기 절제'에 관한 덕목이다. 그것은 일체의 탐욕과 무절제, 방종, 방탕함, 사치스러움 등에 대한 절제의 행위이며, 욕망의 과다한 분출을 경계하는 덕목이다. 이것은 '예'와 관련된다. 정치적 지도자들은 외물을 대할 때마다 항상 '예'를 통한 자기 검속을 수행하여야 한다. 지도자들이 자기 욕망에 탐닉할 때 백성들의 삶은 그만큼 곤고해지기 때문에 '검약'의 덕목은 매우 중요하다.

(3) '겸허'(감히 천하에 앞서지 않음)는 자기 낮춤이다. 특히 『순언』은 정치철학적 측면의 자기 낮춤을 말하고 있다. 또한 자기를 낮추지만 오히려 낮추는 자기가 우두머리가 된다는 원리에 대하여 논의한다. '겸허'하여야 할 주체는 일반인들이 모두 해당되어야 하겠지만, 정치의 현장에서는 정치적 지도자가 그 대상이 되어야 한다. 지도자는 현실적으로 최상의 위치에 있지만 이념적으로는 가장 아래에 거처하여야 한다. '겸허'는 마치 물처럼 사람들이 싫어하는 아래에 거처하면서도 다투지 아니하고 만물을 이롭게 하는 보배로운 덕목인 것이다.

그렇다면 우리는 무슨 이유로 세 가지 보배를 간직하고 살아야 하는 것일까? 즉 우리는 왜 '자애'하고 '검약'하고 '겸허'하여야 하는 것일까? 이들이 현실에서 요청되는 까닭은 무엇일까? 결론적으로 말하여 그것은 다투지 않기 위함이며, 분쟁과 갈등을 제거하기 위함이다. 또한 궁극적으로는 '관계의 소통'과 '평화'를 확보하기 위함이다. 이를 위해서 『순언』은 물의 상징을 제시하였던 것이다. 물은 부드럽고 약하며, 단단하고 강한 것에 자신의 자리를 양보한다. 물은 항상 양보하며 다투지 않으며 저항을 최소화하는 길을 따른다. 그래서 물은 자신이 담긴 어떠한 그릇의 모습도 취한다. 이러한 특성은 사람이 환경에 따라 적응하는 능력으로서 융통성 내지는 유연성과 관계된다.

따라서 환경의 변화에 대한 융통성과 유연성을 갖춘 물의 미덕은 '관계의 소통'과 '평화'를 낳는데 이바지한다. 물과 같은 미덕이 이러한 점과 깊은 관련을 갖고 있기에, 타인과 다투지 않는 덕을 갖춘 자는 마땅히 하늘과 함께하는 짝이 되는 것이다.[46] 즉 세 가지 보배를 갖춘 자가 하늘과 짝할 수 있다는 것이다.[47] 여기에 이르면 세 가지 보배는 마침내 하늘의 질서에 편입될 수 있을 정도의 현실적 의의를 갖추어 낸다. 하늘의 질서가 인간에게 내재화되고 동시에 인간의 소망이 하늘을 담아내기 위해서는 세 가지 보배가 삶의 기술로서 반드시 갖추어져야만 한다.

---

46) 『순언』 제18장, "是謂不爭之德이며 是謂用人之力이니 是謂配天이라 古之極ㅣ니라"

47) 『순언』 제18장 종결부분, "右第十八章. 極言慈柔謙下之德, 可以配天也." 참조.

제6장

양생론의 철학적 의의

1. 문제의 제기

인간은 자신의 삶에 대하여 많은 것을 스스로 묻고 대답할 수 있는 존재이다. 그 물음에는 자신의 삶과 죽음에 대한 문제라든가 자신이 처해 있는 사회·정치적 환경에 대한 고민이 포함된다. 특히 삶과 죽음의 문제 중에서 인간은 누구나 자신의 삶에 대한 강한 존재열망을 지니고 살아간다는 특징이 있다. 그것은 지위가 높든 낮든 예외 없이 적용될 수 있는 공통적인 현상으로서 자신의 삶이 상해를 받지 않고 온전할 수 있기를 희구하는 방식으로 나타난다.[1)]

이러한 문제 때문에라도 전통적 방식의 수양론의 범주 안에서는 생명 또는 삶[2)]을 기르고자 하는 방법과 대안들에 대하여 끊임없는 논의가 있어 왔던 것이 사실이다. 특히 '철학적 도가'(Philosophical Taoism)보다는 '종교적 도교'(Religious Taoism)[3)]에서는 이러한 문제에 있어서 생명에 대한 직접적인 관심을 지속적으로 표출하여 왔다. 인간의 가장 기본적인 생명의 문제를 몸의 담론과 함께 논의의 표면으로 떠올리

---

1) 張志聰 집주, 『황제내경집주』(杭州: 浙江古籍出版社, 2002), 『皇帝內經素問集注』 권4, 「寶命全形論」, "君王衆庶, 盡欲全形" 및 이에 대한 왕빙(王冰)의 주, "貴賤雖殊, 然其寶命一矣. 故好生惡死者, 貴賤之常情也." 참조.

2) '생명'이 자연적 질서를 말하는 것임에 비하여 '삶'은 사회적 질서와 긴밀하게 연대한다. 그런데 인간의 사회적 '삶'이라는 것도 기본적인 '생명'의 유지 없이는 불가능하다는 점에서 '생명'은 보다 본질적인 개념에 해당한다.

3) 크릴(Herrlee G. Creel)은 '철학적 도가'와 '종교적 도교'를 양분하여 논의하면서 '종교적 도교'를 특히 '선도교(仙道敎)'(Hsien Taoism)라고 명명한다. Herrlee G. Creel, *What is Taoism? and Other Studies in Chinese Cultural History*, The Univ. of Chicago Press, Chicago and London, 1970, 23~24쪽 참조.

게 되었던 것이다. 그것은 인간의 가장 진솔한 이야기 중의 하나임에 분명하였다.

그러나 그 가장 진솔한 이야기가 오히려 인간존재를 욕망의 나락으로 추락시키는 역할에 충실하게 된 것은 그 담론이 지닌 근원적 한계였는지도 모른다. 인간의 '욕망'과 손을 잡은 '생명'의 문제는 지나친 몸 중심적 논의로 확장되면서 '수명을 연장하여 장수하고자 하는'(延命長壽) 꿈으로 변질되었기 때문이다. 이성의 눈을 통하여 세상을 바라보고자 하는 지성인들에게 이러한 사고와 행위는 바람직하게 비쳐지지 않았다. 그래서 성리학적 지성의 세계에 몸담고 있었던 사람들에게 도교의 '섭생'이나 '양생'은 전통적으로 비판의 대상이었다.

그럼에도 일종의 '섭생' 또는 '양생'의 주제로 독해될 수 있는 『노자』의 일부 문구들이 율곡의 『순언』에서 배제되지 않고 소개되고 있다. 뿐만 아니라 율곡은 이를 자신의 언어를 통하여 주해하는 적극성을 보이고 있다. 일찍이 율곡의 『순언』을 종합적으로 평가한 담와 홍계희의 입장을 감안한다면, 이는 대단히 특징적인 것이라고 아니 할 수 없다. 왜냐하면, 담와는 율곡이 『순언』을 저술하는 데 있어서 성리학적 세계관과 마찰을 일으킬만한 문구들은 의도적으로 제외하고 『순언』을 편집하였다고 하였기 때문이다.[4]

내가 이 글에서 주목하는 의문은 여기로부터 시작된다. 율곡이 성리학적 입장과 무관해 보이는 문구들 중에서 특히 '섭생' 또는 '양생'과 관련된 논의를 배제하지 않고 『순언』 안에 편집한 이유는 무엇일까? 또는 '섭생'이나 '양생'과 관련하여 율곡이 하고 싶은 이야기가 따로 있었던 것일까? 그리고 궁극적으로 율곡이 '섭생'이나 '양생'을 통

---

4) 『순언』, 「발」, "啓禧攷本文, 盖去其反經悖理者五之三尒, 其取者, 誠不害乎謂之醇也."

해 말하고 싶었던 것은 무엇일까? 분명 율곡이 아무런 의도도 없이 '섭생'이나 '양생'의 문제를 거론한 것은 아닐 것이다. 그렇다면, 우리는 율곡의 입장으로 돌아가 그 이유에 대하여 천착해볼 필요가 있을 것이다.

이와 같은 문제의식을 안고, 이 글은 『순언』에 나타난 '섭생' 또는 '양생'에 대한 입장을 검토해보는 것이 목적이다. 그 결과 율곡이 생각하였던 양생론의 철학적 의의가 보다 구체적으로 구명될 수 있을 것이라 본다.

2. 양생에 대한 기본 관점

1) 양생에 대한 부정과 긍정

사전적 정의에 따른다면, 양생이란 개념은 '생명을 기르다'라는 의미가 있다. 장수를 보존하는 것, 건강의 증진을 도모하는 것, 위생에 힘을 다하는 것, 또는 그 방법이 '양생'이며, 이는 '섭생(攝生)'과 같은 의미를 갖는다.[5] 이는 또한 '섭양(攝養)'·'양수(養壽)' 등의 개념과 함께 사용된다. 이것은 주로 의학, 영양학, 기공술, 도인술 등의 분야와 연관된다. 따라서 '양생'은 주로 '도가적 수련'을 가리킨다고 이해된다.

---

5) 諸橋轍次, 『大漢和辭典(12)』, 大修館書店, 東京: 1986, 397쪽 참조. 그런데 모로하시 데쓰지(諸橋轍次)에 따르면, '양생론'이라는 개념은 생명을 기르고 장수하는 방법을 논의한 것으로 위진 시대 혜강(嵇康)의 문장으로부터 비롯된다고 한다. 혜강의 「양생론」은 『문선』 제53권에 실려 있다(諸橋轍次, 같은 책, 같은 곳 참조).

일찍이 중국의 서민들은 공자의 가르침인 '인'과 '의'보다는 편안하게 늙지 않고 오랫동안 사는 불로장생만이 더 없는 행복으로 생각하고 그 행복을 찾아 무엇인가에 의지하려 하였다. 이러한 생각이 원시 도교에 연결되어 훨씬 토속적이고 보다 대중에 밀착되어 있었다. 불로장생의 길은 노자 · 장자의 가르침에 의탁하여 설명되었고, 다시 도교에 의하여 신선설이 세워졌다. 이것의 실질적인 방법을 노자는 '섭생', 장자는 '양생'이라 하였다.[6] '섭생'과 '양생'은 『노자』와 『장자』에 각각 나타나는 용어이며, 그 의미는 유사하게 사용된다. 여기서는 '섭생'을 '양생'의 범주 안에 포함하고 함께 논의하기로 한다.

전통적으로 양생이란 '병에 걸리지 않도록 건강관리를 잘하여 오래 살기를 꾀하는 것'으로서 유가보다는 주로 도가 또는 도교와 관련된 개념으로 더 많이 애용되었던 것이 사실이다.[7] 그리고 이러한 양생에 대한 태도는 주어진 생명을 온전하게 유지하여 건강하게 하고자 하는 현실적 방안과 함께 영원한 삶을 꿈꾸는 실현 불가능한 이상적 방안까지 나타나게 하였다. 율곡은 이러한 두 가지 태도를 모두 부정하는 극단론자의 입장에 서지는 않는다. 그러면서도 그는 유가의 교양인답게 실현 불가능한 영원한 삶을 희구하는 후자의 입장에 동의

---

6) 『두산세계대백과사전(18)』, 서울: 두산동아, 2002, 238쪽 참조.

7) 물론 유가의 전적에 '양생'이라는 표현이 없는 것은 아니다. 『맹자』에는 "산 사람을 봉양하는 것은 큰일을 당하는 것만 못하고, 오직 죽은 이를 장사지내야만 큰일을 당했다고 할 만하다(『맹자』, 「이루 하」, 養生者, 不足以當大事, 惟送死, 可以當大事.)"라고 하여 '산 사람을 봉양하는 것'이 '양생'임을 밝히고 있다. 이때 '산 사람'이란 '부모'를 가리키는 것이므로 '양생'은 부모를 잘 봉양하는 행위가 된다. 맹자의 이 말은 '양생송사(養生送死)'라는 말로 압축되어 『예기』와 『춘추번로』 등에 나타난다(『예기』, 「예운」, "所以養生送死, 事鬼神之大端也" 및 동중서, 『춘추번로』, 「五行之義」, "厚養生而謹送終, 就天之制也." 참조). 율곡이 '양생'에 대한 도교적 접근보다는 차라리 맹자적 접근에 충실하였을 것임을 부정하기 어렵다면, 맹자의 사유는 율곡 '양생론'의 선진 유학적 연원을 이루게 된다.

하지도 않는다.

『노자』에 나타난 '양생'의 극치는 다음과 같은 표현으로 대변될 수 있을 것이다. "지극한 덕을 가진 사람은 '갓난아기'(赤子)와 같으니, 독충이 쏘지 않고 맹수가 해치지 않으며 사나운 새가 낚아채지 않는다."[8] 이것은 『노자』 제55장의 말로서 율곡은 이를 『순언』 제23장의 내용으로 편집하였다. 양생의 과정이나 방법 등에 대해서는 거론된 것이 없지만, 그 결과만큼은 대단히 매력적인 것으로 나타나 있다. 그 매력은 일종의 신비주의적 형태를 띠고 나타나 있다. 우리는 노자의 언어를 사실적인 것이 아니면 비유적인 것으로 수용한다. 특히 앞의 인용문에 나타난 노자의 언명은 사실적인 것이라기보다는 하나의 비유임에 분명하다.

그럼에도 이 말을 받아들이는 태도나 방식은 관점에 따라 여전히 이중적이다. 노자의 신비주의적 언명을 사실판단으로 믿어버리는 경우라면 이성의 범주를 초월하여 그 이성이 미치지 못하는 경지에 도달할 수 있다는 믿음과 또한 거기에 도달하겠다는 신념의 체계를 확고히 갖게 된다. 그러나 이성적인 측면에서 볼 때 이러한 언명은 하나의 비유로 독해되고, 이성의 힘은 그 비유 너머에 도사리고 있는 언어의 진정성을 만나고자 한다. 그리고 이러한 두 가지 태도는 노자를 연구하는 입장에서도 '철학적 도가'나 '종교적 도교'로 구분되어 나타난다. '종교적 도교'에 별다른 흥미를 갖지 못하는 율곡에게서 '신비주의적 양생'의 형태는 하나의 비유로 독해될 뿐이다.[9]

---

8) 『순언』 제23장, "含德之厚ᄂᆞᆫ 比於赤子ㅣ니 毒蟲이 不螫ᄒᆞ며 猛獸ㅣ 不據ᄒᆞ며 攫鳥不搏ᄒᆞᄂᆞ니라"

9) '철학적 도가'나 '종교적 도교'의 차이점은 사상사적 맥락으로부터 나타나는 하나의 현상이며 그 근원은 서로 같다고 할 수 있다. 그럼에도 성리학적 사유의 연장선상에서 볼 때 이 두 가지 사유는 분명 명확한 경계가 존재한다고 볼 수 있다. 특히 율곡과 같은 성리학적 입장에서 볼 때 이들은 성

율곡은 다음과 같이 말한다. "지극한 덕을 가진 사람은 진실하고 전일하며 거짓됨이 없으니 갓난아기의 마음과 같다."[10] 이 말에서 기존의 신비주의적 분위기는 찾아지지 않는다. 율곡은 '지극한 덕'이 갖추어진 상황이야말로 '양생'의 도를 이룬 것이라고 본다. 그 상황은 진실하고 전일하며 한 치의 거짓됨이 없는 것으로 표현된다.

'양생'의 도와 관련된 문맥에서 율곡은 노자처럼 갓난아기의 비유를 든다. 이것은 노자의 인간관에서 또 다른 어린아이의 비유로 등장하고 있는 '영아'[11]라는 개념보다는 더 유가적 입장에 가까운 친화력을 보인다는 판단에서 선택되었을 가능성이 높다. 맹자 역시 갓난아기의 비유를 들어 자신의 철학적 입장을 전달하는 특징이 있기 때문이다.[12] 맹자의 성선설적 입장을 고수하는 율곡에게서 갓난아기의 비유는 노자와 유가의 철학사상이 서로 접목될 수 있는 하나의 통로처럼 비쳐졌을 것이다.

『노자』나 『순언』에서 이상적 인간상의 대명사로 상정되는 성인과 비교해볼 때 갓난아기의 비유는 매우 역설적인 것임에 틀림없다. 그것은 시간적 시점 자체를 과거로 되돌리는 역할을 담당하기 때문이다. 갓난아기로 돌아간다는 행위는 실제로는 일어날 수 없는 일이기에 이러한 논의는 형식논리의 틀을 벗어나 있다. 이런 점에서 그것은 하나의 역설이다. 갓난아기로 돌아간다는 역설은[13] 인간이 지닌 현

리학과의 관계에 있어서 상호 '소통'과 '불소통'의 거리감을 갖는 문맥으로 독해되는 것이었기 때문에 그 경계를 희석시켜 논정하는 것은 무의미하기까지 하다.

10) 『순언』 제23장 주, "含懷至德之人, 誠一無僞, 如赤子之心也."

11) 『노자』에서 '영아'의 개념은 제10장, 제20장, 제28장의 세 곳에서 발견되며, '적자'는 제55장에서 한 차례 등장할 뿐이다.

12) 『맹자』, 「이루 하」, "大人者, 不失其赤子之心者也." 참조.

13) 『노자』 제28장은 '되돌아감'에 대한 논리를 전개한다. '영아로 되돌아가고'(復歸於嬰兒), '무극으로 되돌아가며'(復歸於無極), '통나무로 되돌아간

재의 특수성을 보다 보편적인 것으로 확장시키는 논의를 제공한다는 점에서 매우 시사적이다. '성인'이 주로 정치철학적 문맥에서 논의된다면, 갓난아기의 비유는 수양론 또는 양생론의 문맥에서 논의되며 일상인의 범주까지 포용하는 특징이 있다.

율곡은 동사정의 말을 인용하여 "천성이 온전한 사람은 외물이 해칠 일이 없다"고 한다.[14] 천성이 온전한 사람은 갓난아기와 같은 사람이다. 천성을 온전히 한 사람이란 본연한 성품을 간직한 사람이며, 선의 범주에 놓여있는 사람이다. 맹자가 '어진 자에게는 적이 없다'고 하였듯이 천성이 온전한 사람은 적이 없다. 이것을 율곡은 외물이 해칠 일이 없다고 한 것이다. 독충과 맹수와 맹금은 양생의 측면에 있어서 일종의 '외물'이다. 이러한 '외물'로부터 자유로워져야 한다는 것이 노자의 생각이며, 또한 율곡의 입장이기도 하다. 갓난아기는 '외물'의 가장 반대편에 존재하는 이상적 인간상인 것이다.

이러한 문맥으로 본다면, 갓난아기의 비유는 최초의 덕 또는 성리학적 입장의 선에 해당하는 것임을 알 수 있다.[15] 따라서 갓난아기는 되돌아가야 할 목표가 된다. 그 되돌아감의 목표와 과정 등에 대한 철

다'(復歸於樸)는 것이 그것이다. 따라서 '영아'로 되돌아간다는 것은 '무극'이나 '통나무'의 상태로 되돌아간다는 의미에 충실한 것일 뿐 성인의 신체와 정신을 모두 '영아'로 되돌린다는 의미는 아니다. 따라서 '갓난아기'나 '어린아이'로 되돌아간다는 것은 인간 본래의 모습으로 되돌아가는 것이다. 인간 본래의 모습은 도를 일탈하지 않은 모습, 도 그대로의 모습이다. 그것은 다시 '어린아이' 자체가 되는 것과는 다르다(大濱晧, 『老子の哲學』, 勁草書房, 東京: 1983, 203쪽 참조). 한 번 어른이 된 사람은 육체적으로 정신적으로 어린아이로 되돌아가는 것이 불가능하기 때문이다.

14) 『순언』 제23장 주, "董氏曰: 全天之人, 物無害者."

15) 이러한 측면은 율곡이 자신의 성리학적 입장에서 『노자』를 독해하는 하나의 전범이 된다. 즉, 노자에게서 돌아가야 할 곳이 '최초의 덕'으로 상정되는 자연의 세계라면, 율곡에게 있어서 그것은 '선'의 세계이며 당위론적이고 가치론적인 세계이다.

학적 담론은 바로 양생론의 범주에 해당한다. 물론 양생론이라는 개념 자체에 거부감을 지닐 수 있는 유가의 입장에 충실하고자 한다면 양생론은 수양론이라는 범주로 환치되어 논의되어야만 할 것이다.

율곡은 다른 선배 유학자들처럼 양생의 도에 관하여 배척적으로만 대하지는 않았다. 이러한 율곡의 입장은 노자가 장생을 구하는 것을 삶을 탐하는 것이며 이기적인 욕망으로부터 벗어나지 못하는 것이라고 비판한 삼봉(三峯) 정도전(鄭道傳: 1342-1398)이나 양촌(陽村) 권근(權近: 1352-1409)과 같은 위도파(衛道派) 유학자들과는 크게 다른 것이다.[16]

노자를 비판하는데 선봉장과 같은 역할을 담당하였던 정삼봉과 권양촌은 노자철학의 핵심을 양생론으로 규정하면서 노자의 양생론적 견해에 대해 다음과 같이 비판한 바 있다.

> 노자는 기운의 세계를 주로 하면서 양생으로 도를 삼았다.[17]
>
> 노자가 기필코 장생을 구하고자 한 것은 생명을 탐하였기 때문이다.[18]
>
> 사람이 죽을 만하면 죽는 것은 의로움이 몸보다 중요하기 때문이다. … 의롭지 않고서도 오래만 사는 것은 거북이나 뱀에 지나지 않는다.[19]

이러한 비판은 노자가 오직 사적 생명만을 탐하였을 뿐이라는 판단으로부터 연유한다. 또한 그것은 유가의 절대적 기준 아래 노자를 종속시키고자 한, 이단학문 배척의 태도에 의하여 노정된 비판적 결

16) 김석중, 「「순언」을 통해 본 율곡의 노자이해」, 연세대 교육대학원 석사학위논문, 1994, 83쪽 참조.
17) 정도전, 『삼봉집』 권10, 「심기리편」, 권근 注, "老主乎氣, 以養生爲道."
18) 『삼봉집』 권10, 「심기리편」, 권근 注, "老氏必欲求長生, 是貪生也."
19) 『삼봉집』 권10, 「심기리편」, "可死則死, 義重於身, … 不義而壽, 龜蛇矣哉."

과라고 할 수 있다.

그럼에도 『순언』에는 일정 정도 양생론의 범주가 용인된다. 이때의 양생론은 일반적 의미의 양생론과는 달리 유가적 도덕을 함양한다는 내용을 담고 있다. 일반적으로 통용되는 양생론은 대체로 '불로장생'의 신설술과 관련이 깊다. 율곡 역시 이 같은 양생론의 입장에 대해서는 대단히 부정적이다.[20] 노자의 입장이 전적으로 정삼봉이나 권양촌이 비판의 대상으로 본 것과 같은 종류의 것이었다고 한다면 율곡도 노자의 양생론을 인정하지 않았을 것이다. 그러나 율곡에게 독해된 노자는 적어도 그런 종류의 노자는 아니었다.

율곡은 『순언』을 통하여 두 가지 형태의 양생론의 의미를 모두 허용하면서도 일반적으로 통용되는 '양생론'에 대해서는 부정하는 입장을 보인다. 율곡이 긍정하는 '양생'은 성리학적 의미의 '최초의 덕'을 구현해 내는 일과 다르지 않으며, '지극한 덕'을 함양하는 것과 같은 종류의 것이라고 말할 수 있다. 그렇다면 성리학적 입장에서 옹호될 수 있는 양생의 의의는 어떠한 것일까?

2) 양생과 소통 혹은 하늘 섬김의 도리

『순언』은 제23장에 이어 제24장에서도 양생의 논의를 철학적으로 담론한다. 『순언』은 다음과 같이 말한다.

---

20) 일찍이 율곡은 자신의 「신선책」에서 '불노장생'의 신선술과 같은 종류의 '양생론'에 대해서는 매우 강하게 비판한 바가 있다. 율곡은 실제로 불노장생한 사람이나 신선이 된 사례가 없을 뿐만 아니라, 이러한 내용을 담고 있는 서적들은 모두 정도를 벗어난 학설과 근거가 없는 주장을 내세우고 있기 때문에 마땅히 믿을 만한 것이 못된다고 하였다. 『율곡전서』 습유 권5, 잡저, 「신선책」, "長生不老, 久視灰劫者, 實有其人, 則不經之書, 無籍之說, 皆可盡信乎?" 참조.

> 대개 듣자하니 '섭생'을 잘 하는 자는 육로로 길을 가더라도 외뿔들소나 호랑이를 만나지 않고 전쟁터에 나아가더라도 창상을 입지 않아서 외뿔들소가 뿔로 받을 곳이 없고 호랑이가 발톱으로 할퀼 곳이 없으며 무기가 칼날로 벨 곳이 없다고 하니 무슨 까닭인가? 그에게 죽음의 영역이 없기 때문이다.[21]

이것은 『노자』 제50장의 내용을 원용한 것으로 『순언』 제23장에서 인용된 갓난아기의 비유와 별반 다르지 않다. 인용문에서 발견되는 특징이라고 한다면 '섭생'이라는 용어가 『노자』나 『순언』에서 처음으로 등장하고 있다는 점이며, 여기서는 이 말이 '양생'이란 말을 대체하는 개념으로 표현되고 있다는 점일 것이다.

이 인용문에 대한 율곡의 주석은 다음과 같다.

> '섭생'을 잘 하는 사람은 생명의 도리를 온전하게 다하므로, 만나는 바가 모두 '올바른 하늘의 명령'이니, 반드시 하루아침에 생기는 환란이란 것은 없다.[22]

율곡은 생명의 도리를 온전하게 구현하는 것을 '섭생'이라고 본다. 여기에서도 확인되듯이 '섭생'(또는 '양생')이란 특이한 음식을 섭취하여 영양을 유지한다든가 기공술이나 도인술 등을 연마하여 건강을 이루어내는 것, 또는 매우 특별한 성행위나 명상체험 같은 것들을 통하여 삶을 기르는 종류의 일상적 의미의 양생과는 전연 다르다. 그것은 생

21) 『순언』 제24장, "蓋聞호니 善攝生者ᄂᆞᆫ 陸行不遇兕虎ᄒᆞ며 入軍不被甲兵ᄒᆞ야 兕無所投其角ᄒᆞ며 虎無所措其爪ᄒᆞ며 兵無所容其刃이니 夫何故오 以其無死地니라"

22) 『순언』 제24장 주, "善攝生者, 全盡生理, 故所遇皆正命, 必無一朝之患也."

명의 도리를 기르는 것이며, '올바른 하늘의 명령'에 따르는 것을 말한다.

율곡은 이러한 측면을 명시적으로 밝힌다. 『순언』 제24장의 종결부분에서 율곡은 『순언』의 제23장과 제24장은 모두 덕을 완전하게 하는 효과를 거듭 설명한 것이라고 한다. 또한 바로 이어서 이러한 내용은 『순언』 제7장에서 말한 바 있는 '절제'(嗇)[23]로 '하늘을 섬긴다'는 의미와 다르지 않다고 설명한다.[24] 즉, '절제'가 바로 '양생'이다. 하늘을 섬기는 것 또한 양생이다. 전자는 사람의 일을 단속하는 것이며, 후자는 하늘의 이치에 동화되는 것이라고 말할 수 있다. 이는 '장생(또는 양생)의 도'를 '하늘 섬김의 도리'로 파악한 『노자』 제59장의 정신을 반영한 것이다.[25] 율곡은 하늘을 섬기는 것이 자신을 다스리는 것과 다르지 않다고 본다. 하늘에 관한 개념적 차별성만 배제한다면 이러한 사유는 유가와 도가가 공통적이다. 특히, 맹자는 이 같은 사유의 유가적 기원이 된다. 맹자는 마음을 보존하고 본성을 기르는 것이 하늘을 섬기는 것이라고 말하였기 때문이다.[26]

자신을 다스리고 타인을 다스리는 것은 모두 절제를 기준으로 삼지 않으면 안 된다. 절제란 마음을 아끼고 거두어들이는 것이며, 탐내고 욕심 부리는 것을 막고 정신을 기르며 말을 조심하고 음식을 절제하는 것이다. 이것은 자아의 측면에서 논의되는 절제의 덕목들이다.

---

23) 이 책에서는 『순언』에 인용되고 있는 『노자』의 '嗇'의 개념을 '아낌' 또는 '절제'라는 두 가지 의미로 통용하여 사용하기로 한다. 다만 전자와 같이 볼 경우엔 노자의 관점이 더 분명해지고, 후자와 같이 볼 경우엔 율곡의 관점이 더 확실해진다는 차이는 있을 수 있다.

24) 『순언』 제24장 종결부분, "右第二十四章. 與前章, 皆申言全德之效. 七章所謂嗇以事天者, 其義止此."

25) 『노자』 제59장, "治人事天, 莫若嗇. … 長生久視之道." 참조.

26) 『맹자』, 「진심 상」, "存其心, 養其性, 所以事天也."

또한 법도를 조심스럽게 시행하고 명령을 간략하게 하여 번거로운 조목을 줄이고 사치와 낭비를 없앰으로써 삼가 일하면서 언제나 타인을 사랑하여야 한다. 이것은 타인의 배려라는 측면에서 논의되는 절제의 덕목들이다.[27] 이때 '절제'라고 하는 말을 '양생'이란 용어로 대치하여 본다면, 양생은 대자, 대타적인 분야에 걸쳐 모두 적용되고 있음을 알 수 있다.

율곡에게서 양생은 부정적 논리와 긍정적 논리의 양면에서 논의되고 있다. 그것은 수렴의 논리인 동시에 확산의 논리이기도 하다. 자기를 절제한다는 측면에서는 부정의 논리가 작동하는가 하면, '타인에의 배려'라든가 '하늘을 섬기는 일'에 있어서는 자아의 확충을 통한 긍정의 논리가 작용한다. 요컨대 양생이란 버리는 것임과 동시에 기르는 일임을 알 수 있다. 그것은 잘못된 지식과 욕망을 버리는 것이며, 이를 통해 자연의 본성을 기르는 것이라고 할 수 있다.

잘못된 지식은 욕망의 세계에 관여한다. 그리고 이것은 사실상 양생을 가로막는 최대의 장애물로 작용한다. 이 가운데에서 더 근원적인 것은 물론 욕망이다. 특히 우리가 작동시키는 모든 욕망의 근저에는 존재에 대한 열망이 있고, 이것을 뿌리로 하여 확장되는 특징이 있다. 이런 욕망은 언제나 자아 중심적이다. 자아 중심적인 욕망의 극단적 전개는 역설적으로 우리의 존재 자체를 그만큼 빨리 소멸하게 한다. 이러한 이유에서 그것은 제어되어야 할 대상인 것이다.[28]

---

27) 『순언』 제7장 주, "董氏曰: 嗇, 乃嗇省精神, 而有斂藏貞固之意. 學者久於其道, 則心廣氣充, 而有以達乎天德之全矣. 愚按事天是自治也. 孟子曰: 存其心養其性, 所以事天也, 言自治治人, 皆當以嗇爲道. 嗇是愛惜收斂之意. 以自治言, 則防嗜慾養精神, 愼言語節飮食, 居敬行簡之類, 是嗇也. 以治人言, 則謹法度簡號令, 省繁科去浮費, 敬事愛人之類, 是嗇也." 참조.

28) 박원재, 「도가의 이상적 인간상에 대한 연구-'자아의 완성'을 중심으로-」, 고려대학교 박사학위논문, 1996, 114쪽 참조.

그래서 율곡은 맹자처럼 본성에서 벗어난 마음을 구하라고 한다.[29] 마음은 지식과 욕망이 분출하는 근저이기 때문에 만일 이것이 '처음의 덕'을 상실한다면 인간의 생명은 그만큼 빠르게 소멸해갈 수밖에 없다. 따라서 율곡은 마음을 바로 세우라고 한다. 이것이야말로 양생의 바른 길이라고 보기 때문이다. 맹자는 일찍이 몸의 감각만을 좇는 무리를 '소인'이라 규정한 반면 마음을 좇는 사람을 '대인'이라고 규정한 바 있다.[30] 따라서 마음의 양생은 '대인'(또는 군자)으로 가는 길이며, '대인'이 가는 길이기도 하다.

'소인'이 몸을 좇는 욕망 중에서 생명을 도모하는 일만큼 자아 중심적인 것은 없다. 그래서 노자는 이러한 욕망이 상서롭지 못한 것이라고 일침을 놓는다.[31] 그럼에도 생명을 도모하는 것은 상서롭다고 말해지기도 한다. 상서롭다고 하는 것은 길상인 동시에 재앙이기 때문에 상서로운 것이며 또한 상서롭지 못한 것이다. 생명을 도모하는 일이 일상인들에게는 길상하다고 여겨지나, 도의 입장에서 보면 재앙이 되기 때문이다. 이를 나타내기 위해 노자가 일부러 상서롭다고 한 것이라 여겨진다.[32]

이러한 이중의 문맥을 갖추고 있는 상서로움의 역설은 『순언』 제

29) 『순언』 제11장 주, "萬物皆備於我, 豈待他求哉? 求其放心, 則可以見道矣." 맹자는 "어짊은 사람의 마음이고 의로움은 사람이 가야할 길이다. 그런데도 그 길을 버리고 가지 않으며, 그 마음을 잃어버리고도 구할 줄 모르니, 애처롭다! 사람이 닭이나 개를 잃으면 찾을 줄 알면서 마음을 잃어버리고는 찾을 줄 모른다. 학문하는 방법은 다른 것이 없다. 그 잃어버린 마음을 찾는 것일 뿐이다"(『맹자, 「고자 상」, "仁, 人心也. 義, 人路也. 舍其路而不由, 放其心而不知求, 哀哉! 人有鷄犬放, 則知求之, 有放心而不知求. 學問之道無他, 求其放心而已矣.")라고 하여 '본성에서 벗어난 마음'을 찾는 일을 학문의 제일가는 과제로 삼았다.

30) 『맹자』, 「고자 상」, "養其小者爲小人, 養其大者爲大人."

31) 『노자』 제55장, "益生曰祥." 참조.

32) 김형효, 『사유하는 도덕경』, 서울: 소나무, 2004, 414쪽 참조.

23장에서 논의한 양생의 이야기 다음에 나와야 할 대목이다. 『노자』 제55장이 『순언』 제23장으로 편집되었음에도, 『노자』 제55장의 후반부의 문구들은 편집되지 않았기에 이 내용은 『순언』에 나타나지는 않는다. 그럼에도 유목적적으로 생명을 도모하고자 하는 욕망은 여전히 양생의 최대 장애물이다. 생명에의 집착은 곧 죽음에 이르는 길과도 같다. 역설적일지는 모르지만 생명에의 집착이 도리어 죽음을 초래할 때도 있기 때문이다.

그래서 『순언』 제24장의 본문 마지막 구절은 죽음의 영역을 벗어난 것에 관하여 이야기한다.[33] 사람들은 살려고 나와서 죽음으로 들어간다.[34] 생명을 좇는 자나 죽음을 좇는 자는 모두 양생을 그르치는 자들이다. 본성에는 본디 생사가 없다. 그럼에도 사물을 취득하고 생명을 보양하는 자는 지나치게 생명에 대한 애착이 두텁다. 이런 무리가 생명을 좇는 무리이다. 또한 물질적인 감각에 취해서 스스로 자기를 해치는 자가 있다. 이러한 자들은 죽음을 좇는 무리이다. 그리고 일을 지을 줄만 알지 쉴 줄을 모르고, 말할 줄만 알지 침묵할 줄 모르고, 생각할 줄만 알지 잊을 줄을 모르는 자가 있다. 이러한 자들은 죽음의 영역으로 들어가는 무리이다. 이것은 소자유(蘇子由, 1039~1112)[35]의

---

33) 『순언』 제24장, "以其無死地니라"

34) 『노자』 제50장, "出生入死."

35) 소자유의 이름은 소철(蘇轍)이다. 그는 노천(老泉) 소순(蘇洵, 1009~1066)의 아들로서, 널리 알려진 동파(東坡) 소식(蘇軾, 1037~1101)의 동생이다. 이들 3인을 가리켜 '삼소(三蘇)'라고 하는데, 모두 당송팔대가에 해당하는 문장가들이다. 소자유의 호는 난성(欒城) 또는 영빈유로(潁濱遺老)이지만, 이 책에서는 호보다 더 널리 알려진 '소자유'로 통일하여 표기하고자 한다. 정치적인 측면에서 소자유는 반산(半山) 왕안석(王安石, 1021~1086)의 신법에 반대하여 대립하였다. 문집으로는 『난성집』이 전해지고 있고, 특히 『노자』 주석서인 『노자해』를 남기고 있다. 그의 『노자해』는 담원(澹園) 초횡(焦竑, 1541~1620)의 『노자익』 안에 원용될 정도로 유명하다.

주해를 원용하여 김형효가 현대적으로 풀어낸 말이다.[36]

이상의 내용은 『순언』 제24장과 직접적으로 관련된다. 이것은 『노자』 제50장 전반부의 문구에 대한 해석이다. 『순언』 제24장은 이 내용을 제외하고 『노자』 제50장의 후반부 문구만으로 편집되었지만 이것과 상당히 밀접한 상관관계가 있다. 일상의 삶과 죽음에 대한 태도는 근원적이지 못하다는 것이 『순언』의 입장이다. 그래서 율곡은 삶과 죽음의 경계를 넘어서라고 한다.

『순언』에서는 삶과 죽음으로부터 벗어나 자유를 성취한 이가 곧 성현이다. 이들은 생명의 도리를 온전하게 잘 발휘한 경우이다. 성현이 그러함은 하늘이 부여해준 본심과 덕성을 가장 잘 보존하고 길러간 사람들이기 때문이다. 그들의 덕성은 하늘의 도와도 일치한다. 그렇기 때문에 하늘로부터 받은 생명도 가장 잘 길러갈 수 있는 것이다.[37] 그렇다고 성현에게 삶과 죽음이 없는 것은 아니다. 뿐만 아니라 '성현'도 해를 당하거나 요사하는 경우가 있다.

그러나 『순언』은 성현이 되고서도 왜 해를 당하고 요사하는지에 대한 의문에 대해서는 언급을 회피한다. 그것은 율곡이 답변을 준비하지 못해서가 아니다. 그 문제에 대한 답변을 장황하게 개진할 만큼 『순언』의 여백이 여유롭지 못하였던 것도 한 가지 이유가 된다.[38] 율곡은 간결한 주해방식을 통해 『순언』을 저술하였기 때문이다. 그러나 무엇보다도 중요한 이유는 그것이 『순언』이 전달하고자 하는 주된 내용과는 서로 상충하는 것이라는 판단에서였고, 율곡의 말을 빌린다면 그것이 한가로운 담론이었기 때문이었을 것이다.[39]

---

36) 김형효, 앞의 책, 387쪽 참조.

37) 김석중, 앞의 논문, 82쪽.

38) 김석중, 앞의 논문, 82쪽 참조.

39) 『순언』 제24장 주, "善攝生者, 全盡生理, 故所遇皆正命, 必無一朝之患也.

『순언』에는 이와 관련된 설명이 생략되어 있지만, 이에 대한 답변은 일찍이 율곡이 지은 「수요책」에 제시되어 있다. 「수요책」에는 인간의 장수와 요절에 대한 내용과 그 원인 등이 소개되어 있다. 율곡은 장수와 요절의 원인이 기질의 후박 때문이라고 본다. 그래서 안연과 같은 성현이 요절할 수 있는 반면 도척 같은 악인이 장수할 수도 있다고 한다. 그러나 타고난 기질이 박약하더라도 배양의 공효가 없어서는 안 된다. 만일 요절한 안연이 도척과 같은 행위로 자신의 몸을 해쳤다면 안연은 자신의 박약한 기질을 해쳐 30세도 못살고 더 일찍 요사하였을지 모른다고 한다. 따라서 삶과 죽음이 '하늘의 명령'과도 같아서 인간의 욕망으로는 근원적으로 바꿀 수 없는 것이지만 자신의 타고난 기질을 수양하는 것만큼은 게을리 해서는 안 된다.[40)]

율곡은 「수요책」에서 다음과 같이 말한다.

> 무릇 몸을 닦아 '하늘의 명령'을 기다리는 사람은 이치로 기질을 기르는 사람이요, '섭생'을 해서 장수하기를 구하는 사람은 기운으로써 기질을 기르는 사람이다. 이치로써 기질을 기르면 장수를 구하지 않아도 스스로 장수를 얻을 수 있고, 기운으로써 기질을 기르면 비록 장수를 얻을지라도 혹시 이치에 해로울 수 있다.[41)]

이는 유가적 수양이 섭생보다 더욱 가치 있는 양생의 방법임을 시

或疑聖賢亦有未免禍患者, 曰: 此只言其理而已, 若或然之變, 則有未暇論也." 참조.

40) 『율곡전서』 습유 권5, 잡저2, 「수요책」, "人之受氣之清者, 善則善矣, 清者未必厚, 則仁者, 不可必其壽也. 受其之濁者, 惡則惡矣, 濁者未必薄, 則不仁者, 不可必其夭也. 顏子之夭, 盜蹠之壽, 又何疑哉? … 如以顏子之氣, 有盜蹠之行, 氣本薄矣, 又從而戕之, 則安知其不至於三十而死也." 참조.

41) 『율곡전서』 습유 권5, 잡저2, 「수요책」, "夫修身而俟命者, 以理養氣者也. 攝生而求壽者, 以氣養氣者也. 以理養氣, 則未嘗求壽而自得其壽, 以氣養氣, 則雖得其壽, 而或妨於理."

사한다. 또한 이처럼 이치로써 기질을 기르면 구하지 않아도 장수를 얻을 수 있다는 율곡의 관점은 생명을 잘 길러나감을 완전한 덕성의 효용으로 본 『순언』의 주해와도 일치하는 것이다.[42]

율곡은 양생을 장생술적인 것과 덕성의 효용이라는 차원에서 서로 차별화한다. 섭생이 전자와 같은 것이라면 이는 한계가 있을 것이지만, 만일 섭생의 의미가 후자와 같은 것이라면 그것은 생명을 잘 기른다는 함의를 갖춘 양생이나 유가적 수양의 의미와 일치한다고 보는 것이다. 섭생이 극단적으로 죽음의 영역을 외면하고자 할 때 삶은 자신의 고유한 생명의 가치를 상실한다.

삶과 죽음은 늘 우리 곁에 있다. 그럼에도 이를 대하는 우리의 마음은 동일하지 않다. 우리의 마음이 욕망과 결탁하느냐 그렇지 않느냐에 따라 삶과 죽음을 대하는 방식은 전연 다르다. 욕망을 버릴 때 그것은 잘못된 마음을 버리는 것이기도 하다. 따라서 잘못된 마음을 버린다는 것은 삶과 죽음을 자아 중심적인 방식으로 대면하지 않는다는 뜻이며, 온전한 마음을 기른다는 것은 하늘의 도리에 따라 하늘의 질서를 섬긴다는 의미가 있다. 일찍이 주자도 기른다는 것의 의미를 따르고 해치지 않는 것[43]이라고 규정한 바 있듯이, 양생이란 인간

---

42) 김석중, 앞의 논문, 83쪽 참조.

43) 주희, 『사서장구집주』(북경: 중화서국, 2001), 『맹자집주』, 「진심 상」, "養, 謂順而不害." 이러한 정신을 감안한다면, 율곡이 생각하는 '양생'이란 몸을 훼손하지 않고, 부모를 욕되게 하지 않아야 한다는 '부모 섬김'의 도리의 연장선상에 있음을 알 수 있다. '하늘을 섬긴다'는 것은 '부모를 섬기는 것'과 같기 때문이다. 사람은 또한 하늘과 땅으로부터 나왔으므로 장횡거(張橫渠: 1020~1077)의 주장처럼 '건곤천지(乾坤天地)'를 부모처럼 섬겨야 하는데, '천지부모를 섬기는 행위' 역시 '양생'의 도리이다. 그런데 하늘을 섬기는 도리는 마음을 보존하고 본성을 기르는 것 이외의 다른 것일 수 없다. 이와 관련된 맹자의 사유형태에 관해서는 다음을 참고하라. 蔡仁厚, 『孔孟荀哲學』, 臺北: 學生書局, 1994, 230쪽.

과 하늘의 긴밀한 관계맺음에 대한 논의라고 할 수 있다. 율곡 역시 마음의 질서를 하늘의 세계로 옮겨 놓는다. 양생에도 마음의 형이상학이 구축되는 것이다. 그런데 하늘 섬김이란 인간 안에 하늘을 가져와 끌어안는다는 의미가 있으며, 하늘과 인간이 하나로 소통한다는 의미가 있다.

율곡은 양생을 통해 소통을 본다. 이것은 매우 의미 있는 일이다. 기존의 모든 불소통적 관계를 소통의 관계로 전환하는데 있어서 양생이 매개체가 된다는 것은 이제 정치철학적 측면에서도 양생이 나름의 역할을 담당할 수 있다는 가능성을 시사해주기 때문이다.

3. 양생에 대한 정치철학적 입장

1) 양생의 정치철학적 맥락과 군왕

양생의 의미가 생명을 온전히 하는 것, 또는 생명을 온전하게 잘 기르는 것이라고 할 때 양생이란 말만큼 정치철학적 담론에 효과적으로 적용될 개념도 달리 없을 것이다. 양생은 실존적 맥락이나 우주론적 맥락뿐만 아니라 정치철학적인 맥락에서도 논의가 가능한 넓은 외연적 의미를 갖추고 있다.

양생은 개인의 실존적 생명과 자연세계의 생명을 온전하게 지키거나 바람직한 방향으로 길러나가는 모든 실천적 행위를 의미한다. 따라서 양생은 정치철학적 측면에서 생명과 관련하여 담론화되는 일체의 내용에 모두 적용된다. 생명을 잘 기르는 정치야말로 가장 바람직한 정치가 될 것이기 때문이다. 또한 생명을 온전하게 한다는 것은 개인의 개체적 삶만을 온전하게 보존한다는 것을 의미하지는 않는다. 개인의 양생이 하늘에 미치는 것처럼 그 범위는 전우주적이다.

우주자연의 생명과 인간의 생명은 근원적인 원초적 기운의 질서와 연대되어 있다. 또한 그것의 분화를 통하여 나타난 음과 양의 질서를 비롯한 다섯 가지 기운의 질서도 인간의 생명과 긴밀한 유대력을 지니고 있다. 이와 같은 질서가 잘 유지되느냐 그렇지 못하느냐에 따라 생명현상은 균형 잡힌 조화를 이루기도 하지만, 극단적 교란상태에 빠지기도 한다. 이러한 관계는 개인과 사회, 국가 등의 범주에 모두 적용된다. 사실 우주자연과 국가정치가 '양생'의 논의와 접합될 수 있다는 연관성에 대해서는 일찍이 하상공(河上公)이 자신의 『노자』 주해에서 논의한 바 있다.

잘 알려진 것처럼 하상공 『노자』 주석의 특징은 양생론이라는 기조 위에 놓여있다. 하상공은 인간의 몸과 우주자연의 몸의 구조가 밀접한 상관관계를 지니고 있으며, 또한 '몸'과 '국가'가 동일한 구조 위에 놓여 있다는 '국신동일론(國身同一論)'을 주장한 것으로 유명하다. 그러나 현대에 들어오면서 그의 철학적 의의가 복권되기 이전까지만 해도 그의 『노자』 주석은 별다른 조명을 받아오지 못하였다. 특히 그의 철학은 성리학적 견해를 가진 유가적 교양인들에게는 더 심하게 단순한 도교적 전통의 양생론으로 치부되었고, 그 결과 그의 이름이 거명되는 것조차 기피되었던 것이 사실이다.

물론 『순언』에서 양생에 관한 하상공적 사유와 직접적으로 일치될 만한 요소들은 발견되지 않는다. 그럼에도 그 사유의 내용은 비록 다른 것일지라도 『순언』 역시 우주자연과 국가정치의 연관성을 염두에 두면서 양생을 논의한 사유의 흔적들이 곳곳에서 발견된다. 이러한 연관성의 토대는 주로 유가 형이상학적인 것이며 성리학적인 것이라고 할 수 있다. 우주의 자연력은 하상공과는 달리 유가 성리학적 입장에서 도덕주의적인 영역으로까지 확장되어 논의된다는 특징이 있다.

이제 이러한 양생론은 보다 구체적인 현실문제의 해법으로서 정치철학적 측면으로의 전회를 목표로 논의된다. 세상에는 모든 불소통적 관계를 해소하기 위한 양생의 도리가 필요하기 때문이다. 『순언』에 나타난 정치철학적 문맥은 수양론 또는 양생론적 맥락과 서로 무관하지 않다. 율곡은 기존 양생론의 범주 안에서 불로장생의 신선술이나 도인술, 기공술 등의 도교적 요소들을 모두 소거시켜 배제한다.

이러한 측면이야말로 율곡이 노자를 유가 성리학적 방식의 틀로 독해하는 전형적인 사례에 해당한다. 율곡은 기존의 철학적 범주의 적용 범위까지도 자신의 관점에 따라 재정립하여 논의하는 자세를 보이고 있는 것이다. 그는 기존의 양생론의 의미를 성리학적 이성의 기준틀을 적용하여 철저히 여과시킨 후 노자의 양생론이 유가철학적인 인식을 크게 벗어나지 않는다는 자신의 결론을 도출해 낸다. 성리학적 이성에 의하여 여과된 것과 여과되지 못한 것의 분열의 경계는 명확하다. 이러한 측면은 유가적 시각에서 본다면 대단히 창의적인 것으로 비쳐질 수 있다.

그러나 그 창의적이라는 것이 도리어 진실을 호도하는 결과를 남길 수는 없는 것인지의 문제는 여전히 하나의 과제로 남는다. 이러한 점은 일찍이 구봉 송익필이 걱정하였던 다음과 같은 『순언』 비평을 연상시킨다. "이러한 것은 노자의 본지가 아니다. 그것은 구차하게 유가의 입장에서 동일성을 찾고자 한 혐의를 피할 수 없다."[44]

---

44) 『순언』 종결부분, 「발」, "當先生之編此也, 龜峯宋先生止之曰: 非老子之本旨, 有苟同之嫌. 其言亦直截可喜." 및 『구봉집』 권4, 玄繩篇上, 「與叔獻書」, "見兄新編諄言一帙. … 失老子本旨, 而於吾道. 亦有苟同之嫌, 註又牽合."

아무튼 율곡은 생명을 잘 기르는 것에 대한 논의를 양생론이라고 여긴다. 율곡에게서 도가 또는 도교적 개념에 가까운 양생론의 개념은 별다른 거부감이나 마찰 없이 성리학적 학문의 범주 안에 수용될 수 있는 성격으로 전환되어 이해되는 것이다. 그래서 그것은 수양론의 한 형태를 나타내는 별칭적 성격을 띠기에 이른다.

자기 수양이 전제되지 않는 정치의 행위란 무의미하다. 자기 수양과 정치의 행위는 별개의 것이어서는 안 되기 때문이다. 그래서 유가철학에서는 '수기'의 범주와 '치인'의 범주를 무관하게 다루지 않는다. 이때 '수기'의 영역에는 수양론 또는 양생론의 범주가 동시에 적용 가능하다. 수양이나 양생에 관한 논의는 '수기'의 방편들이다. 그리고 '수기'는 단순히 자기 수양에만 머물러서는 안 된다. '수기'의 자기 확장력은 자신의 영역을 넘어 타자에게로 무한하게 펼쳐져 나아가는 특징이 있다. 이러한 입장은 『순언』 제26장에 잘 드러나 있다.

> 자신의 몸을 닦음에 그 덕이 진실하면 집안을 닦음에 덕이 넉넉해지고, 마을을 닦음에 덕이 장대해지고, 나라를 닦음에 덕이 풍요로워지고, 천하를 닦음에 덕이 넓어진다.[45]

이상의 인용문은 『노자』 제54장의 문구를 원용한 것인데, 율곡은 이에 대해 다음과 같이 주해하였다. "'진실하다'는 것은 '성실하고 함부로 함이 없다'는 것을 가리킨다. 진실한 이치로 자신을 닦고 남는 힘을 미루어 타인을 다스리니, 집안과 국가와 천하를 다스리는 것도 이것을 벗어나지 않을 따름이다."[46] 즉 자신의 양생이나 '수신'의 전

참조.

45) 『순언』 제26장, "修之身애 其德乃眞이면 修之家애 其德乃餘ᄒᆞ고 修之鄕애 其德乃長ᄒᆞ고 修之國애 其德乃豊ᄒᆞ고 修之天下애 其德乃普ㅣ니라"

46) 『순언』 제26장 주, "眞者, 誠實無妄之謂也. 以眞實之理, 修身, 推其餘, 以

제 없이 바람직한 정치의 구현은 없다. 물론 이때의 양생이란 지극한 덕, 또는 진실한 덕을 함양한다는 함의를 벗어나지 않는다.

율곡에게서 진실한 덕이란 성실하고 함부로 함이 없는 것이다. 이를 기반으로 할 때 자신의 자아와 집안과 국가, 천하는 모두 하나로 소통된다. 그래서 자신의 자아가 집안이 되기도 하고, 나라가 되기도 하며, 천하가 되기도 한다. 또한 거꾸로 천하가 나라가 되고, 집안이 되고, 자신의 자아가 되기도 한다. 이러한 상승과 하강의 논리가 가능한 것은 이들의 관계적 구도에서 일방적인 힘의 우열관계가 존재하지 않기 때문이다.

율곡은 일찍이 이를 가리켜 '치중화(致中和)의 공효'라고 말한 바 있다.

> 치중화의 공효가 한 집안에 그치면 곧 한 집안의 천지가 안정되고 만물이 생육하여 밝은 덕이 한 집안에서 밝을 것이고, 한 나라에 그치면 한 나라의 천지가 안정되고 만물이 생육하여 밝은 덕이 천하에 밝을 것이다.[47]

요컨대 개인의 자아와 집안, 나라, 천하가 모두 공통의 생명현상 위에서 자신의 역할에 충실하게 되는 것이다. 자신의 생명은 타자의 생명과 무관하지 않다. 타자의 생명도 자신의 생명과 별개의 것이 아니다. 자아와 타자의 바람직한 관계맺음은 언제나 사랑이라는 말로 이해 가능한 어짊을 토대로 연결된다. 한 개인의 온전한 사랑이 온 집안의 사랑이 되고, 온 나라의 사랑이 되고, 나아가 온 천하의 사랑이 된

治人, 家國天下, 不外乎是而已."

47) 『율곡전서』 권19, 『성학집요』, 「통설」, "致中和之功, 止於一家, 止於一國, 則一國天地位, 萬物育, 而明德, 明於一國, 及於天下, 則天下之天地位, 萬物育, 而明德, 明於天下矣."

다. 사랑은 소통의 힘이다. 그리고 그것은 양생을 이루는 이상적 모범이 된다.

양생의 주체는 일상의 보편적 인간이 모두 해당될 것임에 분명하다. 인간은 누구나가 하늘과 하나가 되어야 하는 존재이기 때문이다. 그러나 정치철학적 문맥에서 볼 때 『순언』에서 양생의 주체는 특히 정치를 담당하고 있는 통치자를 지칭한다. 통치를 담당하고 있는 군왕은 생명을 온전히 발휘하는 양생의 도를 터득하여야만 한다. 다른 사람도 아닌 군왕이 자신의 자아를 온전히 발휘한다는 것은 타자와의 관계에 있어서 매우 이상적인 것이며, 현실적 요청의 산물이다. 그만큼 타자에게 강력한 영향력을 미치는 인간존재가 군왕과 같은 통치자이다. 그에게는 일반 서민에게는 부여되지 않은 강력한 권력과 그 권력을 행사할 수 있는 권능이 갖추어져 있다. 더군다나 군왕의 권능이 하늘로부터 부여된다는 믿음이 전제된다면, 군왕과 하늘의 관계야말로 천부적으로 떼려야 뗄 수 없는 것이 된다.

따라서 군왕이 하늘을 잘 섬겨야 함은 우주론적으로나 존재론적으로 매우 절실하다. 군왕의 실천적 양생을 위해서는 우주론적(또는 존재론적) 의미의 배경이 전제되는데, 이 측면에서 유가적 배경설정은 매우 도덕적인 이념으로 제시된다. 이것은 양생의 기준에 도덕이 관여할 수밖에 없는 이유가 되기도 한다. 그것은 우주의 이기적 욕망에 기원을 두지 않는다. 따라서 이념적으로 생명을 잘 기른다는 것에는 우주와 인간의 연결망으로 작동하는 도덕을 현실화하여 구현한다는 의미가 전제된다. 군왕의 양생은 선택지가 아니라 필수적인 것이다.

군왕의 양생은 수렴과 확산의 양 방향에서 이루어져야 한다. 군왕은 우선 자신의 욕망을 배제하는 자기 수렴을 이루어내야 한다. 그리고 타자를 배려하는 사랑의 확산에 이바지해야 한다. 따라서 군왕의 양생은 언제나 자아 중심적인 자신의 몸의 질서로부터 탈피하는 일로부터 시작되어야만 한다. 몸은 욕망을 행사하기 위하여 타인과 타물을 자기화하는 실현의 장이기 때문이다. 이때의 자기화란 자기 소유가 될 수 없는 것을 자기의 것으로 여긴다는 의미이다. 그것은 존재의 사유화로 나타난다. 그런데 많은 타자를 자기화하는데 있어서 군왕만큼 강력한 힘을 발휘하는 주체도 드물다. 군왕은 강력한 주체의 표본이다. 절대왕권이 유지되는 시간과 공간이라면 더욱 그렇다.

만일 군왕이 자신의 욕망을 주체화하여 천하를 대한다면 천하는 깃털처럼 가벼운 외물로 변질된다. 그 외물의 가벼움을 보는 군왕에게서 양생, 즉 생명을 잘 기르는 일을 기대하는 것은 무의미하다. 자신만이 지녔다고 여기는 존재의 무거움이 외물적 존재의 가벼움을 압박하면서 강력하게 내리누르기 때문이다. 이즈음에 이르면 가벼움과 무거움으로 양분되어 차별화되어버린 존재의 세계는 이미 형평의 질서를 잃었다.

군왕의 강력한 주체는 온갖 권위주의적인 형태의 자아와 연대한다. 이러한 주체는 타자를 균형감 있는 시각으로 바라보지를 못하며, 타자는 그에 의하여 평가가 절하된다. 군왕에 의하여 타자의 존재와 생명은 가볍게 취급되고, 때로는 그가 지닌 욕망의 담보물로 전락하기도 한다. 이에 『순언』은 다음과 같이 말한다.

> 어찌 천자의 신분으로 자기 한 몸 때문에 천하를 가볍게 보겠는가? 군왕이 가볍게 행동하면 신하의 마음을 잃고, 신하가 조급하게 행동하면 군왕의 마음을 잃는다.48)

---

48) 『순언』 제20장, "奈何萬乘之主ㅣ 而以身輕天下ㅣ리오 輕則失臣ᄒᆞ고 躁則失君이니라"

이것은 『노자』 제26장의 구절을 인용한 것이다. 이에 관해 율곡은 동사정의 주석을 인용하여 다음과 같이 주해하고 있다.

> 동씨는 다음과 같이 말하였다. "존귀한 천자는 욕망으로 생기는 사사로움을 마음대로 행하여 천하라는 무거운 백성을 돌보지 않으면 안 된다. 군왕이 가볍게 행동하면 신하의 마음을 잃고, 신하가 조급하게 행동하면 군왕의 마음을 잃는다. 가까이 몸에서 취하면 마음으로 군왕을 삼고 기운으로 신하를 삼으니, 가볍게 행동하는 것은 마음이 제멋대로 움직여 기운의 질서를 난폭하게 했기 때문이며, 조급하게 행동하는 것은 기운의 질서가 소란을 피워 마음을 움직였기 때문이다."[49)]

율곡은 동사정의 의견에 따라 천하와 백성을 모두 무겁게 대하여야 한다고 본다. 이것은 무거운 것이 가벼운 것의 뿌리가 된다는 인식에 기초한다.[50)] 천하와 백성이야말로 군왕의 뿌리이다. 맹자 역시 가장 중요한 것은 백성이어야 하며, 가장 가벼운 존재는 오히려 군왕이어야 한다는 의견을 피력한 바 있다.[51)] 이 점에서 『순언』의 정치철학적 맥락은 맹자의 사유와 유사한 점이 있다.

앞의 인용문에서 언급된 무거움의 비유는 중요하게 여긴다는 뜻이다. 군왕이 가장 중요하게 여겨야 할 것은 백성 이외의 다른 것일 수 없다. 동사정과 마찬가지로 율곡은 국가의 존립기반으로서 백성만큼 중요한 것이 없다고 본다. 이와 같은 사유의 기저에는 민본주의적 정치사상이 강하게 관류하고 있다. 맹자의 왕도정치 사상에 깊이 매료

---

49) 『순언』 제20장 주, "董氏曰: 萬乘之尊, 不可縱所欲之私, 而不顧天下之重也. 君輕則失於臣, 臣躁則失於君矣. 近取諸身, 則以心爲君, 以氣爲臣, 輕則心妄動, 而暴其氣, 躁則氣擾亂, 而動其心."

50) 『순언』 제20장, "重爲輕根이오" 참조.

51) 『맹자』, 「진심 하」, "民爲貴, 社稷次之, 君爲輕."

되어 있던 율곡에게서 이와 같은 관점은 유가적 사유와 노자의 사유가 상호 유사성을 지닌 것이라 여겨지게 했을 것임에 틀림없다.

율곡은 백성을 대하는 군왕의 마음가짐에 대하여 주목한다. 그는 백성의 존재적 무거움이란 유비를 통하여 백성의 귀중함을 각인시키고, 그 백성을 대하는 태도가 결코 가벼워서는 안 된다는 경계를 잊지 않는다. 백성을 대하는 태도가 경솔해서는 안 된다는 것이다. 군왕의 자세는 언제나 신중하여야 한다. 이와 관련하여 율곡은 다음과 같이 강조한다. "신중함은 근본이다. 경솔함은 말단이다. 근본을 버리고 말단을 따라서는 안 된다."[52]

특히, 군왕이 백성의 생명을 잘 기르기 위해서는 마음에 사사로움이 없어야 하고, 백성을 소중하게 여겨야 하며, 그들을 대하는 방식에 있어서 신중함을 잃지 않아야만 한다. 신중함은 정치적 양생에 있어서 뿌리가 되는 것으로, 그것은 타인의 '양생'을 도모하는 소통의 창구와도 같은 것이다.

2) 물의 귀감과 마음의 양생

노자의 여러 가지 비유 중에서 물만큼 중요한 소재도 달리 없다. 물은 여성성을 상징하기도 하고, 존재의 생명력을 상징하기도 하며, 경우에 따라서는 거울의 상징어로 대체되어 사용되기도 한다. 또한 물은 마음을 가리키는 경우가 많다. 물의 비유는 마음의 작용과 공능에 관한 의미를 갖기도 한다.

『순언』은 군왕의 마음과 심법을 물로 비유할 경우가 많다. 『노자』를 직접 원용하여 최상의 선은 물과 같은 것이라 하기도 하고,[53] 이

52) 『순언』 제20장 주, "重是本, 輕是末, 不可捨夲而趨末."

53) 『순언』 제17장, "上善은 若水ᄒᆞ니 水ㅣ 善利萬物ᄒᆞ고 又不爭ᄒᆞ며 處衆人

상적인 군왕은 하류에 존재하는 물처럼 아래로 내려가 거처할 줄 알아야 한다고 말하기도 한다.[54] 물의 하류는 물들의 집합점이다. 거기에는 상류로부터 흘러내려온 온갖 것들이 혼재되어 있다. 경우에 따라서 하류의 물은 더러운 것들로 가득 차 있을 가능성도 배제하기 어렵다. 역설적이게도 정치적 군장인 왕은 이러한 곳에서 도리어 자신의 역량을 발휘할 수 있어야 한다.

군왕은 정치를 담당하는 주체이기 이전에 덕성을 발휘하는 성인의 품격을 갖추고 있어야만 하는데, 탁류 속에서도 자신을 맑힐 수 있는 자기 정화의 힘이 요청된다. 자기 정화의 힘은 유위적인 것이 아니다. 그것은 '무위'의 힘이며, 그 힘은 타자의 정화에까지 확장력을 갖는다. 따라서 하류의 더러운 것들과 함께 거처하면서도 이를 맑힐 수 있는 능력이 그에게서 요청되는 것이다. 마치 진흙 속의 연꽃처럼 하류에 거처하면서도 스스로는 맑고 고요함을 유지하고, 자신이 거처하고 있는 하류의 물을 맑게 할 책무가 그에게 뒤따른다.

율곡은 군왕의 마음이 맑고 고요하여야 한다고 본다. 맑고 고요함은 물의 유비를 크게 벗어나지 않는다. 맑고 고요한 물은 깊다. 그래서 그 깊이를 알 수 없다. 이러한 물은 수면의 흔들림에도 동요되지 않는다. 수면의 흔들림에 가볍게 흔들리는 물은 깊지 않다. 깊이가 깊은 물은 그 행위가 가벼운 법이 없다. 그래서 "무거운 것은 가벼운 것의 뿌리가 되고 고요한 것은 조급한 것의 왕이 된다"[55]고 하는 것이다.

之所惡ㅣ라 故幾於道ㅣ니라"

54) 『순언』 제17장, "江海所以能爲百谷王者ᄂᆞᆫ 以其善下之라 故能爲百谷王이니 是以聖人은 以言下之ᄒᆞ며 以身後之라 是以處上而人不重ᄒᆞ며 處前而人不害ᄒᆞ며 天下ㅣ 樂推而不厭ᄒᆞᄂᆞ니라"

55) 『순언』 제20장, "重爲輕根이오 靜爲躁君이라"

깊이가 깊은 물은 수면의 온갖 침전물을 스스로 정화한다. 또한 깊은 물은 심연이 고요하기 때문에 표면에 떠올라 있는 여러 가지 행위에도 흔들림이 없다. 고요한 물은 스스로 침전물을 제거하여 타자를 비친다. 스스로 침전물을 제거하는 것은 물의 중요한 속성이다. 물은 고요할 때 이질적인 물질이 가라앉아 맑고 빈 상태가 된다.[56] "물의 본성은 동요하지 않을 때 맑아지고, 움직이지 않을 때 수평이 된다. 그러나 막혀 흐르지 못할 때는 맑아지지 못한다."[57]

깊은 물처럼 인간의 마음도 심연이 깊어야 하며, 맑고 고요하여야 한다. 정치현장의 중심부에 서 있는 군왕은 그 누구보다도 마음이 깊고 넓어야 한다. 맑고 고요한 마음은 물의 심연과 같다. 그런데 심연의 물과 표면의 물은 상호 대비된다. 그와 같은 방식에 해당하는 각각의 인간적 마음도 서로 대비된다. 또한 거기에 적용될 수 있는 세계의 존재방식도 상호 대비된다. 그것은 존재의 세계와 욕망의 세계로 양분되는 특징을 드러내기 때문이다. 그래서 비록 화려한 외물의 볼거리가 눈 앞에 있다 하더라도 초연하게 대처하여야만 한다.[58]

율곡은 다음과 같이 말한다.

> 비록 화려하고 부귀하게 되더라도 그것에 얽매여 연연하는 마음이 없이 항상 초연하게 물욕에서 벗어나 있어야 한다. 동씨는 다음과 같이 말하였다. "화려하게 보이는 것은 외물에 달려 있고 편안히 있는 것은 자신에게 달려 있으니, 오직 외물 때문에 자신의 마음이 변하지 않도록 한다. 그러므로 돌아다니면서 화려하고 즐거운 것을 보더라도 그것에 얽매이는 일이 없다."[59]

---

56) 사라 알란, 오만종 옮김, 『공자와 노자 그들은 물에서 무엇을 보았는가』, 서울: 예문서원, 1999, 87~88쪽 참조.

57) 『장자』, 「각의」, "水之性, 不雜則淸, 莫動則平; 鬱閉而不流, 亦不能淸."

58) 『순언』 제20장, "雖有榮觀이나 燕處超然ᄒᆞᄂᆞ니라"

욕망의 세계는 욕망과 주체, 욕망과 대상의 상호 마찰과 충돌 때문에 복잡하게 얽히게 된다. 그러나 존재의 세계에 이러한 얽힘은 무의미하다. 만일 군왕이 존재의 심연에 동참하지 않고 욕망의 세계에 몸과 마음을 놓아두게 된다면 세상에는 큰 비극이 발생하게 된다. 그러므로 고요함과 신중함을 위주로 하여 외물 때문에 동요되는 법이 없어야 한다. 율곡은 이러한 행위가 또한 '절제'의 의미를 크게 벗어나지 않는다고 본다.[60]

인간의 절제력을 무디게 하는 것은 모두 '외물'의 속성을 지녔다. 그것은 물의 표면이 바람결에도 움직이는 것처럼 마음을 동요시키는 마력을 지녔다. 그러나 그것은 영속적 생명을 지닌 것들이 아니다. '외물'의 가치는 한시적이고 유한하다. 이러한 측면을 율곡은 "미친듯이 사납게 부는 바람은 아침나절을 넘기지 못하고 멎으며, 갑자기 쏟아지는 소낙비는 하루를 넘기지 못하고 그친다. 하늘과 땅이 부리는 조화도 오히려 오래갈 수 없거늘 하물며 사람들이 하는 일에 있어서야 어떠하겠는가!"[61]라고 한 『노자』 제23장의 문구를 원용하여 설명한다.

사실 이 문구는 대단히 비판적 입장에 서 있는 노자의 정치철학적 태도를 보여준다. 인용문의 문구는 반자연한 행위를 비유한 것이다. 노자는 이 점을 분명히 밝히기 위하여 이 문구의 앞에 '희언자연(希言自

---

59) 『순언』 제20장 주, "雖在繁華富貴之中, 而無所係戀, 常超然自得於物欲之外也. 董氏曰: 榮觀在物, 燕處在己, 惟不以物易己. 故遊觀榮樂, 而無所係著也."

60) 『순언』 제20장 종결부분, "右第二十章. 言君子主乎靜重, 而不動於外物, 亦嗇之義也."

61) 『순언』 제20장, "飄風不終朝ㅣ오 驟雨不終日이니 天地도 尙不能久이어든 而況於人乎ㅣ뚠녀"

然)'[62]이라는 말을 배치하였다. 번잡한 법령의 시행을 마치 소낙비와 폭풍처럼 백성들에게 몰아친다면, 이는 '자연'의 연고에 맞지 않아서 오래 갈 수가 없다는 의미를 지니고 있다. 이렇게 본다면, 광풍과 폭우는 군왕의 폭정에 대한 은유인 셈이다.[63]

그러나 율곡은 이를 다른 문맥에서 독해한다. 율곡은 동사정의 주석을 인용하면서 다음과 같이 말한다.

> 동씨는 다음과 같이 말했다. "미친 듯이 사납게 부는 바람과 갑자기 쏟아지는 비는 바로 음과 양이 부딪쳐 갑자기 일어난 변화이기 때문에 오래갈 수 없다. 아침부터 정오까지가 아침나절이다. 내가 생각하기에는 경박하고 조급한 병이 있으면 반드시 급하고 난폭한 행동을 하게 된다. 갑자기 화를 내는 자에게는 반드시 후회가 있게 되는 것부터 갑자기 부자가 되거나 귀해진 자에게는 반드시 화가 뒤따르는 것에 이르기까지 이러한 것은 모두가 영원한 도가 아니다."[64]

율곡은 동사정처럼 자연환경의 변화를 인간의 행위에 적용하고, 이를 경계의 모범으로 삼고자 한다. 자연환경의 변화는 하나의 모범이다. 봄, 여름, 가을, 겨울의 사시의 변화가 있듯이 인간의 삶의 양태도 끊임없이 변하여 나아가야 한다고 본다. 정체되어 있는 것에는 변

---

62) '희언자연'에 대한 해석은 주석가들마다 다르다. 왕필은 이를 형이상학적인 측면으로 풀이하는가 하면, 장시창(張錫昌, 1902~1980)과 첸꾸잉(陳鼓應, 1935~)은 정치철학적 문맥으로 독해하기도 한다. 그런데 후자의 입장으로 볼 때 '희언'은 정치적 법령을 더하여 시행하지 않음을 의미한다고 볼 수 있다. 이에 관해서는 다음을 참고하라. 이종성, 「노자의 자연관」, 『동서철학연구』 제24호, 한국동서철학회, 2002, 231쪽 참조.

63) 이종성, 앞의 논문, 231~232쪽 참조.

64) 『순언』 제20장 주, "董氏曰: 狂疾之風, 急暴之雨, 此陰陽擊搏, 忽然之變, 故不能久. 自朝至中, 爲終朝. 愚按, 有輕躁之病, 則必有急暴之行, 暴怒者, 必有後悔, 以至暴富暴貴者, 必有後禍, 皆非長久之道也."

화도 없고 발전도 없다. 정체되어 있는 물은 맑아지지 못하고 썩어버리듯이 정체되어 있는 인간의 의식은 외부의 환경적 변화를 수용하지 못한다. 정체된 자아의 의식과 대상세계의 소통은 이루어지지 않는다. 거기에는 욕망하는 자아만이 남는다. 율곡이 볼 때 그 욕망하는 자아는 '경박증'과 '조급증'이라는 병을 앓게 된다.

체코슬로바키아 태생의 독일의 소설가 프란츠 카프가(Franz Kafka, 1883~1924)도 이와 유사한 언급을 한 적이 있다. 그의 다음과 같은 말을 참고해보자. "다른 모든 죄들이 파생되어 나오는, 두 가지 인간적인 죄가 있다. 그것은 조급함과 태만함이다. 조급함 때문에 그들은 낙원에서 추방되었고, 태만함 때문에 돌아가지 못한다. 그러나 주된 죄가 단지 한 가지라 한다면, 그것은 아마 조급일 것이다. 조급함 때문에 그들은 추방되었고, 조급함 때문에 돌아가지 못한다."[65] 카프카에게서는 조급함과 태만함 중에 조급함이 더 문제라고 지적되고 있다.

율곡은 사람들이 경박증이나 조급증에 걸리게 되면 마치 폭풍과 폭우가 몰아치듯 난폭한 행위를 하게 된다고 한다. 갑자기 화를 내는 자라든가, 또는 갑자기 부자가 된 사람들, 갑자기 높은 지위에 오르게 된 자들치고 경박증과 조급증에 걸리지 않은 사람은 없다는 것이 율곡의 생각이다. 모든 것이 갑자기 이루어지는 것은 자연적인 것이 아니다. 그것은 인위적이고 반자연한 행위를 수반함으로써 성취되는 경우가 대부분이다. 그렇다면, 경박증과 조급증이라는 병으로부터 치유되는 일이야말로 생명을 온전히 하는 일일 것이며, 그것이야말로 바람직한 양생의 방법이라고 말할 수 있을 것이다.

『순언』은 제20장에 이어 제21장에서도 양생의 방편에 대해 언급

---

65) 프란츠 카프카, 이주동 옮김, 『악은 인간을 유혹할 수는 있지만 인간이 될 수는 없다: 죄, 고통, 희망, 그리고 진실된 길에 대한 성찰』, 서울: 솔출판사, 1998, 11쪽.

한다. 그것은 경박증과 조급증을 벗어날 때 맑고 고요한 상태가 유지된다고 하는 양생의 결과에 대한 논의이다. 그것은 제20장의 양생의 논의를 잇는 것이면서도, 양생의 결과 나타나는 맑고 고요함의 의의가 일상적인 것과 다르다는 것을 천명하기 위하여 담론화된 경우이다. 『순언』 제21장 본문의 전문은 다음과 같은 짧은 구절로 이루어져 있다. "조급하게 움직여야 한기를 이기고 가만히 있어야 열기를 이겨 내지만, '맑고 고요한 것'이 천하의 바름이 된다."[66]

통행본 『노자』 제45장의 문구를 원용한 이 문구에 대하여 율곡은 여기서도 동사정의 말을 인용하면서 다음과 같이 주해한다.

> 동씨는 다음과 같이 말하였다. "'움직임'은 '양'의 질서에 해당하고, '고요함'은 '음'의 질서에 해당한다. 그러므로 조급하게 움직여야 한기를 이기고 가만히 있어야 열기를 이겨 내는 것은 모두 한쪽에 치우침을 면하지 못한 것이다. '맑고 고요한 것'이란 '움직임'과 '고요함'이 일치가 된 것이므로 천하의 바름이 된다. 내가 생각하기에 '맑고 고요한 것'이란 고요히 외부의 유혹으로부터 오는 장애가 없어 '움직임'과 '고요함'이 모두 안정된 것을 말하는 것이다."[67]

율곡은 『순언』 제21장의 종결부분에서 결론적으로 이 말이 어떠한 의의를 지니고 있는가에 대하여 다음과 같이 설명한다. "이것이 제21장이다. 이것은 제20장에 있는 조급함과 고요함의 의미를 가지고 맑고 고요한 것의 바름을 설명한 것이다. 이것은 사람들이 고요함에만 치우칠까 걱정이 되어 언급한 것이다."[68] 이렇게 본다면, 율곡에게서

---

66) 『순언』 제21장, "躁勝寒ᄒᆞ고 靜勝熱이어니와 淸靜이 爲天下正이니라"

67) 『순언』 제21장 주, "董氏曰: 動屬陽, 靜屬陰. 故躁勝寒, 靜勝熱, 皆未免於一偏也. 淸靜者, 動靜一致, 故爲天下正. 愚按淸靜者, 泊然無外誘之累, 而動靜皆定者也."

맑고 고요함이라는 양생의 경지는 맑음만을 거론코자 논의되는 것이 아닐 뿐 아니라 고요함만을 일방적으로 강조하고자 하는 것도 아님을 알 수 있다.

특히, 율곡은 생명을 기르는 행위에 있어서 고요함을 강조하면서도 그것이 자칫 불교나 도교 등에서 말하는 허무적멸의 세계로 떨어지지 않도록 경계한다. 무엇이든지 지나침이 과도하면 미치지 못함만 같지 않다. 그래서 고요함 역시 고요함 자체에만 일방적으로 머물러서는 안 된다는 것이다. 율곡에게서 고요함은 움직임을 전제로 논의되며, 움직임 없는 고요함은 무의미한 것으로 평가되어 나타난다. 이러한 측면이야말로 율곡이 지닌 성리학적 교양이 발동하는 지점이라고 할 수 있다.

이상과 같이 율곡은 군왕의 정치철학적 양생의 태도에 관하여 구체적으로 담론한다. 그것은 실존적 주체가 지닌 신체적 자아의 양생에 대한 생물학적 보존과 기름이라는 차원에서보다는 주로 마음의 양생과 관련된 내용이 대부분이었다.[69] 율곡은 몸의 양생보다 마음의 양생에 관심을 두고 있다고 할 수 있다. 그렇다고 이 말이 몸과 마음을 분절적으로 갈라 극단적으로 맞세우는 심신이원론의 발상에서 비롯된 것은 분명 아니다.

이 말은 몸과 마음이 함께하지만 일상의 관심이 몸에 대해 더 집착

---

68) 『순언』 제21장 종결부분, "右第二十一章. 因上章躁靜之義, 而言淸靜之正, 恐人之偏於靜也."

69) 『순언』 제9장은 "몸은 비록 죽었더라도 그 이름이 사라지지 않는 자는 장수한 것이다(死而不亡者ㄴ 壽ㅣ니라)"라고 하는데, 율곡은 공자나 안연의 예를 들어 이들이 죽은 지가 수천 년이나 지났음에도 해와 달처럼 빛나는 것은 이들이 진정으로 장수한 것이기 때문이라고 풀이한다(『순언』 제9장 주, "孔顔既歿, 數千載, 而耿光如日月, 豈非壽乎?"). 이러한 내용을 보더라도 율곡은 '몸'의 '양생'에 대해서보다 '마음'의 '양생'에 대하여 보다 큰 비중을 두고 있음이 확인된다.

을 하다 보니 불가피하게 마음의 수양이 배제되어서는 안 되겠다는 반성에서 제기된 것이라고 볼 수 있다. 이미 마음의 형이상학을 통하여 인간존재와 우주자연의 소통의 장을 마련하고 있던 율곡에게서 마음과 정치의 문제는 상호 유기적인 맥락의 관계를 긴밀하게 갖추고 등장한다. 그리고 그것은 양생이라는 범주를 벗어나지 않는다.

율곡에게서 마음의 양생은 정치의 양생이 된다. 그리고 무엇보다 군왕의 양생은 마음의 세계와 정치의 현실에 모두 적용되는데, 그 마음이 물을 닮아 물 같은 정치를 이루어내야 한다. 사사로움이 없이, 또한 강고한 주관적 편견이 없이 물처럼 맑고 고요한 심연을 유지하는 것이 생명을 기르는 일의 제 일보이다. 또한 물처럼 낮은 곳에 임하여 타자까지 맑고 고요하게 하는 일은 정치적으로 타인의 생명을 기르는 일이 된다. 중요한 점은 그것이 '유위'로부터 비롯되는 것이 아니라 '무위'의 공능으로부터 말미암아야 한다는 것이다.

4. 『순언』의 양생론적 의의

현대에 접어들면서 철학적 도가와 종교적 도교의 경계를 희석시켜 가면서까지 이들의 상호 접점을 찾아 그 동일성을 보고자 하는 일종의 근원주의적인 태도가 학계의 저변에 점차적으로 확산되고 있다. 근원은 분명 하나임이 분명하다. 그러나 역사적 맥락 위에 나타나는 '도가'와 '도교'의 경계는 엄연히 존재한다. 진한 시대 이전의 역사적 사실들이 아직도 신비에 싸여 그 정확한 역사성 자체를 알기가 어려운 상황에서도 진한 시대 이후의 도가와 도교의 구분은 어느 정도 눈에 잡히는 것들이 있다. 구체적인 도교의 교단이 등장하는가 하면, 현학자들에 의해 매우 형이상학적인 것으로 독해되는 도가가 등장하기도 한다. 그런데 여기서는 철학적 도가와 종교적 도교의 근원과 경계에 대하여 말하고자 하는 것이 아니기에 이에 대한 논의는 이 글의 범주를 넘어선다.

율곡은 『순언』을 저술하면서 철학적 노자와 종교적 노자의 경계를 획정하고, 철학적 노자의 입장에서 그동안 종교적 노자에 의하여 가려졌던 노자의 본모습을 복권시키고자 하였다. 율곡은 철학적 노자의 의의를 복권시키고자 하는 의도를 가지고 『노자』를 독해하였고, 그것을 『순언』이라는 주석서로 엮어낸 것이다. 이러한 율곡의 정신에 가장 부합할 만한 주제는 바로 양생론의 주제였다고 말할 수 있을 것이다. 종교적 노자를 넘어 철학적 노자를 만나고자 한 율곡이었기 때문에 양생론에 대한 주제적 접근 역시 철학적 노자의 얼굴을 닮았다.

왜냐하면 우리가 양생론이라고 하면 그것은 대체로 신체적 건강을 목적으로 하는 여러 가지 행위의 비결 정도로 인식할 수 있는데, 율곡은 이러한 측면에서 양생론에 접근하지는 않았다는 점이 그 첫 번째 이유이다. 또한 양생론의 개념을 유가 성리학적 측면의 수양론의 범주와 별다른 차별 없이 동일하게 논의하는 태도가 그 두 번째 이유이다.

대부분 수양이란 도를 닦고 덕을 기른다는 의미로 이해한다. 자신의 고유한 품성을 닦아 인격을 완성시키기 위한 노력을 의미하는 것이 수양의 의미이다. 이에 비하여 양생은 생명의 유지와 장수의 전제조건으로 하는 신체기능의 보존과 강화의 의미를 지닌다. 요컨대 수양과 양생은 모두 무언가를 닦는다는 의미로 사용된다는 점에서는 동일한 측면이 발견되지만, 수양은 정신적, 내면적인 것인 반면에 양생은 신체적, 외면적인 것을 목적으로 하는 점에서 차이점이 발견된다.[70]

그러나 율곡의 『순언』에 표명된 양생의 맥락은 전연 이와 같지 않다. 양생도 수양처럼 신체적, 외면적인 것을 넘어서 정신적이고 내면적인 것으로 나타난다. 이러한 점은 율곡이 일반적 양생의 개념으로 양생을 이해하지 않고, 가장 직절하게 한자의 원의 자체에 초점을 맞추어 소박한 의미로 양생을 독해하였기 때문에 나타나는 현상이다. 즉 『순언』에서 양생이란 생명을 기르는 일 이외의 다른 문의를 지니지 않는다.

일반적인 도가적 전통이 그러하듯이 율곡 역시 양생론의 적용 주체를 특히 군왕에게 초점을 맞추고, 이를 정치철학적으로 논의하는 특징을 보인다. 이러한 점은 성리학자인 율곡에게서는 매우 특기할 만한 일이다. 양생론의 범주가 정치철학적 측면에서 독해되었기 때문이다. 조선조 사대부들 중에서 그 누구도 흉내 내지 못했던 일이 율곡에 의하여 이루어진 것이다. 이것은 분명 율곡의 독창성이다. 또한 이것은 율곡이 지닌 학문적 개방성이 없었더라면 불가능했을 일이기도 하다. 그 불가능을 전복시켜 가능하게 만든 것은 학문적으로 대단히 큰 의미를 갖는 것임에 분명하다.

율곡은 조선 성리학의 전개과정에서 『노자』 독해에 따른 정치철학적 양생론의 범주를 최초로 제시한 의의가 있다. 이러한 전통은 이후 율곡 사후에 『노자』를 주석했던 몇몇의 사상가들에게 전승됨으로써 하나의 전통이 된다.

사실 일반적인 맥락에서 이해되는 양생론은 신체의 건강을 온전히 한다는 의미에서 나름의 의미가 있다. 그것은 특히 현대의 '예방의학'과 관련하여 시사해주는 바가 많음을 부인하기 어렵다. 질병의 내적

---

70) 紫田淸繼, 「修養と養生」, 『中國古代養生思想の總合的硏究』, 東京: 平河出版社, 1988, 175~176쪽 참조.

원인에 초점을 두고 이를 예방하기 위하여 신체를 수련하여 생명을 기르는 행위가 의학적으로도 보다 근원적인 것일 수 있기 때문이다. 이러한 경우 예방의학은 신체 내의 '음'적 기운의 질서와 '양'적 기운의 질서가 상호 교직하는 과정 중에 나타나는 균형과 불균형의 측면에 관심을 갖는다. 거칠게 말하여 그 질서가 균형을 이룰 때 신체도 건강을 유지하는 것이다. 그 질서가 불균형을 이룰 때 건강도 파괴되는 것이다. 이러한 사유는 『순언』과 거리감이 있다.

그럼에도 여기에는 또한 정치철학적 양생론의 측면에 적용 가능한 요소가 있다. 그것은 정치의 세계 역시 그 질서가 파괴되어 병적 현상을 드러내기 이전에, 만일 이런 표현이 가능하다면 '예방정치'를 구현하여야 한다는 것이다. 정치가 잘못되기 이전에 그 정치적 잘못을 예방하는 것만큼 철저한 정치철학적 대안도 달리 없을 것이다. 『순언』에 나타난 정치철학적 양생론의 의의가 여기에 있다.

경세론의 기본 입장

제7장

1. 머리말

『순언』은 당대 조선의 최고가는 성리학자 율곡에 의하여 읽혀진 『노자』였다는 점에서 우선 그 사상사적 의의가 확보된다. 그런데 좀 더 내밀한 측면에 있어서 『순언』은 과연 어떠한 특징을 보여주고 있는 저술인가가 우리의 관심을 끈다. 율곡은 일찍이 『성학집요』를 저술하면서 유가의 학술이 '수기치인'의 범주를 그 학문적 목적으로 한다고 규정한 바 있다.[1] 율곡은 자신의 학문관에 충실하게 『순언』을 '수기'와 '치인'의 양 방면을 통하여 그 체계를 편집하고 주석하는 특징을 보인다. 이 두 가지 방면의 철학적 특징은 유가의 학문 범주상 각각 수양론의 측면과 경세론의 측면을 대변한다고 볼 수 있다.

나는 여기에서 이 양 방면의 특징 중 주로 후자의 측면에 주목하여 『순언』의 특징을 살펴보고자 한다. 실제로 율곡은 『순언』의 전체 40장의 내용 중에서 제26장부터 제35장까지의 10개 장의 내용이 '치인'의 경세론을 설명한 부분이라고 『순언』 종결부분에서 설명하고 있다.[2] 그런데, 일반적으로 경세론 또는 경세사상은 국가나 사회를 올

---

1) 『율곡전서』 권19, 『성학집요』, 「통설」, "臣按, 聖賢之學, 不過修己治人而已." 참조.

2) 전체 40장의 구성된 『순언』은 유가의 '수기 · 치인'의 내용을 담고 있는데, 특히 제26장으로부터 제35장까지는 모두 '치인'의 문제를 다루고 있는 점이 특징이다(『순언』 제40장 말미의 종결부분, "右醇言, 凡四十章. … 二十六章止三十五章言治人之道及其功效." 참조). 율곡은 스스로 제26장에서 '치인'의 도가 '수기'의 덕목과 무관하지 않음을 밝힌 후, 제27장에서 제32장에서 '치인'이 '무위'에 바탕을 두고 있음을 설명한 다음 제33장과 제34장을 통하여 '용병(用兵)'의 도를 예로 들어 나라를 다스리는 한 방편에 대하여 말하고 있다. 이후 제35장은 왕도정치의 효용에 대하여 말함으로써 '치

바르게 경영하기 위해 제시된 정치 · 사회 · 경제 · 문화 등 제 방면에 걸친 논리적인 사유나 의식으로서, 일반적으로 유가의 경세사상은 백성의 이용후생 문제에 중점을 두고 있으며 아울러 윤리 도덕적 견해도 그 주요한 측면을 구성하고 있다. 유가의 경세사상은 백성의 복리 증진을 위한 경세적 시책의 제시와 그것을 뒷받침하는 이론의 구축, 그리고 경세를 가능하게 하는 인륜질서의 확립을 추축으로 발전해 왔다고 볼 수 있다.[3)]

여기에서는 경세론의 여러 분야 중에서 특히 정치론적 관점에 대한 율곡의 견해를 중심으로 『순언』에 나타난 경세론적 기본 입장에 관하여 살펴보고자 한다. 논의의 전개순서는 기본적으로 『순언』의 순차에 따라 이루어질 것이다. 그만큼 『순언』은 자신이 주장하고자 하는 논지 자체가 분명하고, 매우 선명한 주제의식을 지니고 있기 때문이다.

여기에서 검토할 『순언』의 경세론적 입장은 대체로 다음과 같은 세 가지 문제의식으로 집약된다. 즉, 경세의 전제 조건, 경세의 주체와 '성인', 그리고 경세의 원리와 '무위'의 문제가 그것이다. 그런데 이와 같은 『순언』의 경세론적 입장에 관하여 검토하기에 앞서서 먼저 『순언』의 경세론적 입장에 대한 국내 학계의 연구동향에 관하여 간략하게 언급하고 넘어가고자 한다.

인'의 목적이 궁극적으로 왕도의 구현에 있음을 밝히고 있다.

3) 유교사전편찬위원회, 『유교대사전(상)』, 서울: 박영사, 1990, 56~57쪽 참조.

2. 경세론에 관한 연구사 검토

율곡 『순언』의 경세론적 입장은 『순언』 자체적으로도 대단히 중요한 의미를 지니고 있다. 율곡은 경세의 구현을 위하여 『순언』을 저술하였다고 하더라도 과언이 아니다. 그럼에도 지금까지 국내 학계에 보고된 『순언』의 연구사를 검토해 보면, 대체로 『순언』의 '경세론'에 관한 검토보다는 '도체론'과 관련된 '도'의 형이상학적 측면에 대한 검토가 주종을 이루고 있는 실정이다. 이러한 상황 속에서도 몇 안 되지만 『순언』의 경세론적 입장에 관하여 기 발표된 연구 성과들이 있다. 이를 일반논문류, 학위논문류, 저서류로 분류하여 소개하면 다음과 같다.

(1) 『순언』과 관련하여 '경세론' 또는 '경세사상'이라는 논제가 직접적으로 노출된 기존 논문은 김학목의 「『순언』에 나타난 율곡의 경세사상—『신주도덕경』 및 『정노』와 비교하면서—」(『민족문화』 제25집, 민족문화추진회, 2002)가 유일하다. 김학목은 『순언』의 입장과 저술 동기가 어디에서 비롯되었는지를 잘 간파하고 있다.

그럼에도 그의 논문 역시 『순언』만을 집중적으로 연구한 것이 아니라, 부제에 나타난 것처럼 『신주도덕경』, 『정노』 등과 상호 비교하는 방식으로 기술됨으로써 본격적인 경세론적 입장에 대한 『순언』 연구의 의의를 충분히 담아내기에는 부족함이 있다. 실제로 김학목의 연구논문에서 제목 자체에 정합적으로 부합할 만한 것은 제3절 '『순언』에서의 수기치인론'이라는 한 부분뿐이라는 점은 이 논문이 애초에 『순언』의 경세론적 입장만을 정밀하게 구명코자 기획된 것이 아니었음을 보여준다.

『순언』의 경세론에 관한 논지를 제공하는 김학목의 또 다른 논문 「조선조 유학자들의 『도덕경』 주석과 그 시대상황」에서 하나의 특기할 만한 점이 발견된다. 그것은 『순언』의 저술 동기가 당대 사회와 정치현실에 대한 비판에 기원을 두고 이루어진다고 파악한 점이다. 김학목은 기존 역사학계의 특정 연구가의 말을 그대로 인용하면서 하나의 '역사적 사실'을 『순언』에 깊이 개입시키고 있다. 그것은 바로 '동서분당'과 관련된 시대배경이다. 김학목은 율곡이 이 같은 '당시 조정의 분열을 염두에' 두고 『순언』을 저술하였을 것이라고 추정한다.[4]

그렇다고 이러한 추정이 『순언』의 직접적인 저술 동기로 상정될 수는 없다. 『순언』이 당대의 정치현실을 고민하면서 저술되었다는 측면은 분명 일정 부분 인정될 소지가 있을지라도, 『순언』이 '동서분당'의 특정한 정치적 사건에 기인하여 저술되었다는 추정은 재고되어야 한다. 실제로 '동서분당'이 1575년(선조 8)에 일어난 일이고 보면, 이보다 시기적으로는 적어도 5년 이후에나 저술되었을 것이라고 추정되는 『순언』은 1580년(선조 13, 율곡 45세)[5]이나 되어야만 그 모습을 세상에 공개하기 때문이다.[6] 따라서 "『순언』의 전체 내용과 그 맥락을 보

4) 김학목, 「조선조 유학자들의 『도덕경』 주석과 그 시대상황」, 『동서철학연구』 제24호, 한국동서철학회, 2002, 118~121쪽 참조.

5) 이러한 연대의 추정은 구봉(龜峯) 송익필(宋翼弼: 1534~1599)의 서간문에 근거한다. 이에 관해서는 『구봉집』, 「玄繩編」의 〈與叔獻書〉를 참조하라.

6) 물론 이 시기가 되면 '동서분당'으로 인한 정쟁의 갈등은 이전보다 더욱 심하게 증폭되었을 것이라는 점은 어렵지 않게 추측이 가능하다. 그러나 율곡이 '동서분당'의 해결책으로써 『노자』를 채택하였다는 사실 자체가 잘 납득이 가지 않으며, 또한 굳이 '동서분당' 이후 5년이나 흐른 시점에 『노자』를 원용하여 그것도 우회적인 방식으로 당대 정국의 난맥상을 해결하고자 저술되었다는 식의 논지도 납득이 되지를 않는다. 이러한 태도는 전연 율곡답지 않다. 율곡의 삶은 특유의 당당함과 자신만만함으로 가득 찬 비판력의 결실로 이루어진 것이었기 때문이다. 50세를 채 살지 못한 율곡의 전 생애에 있어서 5년이라는 시간은 그렇게 여유롭거나 한가한 것일 수 없다. 이러한 사실을 감안한다면, 정치적 혼란의 문제점을 『순언』의 저술

면 당시의 정치현실을 비판하려는 목적은 결정적인 비중을 갖는 것은 아니라고 보여진다"[7]고 평가한 이영경의 지적은 정확하다.

김학목에 앞서 부제에 '경세이념을 중심으로' 삼아 『순언』의 유·도 교섭론을 다룬 연구가 김낙필에 의하여 이루어진 적이 있다. 「율곡 이이의 『순언』에 나타난 유·도 교섭－경세이념을 중심으로－」(『원불교사상』 제20집, 원광대 원불교사상연구원, 1996)가 그것이다. 이는 7쪽 분량의 매우 소략한 논문으로서, 김낙필은 이 논문을 통하여 율곡이 『순언』을 저술한 동기가 '수기치인'의 이념에 맞는 책임을 드러내려는 것이었다는 점과, 율곡이 노자의 '도치주의'와 유가의 '덕치주의'를 서로 상통하는 것으로 받아들이고 긍정적으로 평가하여 유도 교섭의 의의를 천명하였다는 특징을 잘 드러냈다. 이 같은 경세론적 특징을 논제로 삼아서, 그것이 비록 부제로 붙여진 한계가 있었음에도 논문의 형태를 통해 『순언』의 경세론적 특징을 논의의 전면으로 떠올린 것은 선구적이었다고 평가된다.[8] 그럼에도 역시 발표문 형식의 소략한 소논문을 통하여 『순언』의 경세론적 입장을 온전히 전달해내는 데는 여러 가지 한계가 있었을 것이라는 점을 부인하기 어렵다.

(2) 『순언』과 관련된 학위논문은 그동안 석사학위논문만 세 편이 발표된 바 있다. 김석중(「『순언』을 통해 본 율곡의 노자이해」, 연세대학교 교육대학원 석사

동기로 제시하고자 할 경우에는 보다 직접적이고 분명한 사건이나 사례를 근거로 제시하여야만 할 것이다.

7) 이영경, 「율곡의 『순언』에 나타난 유가·도가적 윤리관의 갈등과 포섭 문제」, 『철학논총』 제36집, 새한철학회, 2004, 116쪽.

8) 그러나 전체의 논제 자체는 아니었지만 연구논문의 내용 안에 『순언』의 경세론적 관점에 대해서 하나의 장을 할애하면서까지 그 의의를 구명하였던 선행논문이 있다. 그것은 바로 『순언』의 최초 논문인 김길환의 「율곡의 노자관－전(傳) 율곡작 『순언』을 중심으로－」(『한국학보』 제5집, 일지사, 1976)이다. 김길환은 이 논문에서 '내성외왕'의 문제와 더불어 '정치정도'의 해법에 관해 모색하고 있다(87~94쪽 참조).

학위논문, 1994), 심기섭(「율곡 『순언』의 철학체계 연구-색을 중심으로-」, 공주대학교 교육대학원 한문교육전공 석사학위논문, 1996), 김학재(「율곡 『순언』의 연구」, 한국정신문화연구원 한국학대학원, 2002)의 학위논문이 그것이다.

이들은 다 같이 『순언』의 전체적인 체제에 주목하면서도 『순언』의 경세론 또는 치인(治人)론의 입장에 대해서는 김석중과 심기섭만이 이를 하나의 주제의식으로 드러내고 있다. 시기적으로 김학재의 학위논문은 김석중이나 심기섭의 학위논문보다 늦게 공표되었음에도 김학재의 주제의식 안에 경세론의 문제는 부차적인 것처럼 비쳐졌다는 것이 흥미롭다.[9] 이는 송대 사대부들이 정치적 해법의 일환으로 보다 적극적으로 『노자』를 원용하는 태도와 개인의 자아 수양이나 그 자율성에 관한 도덕적 담론의 요청서로써 『노자』를 독해하였던 이중적 태도만큼이나 현격한 거리감이 있다.

김석중의 학위논문은 『순언』의 특징을 '수기'와 '치인'의 자아 내적 수양론과 정치적 담론의 경세론의 저술로서 잘 포착해 냈다고 평가할 수 있을 것이다. 김석중은 『순언』의 경세론적 주제를 '정치론'이라는 별도의 주제를 통해 명시적으로 드러내면서, 율곡의 주해가 자신의 『성학집요』의 논리에 바탕을 두고 있으며, 또한 전통적 유가의 고전인 『사서삼경』의 토대 위에서 논의되고 있음을 잘 밝혀냈다. 심기

9) 이것은 양자의 전공영역과도 관련될 수밖에 없는 측면이 있다고 본다. 재미있게도 양자의 전공은 역사교육(김석중)과 철학(김학재)으로 차별화된다. 그런데, 그동안 철학으로 고전을 읽는다는 행위 안에는 묵시론적으로 정치의 문제는 사회현상의 문제이며, 이는 보다 본질적인 진리의 영역에 비해 근원적일 수 없다는 관점이 다소 지배적이었다. 그러다보니 자연스럽게 존재의 진리를 찾는 형이상적 담론은 활성화되었으면서도, 실제 구체적인 현실의 문제를 풀어내는 정치적 담론에 대해서는 격을 달리하여 외면하는 태도들까지 존재하였던 것이 사실이다. 이젠 이러한 태도들로부터 과감히 탈피하여 당대 정치 현실의 문맥 속에서 고전과 텍스트를 독해하는 관점이 필요하다고 본다.

섭은 '치인'과 '치국' 그리고 그가 '대동사회'라고 말하는 일종의 '평천하'의 문제를 경세론, 그의 용어로는 '치인론'의 범주로 검토하였다.[10] 그럼에도 경세론적 과제에 관한 소개가 미흡하였다는 점은 하나의 아쉬움으로 남는다.

(3) 한편 저서의 내용 안에 『순언』의 경세론적 입장을 명료하게 밝히고 있는 연구 성과가 있어서 주목된다. 금장태의 『한국 유학의 『노자』 이해』(서울: 서울대학교 출판부, 2006)가 그것이다. 금장태는 이 저서 안에서 『순언』의 전체적인 분석을 시도하면서[11] 『순언』의 경세론적 입장에 대해 기술하는 것을 잊지 않는다. 그는 특히 『순언』의 경세론적 입장을 '치도의 원리와 과제'라는 두 측면에서 검토하였는데, 『순언』의 체계를 볼 때 이는 대단히 정확한 분석이다. 그는 또한 『순언』의 입장 자체에 충실하게 자구의 해석을 통한 '경학적 성공'을 이루어내기도 한다. 이러한 금장태의 연구 성과는 대단히 교과서적이라고 평가할 만하다. 그만큼 전달하고자 하는 언어가 절제되어 있고, 율곡 본연의 입장에 충실하고자 하였기 때문이다. 다만, 이러한 '경학적 성공'을 넘어 경세론과 관련된 보다 과감한 해석과 다양한 주제적 접근을 시도하여 논의의 확장을 수행하였더라면 좀 더 완정한 형태의 연구 성과를 도출할 수 있지 않았을까 하는 아쉬움이 남는다.

이상과 같이 본다면, 『순언』의 경세론적 입장에 관한 보다 체계적이고 완정한 형태의 연구는 아직 전면적으로 이루어지지 않았다고 평가된다. 그동안 이와 관련하여 몇 편의 연구 성과가 이미 축적된 바

---

10) 이에 대한 좀 더 자세한 비평은 이 책 「제11장 『순언』의 연구동향과 전망」에서 다루기로 한다.

11) 이 글은 일찍이 「『순언』과 율곡의 노자 이해」라는 논문으로 기 발표된 바 있다. 자세한 내용은 『동아문화』 제43집, 서울대학교 동아문화연구소, 2005를 참고하라.

있다 할지라도 경세론적 입장에 관한 『순언』의 주제적 접근은 아직도 유의미하고 유효한 측면을 남겨놓고 있는 것이다. 그것은 기존의 연구 성과에 대한 결함을 보완하고, 새로운 문제의식을 도출해낼 수 있다는 점 때문이다.

3. 경세의 전제 조건

무엇보다 『순언』의 경세론적 입장에 있어서 '치인'의 기초는 '수기'(수신)에 있다. 즉 경세론 내지 정치론의 기초는 무엇보다 수양론의 영역으로부터 먼저 확보되어야 한다는 것이 율곡의 생각이다. 자기 수양이 전제되지 않는 정치란 전적으로 의미가 없으며, 독단과 전제를 벗어나기 어렵다.

율곡의 이러한 생각은 송대 주자학의 특징을 반영한다. 특히 송대 주자학에서 개인적인 도덕의 수양을 통하여 정치의 현실적 문제들을 풀어나가고자 한 태도들은 율곡의 『노자』 독해에 결정적인 영향력으로 남는다. 무엇보다도 율곡은 이념과 현실의 간극에서 벌어질 수 있는 모순과 갈등의 문제들을 지양하는 방편으로써 주자학적 '체용론'의 사유를 적극적으로 포용하고 있다. 이러한 관점에서 『노자』를 독해하고 있는 율곡의 태도는 주자의 논지를 견지하면서도 오히려 주자보다도 더 주체적인 양상으로 나타난다. 주자학과 노자의 사유가 '체용론'의 논지 위에서 상호 '소통의 만남'을 이루어내는 것이 바로 그것이다. 주자에게서 읽혀졌던 '이단'의 경계가 율곡에게서 일정 부분 허물어진 것이다.

율곡이 볼 때 『노자』는 전형적인 정치 교훈서라고 할 수 있다. 『노자』는 특히 군주의 자기 수양에 관한 일종의 '군주 수양론'적 성격을 강하게 지니고 있는 텍스트이기 때문이다. 율곡은 이 같은 성격의 『노자』를 원용하여 군주가 정치에 임하는 자세가 언제나 자기 자신에 충실해야 할 뿐만 아니라 '성실함'이 전제되지 않으면 안 된다고 강조한다.

율곡은 『순언』 제26장이 '치인'의 도리를 설명하기 시작한 곳이며, 이후 제32장까지의 6개의 장은 모두 '치인의 도리'를 거듭하여 밝힌 것이라고 한다.[12] '치인'의 문제는 나라를 다스리고 세상을 다스려 이끈다는 의미의 '경세적 도리'의 범주에 해당하는 문제이다. 유가의 철학자라면 대부분 경세에 뜻을 두지 않는 이가 드물 정도로 경세의 문제는 매우 강한 실천적 성향을 자체적으로 내함하고 있다. 특히, '무실(務實)의 철학자'라고 평가되는 율곡에게서 경세의 실천론은 대단히 큰 의미와 비중을 차지한다.

율곡은 『노자』를 경세의 실천론적 저작이라고 평가한다. 이러한 이유 때문에 일반적으로 세간에서 '진실성의 결여'적 텍스트로 오인되어 비방되는 『노자』가 율곡에 의해서 도리어 '진실성 자체에 힘쓰는' 철학으로 독해된다. 이것은 『노자』가 유가적 '성인의 도리'와 배치되지 않을 뿐만 아니라, 『노자』의 내용이 보여주는 '수기 · 치인'의 도리가 도리어 양 사상의 소통 가능성을 극대화하는 측면이 있다는 판단으로부터 연유한다. '진실성의 결여'(無實)를 넘어 '진실성의 구현'(務實)을 지향하는 율곡에게 있어서 『노자』에 나타나는 경세론적 측면의 문맥들은 율곡 자신의 『노자』 독해에 강한 설득력을 갖춘 인자들로 제시된다.

---

12) 『순언』 제26장 종결부분, "右第二十六章. 始言治人之道, 而推本於修身. 此下六章, 皆申此章之義." 참조.

『순언』 제26장의 제1구는 “잘 세운 것은 뽑히지 않고, 잘 안고 있는 것은 벗어나지 않으니, 자손의 제사가 끊어지지 않는다”[13]라는 통행본 『노자』 제54장의 말로부터 시작된다. 율곡은 이를 다음과 같이 주석한다.

> 중(中)을 세우고 극(極)을 세운다는 것은 바로 '잘 세우는 것'이다. 갓난아기 보듯이 하라는 것은 잘 안고 있으라는 말이다. 사마온공은 이렇게 말하였다. '뽑히지 않는다'는 것은 뿌리를 깊게 하고 밑동을 견고하게 하여 동요할 수 없는 것이며, '품에서 벗어나지 않는다'는 것은 백성이 진심으로 복종하여 다투어 빼앗을 수 없다는 것이다. '끊어지지 않는다'는 것은 복을 누림이 영원하다는 것이 이것이다.[14]

그렇다면 율곡은 '치인'의 도리를 설명하기 시작한 곳이라고 한 이곳에서 도대체 무엇을 말하고자 한 것일까? 그것은 다름 아닌 경세의 토대 내지는 '치인'의 전제 조건이라고 할 수 있는 자신의 자아를 공고하게 완성하는, 즉 '수기'(수신)의 문제를 확인하고자 한 것이라 볼 수 있다. '수기'가 전제되지 않는 '치인'이란 무의미하다. 경세의 근본이 바로 '수기'에 있기 때문이다.

경세의 뜻을 구현하기 위해서는 자신의 자아가 잘 세워져야 할 뿐만 아니라, 그것은 마치 갓난 아기를 잘 안고 있는 것처럼 자신으로부터 떨어지지 않아야 한다. 또한 자신의 자아를 잘 세우기 위한 '수신'의 노력은 한시적으로 그치고 말 성격의 것이 아니라 끊임없이 지속

---

13) 『순언』 제26장, “善建者ᄂᆞᆫ 不拔ᄒᆞ며 善抱者ᄂᆞᆫ 不脫이니 子孫祭祀ㅣ 不輟이니라”

14) 『순언』 제26장 注, “建中建極, 是謂善建. 如保赤子, 是謂善抱. 溫公曰: 不拔者, 深根固蔕, 不可動搖, 不脫者, 民心懷服, 不可傾奪, 不輟者, 享祚長久, 是也.”

되어야만 할 필수요건이기도 하다. 그래서 자신이 지닌 생명의 영속성을 이어받는 자손만대에 이르기까지 '수기'의 실천적 행위는 지속되어야 하는 것이다.

'수기'를 실천하는 성인과 실천하지 않는 폭군은 전혀 다른 결과를 초래한다. 성인의 덕은 자손만대로 그 영광이 미치지만, 폭군의 화는 자손이 멸망하여 끊어지는 결과를 낳는다. 율곡은 『성학집요』에서 가의(賈誼, BC.200~BC.168)의 말을 원용하여 전자와 같은 인물로 탕왕과 무왕을 예로 들었고, 후자와 같은 유형으로는 진시황을 예로 들었다.[15] 『순언』에서는 이것을 '자손의 제사가 끊어지지 않는다'라고 하는 당대의 강력한 의례적 권능에 얹어, 부정하기 곤란한 하나의 제안처럼 설명하고 있다.

'자손의 제사가 끊어지지 않는다'는 것은 단지 하나의 비유일 뿐이다. 이것은 제사와 신령의 문제에 대해 거론하고자 논의된 것이 아니다. 그것은 자칫 귀신과 신령에 대한 노자의 관점과 유가의 입장이 상호 모순 갈등을 야기할 수 있는 요인으로써 독해될 가능성이 있다. 그러나 맥락적으로 보더라도 노자의 자연주의적 관점이나 유가의 인문주의적 입장에서 제사나 신령숭배의 문제는 하나의 문화적 요소로서 이해된다. 유가의 경우 그것은 종교적 문화의 요소로서 전승되는 측면도 있다.

적어도 양자는 정령적 요인의 사물에 대한 절대적 숭배에 대해서만큼은 거리감과 경계심을 갖고 있었다. 이러한 점에서 이들은 일정

15) 『율곡전서』 권25, 『성학집요』, 「위정 하」, "秦王之欲尊宗廟而安子孫, 與湯武同. 然而湯武廣大其德, 行六七百歲而弗失, 秦王治天下十餘歲, 則大敗. 此亡他故矣. 湯武之定取舍審, 而秦王之定取舍不審矣. 夫天下, 大器也. 今人之置器, 置諸安處則安, 置諸危處則危. 湯武置天下於仁義禮樂, 而德澤洽被蠻貊四夷, 累子孫數十世, 此天下所共聞也. 秦王天下於法令刑罰, 德澤亡, 怨毒盈於世, 禍幾及身, 子孫誅絶." 참조.

부분의 소통적 맥락을 갖고 있었던 것이다. 이러한 측면은 노자에게서 보다 더 두드러진 형태로 나타난다. 빗나간 제사나 신령숭배의 문제는 사회적 혼란의 요소가 된다는 비판적 의식이 그것이다. 이것은 『노자』의 말을 빌린 『순언』의 지적이기도 하다. 그렇다면 여기서 '자손의 제사가 끊어지지 않는다'는 말은 결국 제사 자체의 행위에 대해서보다는 '생명의 영속성'이라는 측면에서 담론화될 성격을 갖는다고 말할 수 있다. 『순언』은 『노자』처럼 제사의 행위를 넘어 '생명의 영속성'을 보고자 한 것이다.

율곡은 유가적 범주의 '수기'의 범주 안에 『노자』의 덕목들을 원용하여 『노자』를 재해석한다. 즉, '잘 세우는 것'과 '잘 안는 것'이 '수기'의 내용이 된다는 것이다. 이때 '잘 세우는 것'의 방식으로는 '중을 세우는 것'(建中)과 '극을 세우는 것'(建極)이, 그리고 '잘 안는 것'의 방식으로는 '갓난 아기를 잘 돌보는 것'(保赤子)과 같은 의미가 각각 배당되어 독해된다. '갓난 아기를 잘 돌보는 것'은 갓난 아기의 마음과 같은 순선함을 잘 보지한다는 의미가 있다. 또한 '중을 잘 세운다'는 것은 과함과 불급이 없는 중도의 원리를 구현한다는 의미를 갖는다. 그리고 '극을 세운다'고 할 때의 '극'이란 중정한 도리 내지는 인의도덕의 극치를 의미한다고 볼 수 있다. 이는 '인극(人極)' 내지는 '황극(皇極)'의 의미로 해석된다. 율곡은 이것이 모든 것의 표준이 되어야 한다고 본다.

율곡은 『성학집요』에서도 "임금이 덕을 닦는 것은 정치의 근본이다. … 중을 세우고 극을 세워 표준을 삼는다면, 그 효과가 마치 뭇 별들이 북극성을 향하는 것과 같을 것이다",[16] "중을 세우고 극을 세우는 것은 정치의 근본이다. … 이른바 수신이라는 것은 중을 세우고 극

16) 『율곡전서』 권24, 『성학집요』, 「위정 상」, "人君修德, 是爲政之根本. … 建中建極, 以爲標準, 則其効若衆星拱之矣."

을 세우는 것을 말하는 것이다"[17]라고 한 바 있다. 이러한 점은 『성학집요』의 철학적 입장이 『순언』의 내용 안에 그대로 적용된 경우라고 할 수 있을 것이다.

이에 대한 사상적 원류를 좀 더 먼 곳까지 추적해 본다면, 율곡의 경세론적 입장에 결정적인 영향을 미친 것은 바로 『서경』의 '황극' 사상이라고 할 수 있다.[18] '황극'은 '중'의 의미와 '인극'의 의미를 모두 갖추고 있는 것으로 평가된다. 그것은 우주만물과 인간존재의 핵심부에 위치한 주체적 중심에 해당한다고 말할 수 있는 성질의 것이다.

실제로 『서경』은 '황극'을 중심에 내세우면서 '홍범구주'의 논리를 펼쳐 나아가는데, 양 방면으로 각각 네 개씩의 범주가 정위되어 있다.[19] 즉 전반부 제1범주로부터 제4범주까지는 자연의 변화와 연관된 인간의 생장원리에 관한 내용이, 후반부 제6범주로부터 제9범주까지는 자연의 생육과 연계하여 인간의 깨달음을 통한 행복의 구현에 관한 논의가 펼쳐져 있다. 이때 자연계와 인간 세상의 연관관계를 올바르게 파악함으로써 중심의 자리에 서게 되는 것이 '성인'이다. 그는 하늘의 이치를 온몸으로 체화함으로써 내적으로는 '인극'의 '중'을 잡은 인격자가 되며, 외적으로는 '황극'의 '중'을 잡은 군주가 된다.[20]

유가적 정치의 이상인 '왕도정치'의 구현은 '황극'의 자기 확장력을 통하여 현실화되는 것이라고 볼 수 있다. 그리고 그 가능인자는 자아

---

17) 『율곡전서』 권24, 『성학집요』, 「위정 상」, "建中建極, 爲政之根本也. … 所謂修身者, 卽建中建極之謂也."

18) 『서경』, 「홍범」, "五曰: 建用皇極." 참조.

19) 『서경』, 「홍범」, "初一曰: 五行, 次二曰: 敬用五事, 次三曰: 農用八政, 次四曰: 協用五紀, 次五曰: 建用皇極, 次六曰: 乂用三德, 次七曰: 明用稽疑, 次八曰: 念用庶徵, 次九曰: 嚮用五福, 威用六極." 참조.

20) 『서경』, 「大禹謨」, "天之曆數, 在汝躬, 汝終陟元后." 및 『논어』, 「堯曰」, "堯曰: 咨爾舜! 天之曆數, 在爾躬, 允執其中." 참조.

인격의 끊이지 않는 수렴작용에 의하여 마련되는 것이라고 할 수 있다. 또한 이와 같은 수렴작용은 외계 자연물의 변화에 자연스럽게 감응하는 소통의 방식으로 이루어짐으로써 독단적 자아와 분열하는 타자를 대극적으로 상정하지 않는다는 특징이 있다.

한편 '경세'의 구현을 위해서 '수기'의 덕목을 배제할 수 없다는 입장은 『순언』 제26장의 제2구에서 보다 강화되어 나타난다. 제26장의 제2구는 "자신에게서 닦음에 덕이 진실하면 집안에서 닦음에 덕이 여유가 있어지고, 마을에서 닦음에 덕이 장대해지고, 나라에서 닦음에 덕이 풍부해지고, 천하에서 닦음에 덕이 넓어진다"[21)]라고 하여, 마치 『대학』의 팔조목을 연상시킨다. 요컨대 '수기'는 경세적 방면의 모든 행위에 적용된다고 할 수 있다. 결국 '집안→마을→나라→천하'를 다스린다는 것은 '자기 자신을 닦는다'라는 문맥의 연장선상에 놓여있는 것으로서, '수기'를 떠나 이루어질 수 없는 특징을 지닌다.

율곡은 이 문구에 대하여 다음과 같이 주석한다. "'진실하다'는 것은 성실하고 함부로 함이 없다는 말이다. 진실한 이치로 자신을 닦고 남는 힘을 미루어 타인을 다스리니, 집안과 국가와 천하도 이것을 벗어나지 않는다. 사마온공은 '모두가 근본을 따라 말단을 다스리고 가까운 것으로 말미암아 먼 것에 미치는 것이다'라고 하였다."[22)] 여기에서 보는 바와 같이 율곡은 북송의 사상가인 사마광(司馬光, 1019~1086)[23)]

---

21) 『순언』 제26장, "修之身애 其德乃眞이면 修之家애 其德乃餘ᄒᆞ고 修之鄕애 其德乃長ᄒᆞ고 修之國애 其德乃豊ᄒᆞ고 修之天下애 其德乃普ㅣ니라"

22) 『순언』 제26장 주, "眞者, 誠實無妄之謂也. 以眞實之理, 修身, 推其餘, 以治人, 家國天下, 不外乎是而已. 溫公曰: "皆循本以治末, 由近以及遠也."

23) 『자치통감』의 저자로 잘 알려진 북송의 사마광은 『노자』에 관해서도 『도덕진경론』이라는 저서를 남기고 있는데, 그는 이를 통하여 송대 사대부들이 가졌던 의식의 한 전형을 잘 보여주고 있다. 그것은 분명 송대의 학문을 대표한다고 하는 주자와도 다른 것이었다. 사마광은 『노자』에 나타난 '도'를 유가적 '인의예지'나 '예악형정'의 이념적 근거로까지 제시한다(사마

이 말한 '근본'(本)/'말단'(末), '가까움'(近)/'멂'(遠)의 논리를 원용하여 '수기/치인'의 관계를 구명하는 해석상의 특징을 보여준다.

'잘 심겨진 것'은 제 아무리 뽑으려 해도 뽑히지 않고, '잘 안긴 것'은 제 아무리 떨어뜨리려 해도 떨어뜨릴 수 없는 것처럼 '가장 가까운 근본'이 올바르게 '잘 세워져 있다'면 외적 대상의 문제해결은 별다른 어려움이 없게 된다. 따라서 '집안→마을→나라→천하'의 경세적 문제를 올바르게 구현하기 위해서는 무엇보다도 '수기'(수신)의 전제 조건이 충실하게 갖추어져 있어야만 하는 것이다. 율곡적 경세론의 측면에 있어서 수양론적 요소가 깊이 관여할 수밖에 없는 연유가 여기에 있는 것이다.

4. 경세의 주체와 성인

율곡은 '수기'를 통하여 '치인'을 구현하는 이상적 인간의 유형을 '성인'으로 규정한다. 이는 유가의 이상적 인간형의 모범이 『노자』에도 동일한 문맥으로 적용될 수 있다는 율곡적 방식의 자기 확신에서 비롯된 것이다. 사실상 도가적 계열에서 보더라도, 『노자』는 『장자』와 같은 방식으로 이상적 인간의 모범을 '성인' 이외의 다른 것으로 다양하게 상정하지는 않는다.

광, 『도덕진경론』(『중화도장』 제10책, 북경: 화하출판사, 2004), 제18장 주, "道者涵仁義以爲體."(357쪽) 및 제52장 주, "因道以立禮樂刑政." 참조). 유가의 논지가 노자에 의하여 거부된다든가, 거꾸로 노자의 논지가 유가에 의하여 배척되는 경향성이 사마광에 의하여 차단되고 있는 것이다. 사마광의 이러한 『노자』 독해는 율곡에게 시사해주는 바가 많았을 것임은 의심의 여지가 없다.

『장자』에 나타나는 '신인'이라든가 '지인' 내지는 '진인'과 같은 유형의 인간적 모델은 『노자』에서 찾아볼 수 없다. 다만 『노자』는 '성인'의 용례를 통하여 자아 수련의 문제와 더불어 타자와의 소통의 문제를 함께 거론한다는 특징이 있다. 이러한 특징으로부터 율곡은 『노자』의 '성인'을 유가의 이상적 인격체인 '성인'과 같은 동일한 구도 속에 놓고 자신의 방식으로 새롭게 독해한다.

특히 자아 수련을 통하여 이상적 인격을 갖추게 된 '성인'의 타인에 대한 배려라든가 타자 지향적 성향을 고려한다면, '성인'의 존재는 분명 경세의 주체로서 부족함이 없다. 율곡은 이러한 점을 감안하여 경세를 담당해야 할 주체인 '성인'의 마음가짐이 남달라야 함을 내세운다. 『노자』에서 직접 인용되고 있는 『순언』의 구절들은 '성인'의 성격과 그의 현실적 공효에 대하여 매우 압축적으로 설명하고 있다.

'성인'의 성격과 그 공효에 대해 진술하고 있는 『순언』 제27장은 『노자』 제81장 제2구와 제3구의 내용으로 편집되었다. 『순언』 제27장은 우선 제1구에서 다음과 같이 말한다. "성인은 아무것도 쌓아 놓지 않아서 이미 남들을 위하는 데 사용했기 때문에 자신이 더욱 더 소유하게 되며, 이미 남들을 돕는 데 사용했기 때문에 자신이 더욱 더 많이 갖게 된다."[24] 율곡은 이에 대하여 다음과 같이 주석한다. "성인은 자신의 마음을 미루어 남의 마음을 헤아리니, 자신이 똑바로 서고 싶으면 남까지 세워 주고, 자신이 통달하고 싶으면 남까지 통달하게 해주어서 베풀기를 널리 하고 많은 사람을 구제한다. 그러나 자신에게 소비되는 것이 없으니, 그 어짊은 더욱 더 성대해지고 그 덕은 더욱 더 외롭지 않다."[25]

24) 『순언』 제27장, "聖人은 不積ᄒᆞ야 旣以爲人이라 己愈有ᄒᆞ며 旣以與人이라 己愈多ㅣ니라"

25) 『순언』 제27장 주, "聖人以己及人, 己立而立人, 己達而達人, 博施濟衆, 而

율곡의 이와 같은 주석은 '나를 미루어 남을 헤아린다'(推己及人)는 『논어』의 한 구절을 인용한 것으로서,[26] 유가적 사유내용을 통해 『노자』 속 '성인'을 독해한 것이다. 요컨대 '성인'의 덕이란 자아의 구현을 통하여 자기로부터 타인에게로 나아가는 자기 확충적 성격을 띠면서도, 그 확충력으로 인한 결과가 자신의 덕을 더욱 더 성대하게 하는 일종의 부메랑 효과를 낳는다는 방식으로 자신의 존재를 드러낸다는 것이다. 뿐만 아니라 그 효과는 타인에 대한 배려를 넘어 하늘에까지 미친다는 것이 율곡의 생각이다.

제27장의 제1구를 잇는 제2구의 내용은 이러한 점을 잘 반영하고 있다. "하늘의 도는 이롭게 하고 해치지 않으며, 성인의 도는 위하고 다투지 않는다."[27] 이에 대해 율곡은 다음과 같이 주석한다. "하늘의 도는 오직 사물을 낳는 것으로 마음을 삼기 때문에 이롭게 하고 해치지 않으며, 성인은 순리대로 하여 사사로움이 없기 때문에 위하고 다투지 않으니, 이런 점이 성인이 하늘과 함께하며 따르는 무리가 되는 까닭이다."[28] 여기에서 율곡은 '성인'의 도가 결코 하늘의 이치를 벗어나지 않는다고 보며, 무엇보다 '다투지 않음'을 그 내용으로 삼고 있다고 한다. '성인'의 '다투지 않음'은 하늘의 '해를 끼치지 않음'을 본받은 것이다. 이 말은 거꾸로 볼 때, 모든 '다툼'이란 결국 '해'가 된다는 의미와 다르지 않다.

그렇다면 해를 끼치지 않는 하늘의 이치를 알고 하늘과 더불어 하나로 소통함으로써 다투지 않는 인간인 '성인'이 될 수 있는 원인은

於己未嘗有費, 其仁愈盛, 而其德愈不孤矣."

26) 『논어』, 「雍也」, "子曰: … 夫仁者, 己欲立而立人, 己欲達而達人. 能近取譬, 可謂仁之方也已."

27) 『순언』 제27장, "天之道ᄂᆞᆫ 利而不害ᄒᆞ고 聖人之道ᄂᆞᆫ 爲而不爭이니라"

28) 『순언』 제27장 주, "天道只以生物爲心, 故利而不害, 聖人順理而無私, 故有所爲而不爭, 此聖人所以與天爲徒者也."

무엇인가? 그것은 이미 주석을 통하여 율곡이 밝힌 것처럼, 마음에 사사로움이 없기 때문이다. '성인'은 마음에 사사로움을 없앰으로써 하늘의 이치를 보존하고 하늘과 함께하는 존재가 되는 것이다. 이러한 생각은 나를 미루어 남을 헤아리는 행위와 다르지 않으며, 또한 이것은 '하늘의 이치를 보존하고 인욕을 없앤다'(存天理, 滅人欲)고 하는 내용의 주자학적 사유와 밀접하게 연관되어 있는 특징이 있다.[29)]

'성인'은 인간의 세상에 천도를 구현하는 주체적 존재이다. 주체적 존재라는 것은 관념적 실체라는 의미에서 떨어져 나와 자주적이면서 실천적 존재라는 의미를 강하게 지니는데, 이 점 때문에 주체적 존재는 주관적 존재라는 말과 구별된다. 주체적 존재라는 말에는 주관적 존재라는 의미가 포함되지만, 자신이 주관에 의해 결정되는 것이 아니라 항상 타자와의 관계 속에서 능동적이면서도 실천적인 활동을 보인다는 특징이 있다.[30)] 자기 독존적 방식이 아닌 타자와의 관계 속에서 자신을 완성하는 주체적 존재가 바로 '성인'이다. 율곡은 『순언』 제28장과 제29장의 두 장을 통해 '성인'의 교화 가능성을 거론하면서, '주체적 존재'로서의 '성인'의 의의에 대해 보다 구체적으로 천명하고 있다.

주체적 존재로서의 '성인'은 일상의 방식과 같은 태도로 생활하지 않는다. 그의 걸음과 말과 계산은 최상의 상태를 유지한다. 이러한 연유 때문에 선하지 않은 사람을 교화하는 주체가 되기도 한다.[31)] "훌륭한 걸음은 지나간 흔적이 없고, 훌륭한 말은 흠 잡을 것이 없으

29) 주희, 『사서장구집주』, 『논어집주』, 권3, 「雍也」, "於此勉焉, 則有以勝其人欲之私, 而全其天理之公矣."

30) 務臺理作, 홍윤기 옮김, 『철학개론』, 서울: 도서출판 한울, 1982, 166쪽 참조.

31) 『순언』 제28장 주, "右第二十八章. 言聖人有善行善言善計, 故能化不善之人. 下章同此." 참조.

며, 탁월한 계산은 계산 도구를 사용하지 않는다."[32] 이렇게 시작하는 『순언』 제28장 제1구에 대해 율곡은 다음과 같이 주석한다. "조용히 도와 일치하여 알아볼 수 있는 흔적이 없고, 말을 하면 법도에 맞아 지적할 만한 흠이 없으며, 생각하지 않고도 알아 두루 응하면서도 자세한 부분까지 타당하니, 이것이 성인의 일이다."[33]

이러한 율곡의 주석은 『중용』의 내용을 통해 『노자』의 문맥을 풀이한 전형적인 예에 해당한다. 즉 『중용』 제20장의 "진실함이란 힘들이지 않아도 중도에 맞고, 헤아리지 않더라도 얻는 바가 있으므로 저절로 도와 합치된다. 성인이 그러하다"라는 구절은 『순언』 제28장에서 '성인'의 행위가 최상의 상태에 있다는 점과 상호 관련을 맺고 있으며, 곧바로 이어지는 "진실하고자 하는 자는 선을 택하여 고집하는 자이다"라는 『중용』의 문구는 『순언』 제28장의 제2, 제3구와 관련을 맺으면서 주석되고 있는 점이 그러하다. "이 때문에 성인은 늘 사람을 잘 구제하므로 포기할 사람이 없고 늘 사물을 잘 구제하므로 버릴 물건이 없다. 이것이야말로 '밝음을 계승하는 것'(襲明)[34]이다"(제28장 제2

32) 『순언』 제28장, "善行은 無轍跡ᄒᆞ고 善言은 無瑕謫ᄒᆞ고 善計ᄂᆞᆫ 不用籌策ᄒᆞ나니"

33) 『순언』 제28장 주, "從容中道, 而無跡可見, 發言爲法, 而無瑕可指, 不思而得, 泛應曲當, 此聖人之事也."

34) 『노자』에 나타난 '습명(襲明)'의 개념은 관점에 따라 크게 두 가지로 해석된다. 우선 자전적 정의에 충실할 때, '습(襲)'의 의미는 ① 옷깃을 왼쪽으로 여미고 도포를 입는 것, 곧 웃옷을 하나 더 걸치는 것을 의미한다. 그만큼 몸을 가리는 것이다(김홍경, 『노자: 삶의 기술, 늙은이의 노래』, 서울: 도서출판 들녘, 2003, 245~246쪽 참조). ② 또한 '습'은 계승하다, 물려받다라는 뜻을 지니고 있다. 율곡은 이 중에서 '습'의 의미를 후자의 뜻으로 사용한다. 그의 주석이 이를 말해준다. 『순언』 제28장의 주에서 율곡은 "故其明傳襲無窮也"라고 하여 '습'의 의미를 '전습(傳襲)'이라고 규정하고 있는데, '전습'은 '전하여 물려받음, 전하여 내려오는 그대로 따라 함'(민중서림 편집국 편, 『한한대자전』, 서울: 민중서림, 2003, 217쪽)이라는 의미를 지니고 있다. '습'의 뜻을 ①과 같이 본다면, '습명'은 '총명함을 가리는

구),[35] "그러므로 선한 사람은 선하지 못한 사람의 스승이고, 선하지 못한 사람은 선한 사람의 바탕이 된다"(제28장 제3구).[36]

특히 『순언』의 제28장 제3구에 대하여 율곡이 "그가 선하지 못하기 때문에 가르쳐 선하게 한다면 나의 어짊은 더욱 더 커지고 베풂은 더욱 더 넓어질 것이다. 이것을 '선한 사람의 바탕'이라고 한다. 선한 자는 내가 그것을 인정해 주고 선하지 못한 자는 내가 교화시켜 준다면 천하 사람들이 나의 어짊에 귀의할 것이다. '백성은 나의 동포이고 사물은 나와 함께 있는 것이다'라는 뜻을 여기에서 볼 수 있다"[37]라고 풀이하고 있는 것은 유가적 '택선고집(擇善固執)'의 비폐쇄적 포용정신을 밝힌 것이라고 할 수 있다.

여기서 율곡이 유가의 '택선고집'을 『노자』에 적용하여 풀이하고 있는 점이 주목된다. '택선고집'은 일차적인 어의상 그것이 자칫 선한 자만을 고집하고 불선한 자를 포기하는 것 같은 인상을 줄 수도 있다. 이러한 점 때문에 율곡은 선한 자는 불선한 자를 선하게 만들기 때문

것'이다. 그러나 '습'의 의미를 율곡처럼 ②와 같이 풀이한다면, '습명'은 '밝음을 계승하는 것'이라는 의미가 된다. 양자의 의미는 상당한 거리가 있음에도 율곡은 자신의 관점대로 '습명'의 의미를 독해하고 있음을 알 수 있다.

35) 『순언』 제28장, "是以聖人은 常善救人이라 故無棄人ᄒᆞ며 常善救物이라 故無棄物ᄒᆞ니 是謂襲明이니라"

36) 『순언』 제28장, "故善人은 不善人之師ㅣ오 不善人은 善人之資ㅣ니라" 율곡은 이 문구를 『논어』, 「위령공」의 '유교무류(有教無類)'에 대한 의미를 통해 주석하고 있는데, 다음과 같은 주자의 주는 율곡의 주석에 많은 영향을 미쳤음에 틀림없다. "사람의 성은 모두 선한데, 선과 악의 다른 부류가 있는 것은 기질과 습관의 물들임 때문이다. 그러므로 군자가 교화를 베풀면 사람들이 모두 선을 회복할 수 있으니, 다시 그 부류의 악함은 논하지 않아도 된다."(『논어』, 「위령공」, 주자 주, "人性皆善, 而其類有善惡之殊者, 氣習之染也. 故君子有教, 則人皆可以復於善, 而不當復論其類之惡矣.")

37) 『순언』 제28장 주, "因其不善, 而教之使善, 則我之仁愈大, 而施愈博矣, 此之謂善人之資也. 夫善者, 吾與之, 不善者, 吾教之, 則天下歸吾仁矣. 民吾同胞, 物吾與也之義, 於此可見矣."

에 그의 스승이 되며, 불선한 자는 선한 자에 의하여 선하게 되므로 포기할 수 없다는 『노자』의 사고에 의탁하여 유가적 '택선고집'의 의미를 이해하고자 한 것이라 볼 수 있다. 율곡은 유가와 『노자』가 상호 소통될 수 있다는 점을 '택선고집'의 맥락에서 밝히고 있는 것이다. 이는 『중용』의 사유를 통하여 『노자』를 독해한 대표적인 경우이다.

성인의 자아 개방성과 포용성은 사사로움이 없는 자아의 확보로부터 가능해진다. 그래서 율곡은 "성인은 일정한 마음이 없어 백성의 마음으로써 자기의 마음을 삼는다"[38]고 한 『노자』를 원용하여 "성인은 천하에 대해 털끝만큼도 사심이 없이 오직 백성의 마음으로 말미암을 뿐이다"[39]라고 밝히고 있다. 일상의 선입견이나 고정관념을 배제한 마음으로 백성과 천지만물을 대하기 때문에 '나의 것'이라고 하는 소유의 관념이 폭주를 일으키지 않을 수 있는 것이다. 한편 『성학집요』에 기술된 다음의 구절은 이상과 같은 『노자』의 사유를 연상케 한다. "대개 천하 사람들의 눈으로써 나의 눈을 삼는다면 밝은 눈이 보지 못하는 것이 없을 것이고, 천하 사람들의 귀로써 나의 귀를 삼는다면 밝은 귀가 듣지 못하는 것이 없을 것이다."[40]

언제나 백성의 마음을 자기의 마음으로 삼아야 한다는 앞과 같은 주장으로부터 율곡의 경세론적 지표를 분명히 발견하게 된다. 뿐만 아니라 『노자』를 원용하여 자신의 견해를 밝히고 있는 『순언』이 일반인보다는 경세를 담당한 통치자가 읽어야 할 저작임을 확인하게 된다. 『순언』에서 주어로 등장하는 '나'는 인격 완성과 경세를 담당하는 '주체적 존재'로 나타나는데, 이를 통해서 보더라도 '나'의 존재는

38) 『순언』 제29장, "聖人은 無常心ᄒᆞ야 以百姓心爲心ᄒᆞᄂᆞ니"
39) 『순언』 제29장 주, "聖人於天下, 無一毫私心, 只因民心而已."
40) 『율곡전서』 권25, 『성학집요』, 「위정 하」, "蓋以天下之目爲目則明無不見, 以天下之耳爲耳則聽無不聞."

통치자의 위상을 벗어나지 않는다.

사실상 율곡은 통치자 자체를 거부하지는 않는다. 그는 언제나 군주의 어진 정치를 열망한 한 명의 예외 없는 사대부였다. 통치자는 언제나 자아의 자기 확장력을 통하여 외부의 사물과 사람에게 파급효과를 낳는 존재로 인식된다. 이러한 경우 통치자의 주체는 주체와 대상의 간극을 무화시키고 도리어 대상을 주체화할 수 있는, 이전의 주체와는 또 다른 새로운 유형의 주체로 탄생한다. 그러므로 주체적 존재로서의 통치자는 남을 다스리기에 앞서 우선 자기 자신을 다스려야만 하는 책무가 있는 자이다.

진정한 통치자의 위치에 있어야 할 존재는 바로 '성인'이다. 그래서 『순언』에서는 성인이 주체적 존재로서의 '나'로 환치되기도 한다. '나'는 언제나 주체의 주체됨을 잊지 말아야 하는 존재이다. 즉 주체와 대상의 관계맺음에 있어서 자의적인 일방적 성향을 지녀서는 안 되는 존재인 것이다. 이에 『순언』 제29장 제2구는 다음과 같은 말로 제29장 자체를 마무리한다. "선한 사람을 내가 선하게 보고 선하지 못한 사람도 내가 선하게 보면 덕이 선해지며, 믿음직스러운 자를 내가 믿어 주고 믿음직스럽지 못한 자도 내가 믿어 주면 덕이 믿음직스러워진다."[41]

주체적 존재로서의 '나'의 포용성이 '나'만의 범주를 넘어 외부 대상, 특히 타인을 대하는 방식에 있어서 편견을 배제한다. 이것이 진정한 선함이며 또한 미더움이다. 선에 바탕을 두지 않는 한 외부 대상에 대한 미더움은 없다. 자기 자신이 이미 불신으로 가득 차 있기 때문이다. 그 불신의 태도는 일상의 고정된 마음으로부터 나오는 것이기에

---

41) 『순언』 제29장, "善者ᄅᆞᆯ 吾善之ᄒᆞ며 不善者ᄅᆞᆯ 吾亦善之면 德善이오 信者ᄅᆞᆯ 吾信之ᄒᆞ며 不信者ᄅᆞᆯ 吾亦信之면 德信이니라"

주체적 존재는 이로부터 자유롭지 않으면 안 된다.

율곡이 볼 때 모든 인간의 바탕은 선하다. 그리고 비록 선함과 미더움의 범주에서 한시적으로 일탈한 존재가 있다 하더라도 선하고 미더운 존재로 다시 전향될 가능성은 언제나 열려있다. 『순언』은 제29장 제2구의 주석을 통해 이 점을 분명히 한다.

> 사람은 태어나면서부터 이런 이치를 동일하게 갖추고 있으니, 성인은 백성에 대해 그들이 선하고 믿음직스러워지기를 바라지 않은 적이 없다. 그러므로 선하고 믿음직스러운 자를 내가 이미 인정하였으니, 그렇지 못한 자 또한 반드시 교화하여 선하고 미덥기를 기약한다. 만약 포기하고 교화하지 않는다면, 이른바 '덕이 선하고 덕이 미덥다'고 할 수 없는 것이다.[42]

이렇게 인간의 선함과 미더움에 대한 소망을 포기하지 않고, 그렇지 못한 자까지 선하고 미덥게 되기를 기약하는 존재가 바로 '성인'인 것이다. 율곡은 송 휘종의 『노자』 주석을 따라서 이러한 유형의 전형적 인물로서 '순 임금'을 제시하였다.[43] '순 임금'이야말로 인간의 선함을 믿었던 가장 지극한 사람이었다고 한 송 휘종의 관점을 적극적으로 수용한 것이다. 그것은 순 임금이 이복동생 상(象)을 한결같이 선하게 보고 믿어준 것을 높이 평가한 결과이기도 하다.

이와 관련된 순의 이야기는 다음과 같다. 순의 아버지는 완악하기로 유명한 고수(瞽叟)라는 인물로 그의 부인이 순을 낳은 지 얼마 안 되어 죽자 곧 후처를 얻었고 그녀에게서 순의 이복동생 상을 낳았다. 그

---

42) 『순언』 제29장 注, "人之有生, 同具此理, 聖人之於民, 莫不欲其善信. 故善信者, 吾旣許之, 不善不信者, 亦必敎之, 以善信爲期. 若棄而不敎, 則非所謂德善德信也."

43) 『순언』 제29장 注, "宋徽宗曰: 舜之於象, 所以善信者至矣."

런데 순의 아버지와 계모, 이복동생은 모두 순을 모질게 학대하였다. 특히 이복동생인 상은 계모와 짜고 아버지를 꾀어 순을 죽이려고 하였다. 한 번은 곡식창고의 지붕을 수리하라고 하고는 불을 놓아 죽이려 한 적이 있었는가 하면, 또 어느 날인가는 순에게 우물을 파게한 후 흙을 덮어 그를 생매장하려고 하였다. 그때마다 순은 위험을 피하여 죽음을 모면하였다고 한다. 이러한 일들이 있었음에도 순은 누구도 원망하지 않았고 이전처럼 아버지와 계모에게 효도를 다하였을 뿐만 아니라 이복동생 상에게도 한결같이 대하였다고 한다.[44]

앞에서 살펴본 것처럼 율곡은 『순언』 제28장에서도 제29장의 맥락과 관련된 『노자』의 문구를 언급하였다. "이 때문에 성인은 늘 사람을 잘 구제하므로 포기할 사람이 없고 늘 사물을 잘 구제하므로 버릴 물건이 없으니, 이것이야말로 밝음을 전하는 것이다."[45] 밝음이야말로 희망이 아닐 수 없다. 그리고 그 희망은 율곡에 의하여 인간존재로 상정되어 나타나게 된다. 이러한 연유로 앞의 문구에 대한 주석에서도 율곡은 외적 대상의 문제인 인간과 사물 중에서 특히 사물의 측면을 배제하고 인간의 문제에 관하여 집중적으로 거론하는 특징을 보인다. 이는 율곡의 유가적 기준에 따른 인간학적 가치정향에 의한 것으로서, 그가 상정한 주체적 자아론의 문제의식과 무관하지 않다.

율곡의 관점에서 인간의 바탕은 하늘로부터 부여받은 것이다. 그러므로 주체적 존재는 자아의 내면적 완성이라는 '수신'의 범주를 넘어 타인의 선함과 미더움의 덕목까지 올바르게 구현할 수 있도록 노력하여야 한다. 어떠한 경우에라도 인간에 대한 포기는 용납되지 않

---

44) 위앤커, 전인초 · 김선자 옮김, 『중국신화전설(1)』, 서울: 민음사, 2002, 406~418쪽 참조.

45) 『순언』 제28장, "是以聖人은 常善救人이라 故無棄人ᄒᆞ며 常善救物이라 故無棄物ᄒᆞ니 是謂襲明이니라"

는다. 율곡이 볼 때 인간존재야말로 희망의 존재이기 때문이다.

5. 경세의 원리와 '무위'

율곡은 자신이 『노자』를 통해서 본 경세론적 측면의 정치의 근본 원리가 '무위'라고 간주한다. 『순언』은 특히 제30장과 제31장의 내용을 '무위'의 정치에 대한 철학적 담론으로 구성하고 있다. 그런데 일반적으로 인식되는 것처럼 '무위'는 팔짱만 끼고 세상일로부터 도피하는 방관자적인 태도와는 근원적으로 무관하다. '무위'란 일체의 자의적 행위에 대한 부정이라고 할 수 있기 때문이다.

역설적으로 말하여 '무위'의 정치란 다스리지 않는 정치라고도 말할 수 있는 종류의 것이다. 다스림이 없기 때문에 다스려지는 대상도 없는 정치, 그것이 바로 '무위'의 정치이다. '무위'의 정치는 다스리는 자와 다스려지는 자의 이분법적 분열을 넘어서 있다. 이러한 이유로 가정이나 국가, 천하라고 하는 것도 결국 유목적적 대상으로 상정될 수 없으며, 또한 그것들은 통치의 대상으로 적용될 수도 없는 것이다.

율곡은 먼저 『순언』 제30장 제1구의 내용을 다음과 같이 기술한다. "천하를 취해 다스리려고 하면 나는 그것이 할 수 없는 것임을 안다. 천하는 신령스러운 기물이기 때문에 다스려서는 안 되는 것이다. 천하를 다스리려는 자는 실패하고 차지하려는 자는 잃어버린다."[46] 천하는 대상적 존재로 개별화될 수 없다. 장자의 말처럼 천하는 너그

---

46) 『순언』 제30장, "將欲取天下而爲之면 吾見其不得已로다 天下ᄂᆞᆫ 神器라 不可爲也ㅣ니 爲者敗之ᄒᆞ며 執者失之니라"

럽게 그냥 놓아두어야 할 존재이지 통치의 대상으로 전락되어서는 안 되는 것이다.[47] 율곡은 다음과 같이 말한다.

> 천하는 신령스럽고 밝은 기물이다. 제왕이 흥기하는 것은 저절로 그런 운이 있는 것이니, 천하를 취하는 데 마음을 두어서는 안 된다. 천하를 다스리려고 하는 자와 차지하려고 하는 자는 반드시 실패한다. 삼대의 시대 이전에 성스러운 제왕이나 명철한 왕은 모두 자신을 닦고 도리를 극진하게 하여 천하의 사람들이 그들에게 귀의했다. 그러나 그들은 천하에 욕심이 있었던 자들이 아니었다. 후대의 제왕 중에 간혹 천하에 마음을 두어 그것을 얻은 자가 있었다. 그러나 이들 역시 '하늘의 명령'이 있었기 때문이었지 오로지 슬기로운 힘만으로 그것을 구한 것은 아니었다.[48]

율곡은 노자가 말한 '함이 없지만 하지 않음이 없다'(無爲而無不爲)라고 하는 모순논리의 효과에 대해 강한 인상을 받았음이 틀림없다. 천하에 마음을 두어 천하를 욕망하는 행위와 천하를 취하고자 하지 않는 행위는 각각 '유위'의 결과와 '무위'의 결과로써 상반되게 드러난다. 문제는 '무위'의 결과가 '무불위'의 효과로 드러난다는 점인데, 율곡에게 있어서 일체의 인위가 배제된 '무위'의 질서는 유가적 방식의 '하늘의 명령'이라는 사상적 내용을 담고 재창출된다는 특징이 있다.

율곡은 '무위'의 내용 안에 존재와 당위의 질서를 함께 포함시키고 싶었던 것이다. 따라서 모든 행위의 기준으로 상정되는 '무위'의 실제적인 내용은 '저절로 그러하다'라는 자연의 이법과 더불어 인의의 극

---

47) 『장자』, 「在宥」, "聞在宥天下, 不聞治天下也."

48) 『순언』 제30장 注, "天下, 乃神明之器也. 帝王之興, 自有曆數, 不可有心於取天下也. 欲爲天下者, 必敗, 欲執天下者, 必失矣. 三代以上, 聖帝明王, 皆修身盡道, 而天下歸之, 非有心於天下者也. 後之帝王, 或有心於天下而得之者, 此亦有天命存焉, 非專以智力求也."

치라고 하는 도덕법칙이 함께 관류하는 형태로 떠오르게 된다. 이는 율곡이 유가, 또는 성리학의 틀을 통해 노자의 '무위'를 독해하였기 때문에 나타난 필연적 결과이다.

사실상 『노자』의 '하늘'(天)은 유가에서 말하는 '하늘'과 같은 동일한 의미를 담지하고 있지는 않다. 『노자』의 '하늘'은 인격적 차원의 주재적인 성격을 벗어나 있다는 의미에서도 철저한 '무위'의 상태로 존재한다. 그럼에도 율곡은 이러한 양자의 근원적 차이점 자체를 희석시켜 양 사상의 접목과 회통을 시도하였던 것이다.

『순언』은 제30장에 이어 제31장에서도 '무위' 정치의 원리에 대해 기술하고 있다. 여기서도 율곡은 '무위'하여야만 천하를 다스릴 수 있음을 분명히 한다. "한 번은 다스려지고 한 번은 어지러워지는 것, 기운의 조화가 성하고 쇠하는 것, 인사가 잘 되고 못 되는 것은 반복되며 서로 이어져 있어 아무도 머물러야 할 궁극을 모른다. 그러나 오직 '무위'하는 자만이 잘 다스릴 수 있다."[49] 즉 세상의 일과 자연의 일은 끊임없는 변화와 반복을 노정하는데 그것이 불필요한 의지를 대상에게 유목적적으로 행사한다든가 강요하는 법이 없는 것처럼 경세의 책임을 맡은 사람도 자신의 개별적인 의지와 욕망을 통해 정치에 임해서는 안 된다는 것이다. 이러한 정치의 방식이 바로 '무위'이며, 이를 통해 도출되는 것은 '무불위'적 다스림의 효과이다.

율곡은 '무위'의 경세론적 효용에 대해 주목한다. 그래서 『순언』은 "그러므로 성인은 내가 작위하지 않았더니 백성이 저절로 감응하여 변화하였고, 내가 어떠한 일도 억지로 일삼지 않았더니 백성이 저절로 부유해졌으며, 내가 고요함을 좋아했더니 백성이 저절로 바르게

---

49) 『순언』 제31장 주, "一治一亂, 氣化盛衰, 人事得失, 反復相因, 莫知所止極, 而惟無爲者, 能治也."

되었고, 내가 어떠한 것도 억지로 하고자 하지 않았더니 백성이 저절로 소박해졌다고 한다"[50]라고 한 『노자』의 문구를 인용하여 자신의 경세론적 입장을 밝히고 있다.

이 문장 안에서 '무위'는 '어떠한 일도 억지로 일삼지 않는다', '고요함을 좋아한다', '어떠한 것도 억지로 하고자 하지 않는다'라고 하는 의미와 크게 다르지 않다. 성인이 '무위'의 정치를 하면 그 효과는 모두 백성들에게 돌아간다. '돌아감'의 원리에 대해 관심이 깊었던 노자에게서 그 돌아갈 곳은 다름 아닌 백성들의 삶 자체였던 것이다. '무위'의 정치를 통하여 백성들에게 돌아가는 결과는 '저절로 감응하여 변화하고', '저절로 부유해지고', '저절로 바르게 되고', '저절로 소박해지는 것'들이다. 이렇게 다양한 형태로 나타나는 긍정적 결과들은 모두 '자연'의 세계로 포섭되어 수렴된다. 그런데 이러한 노자의 관점은 율곡에게 강력한 지지를 받는다. 앞의 내용에 관하여 율곡은 단지 동사정의 말을 인용하여,[51] "이것은 자연에 부응하는 것이며 '무위'로 공을 이룬 것이다"[52]라고 짧게 풀이하고 있을 뿐 별다른 이견 없이 '무위'와 '자연'의 관계론을 받아들이고 있다. 이러한 점이 이를 단적으로 말해준다.

율곡은 더 나아가 '무위'를 통한 정치의 이로움에 대하여 강조한다. 『순언』 제32장은 『노자』 제43장을 원용하여 단구로 이루어졌는데, "'말없는 가르침'과 '무위의 이로움'은 천하에서 도달하는 자가 거의 없다"[53]라고 하여 '무위'의 정치에 대한 '이로움'에 관하여 거론하고

---

50) 『순언』 제31장, "故로 聖人云ᄒᆞ샤ᄃᆡ 我無爲而民自化ᄒᆞ며 我無事而民自富ᄒᆞ며 我好靜而民自正ᄒᆞ며 我無欲而民自樸이라ᄒᆞ시니라"

51) 동사정, 『도덕진경집해』(『무구비재 노자집성』 초편 11, 대북: 대만상무인서관), 제57장 주, "此自然之應, 而無爲之成功也."

52) 『순언』 제31장 주, "董氏曰: 此自然之應, 而無爲之成功也."

53) 『순언』 제32장, "不言之教와 無爲之益은 天下希及之니라"

있다. 여기에 대하여 율곡은 다음과 같이 말한다.

> 성인은 말이 없으나 체득한 도리는 숨김이 없어 천체의 형상이 환하게 드러나는 것과 같아서 항상 사람들에게 보여 준다. 이것이 '말없는 가르침'이다. 억지로 작위하는 것이 없지만 사물이 각각 사물에 맡겨져서 만물이 제 자리를 얻는다. 이것이 바로 '무위의 이로움'을 말한 것이다.[54)]

'무위의 이로움'이란 모든 것이 각자의 자리에서 자신의 본분과 능력을 제대로 발휘하는 것이라고 말할 수 있다. 이것은 자신 밖의 다른 권능에 의한 지배에 의하여 초래될 수 있는 결과와는 정반대의 편에 있다는 점에서 그 행위의 결과에 필연적으로 이로움을 수반한다.

보다 정확하게 말한다면, 이로움이라고 말하지만 이로움이라고 말할 것도 없는 이로움이다. 진정한 이로움은 이로움이 아니다. 그럼에도 노자가 이로움의 덕목을 들고 나온 것은 '무위'의 질서 반대편에 놓여있는 해로움의 결과를 알라고 하는 취지에서였을 것이다. 해로움은 '유위'의 결과만한 것이 없다. 타자에 의한 간섭과 통제의 행위가 '유위'라고 한다면, '무위'는 일체의 지배질서로부터 자유로운 행위를 가리킨다. 간섭과 통제의 지배질서는 언제나 사물의 질서를 교란하고 생명의 힘 자체를 고갈시킨다. 그래서 율곡은 지나치게 심한 일체의 '유위'적 행위들을 제거하라고 한다.[55)]

여기에서 '무위의 이로움'이 '말없는 가르침'의 덕목과 동열에서 논의되고 있다는 점이 특징적이다. '말없는 가르침'은 『노자』 제43장만이 아니라 같은 책 제2장에서도 발견되는 노자철학의 핵심용어이다.

---

54) 『순언』 제32장 주, "聖人不言, 而體道無隱, 與天象昭然, 常以示人, 此謂不言之敎也. 無所作爲, 物各付物, 而萬物各得其所, 此謂無爲之益也."

55) 『순언』 제30장, "是以聖人은 去甚去奢去泰니라" 참조.

특히 "말없는 가르침을 행하라"라고 한 『노자』 제2장의 문구는 고운 최치원의 「난랑비서문」에도 인용되어 노자철학의 핵심이라고까지 평가[56]될 만큼 중요한 비중을 차지한다. 『노자』 안에서 '말없는 가르침'도 하나의 반어법이다.

그 말 안에 일체의 언어 자체를 부정하라는 침묵의 지향성 자체는 부재한다. 여기에서 말이 있고 없음은 또한 정치의 문맥과 관련을 갖는다. 실제로 정치의 현장에서 말만큼 화려하고 복잡한 얼개를 갖는 것도 없기 때문이다. 이에 『순언』은 언어가 일종의 폭력의 담화를 멈출 때까지 『노자』 식의 부정 진술을 멈추지 않는다.[57]

왜냐하면 언어의 구속은 모든 구속 중에서 가장 효과적인 것인데, 그 까닭은 행동이 아니라 사고를 억압하는 것이기 때문이다. 특히 언어가 권력의 시녀로 전락할 때 권력에 봉사하는 이데올로기적 담화는 특유한 힘을 갖는다. 그것은 속박을 설득으로, 폭력을 말로 바꾸어 놓는다. 즉 권력의 남용을 악의적이고 편파적으로 정당화시켜주는 수단으로 전락하는 것이다. 여기에서 언어로 인하여 인간의 자유는 억압되고 질식되며, 권력은 남용된다.[58] 따라서 '말없는 가르침'이란 일종의 정치 권력화되고 있는 언어의 기능을 부정하기 위한 방편적 언어로써 자기의 임무를 수행한다.

이상은 '무위'의 정치적 원리에 대한 율곡의 기본 입장이다. 율곡은 '무위'의 정치가 아무것도 하지 않는 수수방관적인 것이 아니라 통치자의 자기반성을 통한 보다 진실성어린 정치임을 강변한다. 그것의

---

56) 『崔文昌侯全集』, 「鸞郎碑序」, "虛無爲之事行不言之敎, 周柱史之宗也."

57) 이종성, 「『노자』 제25장의 존재론적 검토」, 『철학논총』 제26집, 새한철학회, 2001, 211~212쪽 참조.

58) 올리비에 르블, 홍재성 · 권오룡 옮김, 『언어와 이데올로기』, 서울: 역사비평사, 1994, 217쪽 및 262쪽 참조.

핵심은 인간의 자아 수련에 수반되었던 '절제'(嗇)의 정치적 적용에 있다.[59] 율곡은 '절제의 수렴'을 통한 경세의 원리를 기준으로 삼고, 특유의 비판의식을 가지고 일체의 불필요한 정치적 남용의 문제들에 대하여 비판을 제기한다. 이것이 바로 『순언』이 '무위'를 통하여 해결하고자 한 경세의 과제였다고 할 수 있다.

6. 남은 문제들

이상에서 살펴본 것과 같이 율곡은 『순언』을 통하여 경세의 전제조건과 경세의 주체로서의 '성인'의 문제를 거론한 이후 경세의 근본원리를 '무위'의 이념으로 제시함으로써 자신의 경세론적 관점을 분명히 밝히고 있다. 『순언』에서 '성인'에 의하여 이루어질 '무위'의 정치는 철저하게 자기 반성적이며, 자기 수렴적인 정치적 의식에 의하여 구현될 성질의 것이다.

이러한 '무위' 정치의 효과는 우선 타자와의 소통을 고려한 '대상의 자기화' 내지는 '대상의 주체화'로 나타난다. 그것은 '자기 무화'라는 수렴적 논리에 기반을 둔 것으로서 '백성의 마음을 나의 마음으로 삼는 것'과 다르지 않다. 이것이 바로 편견 없는 정치이다. 편견이 배제된 정치는 언제나 타자를 배려하는 방식으로 나타나며, 타자의 존재

59) 『순언』 제32장 종결부분, "右第三十二章, 申上章無爲之義, 而結之, 夫以無爲治人, 亦嗇之義也. 推說二十六章之義者, 止此." 참조. 율곡은 『순언』 제26장에서 제기한 '자기 수련적 절제'가 '정치적 절제'에 연계되어야 함을 밝히고, 이것을 토대로 '무위'의 문제를 경세론적 정치의 해법원리로 풀이하는 특징을 보이고 있다.

와 생명을 온전하게 하는 효과로 나타난다. 대상의 자기화, 대상의 주체화는 자기의 타자화 내지는 주체의 대상화와 다르지 않은 결과를 보여준다. 주체와 대상이 하나의 존재로 소통하였기 때문이다.

이 같은 내용을 통해 볼 때 『순언』에 나타난 경세론적 입장은 '무위'의 정치적 원리에 토대를 둔 일종의 민본사상적 경향성을 강하게 띠고 있다는 점을 확인할 수 있다. 『순언』에서 '무위'의 정치는 아무것도 하지 않는 정치가 아니라 백성을 기준으로 백성을 위하여 백성에게 봉사하는 정치의 형태로 제시되고 있기 때문이다.

『순언』은 무엇보다도 경세론적 이념과 그 이념을 수행하기 위한 경세의 전제 조건에 대한 토대의 마련에 주목한다. 기초가 흔들리면 모든 상부구조가 흔들리듯이, 경세의 조건이 공고하지 못하면 이상적인 정치의 구현은 요원하다고 인식한 결과이다. 율곡은 그 경세의 전제 조건을 다름 아닌 '수기'에서 찾았다. 이렇게 본다면, 율곡은 '수기'의 자기 확충에 의한 정치의 이상적인 구현을 기획하였던 것이라고 볼 수 있다. 율곡에게서 정치는 또 다른 '나'의 연장으로서의 의미를 지니는 것이다.

『순언』은 경세론적 입장에 있어서 기본적으로 그 이념과 과제에 관하여 주목한다.[60] 이 글의 논의는 대체로 전자와 같은 이념적 입장을 대변한다. 그리고 이 글의 논의의 대상은 대체적으로 『순언』 제26장으로부터 제32장까지의 내용이 중심이었다. 율곡이 『순언』의 저술을 마무리하면서 스스로 밝혔던 것처럼 『순언』 제26장부터 제35장까

---

60) 금장태는 『한국 유학의 『노자』 이해』(서울: 서울대학교 출판부, 2006)에서 『순언』의 경세론과 관련하여 '치도의 원리와 과제'를 중심으로 논의하고 있다(70~80쪽 참조). 금장태는 상세한 소목별 주제를 별도로 상정하지 않고 큰 틀 안에서 『순언』의 경세론을 논의하고 있지만, 매우 핵심적인 『순언』 경세론의 주제의식을 올바르게 명시하고 있다.

지의 주제의식이 경세론에 관한 것이라면 이 글은 아직 제33장에서 제35장에 관련된 내용에 대한 검토를 수행하지 못한 한계가 있다.

이 글에서 검토하지 못한 『순언』의 경세론적 입장에 관련된 나머지 몇 개의 장들에 나타난 주제의식은 주로 경세론적 과제에 관한 문제라고 할 수 있다. 『순언』에 나타난 경세론적 과제는 대체적으로 그 이념이 적용될 현실과의 접촉으로부터 나타나는 모순과 갈등을 푸는 해법에 관한 문제들이다. 그것은 현실의 모순 및 부조리한 현상에 대한 율곡의 비판의식과 밀접한 관련을 갖는다. 율곡은 이와 같은 측면의 경세론적 과제의 문제에 관해 『순언』 제33장과 제34장을 비롯한 제35장에서 집중적으로 논의하고 있다.

이에 대해서는 이 책의 다음 장을 통해 보다 구체적으로 검토해볼 예정이다. 다만 앞에서 언급한 『순언』의 3개 장에만 국한하지 않고, 제29장부터 제35장까지의 내용을 대상으로 삼아 좀 더 외연을 확장하여 검토해보도록 하겠다.

무실의 경세학: 경세의 과제와 의의

제8장

1. 정치적 진실성의 결여 넘어서기

율곡은 『노자』가 '수기'와 '치인'이라는 유가의 논리를 크게 벗어나지 않는다고 본다. 그래서 그는 이 주제에 맞게 『순언』의 체계를 재분장함으로써 『노자』를 자신의 관점에 의하여 전체적으로 재구성하였다. 그럼에도 『순언』에 대한 기존연구는 대체로 이와 같은 『순언』의 고유한 특성을 뒤로 한 채 주로 형이상학적 논의에 초점이 맞추어져 온 것이 사실이다.

『순언』을 보다 완정하게 이해하기 위해서는 '수기치인'의 내용을 배제하고 접근할 수 없다. 『순언』의 본령이 형이상학적인 것에 있다기보다는 자아의 완성과 현실정치의 이념적 대안을 제시하는 데 있기 때문이다. 사실 『순언』에 나타난 자아의 완성에 관한 철학적 담론도 결국은 현실정치의 이념적 모색을 위한 하나의 필수불가결한 전제 조건일 뿐이다.

요컨대 『순언』의 문제의식은 경세론적 논의에 집중된다. 경세론의 범주 안에는 정치 · 사회 · 경제 · 문화 · 윤리 등과 같은 다양한 분야에 걸친 논리적인 사유와 의식이 포함된다. 그러나 여기에서는 주로 정치적 측면에서 경세론의 의미를 구명하고자 하며, 경우에 따라서는 '경세론'과 '정치론'의 개념을 별다른 구별 없이 혼용하도록 할 것이다.

『순언』의 경세론적 과제는 대체로 그 이념이 적용될 현실과의 접촉으로부터 야기되는 이념과 현실 사이의 모순과 갈등에 대한 해법의 문제와 관련된다. 『순언』의 경세론적 과제는 현실의 모순 및 부조리한 현상에 대한 율곡의 비판의식과 밀접한 관련을 갖는다. 율곡은 이러한 측면의 경세론적 입장에 관해 자신의 『순언』 제33장과 제34장을 비롯한 제35장을 통해 집중적으로 논의하고 있다. 그러나 나는 여기에서 비단 『순언』의 제33장에서 제35장에 이르는 특정한 장만을 검토의 대상으로 삼지는 않을 것이다. 여기에서는 『순언』 제29장에서부터 제35장까지의 내용을 주된 검토의 대상으로 삼고자 한다. 그리고 이를 통하여 『순언』의 경세론적 의의는 과연 어디에 있는가 하는 점을 함께 밝혀보도록 할 예정이다.

『순언』이 『노자』를 원용하여 제시한 정치의 원리는 바로 '무위'이다. '무위'는 아무것도 하지 않는 수수방관적인 태도가 결코 아니다. 『순언』에서 그것은 오히려 '진실성의 결여'(無實)에 대한 강력한 비판의 힘으로 나타난다. '진실성의 결여'를 넘어서는 일이야말로 『순언』의 경세론적 과제가 되는 셈이다. 이른바 '무실(務實)의 경세가'라고 불리는 율곡에게서 '진실성'이란 힘써 실천해야만 하는 중요한 이념이 아닐 수 없다. 이를 위해 율곡은 '결여된 진실성'의 요소들에 대해 강한 경계와 비판을 마다하지 않았다.

'결여된 진실성'에 대한 율곡의 비판은 『순언』이 저술되기 이전에 일찍이 1574년에 저술한 자신의 「만언봉사」를 통해 집중적으로 논의된 바 있다. 율곡은 「만언봉사」에서 다음과 같은 일곱 가지 '진실성의 결여'의 현상에 대하여 비판적으로 지적하였다.[1)]

① 군신 상하 간에 서로 믿는 진실성이 없다.

---

1) 『율곡전서』 권5, 疏箚, 「萬言封事」, "上下無交孚之實一可憂也, 臣隣無任事之實二可憂也, 經筵無成就之實三可憂也, 招賢無收用之實四可憂也, 遇災無應天之實五可憂也, 羣策無救民之實六可憂也, 人心無向善之實七可憂也."

② 신하들이 일을 책임지려는 진실성이 없다.
③ 경연이 아무 것도 성취하는 열매가 없다.
④ 현명한 자를 불러 거두어 쓰는 참됨도 없다.
⑤ 재변을 당해도 하늘의 뜻에 대응하는 진실함이 없다.
⑥ 여러 가지 정책으로 백성을 구제하는 실천성이 없다.
⑦ 인심이 선을 지향하고자 하는 진실성이 없다.

이러한 점을 염두에 두고 볼 때 『순언』의 경세론적 과제 역시 「만언봉사」와 유사한 맥락에서 논의된다는 특징이 발견된다. 율곡에게 있어서 경세론적 과제란 다름 아닌 '결여된 진실성'을 넘어 '진실성 자체로 돌아가는' 실천력의 문제였다고 할 수 있기 때문이다. 나는 『순언』에 나타난 '진실성의 결여'에 관한 요소를 크게 네 가지로 상정하고자 한다.

즉 ① '사사로운 자아', ② '유위'의 정치, ③ 무력과 전쟁, ④ 신령숭배의 문제가 바로 그것이다. 이 네 가지 것들은 모두 정치적 담론으로서 논의될 수 있는 성격을 지니고 있다. 율곡은 '무위'의 정치적 원리를 전제로 삼아 이 같은 '결여된 진실성'의 제 요소들에 대하여 강력하게 비판한다. 그래서 ① '사사로운 자아'를 배제하고, ② '유위'의 정치를 비판하며, ③ 무력과 전쟁을 부정하는가 하면, ④ 신령숭배와 같은 행위를 강하게 비판하는 것이다.

이러한 점을 중심으로 이제 아래의 본문을 통하여 『순언』의 경세론적 과제에 관한 보다 구체적인 내용을 살펴보고자 한다. 이러한 검토는 특히 정치적 측면과 사회적 측면의 개혁에 대한 비판적 대안을 제공할 수 있다는 점에서 매우 의미가 있다고 생각한다. 그리고 이러한 검토의 결과 『순언』의 경세론적 의의도 자연스럽게 도출될 것이라고 예상한다.

2. 사사로운 자아의 배제

경세를 담당하는 사람은 정치의 일선에 나가기 이전에 먼저 자신의 인격부터 함양할 필요가 있다. 그래서 조선의 사대부들은 한결같이 자기 자신에게 엄격한 삶을 계획하였고 그 길을 가고자 끊임없이 노력하였다. 뿐만 아니라 그들은 당대의 군주들에게도 '성인의 길'을 강론하면서 군주가 그 길을 갈 수 있도록 조언을 아끼지 않았다.

율곡 역시 이상적 자아와 경세 구현의 문제를 함께 거론하면서 인격함양의 문제가 양 방향에 모두 적용되어야 한다고 보았다. 경세의 담당자라거나 지식인이라면 누구보다도 자기 자신에게 충실한 삶을 살아야 한다. 이들은 타인의 모범이 되어야 하는 지도자의 위치에 있기 때문이다.

그렇다고 그들의 삶의 질서가 '타인의 의식적 시선'에 의하여 계도된다거나 인도되어야 할 성질의 것은 아니다. 여기서 '타인의 의식적 시선'이라고 표현한 내용 안에는 명예라든가 지위 내지는 부귀 등과 같은 외물적 양상이 포함된다. 이 같은 질서로부터 자유로운 사람이야말로 자기 자신의 인격 함양에 충실할 수 있다. 그것이 바로 '자기를 위한 공부'(爲己之學)이며, 이것은 '수기'의 실질적 내용에 해당한다. 그것은 내적 방향으로의 수렴의 질서를 통하여 이루어지는 공부이기도 하다. 이와 같은 내용은 결국 율곡적 '도학정신'[2]의 요체를 선명히

---

2) 율곡은 '도학'이란 학문을 통하여 선을 밝히고 뜻을 진실하게 하며 마음을 바르게 하여 자신의 몸을 닦는 것이라고 한다. 이것이 몸에 쌓이면 하늘의 덕을 이루고 정치에 베풀면 왕도를 구현하는 것이라고 보았다(『율곡전서』 권15, 잡저2, 『동호문답』, "夫道學者, 格致而明乎善, 誠正而修其身, 蘊諸躬則爲天德, 施之政則爲王道."). 이렇게 본다면, 율곡에게 있어서 '도학'이란 '수기치인'의 요체가 되는 것이다.

드러내는 것이기도 하다.

율곡은 '수기'와 '치인'의 양 방향에 모두 적용되어야 할 가장 핵심적인 문제를 바로 마음 자체에서 찾고 있다. 그것은 경세가의 마음이기도 하고, 더 나아가서는 '성인'의 마음이기도 하다. 『순언』은 경세의 문제를 다루기 시작하는 제26장의 바로 앞, 즉 제25장의 종결부분에서 이 점을 명확하게 점검하고 다음의 주제인 '치인'으로 자신의 문제의식을 전환시키는 특징을 보이고 있다.[3] 즉 '치인'의 주장은 '성인'이 구현한 '수기'(수신)의 완성으로부터 일어나며, 양자가 전연 무관한 관계로부터 논의될 수는 없다고 한다.

율곡은 제25장의 말미에서 '성인'의 위대함이란 자신의 자의식에 집착하지 않는 '무아(無我)' 때문이라고 전제한 뒤,[4] 제29장 제1구에서 '일정하게 정해진 것이 없는 마음'(無常心)에 대해서 논의하고 있다. 그것은 '사사로움이 없는 마음'(無私心)이며,[5] 일체의 선입견과 편견이 배제된 마음이기도 하다. 자기 자신의 내적 수렴의 공부가 이와 같은 목표에 도달하였다면, 이를 현실 정치의 현장에 적용하여 운용하여야 한다는 것이 율곡의 생각이었던 것이다.

사실상 『순언』의 전체적인 문맥에서 볼 때, 이 '사사로운 자아'의 배제에 관한 논의는 『순언』의 모든 부분에 적용되어야 할 것이기도 하다. 특히 여기에서 논의하고자 하는 경세에 관한 비판적 과제의 내용들인 '유위'의 문제를 비롯한 무력과 전쟁 및 신령숭배의 문제는 모두 '사사로운 자아'의 개입여부가 문제가 된다. '사사로운 자아'가 활

---

3) 『순언』 제25장 종결부분, "右第二十五章. 以聖人體道之大, 爲修己之極, 而起下章治人之說也." 참조.

4) 『순언』 제25장, "聖人無我, 與道爲一, 故雖成如天之事功, 而終無自大之心, 此聖人之所以爲大也."

5) 『순언』 제29장 주, "聖人於天下, 無一毫私心, 只因民心而已."

발한 활동력을 보일 때 인간 세상의 온갖 '유위'의 문제들이 발생하며, 지나친 무력을 사용한다든가 또는 자신의 욕망을 이루어달라는 사적인 기복의 행위를 신령에게 전달할 수 있는 것이겠기 때문이다. 따라서 '성인'은 어느 경우에도 터럭만큼의 사사로운 마음이 없이 오직 백성들의 마음을 자신의 마음으로 삼아 정치에 임해야 한다.[6] 율곡에게 비쳐진 이 같은 마음의 양상은 '참다운 마음'(實心)이거나 '공적인 마음'(公心)과 같은 종류의 것이다.

율곡은 '사사로운 마음'을 배제한 실제적인 인물의 유형으로서 하은주 삼대 '성인'의 예를 제시하고 그들의 행위를 본받으라고 한다. '성인'의 마음가짐은 하늘의 도리를 기준으로 삼고 이를 따르기 때문에 항상 공평무사하다.[7] 율곡이 볼 때 과거의 '성인'은 천하에 욕심을 가졌던 사람들이 아니다. 그들은 '유목적적인 마음'(有心)이 없었기 때문에 '유목적적인 욕망'을 통해 천하를 사유하거나 전유하고자 하지 않았다.[8]

천하는 언제나 천하 사람들의 천하일 뿐 한 개인의 천하일 수 없다. 나라 역시 모든 백성의 나라요, 한 개인의 나라일 수 없다. 하나의 가문도 그 구성원 모두의 가문인 것이지 한 개인만의 가문일 수 없는 것이다. 그래서 율곡은 『노자』를 원용하여 "천하를 통치하고자 욕망하는 자와 천하를 독점하고자 하는 자는 반드시 실패한다"[9]고 하였던 것이다. 그 실패는 민심이 이반하는 결과로 나타난다.

율곡은 '사사로운 자아'의 배제에 성공적이었던 한 인물을 예로 제

6) 『순언』 제29장, "聖人은 無常心ᄒᆞ야 以百姓心爲心ᄒᆞᄂᆞ니"
7) 『순언』 제38장, "天道無親." 및 같은 장의 율곡 주, "天道無私." 참조.
8) 『순언』 제30장 주, "三代以上, 聖帝明王, 皆修身盡道, 而天下歸之, 非有心於天下者也." 참조.
9) 『순언』 제30장 주, "欲爲天下者, 必敗, 欲執天下者, 必失矣."

시한다. 바로 은나라의 탕 임금이다. '성인'도 부득이한 경우 정벌에 나서야 할 때가 있는데, 탕은 전 왕조의 폭군이었던 걸왕을 방벌하였을 뿐만 아니라 사해의 오랑캐를 차례로 정벌하였다. 그러나 탕의 방벌과 정벌은 천하의 부를 탐해서 행해진 것이 아니었기 때문에 천하의 백성들은 모두 그에게 귀의하였다고 한다.[10] 탕은 자신의 '사사로운 자아'의 욕망을 버릴 수 있었기에 도리어 민심을 얻을 수 있었던 것이다. 민심을 얻고 잃음은 모두 군주의 마음에 기원을 둔다. 그래서 경세의 담당자(특히 군주)는 무엇보다도 '사사로운 자아'의 배제에 힘써야만 한다.

'성인'은 백성의 마음을 기준으로 삼아 이를 행위화하는 것이지 어느 경우에도 자신의 사적 자의식을 실현하고자 세상을 대상화하는 법이 없다. 이는 '성인'이 타인을 대하는 경우에 있어서도 마찬가지이다. "성인은 자신의 마음을 미루어 남의 마음을 헤아린다. 그러므로 자신이 서고 싶으면 남을 세워주고, 자신이 도달하고 싶으면 타인을 도달하게 한다."[11] 이는 타인에 대한 배려와 존중의 정신에 기반을 둔다. '성인'의 마음가짐은 타인에 의한 지배적 공포나 폭력적 두려움과 같은 것에 의하여 영향을 받지 않는다. '성인'의 마음은 주체적 자발성에 근원을 두고 언제나 최고의 선을 지향한다. 그래서 그 마음에는 계산이 없고, 이득을 취하고자 하는 욕망이 없다.

---

10) 『순언』 제31장 주, "愚按, 成湯非富天下, 爲匹夫匹婦復讎, 而東征西怨, 是也" 참조. 이러한 내용은 율곡이 『맹자』를 원용하여 『노자』를 해석한 경우에 해당한다. 『맹자』에는 탕 임금이 사해의 오랑캐를 평정하고 천하의 민심을 얻었다는 내용이 다음과 같이 기록되어 있다. 『맹자』, 「등문공 하」, "孟子曰: 湯居亳, … 爲其殺是童子而征之, 四海之內皆曰: 非富天下也, 爲匹夫匹婦復讎也. 湯始征, 自葛載, 十一征而無敵於天下. 東面而征, 西夷怨; 南面而征, 北狄怨, 曰: 奚爲後我?"

11) 『순언』 제27장 주, "聖人以己及人, 己立而立人, 己達而達人."

이상과 같은 전제 조건이 충족되지 못한다면, 경세의 행위는 어느 경우에도 정당화될 수 없다. 경세의 담당자는 '성인'의 전형적인 모범을 통해 정치에 임해야만 한다. 그가 만일 '사사로운 자아'의 사적 자의식과 욕망의 지도 아래 놓이게 될 경우 현실정치는 걷잡을 수 없는 혼란에 떨어지고 만다. '사사로운 자아'는 늘 눈앞에 보이는 이득과 향락에 이끌려 현혹되기 때문이다. 그래서 이들을 자기화하여 자기의 것이라고 착각하며 살아가는 오류를 범하게 한다.

경세의 담당자인 군주가 '사사로운 자아'로부터 벗어나지 못할 경우 백성들은 너나없이 '사사로운 것'들을 기준으로 삼고 이를 소유하려고 발버둥을 치게 된다. 그 길은 진리의 길보다 더 가까이 있다. 우리의 주변 환경에 놓여 있는 외물적 요소들은 '사사로운 것'들로 이루어져 있다. 군주가 '사사로운 자아'를 버리지 못할 때 백성들의 성정은 '사사로운 뜻'에 이끌려 즉흥적이고 감각적인 것들을 좇을 뿐 도리의 실천에는 전연 관심이 없게 된다.[12] 율곡은 이러한 결과를 심히 우려하는 것이다.

이렇게 본다면, 『순언』의 경세론적 과제는 무엇보다도 마음에 '결여된 진실성'을 찾는 일일 것이다. 그것은 율곡에 의하여 '사사로운 자아'의 배제로 나타난다. 이는 '참다운 마음'과 '바른 마음', 또는 '성실한 마음'이나 '공적인 마음'을 세우는 일이기도 하다. 사실 경세론적 과제에 있어서 이보다 중요한 문제는 달리 없을 것이다.

---

12) 『순언』 제40장 주, "道若大路, 豈難知而難行哉? 只是民情牽於私意求捷徑, 而不遵大路耳." 참조.

3. '유위'의 정치적 해독의 제거

『순언』이 『노자』를 근간으로 하여 '무위'를 정치의 원리로 제시하고 있다면, '유위'에 해당되는 내용들은 당연히 비판의 대상이 될 수밖에 없다. '유위'와 관련되는 내용들은 '진실성'이 결여되어 있기 때문이다. '유위'의 행위들은 언제나 중도를 벗어난 극단적인 양태로 나타난다. 그것은 언제나 자의적이고 일방적이다. '유위'와 관련을 맺고 있는 인간의 행위들은 여러 가지가 있겠지만, 율곡은 『순언』을 통하여 특히 정치적 측면의 작위적 행위들을 '유위'로 간주하고 이를 비판한다. '유위'의 행위들은 늘 '지나침'과 '중도를 벗어남'의 형태를 동반하고 나타난다.

이에 『순언』은 제30장에서 "그러므로 성인은 '지나치게 심함'을 제거하고, '사치스러움'을 제거하며, '교만함'을 제거한다"[13]라고 하여, 일체의 '유위'로부터 벗어날 것을 강조한다. 이때 제거해야만 할 대상인 ① '지나치게 심함'과 ② '사치스러움', ③ '교만함' 등은 모두 '유위'의 양태에 해당하는 것들이다. 여기에서 제시된 '유위'의 세 가지 양태인 ① '심(甚)', ② '사(奢)', ③ '태(泰)'는 해석이 분분하여 주석가들마다 서로 다른 입장을 보인다.

우선 하상공은 '심'은 음란한 성색을 지나치게 탐하는 것이며, '사'는 의복과 음식을 사치하는 것이며, '태'는 궁궐과 누대를 지나치게 꾸미는 것이라고 한다.[14] 런찌위(任繼愈, 1916~2009)는 이를 각각 극단적인 것, 사치스러운 것, 과분한 것으로서 풀이한다.[15] 후쿠나가 미쯔

---

13) 『순언』 제30장, "是以聖人은 去甚去奢去泰니라"

14) 河上公, 『道德眞經注』(『中華道藏』 第9册), 北京: 華夏出版社, 2004, 제29장 주, "甚謂貪淫聲色, 奢謂服飾飮食, 泰謂宮室臺榭."

지(福永光司, 1918~2001)는 '심'은 극단적이고 과도함, '사'는 욕망의 과도한 충족, '태'는 교만한 마음과 같다고 본다.[16] 사이토우 쇼우(齋藤晌, 1898~1989)는 '심'은 극단, '사'는 사치, '태'는 거대함(巨大)이라고 한다.[17] 이상의 내용은 모두 각각의 특징이 있으나, 여기에서는 일반적인 용례에 따라 '심'은 지나치게 심함, '사'는 사치스러움, '태'는 교만함으로 풀이하고자 한다. 이들은 모두 '중도'를 벗어난 '지나침'의 양태들이다.[18] 이 중에서 ②와 ③에 해당하는 것은 모두 ①의 범주 안에 수렴될 수 있는 한 가지 것들이기도 하다.[19] 그것은 모두 '유위의 지나침'이다.[20]

따라서 이 세 가지의 것들을 제거하면 자연스러움을 따를 수도 있고,[21] 노자가 제안하는 세 가지 보배[22]를 얻을 수도 있다. 북송의 도산(陶山) 육전(陸佃: 1042~1102, 자는 農師)은 이곳에 나타난 '유위'의 세 가지 양태가 노자가 말하는 세 가지 보배의 결여태라고 보고, 이 세 가지 '유위'의 양태를 제거하면 마땅히 세 가지 보배를 얻게 된다고 본다.[23] 율곡은 여기에 대해 다음과 같이 주석한다. "성인은 천하를 다스리는데 천하의 흐름을 따라 이롭도록 인도하고 각자의 재주를 따라 독실

---

15) 任繼愈, 『老子新譯』, 上海: 上海古籍出版社, 1982, 124쪽.
16) 福永光司, 『老子』, 東京: 朝日新聞社, 1974, 173쪽.
17) 齋藤晌, 『老子』, 東京: 集英社, 1983, 323쪽.
18) 朴世堂, 『新註道德經』, 제29장 주, "曰甚, 曰奢, 曰泰, 皆過當之名." 참조.
19) 林希逸, 『道德眞經口義』(『中華道藏』 第11册), 北京: 華夏出版社, 2004, 제29장 주, "甚奢泰, 只是一意."
20) 李榮, 『道德眞經注』(『中華道藏』 第9册), 北京: 華夏出版社, 2004, 제29장 주, "奢泰者, 卽有爲之事也."
21) 司馬光, 『道德眞經論』(『中華道藏』 第11册), 北京: 華夏出版社, 2004, 제29장 주, "任物自然, 但去此三者而已."
22) 『노자』 제67장, "我有三寶, 寶而持之. 一曰慈, 二曰儉, 三曰不敢爲天下先."
23) 육전의 주석에 관해서는 김탄허, 『현토역주 도덕경(1)』, 서울: 도서출판 교림, 1996, 394쪽을 참조하였다.

하게 해주며 오직 '지나치게 심함'을 제거할 뿐이니, 이른바 '천지의 도를 마름질하여 완성하고 천지의 마땅함을 도와 백성을 돕는다'고 하는 것이다."[24]

이러한 주석의 근저에는 『주역』 '태(泰)괘' 「상전(象傳)」[25]의 정신이 반영되어 있음을 확인할 수 있다. '태(泰)괘'는 건(☰)하 곤(☷)상의 구조를 지니고 있는 매우 이상적인 괘의 형상을 띠고 있다. 일반적으로 하늘이 위에 자리하고 땅이 아래에 존재하는 것이 정위일 것인데도 『주역』에서는 그 반대의 형상을 가장 이상적인 것이라고 한다. 그것은 천지의 도리 내지는 음양의 기운이 서로 사귀게 됨으로써 천지가 왕래하고 음양이 소통된다는 이념성으로부터 기인한다.

동일한 '태'라는 글자임에도 『노자』에 나타난 '태'의 의미와 『주역』의 괘명인 '태'가 지닌 의미는 근원적으로 다르다는 점이 시사적이다. 이들의 의미는 오히려 극과 극이다. 율곡은 이러한 대극적 대비를 통하여 『노자』의 문의를 자기 식으로 독해해 낸다. 바람직한 '태'의 구조가 깨지게 되면 그것은 가장 부정적인 '태'의 형태로 바뀌게 된다. 그것은 이미 '태'가 아닌 '비색함'이다. 율곡은 『성학집요』에서 '태괘'의 구이효사(九二爻辭)를 인용함과 동시에 이에 대한 정자의 해석을 인용한다. "시대가 태평하면 사람들은 편안한 것에 익숙해져서 감정이 제멋대로 풀어져 절도를 잃어버린다"[26]는 것이 그것이다. 요컨대 이상적인 평안함의 상태가 절제의 상실로 사라지게 된다는 인식이다.

이것은 '태괘'의 바로 다음 괘인 '비(否)괘'의 의미와도 같다. '비괘'는

---

24) 『순언』 제30장 주, "聖人之治天下, 因其勢, 而利導之, 因其材, 而篤焉, 只去其已甚者耳, 所謂裁成天地之道, 輔相天地之宜, 以左右民者也."

25) 『주역』, 泰, "象曰: 天地交, 泰, 后以財(裁)成天地之道, 輔相天地之宜, 以左右民."

26) 『율곡전서』 권25, 『성학집요』, 「위정 하」, "夫時之旣泰, 則人習於安, 其情肆而失節."

'태괘'와 정반대로 곤(☷)하 건(☰)상의 구조를 지니고 있다. 여기에서는 천지의 왕래가 끊어지고 만물의 생장이 막혀버리는 비색함이 나타난다. '비'는 인간의 도리와 전연 다른 것이다.[27] 따라서 『순언』에 나타난 '유위'의 행위들인 ① '지나치게 심함', ② '사치스러움', ③ '교만함' 등은 모두 『주역』의 '비괘'의 의미를 벗어나지 않는다. 그것은 군자와 같은 '대인'의 도리를 크게 벗어난 '소인'의 덕목인데, 만일 이러한 덕목을 따를 경우 군신상하가 서로 반목하고, 천하로부터 국가의 실체가 사라지는 결과를 초래하게 된다.[28]

'태'가 극단에 도달하면 '태'는 '비색함'으로 전변한다. 그리고 이것은 일종의 '교만함'과 같은 부정적 가치들을 그 안에 내함한다. 율곡은 여기에서 '태괘'에 관한 논의만을 제시했을 뿐인데도, 그 다음 괘인 '비괘'에 대한 논의를 간과하지 않고 있는 것으로 보인다. 오히려 '태괘'의 이상을 구현하기 위해서는 '비괘'의 부정적 요소들을 철저히 척결하여야 한다고 강변하고 있는 듯하다. '비괘'와 관련된 숨은 뜻이 강력한 위력을 발휘하면서 『노자』를 만나고 있는 것이다.

『주역』의 이상적인 정위처럼 하늘이 아래에 자리하고 땅이 위에 자리함으로써 양자가 소통할 수 있어야 함에도 오히려 하늘은 위에 있고 땅은 아래로 내려가 상호 불소통의 관계를 첨예화시키는 태도는 바람직하지 않다. 그것은 인생에도 바람직하지 않으며, 더욱이 정치현실에서는 이루 말할 수 없는 부정적 결과들을 초래한다. 하늘로 유비되는 군주가 절대로 백성과 만나고자 하지 않을 뿐만 아니라 상호 불소통적 관계를 벗어나지 못하기 때문이다. 하늘(군주)이 하늘높이 올라가 더 이상 올라갈 수 없을 정도가 되었을 때 군주의 '교만함'은

27) 『주역』, 否, "否之匪人."
28) 『주역』, 否, "象曰: … 上下不交而天下無邦也." 참조.

극에 달하는 것이다. 군주의 권능과 그의 권력은 백성이 엄연히 존재하는 데도 더 이상 그들이 존재하지 않는 것처럼 무시한다. 존재자가 존재하고 있음에도 그 존재의의를 외면하는 방식이 바로 무시하는 태도이다. 백성의 존재는 군주의 '교만함'에 가려질 때 군주의 안중에서 사라진다. 이런 경우 군주의 '후안무치'적 정치의 권력은 마치 맹수의 이빨과 발톱처럼 예리하게 드러나게 된다.

『순언』은 제30장에 이어 제31장에서도 '유위'의 정치적 해독에 대해 거론하였다. "세상에 꺼리고 피하는 것이 많으면 백성은 더욱 가난해지고 사람들이 권모술수가 많아지면 국가는 더욱 혼란해지며, 사람들이 기교와 솜씨가 많아지면 이상한 물건이 더욱 생겨나고 법령을 드러내면 드러낼수록 도적의 무리는 더욱 더 많아진다."[29] 여기에서 밝히고 있는 '유위'의 내용은 제30장에서 지적한 '지나치게 심한 것'들에 대한 구체적인 예들에 해당한다고 볼 수 있다. 즉 금기가 많고 권모술수가 횡행하며, 기교와 솜씨가 판을 치고 법령이 지나치게 많은 것 등은 모두 '유위의 지나침'에 해당한다. '유위의 지나침'은 백성의 가난을 유발하고 국가의 혼란과 기괴하고 야릇한 물건의 과잉, 그리고 도적의 창궐을 발생시킨다. 이러한 것은 모두 '유위'로 인한 '해로움'의 결과들이 아닐 수 없다.

이상의 내용에 관하여 율곡은 소자유의 말을 인용하여[30] 다음과 같이 주석한다. "소씨는 다음과 같이 말하였다. 임금이 꺼리고 피하

29) 『순언』 제31장, "天下애 多忌諱ᄒᆞ면 而民彌貧ᄒᆞ고 人多利器ᄒᆞ면 國家滋昏ᄒᆞ고 人多伎巧ᄒᆞ면 奇物滋起ᄒᆞ고 法令滋彰ᄒᆞ면 盜賊多有ᄒᆞᄂᆞ니라"

30) 蘇轍, 『道德眞經注』(『中華道藏』 第10册), 北京: 華夏出版社, 2004, 제57장 주, 394쪽, "人主多忌諱, 下情不上達, 則民貧而無告矣. 利器, 權謀也. 明君在上, 常使民無知無欲. 民多權謀, 則其上眩而昏矣. 人不敦本業而趨末伎, 則非常無益之物作矣. 患人之詐僞, 而多爲法令以勝之, 民無所措手足, 則日入於盜賊矣."

는 것이 많아 아랫사람의 실정이 위로 전달되지 못하면 백성은 빈곤하게 지내면서도 하소연할 곳이 없다. '편리한 기구'는 권모술수이다. 상하가 서로 지모로 속이면 백성도 권모술수가 많아져 윗사람은 더욱 어두워진다. '이상한 물건'은 기괴하고 특이한 것이다. 사람들이 본업에 충실하지 않고 말단의 재주를 추구하면 일상에 필요 없고 무익한 물건을 만들어 낸다. 사람들이 속임수를 쓰는 것을 근심하여 법령을 많이 내놓음으로써 그들을 억눌러 백성이 손발을 둘 곳이 없어지면 날로 도적의 소굴로 빠져들게 된다."[31]

뿐만 아니라, 『순언』은 "그 정사가 세세한 것까지 따지게 되면 백성이 각박해진다"[32]라고 하는 『노자』의 입장을 따라 '유위' 정치의 한계에 대해 지적하기도 한다. 이에 대해 율곡은 자신이 텍스트의 저본으로 삼았던 동사정의 『도덕진경집해』의 주석[33]을 취하여 다음과 같이 풀이한다. "동씨는 다음과 같이 말하였다. 덕을 닦는 것이 근본이 됨을 알지 못하고 오로지 재주와 지략을 숭상하며 형벌로 정사를 행하여 백성을 다스리려 한다면 반드시 상처받는 일이 생기니 그 때문에 각박해진다."[34] 즉 '재주와 지략'을 일삼는다거나 세세한 문제들에 이르기까지 간섭과 통제의 지배력을 발휘하여 '형벌'을 통한 정치를 수행한다면, 그 결과는 백성들의 마음에 상처를 입힐 뿐만 아니라

---

31) 『순언』 제31장 주, "蘇氏曰: 人主多忌諱, 下情不上達, 則民貧困, 而無告矣. 利器, 權謀也. 上下相欺以智, 則民多權謀, 而上益眩而昏矣. 奇物, 奇怪異物也. 人不敦本業, 而趨末伎, 則非常無益之物作矣. 患人之詐僞, 而多出法令以勝之, 民無所措手足, 則日入於盜賊矣."

32) 『순언』 제31장, "其政察察ᄒᆞ면 其民缺缺이니라"

33) 董思靖, 『道德眞經集解』(『老子集成』, 初編11, 臺北: 臺灣藝文印書館, 영인본), 제58장 주, "惟不知修德爲爲政之本, 而專尚才智, 乃欲以刑政刑齊民, 然民未可以遽齊, 苟務在於必齊, 則有所傷, 故缺缺也."

34) 『순언』 제31장 주, "董氏曰: 不知修德爲夲, 而專尚才智, 欲以刑政齊民, 則必有所傷, 故缺缺也."

민심을 각박하게 만드는 결과를 초래한다는 것이다.

이러한 결과는 모두 '유위' 정치의 해독에 관련된 것들이다. 그런데 '유위'의 정치적 태도들은 자체적으로 '진실성'이 결여된 유목적적 자의성 때문에 나타난다. 따라서 율곡은 '유위' 정치의 '해로움'을 '무위'의 경세적 원리를 통하여 제거해 나아가야 한다고 본다. '무위'는 '이로움'의 결과를 양산하며, '유위'의 결과 초래되는 '해로움'의 내용들을 제거하는 비판적 대안의 역할을 담지하기도 하기 때문이다.

4. 무력과 전쟁에 대한 부정

『순언』 제33장과 제34장은 '용병(用兵)'의 문제를 제기하고 있다. 이 '용병'의 문제는 국가를 운영하는데 있어서 없을 수는 없지만 필수적인 사안이 아닌 것만은 분명하다. 그것은 국가운영의 필수적인 문제라기보다는 도리어 '부득이 함'의 원리이어야만 한다. '용병'을 통한 전쟁에서 제 아무리 위대한 승리를 얻었다고 할지라도 그것이 '이로움'의 덕목을 갖춘 '무위'의 행위로 평가될 수는 없다. 전쟁의 승리에는 그 승리를 위하여 담보되어야만 하였던 백성들의 희생이 필연적으로 전제되어야만 하기 때문이다. 전쟁이란 그 결과의 승리와 패배를 불문하고 언제나 '해로움'의 결과를 양산해내는 '유위'적 행위일 수 밖에 없는 것이다.

강영안은 「레비나스의 '평화의 형이상학'」에서 전쟁을 다음과 같이 설명한다. 전쟁은 적대적인 힘을 무력하게 만들어 타인을 자신에게 종속시키고, 그렇게 함으로써 자신과 민족 또는 국가의 생존을 유지하고자 하는 목적을 가지고 있다.[35] 그런데 전쟁은 기본적으로 일반적인 폭력과 갈등처럼 타인을 수단으로 삼고 나의 지배 아래 두고자 하는 욕망으로부터 발생한다. 세계 안에서 자신의 존재를 유지하고자 애쓰는 자아는 자신의 존재 유지에 관심을 둘 뿐만 아니라 존재 유지를 실현하기 위하여 타인의 삶이 가진 존재경향과 자유의지를 어떤 방식으로든 제한하고자 한다. 모든 사람은 타인으로부터 구속받지 않는 자유와 독립성, 그리고 자신의 행복을 추구하고, 그 행복을 약속할 수 있는 자유와 권리를 될수록 많이 소유하기를 소망한다. 그러므로 자아의 자기중심주의는 타인의 자기중심적 노력과 갈등을 일으킬 수밖에 없다. 이를 통해 어쩔 수 없이 일반적인 갈등 상황이 전개된다. 동일한 세계 안에 거주하는 수많은 자아가 동시에 모두 세계의 중심일 수는 없기 때문이다. 그래서 개별적 자아는 각각 가능한 수단을 모두 동원하여 타인을 자신의 권력 아래 두거나 그렇지 않을 경우에는 타인을 제거하려고 노력한다. 그 극단의 행위는 곧 전쟁의 폭력이다.[36]

율곡은 이 같은 전쟁의 폭력을 반대한다. 율곡은 『순언』 제33장에서 『노자』를 인용하여 "도리를 통하여 임금을 보좌하는 사람은 무력으로 천하에서 강자 노릇을 하지 않는다. 세상일은 행한 그대로 되돌아오기 때문이다. 군사가 거처하던 곳에는 가시나무가 자라며 대군이 지나간 다음에는 반드시 흉년이 든다"[37]라고 하여 무력과 전쟁에 대한 부정적 태도를 분명히 한다. 전쟁의 결과는 가시나무를 돋게 하

35) 강영안, 「레비나스의 '평화의 형이상학'」, 『평화의 철학』, 서울: 철학과 현실사, 1995, 232쪽.

36) 강영안, 앞의 책, 231~322쪽 참조.

37) 『순언』 제33장, "以道佐人主者ᄂᆞᆫ 不以兵强天下ᄒᆞᄂᆞ니 其事好還ㅇ旋이라 師之所處애 荊棘生焉ᄒᆞ며 大軍之後애 必有凶年이니라"

며 흉년을 초래하는 등 극심한 폐해를 가져온다는 것이 그 이유이다. 여기서 백성들의 삶의 질서가 교란됨으로써 그들의 삶 자체가 황폐화되고, 또한 그들의 삶이 속박의 극치에 도달할 수밖에 없다는 주장이 '가시나무'의 비유를 타고 전해진다. 더불어 무력 사용과 전쟁의 발발로 인한 결과는 필연적으로 백성들에게 죽음의 그림자를 전달하게 될 것이라는 경고가 '흉년'이라는 이름의 강력한 이미지로 각인되고 있다.

이러한 내용은 인간의 잘못된 행위가 하늘과 땅의 자연성을 거역하였다는 역설적 지적이기도 하다. 그래서 율곡은 송나라 휘종의 말을 인용하여 "아래로는 백성의 힘을 소모시켰기 때문에 가시나무가 자라며, 위로는 조화로운 기운을 침범했기 때문에 흉년이 든다"라고 설명하였던 것이다.[38] 전쟁이란 인간이 자연의 질서를 거역하는 가장 반자연한 행위에 해당한다.

그럼에도 『순언』이 원용한 『노자』는 아예 무기 자체를 혐오하면서도 부득이한 경우에는 전쟁을 할 수밖에 없다는 사실을 수긍하기도 한다. 그러나 전쟁이란 어디까지나 자위를 위해 부득이한 경우에만 한정되어야 하며 자위의 목적이 달성되면 그 즉시 전쟁을 종식해야만 한다고 한다. 이러한 『노자』의 입장에는 인민들의 안녕을 도외시하고 사적인 야욕을 위해 광분하는 위정자들의 정치적 태도에 대한 강한 비판의식이 자리 잡고 있다고 볼 수 있다.[39] 무력을 통한 전쟁의 폐해는 우리의 상상을 초월하기 때문이다.

사물의 강성함이 극에 달하면 반드시 쇠락하는 것과 마찬가지로 전쟁의 도구인 군대의 강성함 역시 극단에 도달하면 자연 허물어질

---

38) 『순언』 제33장 注, "宋徽宗曰: 孟子所謂反乎爾者, 下奪民力, 故荊棘生焉, 上干和氣, 故有凶年." 참조.

39) 신동준, 『덕치 인치 법치』, 서울: 예문서원, 2003, 209쪽 참조.

수밖에 없다. 그것은 '진실성의 결여'와 연계되어 있을 뿐만 아니라 '해로움'의 가치영역과 최대한 맞닿아 있다. 군대의 권력을 통하여 이루어지는 전쟁이란 일체의 계략과 속임수, 위장하는 술수를 비롯해 상대의 약점을 무차별적으로 공략하는 등 진실하지 못한 무력적 행위의 체계라고 말할 수 있다. 전쟁은 그것이 '사사로운 자아'에 근거를 두는 한 인간의 개체성과 인격성을 관심과 고민의 대상으로 삼지 않는다.

지나친 무력의 사용은 언제나 무익하다. 이러한 이유 때문에 율곡은 경세의 담당자는 언제나 전쟁과 같은 종류의 지나친 무력의 사용이 '진실성'을 멀리 일탈해버린 '유위'의 대표적 양상임을 깨달아 언제나 '일찌감치 그칠 줄 알아야'만 한다고 주장한다. 무력이란 어느 경우에도 절대 문제해결의 근원적인 방법이 되지 못함을 인식하여야 한다는 것이다. 백성들은 무력을 사용하는 자를 최대한 기피한다. 백성들의 마음은 무력을 통해 강한 권력을 행사하고자 하는 자들의 마음으로는 절대로 얻을 수 없다.

이와 관련해서 『순언』 제33장의 본문에 인용된 "사물이 장성하면 노쇠해진다. 이는 도를 어기는 것이다. 도를 어기는 것은 오랫동안 유지하지 못한다"[40]라는 『노자』 제30장의 말과 함께 이에 대한 율곡의 주석을 참조해보기로 한다. 율곡의 주석은 다음과 같다.

> 동씨는 "사물의 장성함이 극에 이르면 노쇠해지는 것과 병력의 강함이 극에 이르면 패망하게 되는 것은 모두 도에 합당한 것이 아니니 일찌감치 멈출 줄 알아야 한다"고 하였다. 이 장은 도로 보좌하고 돕는다면 사람들이 마음으로 사랑하고 받들지만 무력을 사용해 강함을 다투면 사람들을 복종시키기에 부족하다는 것을 설명한다.[41]

---

40) 『순언』 제33장, "物壯則老ㅣ라 是謂不道ㅣ니 不道ᄂᆞᆫ 早已니라"

이와 같은 이유는 백성들의 마음이 그 자체로는 유약하지만 근본적으로 고귀한 자연성에 토대를 두고 있다는 점으로부터 말미암는다.

백성들의 마음을 얻지 못한다면 천하를 얻는다는 것 자체가 불가능하다. 그래서 율곡은 군대를 움직이기보다는 차라리 '무위'에 처하라고 한 『노자』의 생각에 동의한다. 천하는 '용병'으로 구해지는 것이 아니라 '억지로 지어서 행위하지 않는' 일종의 '무위'의 행위에 의해서 취해지는 것이기 때문이다.[42] 또한 율곡은 소자유의 말대로 "천하는 신령한 기물이니 다스려서는 안 된다. 이 때문에 도를 체득한 자는 천하를 취하려는 생각이 없는데도 천하 사람들은 그에게 귀의한다"는 관점에 따라 무력 전쟁보다는 이른바 '무위'의 '도'에 기준을 둔 경세의 입장을 분명히 견지하고 있다.[43]

이에 율곡은 『순언』 제34장에서 "군대란 상서롭지 못한 기구이다. 군자의 기구가 아니니 부득이하여 사용할 때는 편안하게 함이 최상이니 승리해도 불미스럽게 여긴다. 그런데 그것을 아름답게 여기는 자는 사람 죽이는 것을 즐기는 것이다. 사람 죽이는 것을 즐기는 자는 하늘 아래에서 자신의 뜻을 이루지 못한다"[44]라고 한 『노자』의 말을

---

41) 『순언』 제33장 주, "董氏曰: 物壯極則老, 兵强極則敗, 皆非合道, 宜早知止. 此章謂輔相以道, 則人心愛戴, 而用兵爭强, 不足服人."

42) 『순언』 제31장, "以正治國ᄒᆞ고 以奇用兵ᄒᆞ고 以無事取天下ᄒᆞᄂᆞ니라" 참조.

43) 『순언』 제31장 주, "蘇氏曰: 古之聖人, 柔遠能邇, 無意於用兵. 惟不得已, 然後有征伐之事. 故以治國爲正, 以用兵爲奇. 夫天下神器, 不可爲也. 是以體道者, 無心於取天下, 而天下歸之矣. 愚按, 成湯非富天下, 爲匹夫匹婦復讎, 而東征西怨, 是也." 참조.

44) 『순언』 제34장, "兵者ᄂᆞᆫ 不祥之器라 非君子之器니 不得已而用之ᄂᆞᆫ댄 恬惔이 爲上이니 勝而不美니라 而美之者ᄂᆞᆫ 是樂殺人이니 夫樂殺人者ᄂᆞᆫ 不可得志於天之下ㅣ니라"

인용하여 인간 생명의 소중함에 대한 역설과 함께 그 생명을 가장 강력하게 침해하는 죽임의 도구인 군대 또는 무력의 해독에 대해 강력하게 비판한다. 율곡은 이러한 전쟁 부정론적 논리가 유가에도 있음을 시사한다. 그는 『맹자』의 말을 인용하여 이를 방증하고자 한다. 즉 "살인을 즐기지 않는 자가 천하를 통일할 수 있다"[45]라거나 "전쟁을 잘하는 자는 최고의 형벌을 받아야 한다"[46]라는 말이 그것이다.

전쟁을 승리로 이끄는 것만이 능사가 아니다. 또한 부득이 전쟁을 하게 된다 하더라도 절대 백성을 수단으로 삼아 그들의 생명을 담보로 전쟁에 임해서는 안 된다. 군자의 도리는 생명을 중시하는데 있다. 그래서 군자는 평소에 왼쪽을 높이지만 전시에는 오른쪽을 높인다고 하는 행위의 방식을 좇는다.[47] 율곡은 이에 대한 주석에서 동사정의 말을 인용하여, "동씨는 다음과 같이 말한다. 왼쪽은 양의 질서가 되는데 양의 질서는 살리기를 좋아하지만, 오른쪽은 음의 질서가 되는데 음의 질서는 죽이기를 주로 한다"[48]라고 하였다.

여기에서도 확인되는 바와 같이 인간 생명을 살리는 일은 경세의 가장 기본적인 목표이기도 하다. 부득이 전쟁을 통하여 생명을 죽이는 일에 나아가게 된다면, 마땅히 슬퍼하고 차마 인간으로써는 하지 못하는 마음으로 임해야 하는 것임을 알 수 있다. 그래서 전쟁에 대한 예는 마치 '상례'를 대하듯 하지 않으면 안 된다. 전쟁에 이겼다고 포상을 하고 잔치를 벌이는 일은 사람 죽이기를 즐거워하고, 전쟁을 옹호하는 일과 다르지 않다.

---

45) 『순언』 제34장, "勝戰而以爲美者, 是嗜殺者也. 孟子曰: 不嗜殺人者, 能一之, 亦此意也" 참조. 여기에 인용된 맹자의 말은 「양혜왕 상」에 등장한다.

46) 『순언』 제34장, "愚按, 孟子曰: 善戰者, 服上刑, 亦此意也." 이곳에서 인용된 맹자의 출전은 「이루 상」이다.

47) 『순언』 제34장, "君子ㅣ 居則貴左ᄒᆞ고 用兵則貴右ᄒᆞᄂᆞ니"

48) 『순언』 제34장 주, "董氏曰: 左爲陽, 陽好生, 右爲陰, 陰主殺."

최상의 길은 어떠한 경우에도 전쟁을 하지 않는 것이다. 그것은 대타적 관계에 있어서의 '다투지 않는다'는 행위의 '무위'적 양식이며, 타인의 생명을 경시하지 않는 생명존중의 태도이다. '다투지 않는다'는 덕목은 무력과 전쟁의 해독을 무력화시킬 뿐만 아니라, 백성의 생명과 삶의 터전을 보장해주는 역할을 담당한다. 이러한 연유로 '성인'은 오로지 '다투지 않는다'고 한 것이다.

무력과 전쟁에 관해서는 '일찌감치 그칠 줄 알아야'만 한다. 그리고 그 그침이 시기적으로 이르면 이를수록 무력과 전쟁으로 인하여 초래될 혼란과 재앙의 결과는 상대적으로 최소화될 수밖에 없다. 전쟁에서 '일찌감치 그칠 줄 알아야' 한다는 것은 아예 전쟁 자체가 일어나지 않도록 미연에 방지한다는 의미를 지니고 있다. 경세의 담당자들은 '일찌감치 그칠 줄 아는' 전쟁 부정의 경세관을 가지고 현실정치에 임해야 할 책무가 있다.

밝은 정치는 무력과 전쟁에 대한 부정으로부터 비롯되는 성질의 것이지, 과도한 폭력과 전쟁이라는 '힘의 질서'에 의해서 구현될 종류의 것이 아니다. 『순언』에 나타난 이러한 무력과 전쟁에 대한 부정적 태도 역시 '무위' 정치의 현실적 적용의 한 사례임에 분명하다.

5. 신령숭배에 대한 비판

율곡은 신령의 존재와 그 숭배현상에 대한 자신의 입장을 명시적으로 밝힌다. 그는 『노자』 제60장의 문구를 원용하여 『순언』 제35장의 내용과 체계를 자신의 관점에서 재구성해 낸다. "도리로써 천하에 임하면 귀신의 존재는 신령스럽지 않다. 이는 귀신이 신령스럽지 않기 때문이 아니다. 그것은 신령이 백성을 해치지 않는 것이지 신령이 백성을 해치지 않기 때문이 아니다. 성인 또한 백성을 해치지 않으니, 저 양자가 서로 해치지 않으므로 덕이 서로 귀의한다."[49] 이것이 『순언』 제35장의 전문이다.

이에 관하여 율곡은 다음과 같이 설명한다.

> 성인이 천하를 다스리면 사람과 귀신이 제 각각 도리를 얻어 음양이 조화를 이루고 만물이 다스려지니 사악한 기운이 그 사이에 침범하는 일이 없다. 그러므로 귀신이 사람을 현혹하거나 기괴한 일을 일으키는 변란이 없다. 이것을 가리켜 "귀신이 신령스럽지 않다"고 하는 것이다. 어찌 도깨비가 백성을 해치는 일이 있겠는가? 성인의 다스림은 백성을 해치지 않기 때문에 사람과 귀신이 서로 기뻐하고 모든 덕이 서로 귀의함이 이와 같다. 『열자』에서 "사물은 탈이 없고 귀신은 신령한 반응이 없다"고 한 것이 이것이다. 주자는 "이처럼 왕도가 닦여 밝혀지면 부정한 기운이 모두 사라진다"고 하였다. 내가 생각하기에 후세에 석가와 노자를 숭상하여 부정한 제사를 널리 지내고 사찰과 도관을 즐비하게 만든 것은 반드시 귀신에게 신령함이 있도록 하려 한 것이니, 이는 진실로 이 책의 죄인이다. 세상을 다스리는 자가 이미 금하지도 못하고 또 그것을 따라 사람들을 미혹시키니 이 어찌 패악한 도리가 아니겠는가?[50]

49) 『순언』 제35장, "以道莅天下ㅣ면 其鬼不神ᄒᆞᄂᆞ니 非其鬼不神이라 其神이 不傷民이오 非其神不傷民이라 聖人이 亦不傷民이니 夫兩不相傷이라 故로 德交歸焉이니라"

50) 『순언』 제35장 주, "聖人之治天下, 人神各得其道, 陰陽和, 而萬物理, 無有邪氣干其間. 故鬼神無眩怪之變, 此謂其鬼不神也. 豈有鬼怪傷民者乎? 聖人之治, 不傷於民. 故人神胥悅, 衆德交歸如此. 列子曰: 物無疵癘, 鬼無靈響, 是也. 朱子曰: 若是王道修明, 則不正之氣, 都消鑠了. 愚按, 後世崇尙佛老, 廣張淫祀, 寺觀相望, 必欲使其鬼有神, 眞此書之罪人也. 治世者, 旣不能禁, 又從而惑之, 豈不悖哉?"

율곡은 불교와 노장을 귀신의 존재와 관련지어 설명한다. 불교나 노장이 융성하여 사찰을 짓고 도관을 세우며 제사를 지내는 것은 귀신의 위력을 발휘할 수 있는 기회를 제공한다는 것이다. 귀신이 위력을 발휘하지 못하도록 불교와 노장을 금지시켜야 하는데, 지도자들이 이를 등한히 하고 함께 현혹되어 있다는 것이 당대 현실을 본 율곡의 걱정이었다. 즉 도·불의 종교 활동은 천하를 안정시키기보다는 오히려 귀신의 활동을 부추겨 혼란만 더욱 가중시키고 있다는 현실이 문제라면 문제였던 것이다.[51]

전통적으로 신령에 대한 숭배현상은 사회적 혼란과 밀접한 연관관계를 지니고 있다. 그것은 당대의 정치적 현실과도 긴밀하게 맞물려 있는 문제이다. 만일 정치가 자신의 올바름을 상실하게 되면 백성들은 마음 둘 곳을 잃어버리고, 당대의 정치현실로부터 도피하여 초월적이고 추상적인 '허위의식'적 요소들에 침륜되기가 쉽다. 그리고 많은 '허위의식'의 종류 중에는 신령에 대한 숭배현상을 빼놓을 수 없는데, 이것은 일종의 귀신숭배의 형태를 띠고 사회적 표면으로 떠오른다. 본래 귀신숭배는 자연숭배의 일종이다. 그것은 인간 외적 자연물인 산천, 일월성신을 비롯한 온갖 동식물에 혼령이 깃들어 있다는 생각에 착안하여 인간이 범접하기 힘든 힘의 질서와 일종의 종교적 권능을 그들에게 부여한 것이다. 그 범주 안에는 온갖 야수적 존재들까지 편입되어 있다.

그런데 천개의 얼굴을 가진 노자는 율곡에 의해서도 이중의 얼굴을 갖고 독해되고 있음이 확인된다. 율곡은 자신이 『순언』을 저술하

---

51) 김석중, 「『순언』을 통해 본 율곡의 노자이해」, 연세대학교 교육대학원 석사학위논문, 1994, 75쪽 참조.

는데 결정적 영향을 미친 노자 또는 『노자』가 성인의 길과 멀지 않다고 생각했지만, 신령숭배의 대상으로 신격화된 노자와 그의 텍스트는 사회적 혼란을 야기하는 결정적 인자였음을 부정할 수 없다고 평가하였다. 율곡에 의해서 두 얼굴을 가진 인물로 비쳐진 노자는 한 인물의 양면적 형태의 드러남 이상으로 서로가 만나기 힘든 거리감이 있다. 율곡의 걱정이 여기에 있었다. 세상에서 노자를 오해하고 더욱 오해할 수밖에 없게 하는 장애물들이 있다면 그것을 버리고 노자 자체에 충실하여야만 한다는 것이다. 여기에서 왜곡된 노자의 얼굴을 넘어 진정한 노자를 드러내라는 율곡의 걱정이 참신하기만 하다.

율곡은 노자의 왜곡된 양상 중에서도 가장 오래되고 폭넓게 확산된 형태는 다름 아닌 '신'의 영역으로 강제 이주된 노자일 것이라고 본다. 그것은 사실상 '노자'라고 하기보다는 '태상노군(太上老君)'을 지칭한다. 노자가 신격화된 이름이 바로 '태상노군'이다. 노자의 신격화는 후한시대 도교의 성립 이후에 집중적으로 나타난다. 도교에서는 '태상노군'이 우리에게 잘 알려진 '옥황상제'보다 더 높은 위치에 자리하기도 한다. 율곡 당대의 사람들은 불교의 숭배 대상인 '부처'라는 존재와 더불어 '노자'를 숭배하기도 하였는데, '신'이 된 '노자'는 '도관'[52]이라고 하는 종교적 장소에서 보다 강한 신령의 힘과 능력을 발휘하게 되었던 것이다. 그러나 그것은 엄밀하게 말하여 '노자'가 아닌 '태상노군'이었다.

『운급칠첨』은 '태상노군'을 신비화하여 다음과 같이 묘사하고 있다.

> 태상노군은 혼원황제이다. 즉 그는 시작이 없는 곳에서 생겨났으며

---

52) 교단도교의 시설인 '도관'은 북위 시대 구겸지(寇謙之: 363~448)에 의하여 처음 설치되었다. 이에 반하여 민간도교의 시설은 '묘(廟)'의 형태를 띠고 나타났다.

원인이 없는 곳에서 일어나 만 가지 도리의 선하가 되니 본연한 기운의 조상이다. 대개 빛과 형상이 없으며, 소리와 가락이 없고, 마루와 단서가 없이 그윽하고 그윽하여 드러남이 없다.53)

또한 『포박자』에 나타난 '태상노군'의 모습은 다음과 같다.

태상노군의 참모습은, … 신장은 9척에 황색이며, 코가 높고 입은 새의 부리처럼 생겼다. 빼어난 눈썹의 길이는 5촌, 귀의 길이는 7촌이며, 이마에는 세 개의 심줄이 위 아래로 파여 있고, 발에는 팔괘가 있다. 신령스런 거북이로 침대를 삼으며, 궁전은 금과 옥으로 되어 있고 계단은 하얀 은으로 만들어졌다. 의복은 오색의 구름으로 되어 있고, 관은 몇 겹으로 겹쳐져 있다. 지니고 있는 검은 끝이 뾰족한 작은 창처럼 생겼다. 황색의 동자 120명이 따르고 왼쪽에는 12마리의 청룡이, 오른쪽에는 26마리의 백호가, 앞에는 24마리의 주작이, 뒤에는 72마리의 현무가 그를 호위하고 있다. 길을 나설 때는 앞에서 12마리의 '궁기'라는 신령한 짐승이 앞장서고 36마리의 '벽사'라는 신수가 뒤를 따른다. 머리 위에는 항상 벼락과 번개가 있어 눈부시게 빛을 발한다. … 만일 사람들이 이런 모습의 '태상노군'을 만날 수 있다면 생명이 연장되고 마음은 해와 달처럼 밝아져 모르는 일이 없게 된다.54)

율곡은 신격화된 '태상노군'을 넘어 '노자' 자체를 보라고 한다. 즉, 기복신앙의 대상으로 변질된 '노자'를 이전의 '노자'로 복권시키라는

---

53) 『雲笈七籤』(『중화도장』 제29책), 권101, 「混元皇帝紀」, 785쪽, "太上老君者, 混元皇帝也. 乃生於無始, 起於無因, 爲萬道之先, 元氣之祖也. 蓋無光無象, 無音無聲, 無宗無緒. 幽幽冥冥."

54) 『포박자』(『중화도장』 제25책), 내편, 권15, 「雜應」, 66~67쪽, "老君眞形者, … 身長九尺, 黃色, 鳥喙隆鼻, 秀眉長五寸, 耳長七寸, 額有三理上下徹, 足有八卦, 以神龜爲牀, 金樓玉堂, 白銀爲堦, 五色雲爲衣, 重疊之冠, 鋒鋋之劍, 從黃童百二十人, 左有十二青龍, 右有二十六白虎, 前有二十四朱雀, 後有七十二玄武, 前道十二窮奇, 後從三十六辟邪, 雷電在上, 晃晃昱昱. … 見老君則年命延長, 心如日月, 無事不知也."

것이다.

사실 혼란한 현실에서 기복대상의 신앙적 매개체로 전락한 노자는 이미 이전의 노자가 아니다. 그는 이제 사적 인간에 의해서 제기되는 개별적 욕망의 요청들에 일일이 화답하거나 또는 거역하는 새로운 주체로서 자신의 존재의의를 확보한다. 분열의 주체와 대상을 상정하지 않았던 노자가 역설적이게도 절대를 향한 타자적 우상으로 격상한 것이다. '그'는 이제 노자가 가장 경계하였던 '나'의 소유욕에 응답하여만 할 '청자'가 되었다. '그'가 '청자'로서 들어야 할 이야기들은 이제 '화자'의 욕망과 관련된 내용들이었다. '나'를 위해서 기복하는 목소리가 노자에게 전달되는 것이다. '나'를 위해서 부동산의 가격이 올라야 하고, '나'를 위해서 다른 사람이 넘어지기도 해야 하는 욕망이 '노자'를 통해, 아니 보다 정확하게는 '태상노군'을 통해 기복화되는 것이다.

율곡이 볼 때 일체의 기복적 요소들은 모두가 '삿된 것'들로서 '진실성의 결여'적 행태라고 볼 수 있다. 즉 이들은 '진실성'을 기준으로 극복되어야 할 과제들인 셈이다. 신령숭배의 부정은 율곡의 이성주의적 사유와 강하게 맞물려 있다. 이러한 유가적 이성주의의 시각에서 본다면, '태상노군'이라는 형태로 격상된 '노자'도 세간에서 생각하는 것만큼 그렇게 높은 위격을 차지한다거나 강력한 권능을 갖는 소유자로 평가되지는 않았을 가능성이 있다. 그것은 주변의 다양한 종류의 여타한 귀신들처럼 하나의 잡신으로 취급되었을 가능성이 높기 때문이다.

신령의 부정을 통하여 자신의 직분에 맞는 사회질서를 합리적으로 구현해 내고자 하였던 선배 유학자 정암(靜庵) 조광조(趙光祖, 1482~1519)처럼 율곡 역시 '유가적 이성의 왕국'을 현실에 구현하고자 한 것이다.

율곡에게 강한 영향력을 미친 조정암은 일찍이 상소를 올려 관청도교의 온상인 '소격서'를 철폐한 바 있다. 그것은 중종 13년(1518)의 일이었다.

'소격서'는 태종 때까지만 해도 '소격전'이었던 것이 세조 12년(1466)에 와서 개칭된 것으로, 서울 삼청동에 성제단을 세우고 도교의 일월성신을 구상화한 상청 · 태청 · 옥청 등을 제사지내는 일을 맡아보았다. '삼청전'에는 옥황상제 · 태상노군 · 보화천존 등 남신상을 모셔 제사지냈으며, '태일전'에서는 칠성제수를 제사지냈는데 모두 여신상이었다.[55] 정암 조광조와 같은 조선 사대부의 의식의 범주 안에서 도교에 대한 인식은 반이성주의적 사유의 전범으로 평가되지 않을 수 없었으며, 이러한 인식은 이후 율곡에게 전해져 결정적인 영향력으로 남는다고 볼 수 있다.

그리고 이제 이와 같은 사유는 일종의 합목적적 이념의 유가적 이상을 반영한 '왕도정치'의 구현이라는 이름으로 나타나게 된다. 정암 조광조는 유가의 정치적 이상이 '왕도'를 현실에 구현하는 것이라고 본다. 그는 "도학을 높이고, 인심을 바르게 하며, 성현을 본받고, '지극한 정치'(至治)를 일으킨다"[56]고 하여 도학정치의 구현을 '지극한 정치'라는 말로 표현한 바 있다. 정암과 율곡의 도교비판은 이 같은 '왕도정치'에 기준을 둔 도학정신으로부터 말미암는 것이다. '왕도'의 구현만이 사람과 사물의 존재로 하여금 자기의 역할에 충실하게 하고 천지의 화육에 동참할 수 있게 한다는 이유 때문이다.

55) 이에 대해서는 김승동, 『도교사상사전』, 부산: 부산대학교 출판국, 2004, 678~679쪽을 참조할 것.

56) 『정암집』 부록, 권1, 事實, "崇道學, 正人心, 法聖賢, 興至治."

6. 『순언』의 경세론적 의의

『순언』은 이상과 같은 노자적 경세론의 내용들을 고스란히 담아내면서도, 또한 그 총결부분에 이르러서는 이를 수렴하여 '왕도정치'의 효과로써 귀결시키는 특징이 있다. 특히, 현실정치에서 도리가 닦여 밝혀지게 되면 부정한 기운이 모두 사라진다는 주자의 말을 인용하여 왕도정치의 효용에 관하여 담론하였던 율곡의 입장에서는 노자를 통해 노자를 보기보다는 유가 또는 성리학을 통해 노자를 독해한 특징이 발견된다. 그럼에도 유가 또는 성리학의 정치적 이상인 왕도정치란 노자의 경세론적 덕목들과 서로 상충되지 않을 뿐만 아니라 도리어 상호 소통된다는 입장이 확인되기도 한다.

본문의 내용을 통하여 살펴보았던 것처럼 율곡은 왕도정치가 인간 존재로부터 귀신에 이르기까지 모두 자신의 자리를 얻게 하는 효과를 발휘한다고 주장한다.[57] 설혹 귀신이 실제로 존재한다고 할지라도 그들이 사특함과 기괴함을 통하여 인간 세상에 실력을 행사한다는 방식으로 인간의 일에 관여하는 일은 없다고 한다. 다만 그것은 왕도정치가 구현되었을 경우에 한한다. 이렇게 본다면, 율곡은 '왕도정치'를 주창하였던 맹자의 전통에 대단히 충실한 것으로 평가된다. 실제로 왕도정치의 구현 가능성을 인간 본성의 선함에서 찾았던 맹자와 마찬가지로 율곡은 인간의 현실적 불선함에 대해서도 항상 선함의 가치로 대해야 한다고 주장하였고, 이 세상에 포기할 대상은 아무것도 없다는 입장을 표명하였다. 결국 『순언』의 경세론적 목표는 유

57) 『순언』 제35장 종결부분, "右第三十五章. 言王道之效, 至於人神各得其所."

가의 이상인 왕도정치의 구현에 있었던 것이며, 그 이상을 추구하기 위하여 『노자』의 유사 맥락들을 확대 적용하여 새로운 방법적 고찰을 시도하였던 것이라고 평가할 수 있다.

한편 율곡의 경세론적 특징에는 '진실성의 결여'를 넘어 진실성을 구현하고자 노력하는 강한 실천정신이 발견된다. 이러한 『순언』의 특징은 '무실(無實)'을 넘어 '무실(務實)'에 힘쓰는 '무실정신'으로 집약될 수 있다. 따라서 나는 『순언』의 경세론적 입장을 '무실의 경세학'이라고 규정할 수 있다고 본다. 사실 이러한 율곡의 '무실의 경세학'적 태도는 이후 등장하는 조선의 실학사상에 강력한 영향력으로 남게 되며, 일부 실학자들에 의해서 노장철학을 원용한 새로운 기풍의 실학사조를 양산해내는 데 일조하기도 한다. 일반적으로 '허무'라는 개념으로 독해되는 노장의 '허무'가 실은 '허무'가 아니라 '진실성 자체'이며, 그것은 오히려 진실하지 못한 것들을 척결하려는 설득력 있는 이념성을 수반하고 있다는 믿음의 체계로 전향되어 나타난다.

『순언』은 이 같은 특징이 온전하게 잘 반영되어 있다. '수기'(수신)와 '치인'의 내용을 철학적으로 담론한 이후에 율곡은 이들에 대한 실천을 소홀히 해서는 안 된다는 경고를 잊지 않는다. 그것이 『순언』 제36장에서 『노자』의 비유적 언어를 통하여 잘 전달되고 있다.

> 아름드리의 나무는 터럭의 끝처럼 가는 것으로부터 생겨나고 구층의 누대는 한 줌의 흙을 쌓는 일에서부터 시작되며 천리 길은 첫 걸음부터 시작된다. 쉬운 것으로 말미암아 어려운 것을 도모하고 작은 것에서부터 큰일을 하니, 천하의 어려운 일은 반드시 쉬운 것에서 생기며 천하의 큰일은 반드시 작은 것에서부터 시작된다.[58]

---

58) 『순언』 제36장, "合抱之木이 生於毫末ᄒᆞ며 九層之臺ㅣ 起於累土ᄒᆞ며 千里之行이 始於足下ᄒᆞᄂᆞ니 圖難於其易ᄒᆞ며 爲大於其細니 天下之難事ㅣ

모든 일에는 선후와 완급이 있다. 일의 실천은 처음부터 무리하고 어려운 일에서 시작하기보다는 가깝고 쉬우면서도 작은 것으로부터 시작하여야 한다. 그러면서도 쉽고 작은 일들에 대한 경계를 늦추지 않아야만 한다. 자칫 쉽고 작다고 하여 소홀하게 대했다가는 후에 걷잡을 수 없는 결과를 초래할지도 모른다. 이런 연유 때문에 율곡은 자아 수련의 실천이나 경세의 실천은 모두 가깝고 가벼우면서도 작고 쉬운 일부터 정성스럽게 대하여, 그것이 어떠한 결과를 낳을 것인지를 항상 신중하게 고려해야만 한다고 주장한다.[59]

또한 『순언』은 제36장 제5구에서 “편안한 것은 지키기 쉽고 아직 조짐도 싹트지 않은 것은 도모하기 쉬우며 무른 것은 깨뜨리기 쉽고 미미한 것은 흩뜨리기 쉬우니, 생기기 전에 대비하며 어려워지기 전에 다스린다”[60]라고 한 문구에 대해 “모든 일은 처음부터 조심하면 끝내 반드시 우환이 없다. 이를 자신에게 닦음에 있어서는 ‘머지않아 돌아간다’는 뜻이 되고, 나라를 다스리는 데 있어서는 ‘하늘에서 비가 오기 전에 둥지의 입구를 수리한다’는 뜻이 된다”[61]라고 주석하였다.

율곡은 여기에서 『주역』의 ‘복괘’(復卦: 진(☳)하, 곤(☷)상)와 『시경』을 인용하여 ‘수기’와 ‘치인’의 실천적 문제에 대해서 언급하고 있다. 특히 율곡은 『주역』 ‘복괘’ 초구(初九) 「상전(象傳)」에 “머지않아 돌아감은 몸을 닦았기 때문이다”(不遠之復, 以修身也)라고 하여 ‘돌아감’(復)의 의미를 ‘수

必作於易ᄒᆞ며 天下之大事ㅣ 必作於細니라”

59) 『순언』 제36장 注, “若以細事爲微而忽之, 以易事爲無傷而不愼, 則細必成大, 易必成難, 言當愼之於始, 而慮其所終也” 참조.

60) 『순언』 제36장, “其安은 易持며 其未兆ᄂᆞᆫ 易謀ㅣ며 其脆ᄂᆞᆫ 易破ㅣ며 其微ᄂᆞᆫ 易散이니 爲之於未有ᄒᆞ며 治之於未難이라”

61) 『순언』 제36장 注, “凡事愼始, 則終必無患, 在修己, 則爲不遠而復, 在爲國, 則爲迨天未雨, 綢繆牖戶之意.”

신'으로 보고 있는 점에 착안하여 '수신'의 행위가 '돌아감'과 다르지 않다고 본다. 이러한 점은 또한 「상전」에서 "머지않아 돌아감은 군자가 자신의 몸을 닦는 도리이다. 학문의 방도는 다른 것이 없다. 오직 불선함을 알았다면 즉시 고쳐서 선함을 따르는 일일 뿐이다"[62]라고 말한 것처럼 도덕적 선의지의 실현과 밀접한 관련을 갖는다. 한편, '하늘에서 비가 오기 전에 둥지의 입구를 수리한다'라고 한 말은 『시경』의 내용을 인용한 것임을 알 수 있다.[63]

이상의 내용은 율곡이 고전의 문구를 인용하여 이를 '수기'(수신)와 '치인'의 문제에 각각 적용하여 설명한 것으로써 모든 일의 시작을 조심하라는 내용을 담고 있다. 그것은 '유비무환'의 정신이기도 하다. 미리 준비하고 미리 예방하는 것만큼 중요한 것도 없다. 실천의 문제에는 쉽고 어려움이 따로 있을 수 없다. 노자의 말처럼 쉬운 일이 어려운 일일 수 있고, 어려운 일이 쉬운 일일 수 있다.[64] 율곡은 닦음의 실천문제에 관한 한 그 어느 문제에 있어서보다 더 '빈틈없는 신중함'을 보인다. 그 '빈틈없는 신중함'은 '진실성'에 대한 확인과도 같은 것이기에 한시라도 소홀히 할 수 없고 처음과 끝이 일관적이라야 하는 것이다. 이러한 점은 율곡적인 '무실(務實)'의 실천론과 그 맥락이 정확하게 일치하는 면모를 보인다.

그런데 이미 본문의 내용을 통해서 살펴본 것과 같이 율곡적 '무실(務實)'의 실천론은 '진실성의 결여'(無實)의 배제와 밀접한 관련을 갖는다. 보다 명확한 실천의 목표를 구현하기 위해서는 현실의 문제들에

---

62) 『주역』, 「復」, "不遠而復者, 君子所以修其身之道也. 學問之道, 无他也. 唯其知不善, 則速改以從善而已."

63) 『시경』, 「豳風 · 鴟鴞」, "迨天之未陰雨, 徹彼桑土, 綢繆牖戶. 今女下民, 或敢侮予?" 참조.

64) 『노자』 제2장, "難易相成."

대하여 과연 문제 자체가 어디에 있는지, 그 문제는 왜 문제가 되는지에 대한 이유를 제대로 인식해야 할 필요가 있었기에 율곡은 이를 집중적으로 조명하여 반성할 필요성을 느꼈던 것이다. 그리고 부정적 현실의 제 문제들을 가리켜 율곡은 '진실성의 결여'라고 표현하면서, '진실성이 결여되어 있는 것' 자체를 문제 삼기 시작하였다고 볼 수 있다. 자신의 '무실(務實)'의 실천학을 완성해 나아가기 위해서라도 눈에 보이는 모든 명료한 '진실성의 결여'의 요소들부터 과감하게 척결하여 나아가지 않으면 안 되었던 것이다.

이러한 '진실성의 결여'의 배제에 관한 논의는 율곡의 임종 10여 년 전에 이루어진 「만언봉사」(1574)에서 그 맹아가 발견된 이후 임종 4, 5년 전에는 이미 그 면모가 완성되어 있었을 것이라 추정되는 『순언』에서 그 사상의 대체가 노자를 등에 업고 집중적인 비판의식과 함께 나타나게 된 것이라 여겨진다. 이렇게 본다면, 「만언봉사」의 저술이 이루어진 이후 바로 다음해, 즉 율곡의 나이 40세에 완성되는 『성학집요』의 체계는 『순언』의 편집 체계에 결정적인 영향을 미치게 되며, 또한 『순언』의 저술 이후 그의 임종 중간인 1582년에 저술한 「(임오)진시폐소」는 『순언』에서도 삭거되었던 『노자』의 문구까지 원용하면서 더욱 강한 현실 비판의식을 대내외적으로 천명하면서,[65] '진실성의 결여'에 대한 비판론적 맥락을 다시금 확인하고 있음이 발견된다.

---

65) 『율곡전서』 권7, 疏箚, 「(壬午)陳時弊疏」, "自古欲治而不能者有二焉. 多慾之君, 自奉甚廣, 宮室之盛, 聲色之娛, 馳騁弋獵之樂, 不能自抑, 故民不能堪而亂作者一也" 참조. 이 내용은 『순언』에서 삭거되었던 『노자』 제53장의 다음과 같은 비판적 내용을 연상케 한다. "궁실이 깨끗하고 화려하면 논밭에는 심하게 잡초가 우거지고 창고는 심하게 빌 것인데, 문채 있는 옷을 입고 예리한 칼을 차고 실컷 먹고 마시며 재화가 남음이 있게 되면 이를 일러 '도적의 우두머리'라고 하는 것이다."(『노자』 제53장, "朝甚除, 田甚蕪, 倉甚虛. 服文綵, 帶利劍, 厭飮食, 財貨有餘, 是謂盜夸.")

이상과 같은 내용을 담고 있는 율곡의 『순언』은 유가와 도가, 또는 성리학과 노자에 대한 상호 소통론적 경세론의 입장을 보여주는 특징이 있다. 인간의 세상에서 특히 모순과 갈등으로 혼탁해지기 쉬운 것이 우리의 정치현실임을 감안할 때 당대의 이념적 투쟁의 양대 산맥이라고도 할 수 있는 성리학적 사유와 노자의 사유를 한 자리에 모아 화해시키고, 그 이념적 소통을 모색한 율곡의 노력은 이 시대에도 시사하는 바가 크다. '소통의 경세학' 또는 '무실의 경세학', 이것이야말로 율곡 『순언』의 경세론적 특징이자 의의라고 말할 수 있을 것이다.

제9장
정치철학적 믿음의 함의

1. 문제의 제기

『노자』의 '믿음'(信)에 관한 주제는 그동안 연구자들에 의해 크게 주목받지 못했다.[1] 이 주제는 노자에게서보다는 오히려 유학에서 더 많이 다루어지는 문제이기도 하다. '인의예지'라는 네 가지 덕 이외에 믿음이라는 의미를 갖는 '신'의 덕목을 덧붙여 유학은 다섯 가지 덕의 의의를 거론하기 때문이다. 이러한 이유 때문에 나는 이 글을 통해 『순언』의 다양한 철학적 주제들 가운데 특히 믿음의 문제를 중심으로 그 정치철학적 함의에 관하여 검토해보고자 한다.

동양철학 내부에서 믿음의 주제는 서양철학에서처럼 부정적이거나 배척적인 대상이 아니다. 종교가 믿음을 내용으로 삼는 반면, 철학이 진리를 사유의 내용으로 삼는다는 일상적 믿음은 오히려 믿음에 배리될 경우가 있다. 믿음의 범주는 엄연한 철학적 주제이다. 그에 대한 논의는 매우 오래된 역사를 갖는다. 물론 신념화된 믿음의 폐해가 없는 것은 아니지만, 진실한 존재에 대한 이해가 믿음이며, 올바른 인식에 대한 앎의 태도가 믿음이라는 점에서, 제대로 된 믿음은 배척의 대상이 아니다.[2] 그것은 유불도 삼가가 마찬가지다.

1) 『노자』에서 '신(信)'이라는 개념이 직접 등장하는 장은 제8장, 제17장, 제21장, 제23장, 제38장, 제49장, 제63장, 제81장으로 총 여덟 개 장이다. 『순언』은 이 가운데 제49장, 제63장, 제81장에 표현된 '신'의 개념을 원용하고 있다. 이들은 이 글의 주요 분석대상이다. 그러나 이 글에서는 직접 '신'의 개념이 제시되지는 않았지만, 전통적 믿음의 대상이었던 '천명'에 대한 율곡의 서술내용을 포함하여 논의를 전개할 것임을 전제한다.

2) 믿음이 지식과 관련을 갖는다는 측면에 대해 순자는 다음과 같이 논의한 바 있다. "믿을 만한 것을 믿는 것이 믿음이며, 의심스러운 것을 의심하는 것 또한 믿음이다."(『순자』, 「非十二子」, "信信信也, 疑疑亦信也.") 이로써

믿음의 개념은 다의적이다.[3] 그럼에도 그 개념 안에는 '참됨'(眞), '성실함'(誠), '거짓 없음'(無妄), '신중함 또는 진실함'(愼) 등의 의미가 함께 내재되어 있다.[4] 믿음은 진실하게 세계를 보는 것이고, 참되게 이해하는 것이며, 성실하게 살아가는 것에 대한 실천력 이외의 다른 것이 아니다. 『노자』에 간헐적으로 나타나는 믿음의 개념 역시 예외가 아니다. 『노자』를 대상으로 율곡이 새롭게 해석한 『순언』 안에 나타난 믿음의 함의 역시 이를 벗어나지 않는다.

여기에서는 이러한 전제 아래 다음과 같은 세 가지 문제를 중점적으로 검토해보고자 한다. 첫째, 『순언』에 나타난 '천명'의 개념에 주목하고, 이에 대한 믿음과 자각의 요청에 대한 율곡의 입장을 확인한다. 둘째, 언어와 정치적 믿음의 관계에 대해 살펴본다. 셋째, 믿음을 통한 정치와 도덕의 상호 소통적 실천의 문제에 대해 살펴본다. 이와 같은 세 가지 주제는 상호 연관성을 갖는다. 그리고 전체적으로 세 가지 주제는 정치철학적 함의를 갖는다는 공통점이 있고, 그것이 도덕의 요청에 호응한다는 특징이 있다. 이와 같은 내용이 『순언』에서 어떻게 전개되고 있는지, 그 내용을 보다 구체적으로 검토해보는 것이 이 글의 목적이다.

본다면 믿음과 의심의 경계에는 반드시 명증한 것에 관한 지식의 관여가 필수적인 것임을 알 수 있다.

3) 『순언』에 나타난 믿음의 의미 역시 다의적이다. 이러한 특징 때문에 믿음에 대한 특정한 정의를 선언적으로 제시할 수 없는 한계가 있다. 이 글에서는 도리어 그 다의성을 확인하는 것이 『노자』와 구별되는 『순언』의 특징이라고 보면 될 것이다. 왜냐하면 『노자』와 『순언』에 제시되고 있는 믿음의 의미는 특정한 개념으로 한정되지 않을 뿐만 아니라, 그 믿음의 대상인 종교, 정치, 도덕, 언어 등의 내용과 특징이 상호 차별되기 때문이다.

4) 諸橋轍次, 『大漢和辭典』 卷1, 東京: 大修館書店, 1984, 798쪽 참조.

2. 천명에 대한 믿음과 자각

유가는 '천명(天命)'에 대한 믿음과 자각을 요청한다. 율곡 역시 예외가 아니다. 물론 율곡이 『순언』에서 믿음이란 개념을 제시하면서까지 '천명'에 대한 자각문제를 언급한 것은 아니다. 그럼에도 율곡은 『노자』를 풀이하는데 있어서 유가의 대표적인 사상이기도 한 '천명'의 개념을 원용하여 자신의 방식으로 『노자』를 해석한 특징이 있다. 요컨대 율곡은 '천명'에 대한 믿음을 전제로 『노자』를 해석하였다고 볼 수 있다.[5]

『논어』는 '천명'과 관련하여 다음과 같이 말한다. "군자는 세 가지 두려워하는 것이 있다. 천명을 두려워하고 대인을 두려워하고 성인의 말씀을 두려워한다. 소인은 천명을 모르고 두려워하지 않으며, 대인을 업신여기며, 성인의 말씀을 깔본다."[6] 이처럼 소인이 천명을 알기가 어렵다고 한 공자조차 사실은 자기 자신도 천명을 알기가 쉽지는 않았다고 밝힌다. 그는 나이 50에 이르러서야 비로소 천명을 알게 되었다고 술회하고 있기 때문이다.[7]

유가와는 달리 도가의 경우 '천명'에 대한 언급 자체가 부적절하다. 하늘을 바라보는 양가의 입장차이가 있기 때문이다. 유가에게 있어

---

5) 제자백가 중에서 유가가 '천명'에 대한 믿음을 가지고 있었던 것과는 달리 묵가는 특히 유가의 '천명'을 불신하고 '비명'을 주장하였다. 이러한 점을 감안할 때 '천명'은 믿음의 대상이거나 불신의 대상이었음이 분명하다. 이러한 점 때문에 『순언』에서 '천명'과 관련하여 믿음이라는 개념이 직접 언급되지 않았다고 하더라도 그에 대한 믿음과 불신의 접근이 무의미하다고 볼 수 없는 이유가 있는 것이다.

6) 『논어』, 「계씨」, "君子有三畏: 畏天命, 畏大人, 畏聖人之言. 小人不知天命而不畏也, 狎大人, 侮聖人之言."

7) 『논어』, 「위정」, "五十而知天命."

하늘은 믿음의 대상이지만, 도가에게서는 유가와 같은 의미의 인격적 하늘은 회의와 부정의 대상이다.[8] 『노자』의 그 어디에도 유가에서 중시하는 '천명'의 개념은 단 한 차례도 발견되지 않는다. 그럼에도 율곡은 『순언』 제30장의 주석을 통해 '천명'이라는 개념을 직접 언급한다.[9] 이것은 노자의 본의와는 무관한 율곡 자신의 노자해석의 관점에서 비롯된 것이라고 할 수 있다.

『순언』 제30장의 내용은 다음과 같다. "천하를 취해 다스리려고 하면 나는 그것이 할 수 없는 것임을 안다. 천하는 신령스러운 물건이기 때문에 다스려서는 안 되니, 천하를 다스리려는 자와 차지하려는 자는 실패하게 된다."[10] 이것은 『노자』 제29장을 옮겨놓은 것이다. 이에 대한 율곡의 주석은 다음과 같다.

> 천하는 신비로운 밝은 그릇이다. 제왕이 흥기하는 것은 자신에게 '역수(曆數)'가 있기 때문이니, 천하를 취하는 데 마음을 두어서는 안 된다. 천하를 다스리려고 하는 자와 차지하려고 하는 자는 반드시 실패한다. 하나라, 은나라, 주나라 삼대 이전에 성스러운 제왕이나 명철한 왕은 모두 자신을 닦고 도를 극진하게 하여 천하의 사람들이 그들에게 귀의했으니, 천하에 욕심이 있었던 자들이 아니다. 후대의 제왕에

---

8) 『노자』 제5장, "天地不仁." 및 『노자』 제79장, "天道無親." 참조. 『서경』에서도 『노자』의 '천도무친'과 유사한 '황천무친(皇天無親)'이라는 표현이 등장한다. 그러나 이 말은 『노자』와는 달리 하늘이나 '천명'에 대한 회의나 불신을 의미하는 것이 아니라, '천명'의 공정성과 도덕성을 강조한 것이라는 점에서 차이가 있다(송인창, 「공자의 천명사상에 대한 검토」, 『논문집』 제6권 제2호, 대전대학교, 1987, 51쪽 참조).

9) 그러나 율곡의 이와 같은 '천명'의 전제는 그것의 의미가 제 아무리 종교적, 정치적, 도덕적인 것이라 하더라도, '천명'의 존재를 전혀 언급하지 않거나 인정하지 않는 노자와는 상호 차별화될 수밖에 없는 특징이 있다.

10) 『순언』 제30장, "將欲取天下而爲之면 吾見其不得已로다 天下는 神器라 不可爲也ㅣ니 爲者敗之ᄒᆞ며 執者失之니라"

간혹 천하에 마음을 두어 그것을 얻은 자가 있으니, 이들 역시 '천명'이 있었기 때문이지 오직 지력만으로 얻은 것이 아니다.[11]

율곡은 여기에서 '치인'하기 위해서는 '수기'가 없이는 불가능하다는 입장을 강조하고 있다. 역사적인 사례로 본다 하더라도 성스러운 제왕이나 명철한 왕은 모두 천하를 다스리려고 하거나 혼자 독차지하려고 하는 사사로운 욕망으로부터 벗어나 있었다. 이들은 모두 자신을 닦고 도를 극진하게 하여 세상 사람들이 그들에게 귀의하는 결과를 낳았다. 여기에서 '치인'을 위해서는 선차적으로 '수기'가 중요하다고 본 율곡의 입장이 확인된다. 뿐만 아니라 『순언』이 '수기치인'의 도리를 밝힌 책이라고 한[12] 율곡의 일관된 관점이 '천명'의 자각문제와 관련되어 서술되고 있음이 확인된다.

전통적으로 '천명'에 대한 이해는 종교적 관점, 정치적 관점, 도덕적 관점 등 세 가지 측면에서 해석되어 왔다.[13] 공자의 시대에 오면 주로 '천명'의 내재화를 통한 도덕적 관점으로 '천명'에 관한 논의가 제시된다. 그러나 전통유가의 사유내용 안에서 이 세 가지 관점은 상호 유기적 관계를 형성하고 서로 연결되어 있는 경우가 많다. 물론 시대적인 발전의 추이 속에서 종교적 관점의 측면은 상당 부분 희석된다. 그것은 정치와 도덕의 성격을 띤 '천명'에 관한 논의에 자신의 자

---

11) 『순언』 제30장 주, "天下, 乃神明之器也. 帝王之興, 自有曆數, 不可有心於取天下也. 欲爲天下者, 必敗, 欲執天下者, 必失矣. 三代以上, 聖帝明王, 皆修身盡道, 而天下歸之, 非有心於天下者也. 後之帝王, 或有心於天下而得之者, 此亦有天命存焉, 非專以智力求也."

12) 율곡은 『순언』이 전반부에서 '도체'와 '심체'에 대해 언급한 후 본문의 대부분을 '수기치인'의 내용을 설명하였다고 밝히고 있다. 『순언』 제40장 말미의 종결부분, "右醇言, 凡四十章. 首三章言道體, 四章言心體, 第五章摠論治己治人之始終." 참조.

13) 송인창, 「공자의 천명사상에 대한 검토」, 50쪽 참조.

리를 양보한다. 또한 정치적 관점의 '천명' 역시 도덕적 관점의 '천명'에 자신의 자리를 양도한다는 게 후대의 철학적 입장이기도 하다. 그러나 유가의 경우 정치와 도덕의 문제가 개별적으로 독립된 위상을 점유하는 경우는 별로 없었다. 이러한 점에서 볼 때, 도덕적 천명의 사유내용 안에는 정치적 천명의 의의가 깊이 내재되어 있었다는 점을 부인하기 어렵다.

율곡 역시 '천명'을 논의하는 자리에서 천하의 제왕이었던 이들과 명철한 왕이라고 불리던 이들을 예로 들면서, 이들이 보여준 '수기'의 돈독함을 논의하고 있다. 천하의 제왕과 명철한 왕들은 모두 현실의 인간세상을 통치했던 군장들이었고, 노자가 제시하는 다스림의 대상일 수 없는 천하를 다스림의 대상으로 삼지 않은 대표적인 인물들이었다고 평가한 것임에 분명하다. 노자의 정치적 이상이 허구적인 것이 아니라는 점에 관해 율곡은 유가가 제시하는 성왕을 예로 들어 자설의 근거로 삼았던 것이다.

그렇다면 성왕의 전제 조건은 무엇일까? 그것은 '천명'을 부여받는 것이다. 그러나 좀 더 구체적으로 말한다면, 율곡이 『순언』 제30장의 주석에서 언급한 것처럼 '하늘의 이치'를 깨닫는 것이다. 또한 그것은 율곡이 볼 때 '하늘의 역수'(天之曆數)를 깨닫는 일과 다르지 않다. 율곡은 전통적인 주류 유학자들처럼 하늘과 인간이 별개의 존재일 수 없다고 본다. 인간은 '천인합일(天人合一)'의 존재이지 '천인이분(天人二分)'의 존재가 아닌 것이다.[14]

율곡이 자신의 이론을 강화하기 위해 인용하고 있는 '하늘의 역수'라는 개념은 유가의 대표적 경서인 『서경』과 『논어』에서 확인된다.

---

14) 이러한 율곡의 입장은 맹자와 같은 종류의 사유전통에 충실한 것으로서 순자와 같은 종류의 자연과 인간의 분리 위에서 논의되는 것일 수 없다고 볼 수 있다.

율곡은 『서경』과 『논어』에 등장하는 '하늘의 역수' 이론을 원용하여 제왕이 천하에 나아가게 되는 일이 인위적으로 되는 것이 아님을 강조한다. 두 경서에 등장하는 '하늘의 역수'와 관련된 내용을 확인해보자.

① 임금이 말했다. "오라, 우여! 장맛물이 나를 위협하였으되 믿음을 이루고 공을 이루었으니, 오직 그대가 어진 때문이다. 나라에는 부지런하고 집안에서는 검약하며, 스스로 만족하거나 뽐내지 않았으니 오직 그대가 어진 때문이다. 그대는 교만하지 않으나 천하에는 그대와 재능을 다툴 자가 없으며, 그대는 자랑하지 않으나 천하에는 그대와 공을 겨룰 이가 없다. 나는 그대의 덕이 큼을 알며 그대의 큰 공을 기리고 있다. 하늘의 역수가 그대의 몸에 있으니 그대는 마침내 임금이 될 것이다. 인심은 위태롭지만 도심은 은미하니, 오직 정일하게 하여 진실로 그 '중(中)'을 잡아라. 근거 없는 말을 듣지 말 것이며, 상의하지 않은 계책은 쓰지 말라. 사랑할 만한 것이 임금이 아니겠는가? 두려워할 만한 것은 백성이 아니겠는가? 백성은 임금이 아니면 누구를 떠받들겠는가? 임금은 백성이 아니면 나라를 지켜줄 사람이 없을 것이다. 공경하라! 그대의 자리를 삼가서 그들이 바랄만한 일을 삼가 닦아라. 사해의 사람들이 곤궁해지면 하늘이 준 녹위도 영원히 끊어질 것이다."[15]

② 요임금이 말했다. "아, 그대 순이여! 하늘의 역수가 그대에게 있으니 진실로 그 '중(中)'을 잡아라. 사해 안의 사람들이 곤궁하게 된다면 하늘이 준 녹위가 영원히 끊어지리라."[16]

---

15) 『서경』, 「大禹謨」, "帝曰: 來, 禹! 降水儆予, 成允成功, 惟汝賢. 克勤于邦, 克儉于家, 不自滿假, 惟汝賢. 汝惟不矜, 天下莫與汝爭能. 汝惟不伐, 天下莫與汝爭功. 予懋乃德, 嘉乃丕績, 天之歷數在汝躬, 汝終陟元后. 人心惟危, 道心惟微, 惟精惟一, 允執厥中. 無稽之言勿聽, 弗詢之謀勿庸. 可愛非君? 可畏非民? 眾非元后, 何戴? 后非眾, 罔與守邦? 欽哉! 愼乃有位, 敬修其可願, 四海困窮, 天祿永終."

16) 『논어』, 「堯曰」, "堯曰: 咨! 爾舜! 天之曆數在爾躬. 允執其中. 四海困窮, 天

①은 『서경』의 인용문이며, ②는 『논어』의 인용문이다. 인용문① 은 순임금이 우임금에게 전한 말이며, 인용문②는 요임금이 순임금에 전한 말이다. 양자는 역사적 사실만 다를 뿐 그 사유의 내용은 동일하다.[17]

『서경』과 『논어』에서 말한 '하늘의 역수'란 '천명'과 상호 분리될 수 없는 특징이 있다. 그럼에도 전통적인 해석을 볼 때, 이 둘의 관계를 서로 분리시켜서 본 사례들이 자주 발견된다. 즉 '하늘의 역수'는 왕위 계승의 순서로, '천명'은 다만 천자의 직위로 해석한 경우가 있다.[18] 뿐만 아니라 한나라 때는 공안국(孔安國)과 공영달(孔穎達, 574~648) 등에 의한 '천도역운설(天道歷運說)'을 비롯하여 정현(鄭玄, 127~200)의 '도참운수설(圖讖運數說)'까지 등장하였다.[19]

그러나 주자(朱子, 1130~1200)에 이르러 도참설적인 운수설은 배제되고 왕위계승의 순서가 내재적 덕성의 문제로 전환되는 특징이 드러난다.[20] 이와 같은 주자의 견해에 한계가 없다고 말할 수는 없겠지만,[21] 그가 인간의 내재적 덕성을 왕위계승의 주요덕목으로 파악한 점은 대단히 중요한 사상사적 진전이 아닐 수 없다.

祿永終."

17) 유남상, 「역학의 역수성통원리에 관한 연구」, 『논문집』 제11권 1호, 충남대학교 인문과학연구소, 1984, 127쪽 참조.

18) 何晏, 『論語集解』, 「堯曰」, "曆數謂列次也."

19) 유남상, 「역학의 역수성통원리에 관한 연구」, 127쪽 참조.

20) 朱熹, 『四書章句集注』, 『論語集注』, 「堯曰」, "此堯命舜, 而禪以帝位之辭. 咨, 嗟歎聲. 曆數, 帝王相繼之次第, 猶歲時氣節之先後也. 允, 信也. 中者, 無過不及之名. 四海之人困窮, 則君祿亦永絕矣, 戒之也."

21) 이와 관련하여 유남상은 주자가 '하늘의 역수'를 단순히 자연과학적인 천문학의 차원에서 사시변화에 의한 책력의 문제로 제한하였다고 비판한다(유남상, 「역학의 역수성통원리에 관한 연구」, 129쪽 참조).

요컨대 『서경』과 『논어』에서 언급한 '하늘의 역수'는 천명의 존재론적 근거로서 천도를 말하는 것이고, '진실로 그 중을 잡아라'라고 한 것은 천명을 내면화시켜 자각한 인간 본성을 말한 것이다. 또한 '사해의 사람들이 곤궁하게 된다면 하늘이 준 녹위가 영원히 끊어지리라'라고 경계한 것은 정치적 입장에서의 천명을 말한 것이다. 만약에 천하를 잘못 다스리면 천명이 끊어져서 현실적 지위인 천록을 상실한다는 의미인 것이다.[22]

『순언』은 이와 같은 사유에 근거하여 후대 몇 명의 제왕들이 천하에 마음을 두고 그것을 얻은 자가 있기는 하였으나, 그것이 자신의 뛰어난 지력만으로 이루어진 것이 아니라고 밝힌다. 율곡은 그것이 '천명'으로부터 기인한 것이라고 본다. 이와 같은 종류의 '천명'의 의의는 특히 정치철학적인 성격을 갖는다. 그러면서도 위정자와 백성의 관계가 이원적으로 대립된 것이 아닌, 천의와 백성의 믿음 사이에 한 치의 간격도 용납하지 않는 일원적 관계의 소통을 전제한다.[23] 이 점은 '하늘이 만민을 낳는다'[24]는 사상의 전래적 관점의 계승으로서 하늘과 백성은 본질적으로 일치하며, 이들의 상호 화합이 또한 왕위를 결정하는 중요한 요인이 된다는 것과 상통한다.[25]

이러한 사유에서는 필연적으로 인간의 주체가 강조된다. '천명'에 대한 믿음이 인간 주체에 대한 믿음과 상통하기 때문이다. 율곡이 『순

---

22) 유남상, 앞의 논문, 127쪽 참조.

23) 신동호, 「선진유학에 있어서의 인본사상의 전개」, 『새마음논총』 창간호, 충남대학교 부설 새마을연구소, 1977, 56쪽 참조. 성왕은 '명', '하늘', '백성', '덕'이라는 네 가지와 혼연일체를 이루는 존재이다. 그래서 왕꾸어웨이(王國維, 1877~1927)는 이 네 가지가 상호 일관성을 지니고 있다고 주장한 바 있다. 王國維, 『觀堂集林』, 臺北: 河洛圖書出版社, 1975, 권10, 「殷周制度論」, 476쪽, "曰命, 曰天, 曰民, 曰德, 四者一以貫之."

24) 『시경』, 「대아 · 증민」, "天生蒸民."

25) 송인창, 앞의 책, 서울: 심산출판사, 2011, 54쪽 참조.

언』 제11장의 주석을 통해 '만물이 모두 나에게 갖추어져 있다'고 한 『맹자』「진심 상」의 말을 인용하고 있는 점[26]을 통해보더라도, 이 점은 분명하게 확인된다. 유가에게 있어 인간의 자아 내적인 덕성의 본래적 내용은 '건괘'의 표상인 네 가지 덕으로 이루어져 있다. 그 네 가지 덕을 구현하는 주체가 다름 아닌 인간인 것이다.[27]

유가가 인간의 내적 자아의 근거를 본유의 덕성에서 보는 것처럼 율곡 역시 인간의 내면화된 덕성의 존재에 주목한다. 율곡은 덕이 도의 형체라고 보고 그것이 이른바 성이라고 규정하고 있기 때문이다.[28] 이로부터 그는 내면화된 덕성의 자각을 요청한다. 그에 대한 실천은 또한 구체적인 자아 수련의 행위로 나타나지 않으면 안 된다는 것이 율곡의 입장이다.

3. 언어와 정치적 믿음의 관계

아름다운 언어와 믿음의 관계는 서로 양립하기가 어렵다. 믿음이 아름다운 언어를 멀리하기 때문이 아니라 아름다운 언어가 믿음을 배반하는 경우가 많기 때문이다. 그래서 노자는 "믿음직한 말은 아름답지 않고 아름다운 말은 믿음직스럽지 않다. 선한 자는 변론하지 않고 변론하는 자는 선하지 않다"[29]고 한다. 이 말은 『노자』 제81장의 내용으로서, 『노자』의 마지막 장에 해당한다. 물론 이 말은 『노자』

26) 『순언』 제11장 주, "萬物皆備於我."
27) 송인창, 『천명과 유교적 인간학』, 55쪽 참조.
28) 『순언』 제2장 주, "德則道之形體, 乃所謂性也."
29) 『노자』 제81장, "信言不美, 美言不信. 善者不辯, 辯者不善."

제81장의 전체의 내용은 아니고, 그의 앞 구절의 일부분이다.

노자가 이 말을 『노자』의 마지막 장에 배치한 이유가 있을 것임에 분명하다. 오강남은 이것이 "일종의 결론이다. 자기가 지금껏 말한 것은 아름답지도 않고, 멋있는 변론도 못되며, 박식에 근거한 것도 아니라는 것이다. 그러나 그러기에 믿음성이 있고, 선하고, 진정으로 앎에 입각한 말임을 은연중 암시한다"[30]고 하였다. 율곡은 이 말을 『노자』가 자신의 마지막 장에 배치한 것처럼 『순언』의 마지막 장으로 삼아 논의하지는 않는다.

율곡은 이것을 『순언』 전체 40장의 내용 중 제19장의 내용으로 편집하여 『노자』 제45장의 일부 내용과 연결시켜서 이해한다. 즉 앞과 같은 『노자』 제81장의 일부 내용을 『노자』 제45장에서 언급한 "대단히 훌륭한 변론은 어눌한 듯하다"[31]라고 하는 말의 뒤를 잇는 논의와 상호 연대시켜 이해한다. 율곡은 『노자』에 등장하는 '변론'을 아름다운 말 또는 어눌한 말과 연관시켜 숙고해보고자 한 것이다. 그것은 동시에 '변론'의 문제를 믿음 및 불신의 주제와 연결시켜 생각해보고자 한 고민의 결정이기도 하다. '변론'뿐만 아니라 믿음은 신중하지 않으면 안 된다. 처음부터 신중하지 않으면 뒤에 반드시 후회하게 되기 때문이다.[32]

그렇다면 믿음 또는 불신의 문제와 깊은 관계가 있을 법한 '변론'의 의미는 무엇일까? 일반적으로 '변론'이란 말의 사전적 정의는 두 가지가 있다. 첫째, 사리를 밝혀 옳고 그름을 따짐을 의미한다. 둘째, 법률용어로서, 소송 당사자나 변호인이 법정에서 주장하거나 진술하는

---

30) 오강남 풀이, 『도덕경』, 서울: 현암사, 1995, 341쪽.

31) 『노자』 제45장, "大辯若訥."

32) 『순언』 제36장, "夫輕諾이면 必寡信." 및 이에 대한 주석, "不愼於始, 則後必有悔." 참조.

것을 말하거나 또는 그런 주장이나 진술을 의미한다.[33] 두 가지 모두 시시비비를 가리는 분별지의 근거 위에서 발생한다는 점에서는 별다른 차이가 없다.

다만 후자와 같은 종류의 법률문제와 관련된 법정진술로서의 '변론'은[34] 전자에 비하여 자기주장의 성격이 더욱 강하다는 특징이 있다. 강한 자기주장은 완고한 자기합리화의 경향성 또한 강하다. 뿐만 아니라 강한 자기주장은 타방에 대한 비난과 공격으로부터 자유롭지 못한 한계가 있다. 결국 '변론'은 객관적이지 못한 자의적 언어의 진술방식이라고 할 수 있다. 이러한 '변론' 자체의 한계 때문에 노자는 변론의 한계를 지적한 것이다. 유가에서도 '변론'을 긍정하지는 않는다. 특히 공자는 "소송을 처결하는 일은 나도 남과 같이 하겠지만, 반드시 소송이 없게끔 할 것이다"[35]라고 주장한 바 있다. 이때 공자가 말한 소송은 '변론'이 법률화된 경우라는 점에서, 또한 노자의 경우와 마찬가지로 부정적인 것임이 확인된다.

노자와 같은 언어적 진술방식으로 말한다면, 대단히 훌륭한 변론은 역설적으로 변론이 아니다. 변론하지 않는 것이야말로 대단히 훌륭한 변론이라고 말할 수도 있겠지만, 변론할 일이 없는 것이야말로

---

33) 국어국문학회, 『국어대사전』, 서울: 민중서관, 2000, 1087쪽 참조.

34) 장시창(張錫昌, 1902~1980)은 노자에 의하여 부정되는 대부분의 언어는 '성교법령(聲敎法令)'의 특징을 갖는 것들이라고 한다(張錫昌, 『老子校詁』, 四川: 成都古籍書店, 1988, 156쪽, "老子言字, 多指聲敎法令而言." 참조). 이때 '성교(聲敎)'란 위정자가 백성을 교화하는 교육을 일컫는 말이고, '법령(法令)'은 법률과 명령을 아울러 가리키는 말이다. 장시창의 관점에 의거하면, 노자에 의하여 지목되는 '변론'의 범주는 '법령'의 의미와 연계되어 있다. 이른바 이데올로기적인 언어가 노자에 의하여 부정되고 있는 것임을 알 수 있다. 이 글에서는 '변론'의 의의를 이와 같은 뜻으로 한정하여 사용하기로 한다.

35) 『논어』, 「顔淵」, "聽訟, 吾猶人也, 必也使無訟乎!"

대단히 훌륭한 변론이라고 말할 수 있다. 따라서 변론은 화려하지만, 대단히 훌륭한 변론은 어눌하다. 대단히 훌륭한 변론은 변론 아닌 변론이다. 보다 정확하게 말한다면 변론이 없는 변론이다. 거기에는 화려한 언어뿐만 아니라 어눌한 언어조차 개입할 여지가 없다. 왜냐하면 어눌한 언어는 자신의 언어를 넘어 말없는 언어와 함께하기 때문이다.

대단히 훌륭한 변론은 변론 없는 변론이고, 어눌한 변론 역시 화려한 언어의 개입이 없는 변론일 수밖에 없다. 믿음은 변론 아닌 변론에 뿌리를 내리고 있고, 불신은 변론의 이분법에 근거를 두고 있다. 요컨대 언어의 개입 없는 변론 아닌 변론에 믿음이 있고, 화려한 언어가 개입된 변론에 불신이 있다. 이에 대해 율곡은 다음과 같이 말한다.

> 변론하려고 노력하지 않지만 하는 말이 반드시 이치에 합당한 것을 대단히 훌륭한 변론이라고 한다. 착한 사람은 말이 적기 때문에 그의 변론은 어눌한 듯하다. 선을 위주로 한다면 변론할 필요가 없고, 변론을 위주로 한다면 반드시 선하지 않다. 본문에서 아름답다고 한 말은 화려하게 꾸민다는 뜻이다. 충직하고 믿음직스러운 말은 반드시 화려하게 꾸미지 않고, 화려하게 꾸민 말은 반드시 충직하고 믿음직스러운 말이 아니다.[36)]

이상과 같은 주석을 통해 볼 때, 율곡은 노자의 역설을 치밀하게 밀고 나아가 '무'의 극치에까지 이르는 문제에 관해서는 별다른 관심이 없었던 듯하다. 이에 비하여 노자는 대단히 훌륭한 변론이라는 것의 궁극적 의미와 어눌한 말이라는 것의 역설적 은유는 모두 '무'의 범주

---

36) 『순언』 제19장 주, "不事乎辯, 而發必當理者, 謂之大辯. 吉人辭寡, 故其辯若訥. 以善爲主, 則不求辯, 以辯爲主, 則未必善也. 美者, 華飾也. 忠信之言, 不必華美, 華美之言, 未必忠信."

와 맞닿아 있다고 본다. 대단히 훌륭한 변론은 변론 자체가 없는 상태여야만 하고 어눌한 말의 경지는 일상 언어의 진술이 무화된 상태여야만 한다고 보기 때문이다.

여기에서 무의 의미를 깊이 숙고해보지 않으면 안 된다. 이 문제와 관련하여 김형효는 다음과 같이 말한다. "무는 죽음과 은적과 침묵의 깊이를 말한다. 말하자면 무와 죽음과 은적과 침묵은 서로 등가적인 동의어라고 할 수 있다. 유가 소유의 유가 아니고 존재의 유가 되기 위해서는 죽음과 은적과 침묵의 무가 유를 존재하게 하는 근거가 되어야 한다. 죽음과 은적과 침묵의 무가 없는 유는 인간의 작위에 의해 가공된 유로 변하고 인간의 욕심으로 채워지는 유로 다가온다."[37]

율곡은 '유'의 범주와 관련된 변론의 의미를 강조한다. 그리고 최상의 '유'의 상태에 도달한 변론의 의의에 대해 주목한다. 이와 같은 '유'의 범주는 '소유의 유'가 아님은 분명하다. 그것은 분명 '존재의 유'라야만 한다. 그리고 그 '존재의 유'가 존재하는 근거는 '무'로부터 기인한다. 김형효는 이와 같은 논리를 노자의 상관적 대대법이라고 보면서, 말을 잘한다는 것은 말을 잘하지 못하는 눌변과 같이 상관적 대대법을 형성하고 있다고 한다.[38] 그러나 율곡이 본 '존재의 유'는 '무'라고 하는 존재의 계기가 생략된 '당위의 유'로서, '존재의 무'를 도덕적 존재의 범주로 환치시킨 특징이 있다.

율곡의 입장에서 볼 때, 억지로 변론하고자 노력할 필요는 없다. 변론의 발생 자체가 그리 긍정적인 것이 아니라고 인식하였기 때문이다. 그러나 만일 변론할 일이 발생하여 변론에 임하게 된다면 반드시 이치에 합당한 변론을 수행하여야 하고, 어눌한 듯 말을 적게 하지

---

37) 김형효, 『사유하는 도덕경』, 서울: 소나무, 2004, 359쪽.

38) 김형효, 앞의 책, 357쪽 참조.

않으면 안 된다. 그럼에도 만일 '선'을 위주로 한다면 변론할 필요가 없다. 반면 변론을 위주로 한다면 반드시 선할 수 없다. 이와 같이 율곡은 유학자답게 변론의 기준 자체를 하늘의 이치와 도덕적 선의 유무에서 찾았던 것이다.

율곡은 언어의 부득이한 방편적 사용에 대해 부정하지 않는다. 부득이 언어를 사용하여 변론을 할 일이 생기게 되면 이치에 맞는 변론을 해야 할 뿐만 아니라 어떠한 경우에도 도덕적 선의 세계를 벗어나서는 곤란하다는 입장을 갖는다. 이치에 맞는 말이야말로 믿음직스러운 것이고 믿음의 대상이라고 판단하였기 때문이다.

김용옥은 『노자』를 해석하면서 노자가 말하는 '신'은 '신앙'(Belief)이나 종교적 '믿음'을 의미하는 것이 아닌 '믿음직스러운 말'을 의미할 뿐이라고 주장한다. 그는 우리가 '신'의 의미를 '믿음'이라고 이해하는 것은 20세기 기독교적 가치의 팽배와 서양의 중세철학의 무분별한 도입으로 인한 언어적 혼란일 뿐이라고 본다. '믿음직스러운 말'은 현대 언어철학에서 말하는 사실과의 대응관계나 논리적 정합성을 표현하는 일종의 진술이 사실이라는 확언(verification)의 문제라는 것이다.[39]

이와 같은 주장은 부분적으로만 옳다.[40] 그리고 '믿음직스러운 말'을 의미하는 확언의 의의는 율곡이 본 『노자』 안의 변론에까지 적용된다. 즉 언어적 진술이 사실과의 대응관계에서 논리적 정합성을 갖

39) 김용옥, 『노자와 21세기(하)』, 서울: 통나무, 1999, 223쪽 참조.

40) 최진석은 이러한 김용옥의 주장에 문제가 있다고 지적한 대표적인 인물이다. 그에 따르면, 분명 노자 당시에도 '신'은 '믿음'이라는 의미로 사용되고 있었다. 예컨대, 『노자』 제8장, 제21장, 제38장, 제81장은 모두 '믿음직스러운 말'의 의미가 아닌 '믿음' 그 자체라는 의미로 사용되었고 한다(최진석, 『노자의 목소리로 듣는 도덕경』, 서울: 소나무, 2001, 163~164쪽 참조). 김형효 또한 『노자』 제17장의 경우에 두 차례 사용된 '신'의 용례를 통해 그 의미가 '신표'나 '신뢰'의 뜻으로 사용되었다고 주장한다(김형효, 앞의 책, 174쪽 참조).

추어내는 이로정연(理路整然)한 것일 경우 그것은 '믿음직스러운 말'이 되는 것이다. 또한 그것은 개인적인 사악함이나 이기심을 전제로 발설되는 언어가 아닌 공평무사한 도덕적 선의 기준을 토대로 거론되는 언어라는 점에서 '믿음직스러운 말'이 될 수밖에 없는 것이다. 율곡은 믿음의 기본개념인 '확언'의 의의를 『노자』의 '변론' 개념에 적용하여 자기주장의 정합성을 갖추어 내는데 성공한다. 물론 율곡이 믿음의 의의를 '확언'으로 보고자 한 것은 '변론'의 경우에 한정될 뿐이다.

율곡은 이상과 같이 언어와 믿음의 상호 소통적 관계에 관하여 주목한 후 곧바로 믿음의 전형적 인물로서 '문왕'과 '안연'의 경우를 예로 든다. 이들은 화려하고 불필요한 언어를 구사한 일이 없고, 하늘의 이치에 맞고 도덕적 선의 기준에 맞는 언어와 행위를 보여준 대표적 인물들이다. 유가적 관점에 볼 때 이들은 언행이 일치된 인물들이라고 말할 수 있다.

율곡은 문왕이 도를 깨닫고도 마치 알지 못하는 듯이 행동하였다고 한다.[41] 뿐만 아니라 안연의 다음과 같은 행위 역시 믿음의 행위라고 칭송한다. "재능이 있으면서도 자기보다 못한 재능을 가진 자에게 묻고, 지식이 많으면서도 아는 게 적은 자에게 물으며, 재덕이 있으면서도 없는 듯이 행동하고, 차 있으면서도 비어 있는 듯이 행동하며, 자신에게 잘못을 범해도 따지지 않는다."[42] 율곡이 언급한 안연에 대한 평가는 『논어』[43]와 『소학』[44]에서 공통적으로 발견된다. 이

---

41) 『순언』 제19장 종결부분, "文王望道, 而如未之見."

42) 『순언』 제19장 종결부분, "顔子以能問於不能, 以多問於寡. 有若無, 實若虛, 犯而不校, 卽此章之意也." 이 인용문에서 '校'의 의미는 '보복한다'는 것과 '따지다, 변론하다'라는 뜻으로 해석되어 왔다. 전자는 한나라 때의 주석가인 포함(包咸)의 견해이고, 후자는 주자의 견해이다. 이 글에서는 언어와 믿음의 관계에 주목하여 후자의 견해를 좇아 '따지지 않는다'는 뜻으로 풀이하였다.

점을 감안한다면, 율곡은 여기에서 『논어』와 『소학』의 관점을 통해 노자가 본 언어와 믿음의 문제를 해석하고 있음이 확인된다.

한 가지 주목할 만한 것은 믿음의 문제와 관련하여 율곡이 제시한 두 인물의 각각의 특성이 정치와 도덕을 대표한다는 점이다. 문왕의 경우 유가의 도통을 계승했을 뿐만 아니라 현실정치의 세계에서 남다른 업적을 남겼다는 점이 인정된다. 이러한 문왕의 행적으로부터 정치적 믿음의 실마리가 확보된다.[45] 이에 비해 안연은 덕성을 대표하는 유가적 교양인의 표상이다.[46] 안연은 도덕적 믿음의 전형으로 제시된 인물이다. 두 인물이 보여준 믿음의 유형은 서로 다르지만, 율곡은 두 인물이 갖춘 정치와 도덕의 표상을 별개의 것으로 보지 않는다.

정치적 믿음과 도덕적 믿음은 믿음의 서로 다른 두 가지 양상일 뿐 그 근원에 있어서 본질적 대립 관계에 놓여있는 것이 아니다. 율곡은 정치적 믿음과 도덕적 믿음이 일원화될 수 있다고 본다. 요컨대 정치적 믿음과 도덕적 믿음이 서로 표리 관계를 이루고 있다고 본 것이 율곡의 입장이다.

---

43) 『논어』, 「泰伯」, "曾子曰: 以能問於不能, 以多問於寡; 有若無, 實若虛, 犯而不校, 昔者吾友, 嘗從事於斯矣." 이 인용문에서 증자가 말한 '우리의 사우'(吾友)는 안연을 가리킨다.

44) 『소학』, 「稽古」 참조.

45) 문왕이 은나라 말기의 폭군이었던 주왕을 방벌한 행적은 정치적 믿음의 대표적 사례의 하나라고 할 수 있다. 문왕의 정치적 믿음은 정치적 천명에 대한 믿음이며, 그에 대한 자각 및 실천과 관련된 믿음이라는데 그 의의가 있다.

46) 『논어』는 공자의 제자들 중 덕행에 뛰어난 인물로 안연, 민자건, 염백우, 중궁이 있었다고 설명한다. 그 가운데 안연은 단연 최고의 대표성을 띠고 있다. 『논어』, 「先進」, "德行: 顔淵, 閔子騫, 冉伯牛, 仲弓." 참조.

4. 믿음의 정치적 구현 또는 정치와 도덕의 소통

정치의 영역에서 믿음보다 중요한 것은 없다. 그래서 일찍이 공자도 믿음의 전제 없이 올바른 정치가 이루어질 수 없다는 견해를 피력한 바 있다.[47] 노자 역시 믿음의 정치를 부정하지 않는다. 노자가 본 믿음의 영역은 갖가지 언어적 규정성에 대한 부정을 통하여 드러난다. 그 믿음이 정치적 성격을 띤 것일 경우에 있어서 언어적 규정성의 부정은 정치적 맥락의 이데올로기적인 것들을 대상으로 삼는다. 노자에게서 최상의 믿음이란 오히려 믿음이라고 말할 수 없는 종류의 믿음에 해당한다.

믿음의 정치를 염두에 둔 듯 노자는 믿음이 결여된 사회의 불신풍토에 대한 경계를 잊지 않는다. 『노자』 제57장에서는 "세상에 피하는 것이 많아지면 백성은 더욱 가난해지고, 사람들이 권모술수가 많아지면 국가는 더욱 혼란해지며, 사람들이 기교와 솜씨가 많아지면 이상한 물건이 더 많이 생겨나고, 법령을 드러낼수록 도적이 더욱 더 많아진다"[48]고 한다. 율곡은 이것을 『순언』 제31장에 배치시키고 구결을 달아 설명한다.[49] 율곡은 이 장을 통해 사회에 만연한 속임수와

---

47) 『논어』, 「顏淵」, "子貢問政. 子曰: 足食. 足兵. 民信之矣. 子貢曰: 必不得已而去, 於斯三者何先? 曰: 去兵. 子貢曰: 必不得已而去, 於斯二者何先? 曰: 去食. 自古皆有死, 民無信不立." 참조. 이 인용문에 나타난 것처럼 공자는 경제와 군대와 믿음의 문제 중에서 가장 중요한 것이 믿음이라고 강조하였다. 그는 백성들에게 믿음을 얻지 못한다면 나라가 올바로 설 수 없다고까지 인식하였다.

48) 『노자』 제57장, "天下多忌諱, 而民彌貧; 人多利器, 國家滋昏; 人多伎巧, 奇物滋起; 法令滋彰, 盜賊多有."

49) 『순언』 제31장, "天下에 多忌諱ᄒᆞ면 而民彌貧ᄒᆞ고 人多利器ᄒᆞ면 國家滋昏ᄒᆞ고 人多伎巧ᄒᆞ면 奇物滋起ᄒᆞ고 法令滋彰ᄒᆞ면 盜賊多有ᄒᆞᄂᆞ니라"

권모술수, 그리고 각종의 불신풍조에 대해 지적하면서 다음과 같이 말한다.

> 소씨는 다음과 같이 말했다. "임금이 꺼리고 피하는 것이 많아 아랫사람의 실정이 위로 전달되지 못하면 백성은 빈곤하게 지내면서도 하소연할 곳이 없다. 이로운 그릇은 권모술수이다. 상하가 서로 지모로 속이면 백성도 권모술수가 많아져 윗사람은 더욱 어두워진다. 이상한 물건은 기괴하고 특이한 것이다. 사람들이 본업에 충실하지 않고 말단의 재주를 추구하면 일상에 필요 없고 무익한 물건을 만들어낸다. 사람들이 속임수를 쓰는 것을 근심하여 법령을 많이 내놓음으로써 그들을 억눌러 백성이 손발을 둘 곳이 없어지면 그들은 날로 도적의 무리로 변하여 간다."[50]

율곡은 소자유의 『노자』 주석을 인용함으로써 사회혼란과 불신의 원인에 대한 자신의 입장을 밝힌다. 사회적 불신은 기본적으로 상하불통의 문제 때문에 생겨난다는 것이 소자유의 생각이다. 율곡은 이 견해에 적극 동의한다. 소자유는 세상과 임금을 동일한 것으로 간주하고, 임금(세상)이 꺼리는 것이 많아질수록 백성들의 삶은 더욱 더 어려워질 수밖에 없다고 한다. 또한 율곡이 직접 인용하지는 않았지만, 소자유는 이러한 견해를 피력하기에 앞서 세상을 '신비로운 그릇'(神器)이라고 은유하고, 그것은 결코 인위적으로 이러저러하게 어찌할 수 있는 대상적 존재가 아니라고 주장한다.[51]

---

50) 『순언』 제31장 주, "蘇氏曰: 人主多忌諱, 下情不上達, 則民貧困, 而無告矣. 利器, 權謀也. 上下相欺以智, 則民多權謀, 而上益眩而昏矣. 奇物, 奇怪異物也. 人不敦本業, 而趨末伎, 則非常無益之物作矣. 患人之詐僞, 而多出法令以勝之, 民無所措手足, 則日入於盜賊矣."

51) 焦竑, 『老子翼』(『漢文大系(9)』, 臺北: 新文豐出版公司, 1983), 제57장, 蘇子由 注, "天下新器, 不可爲也." 그러나 『순언』 제30장의 주석을 통해 율곡

그럼에도 이러저러하게 어찌할 수 없는 이 세상을 위정자가 자기의 방식으로 어떻게 해보겠다는 맹목적 의지로 대한다면 그것은 보통의 문제가 아니다.[52] 차별해서는 안 될 이 세상을 자의적으로 분별하여 자기의 기준에 맞추어 좋아하고 싫어하는 대상으로 양립시키는 것도 큰 문제이다. 이러한 문제들에 관하여『순언』은 부정한다. 위정자는 자신이 해서는 안 될 인위적인 일들에 관하여 주의하지 않으면 안 된다. 이상의 내용은『순언』이 위정자의 정치적 책무에 대해 주의를 환기시키고자 제시한 경계의 대상들이라고 볼 수 있다.

그러면 이제 앞에서 언급하였던 바 있는 '신비로운 그릇'으로서의 세상의 특징에 대해 다시 주목하여 보자. 세상은 '신비로운 그릇'이기에 모든 것들과의 관계가 상호 개방적으로 열려있다는 점이 특징이다. 따라서 그것은 존재하는 모든 것들과 아무런 조건 없이 소통한다. 이러한 점에서 '신비로운 그릇'으로서 유비되는 세상은 믿음의 은유이기도 하다. 믿음은 사물 상호간의 생명력을 고양하는 건전한 삶의 덕목이다. 그러나 불통은 오히려 주체와 타자의 생명력을 고갈시키는 불건전한 삶의 몫이라고 할 수 있다.

'신비로운 그릇'으로 유비되는 믿음은 소통을 자신의 덕목으로 삼는다. '인의예지신'이라는 다섯 가지 덕목 중에서 믿음에 해당하는

은 '천하'의 의미를 '신명한 그릇'이라고 해석함으로써 소자유와 비슷하게 해석했음이 발견된다(『순언』 제30장 주, "天下, 乃神明之器也.").

52) 노자는 "조작하는 자는 패하고 잡는 자는 잃는다. 그러므로 성인은 무위하기 때문에 패하지 않고, 잡고자 하지 않기 때문에 잃어버리지 않는다"(『노자』 제64장, "爲者敗之, 執者失之. 是以聖人無爲故無敗; 無執故無失.")라고 한다. 유가나 율곡의 입장에서 볼 때, 조작하거나 잡는 것은 '하늘의 역수'와 '천명'에 대한 거역현상이다(김길환,『조선조유학사상연구』, 서울: 일지사, 1980, 338쪽 참조). '하늘의 역수'와 '천명'에 대한 거역은 군위뿐만 아니라 모든 것을 잃어버리게 한다고 본다. 이것이 바로 정치적 천명사상의 내용이다.

'신'은 동서남북의 중앙에 위치하고, 사방과 소통한다.[53] 뿐만 아니라 그것은 '인의예지' 각각의 덕목과 소통한다.

믿음은 어짊이 아니면서 어짊을 어짊이게끔 해주고, 의로움이 아니면서 의로움을 의로움일 수 있게 해줄 뿐만 아니라 예의가 아니면서 예의를 예의답게 해주는 근거가 되고, 그 자신 지혜로움이 아니지만 지혜가 진정한 지혜로움일 수 있게 해주는 소통의 담지자이다. 따라서 믿음이 배제된 어짊이 진정한 어짊일 수 없고, 믿음이 배제된 의로움이 진정한 의로움일 수 없으며, 믿음이 배제된 예의는 진정한 예의가 될 수 없을 뿐만 아니라 믿음이 배제된 지혜 역시 진정한 지혜가 될 수 없는 것이다. 그만큼 믿음은 중요하다. 그것은 만사만물과 소통하는 가교역할을 담당하기 때문이다.

이러한 이유 때문에 '신비로운 그릇'이라고 유비되는 세상은 결코 다스림의 대상으로 전락되어서는 안 된다. 또한 그것은 정복의 대상이 되어서도 안 된다. '신비로운 그릇'인 이 세상은 소유의 대상이 아니기 때문이다. 만일 존재론적 세상이 소유론적 욕망의 대상으로 환치되어 인간에 의한 정복의 대상이나 다스림의 대상으로 전락한다면, 세상은 자기 자신이 지니고 있는 본연의 자연성을 상실하고 열등한 객체로 왜곡된다. 이러한 왜곡은 믿음을 배반한다. 이와 관련하여 율곡은 다음과 같이 부연하여 설명한다.

> 소씨는 다음과 같이 말했다. "옛 성인은 멀리 있는 자는 부드럽게 대하고 가까이 있는 자는 능하게 해주며 전쟁을 하려는 생각이 없었으니, 오직 부득이한 사정이 있은 후에야 정벌하는 일이 있었다. 그러므로 나라를 다스리는 것을 바른 도리로 여기고, 군대를 움직이는 것을 때를 만나지 못함으로 여긴다. 천하는 '신비로운 그릇'이라 다스려서

---

53) 이종성, 『믿음이란 무엇인가』, 파주: 글항아리, 2014, 51쪽 참조.

는 안 된다. 이 때문에 도를 체득한 자는 천하를 취하려는 생각이 없는데도 천하의 사람들이 그에게 귀의한다."[54)]

이 인용문의 결론에서 언급된 것처럼 도를 체득한 믿음의 사람은 천하를 취하려는 소유론적 욕망이 없다. 그는 소유론적 욕망이 없기 때문에 도리어 믿음의 대상이 된 것이다. 이러한 결과는 아무런 노력 없이 이루어지는 것이 아니다. 그것은 '천명'과 '하늘의 역수'에 대한 자각으로써 가능하다. 하늘은 그에게 천하를 맡기고 그 결과 백성들은 그에게 귀의한다.

율곡은 천하의 백성들이 믿음의 사람에게 믿음으로써 귀의하였던 역사적 사례를 언급한다. 율곡은 다음과 같이 말한다. "내가 생각하기에, 탕왕은 천하의 부를 탐해서가 아니라 일반 백성을 위해 원수를 갚았으니 동쪽으로 정벌을 나가면 서쪽 사람들이 원망했다는 것이 이것이다."[55)] 은나라의 탕왕은 하나라의 폭군이었던 걸왕을 정벌한 역사적 인물이다. 이에 관한 전거는 『서경』에서 확인된다. 즉 『서경』에는 탕왕이 천명을 받들어 동쪽 지역으로 정벌을 나서면 서쪽 지방의 사람들이 오히려 자신들부터 정벌해 달라고 요청하였고, 남쪽 지방으로 정벌을 나서면 북쪽 사람들이 오히려 자신들부터 정벌해 달라고 요청하였다는 고사가 전해진다.[56)]

율곡은 이와 같은 탕왕의 정벌 고사를 인용하여 민심은 반드시 미더운 인물에게 귀의하게 되어 있음을 밝힌 것이다. 『서경』은 탕왕이

---

54) 『순언』 제31장 注, "蘇氏曰: 古之聖人, 柔遠能邇, 無意於用兵. 惟不得已, 然後有征伐之事. 故以治國爲正, 以用兵爲奇. 夫天下神器, 不可爲也. 是以體道者也, 無心於取天下, 而天下歸之矣."

55) 『순언』 제31장 注, "愚按, 成湯非富天下, 爲匹夫匹婦復讎, 而東征西怨, 是也."

56) 『서경』, 「商書 · 仲虺之誥」, "東征, 西夷怨; 南征, 北狄怨." 참조

하늘의 명령을 돌아보아 하늘을 공경하고 엄숙하지 않음이 없었다고 한다. 이에 하늘은 탕왕의 덕을 살펴보고 큰 명령을 내려 만방을 어루만지고 편안하게 했다고 한다.

이러한 내용을 통해볼 때, 군주의 정통성은 하늘의 명령에 근거를 둬야 함을 알 수 있다. 하늘의 명령은 도덕적 이법을 내용으로 삼는다. 따라서 인간은 하늘의 덕성을 계승하고 어기지 말아야 한다. 특히 군주라면, 그는 더더욱 '덕'을 갖추고 실행하면서 살아야 하는 존재인 것이다. 그 덕은 효도와 공경, 의리와 성실, 충성을 비롯한 하늘의 명령을 두려워하는 것 등을 포함한다.[57]

정치적 믿음은 반드시 도덕적 믿음을 수반하여야 한다. 그것은 하나의 당위적 요청이다. 정치와 도덕이 믿음의 자리에서 하나로 소통되어야만 진정한 믿음의 정치가 구현된다. 이러한 문제와 관련하여 율곡은 『노자』 제49장에 제시된 '덕의 믿음'(德信)을 『순언』 제29장으로 이끌어 들여 설명한다. 그는 모든 백성들의 선하고 선하지 못함, 미덥고 미덥지 못함을 모두 한자리에 모아 하나로 융해시켜 믿음으로 대해야 함을 제안한다.[58] 율곡은 다음과 같이 말한다.

> 사람은 나면서부터 이런 이치를 동일하게 갖추고 있으니, 성인은 백성에 대해 그들이 선하고 믿음직스러워지기를 바라지 않은 적이 없다. 그러므로 선하고 믿음직스러운 자를 내가 인정해주고, 그렇지 못한 자 또한 반드시 교화시켜 선하고 믿음직스러워지기를 바라니, 만약 포기하고 교화시키지 않는다면 이른바 덕의 선함과 덕의 믿음이라고 말할 수 없다.[59]

57) 이종성, 앞의 책, 93쪽 참조.

58) 『순언』 제29장, "善者를 吾善之ᄒᆞ며 不善者를 吾亦善之면 德善이오 信者를 吾信之ᄒᆞ며 不信者를 吾亦信之면 德信이니라"

59) 『순언』 제29장 주, "人之有生, 同具此理, 聖人之於民, 莫不欲其善信. 故善

믿음의 정치는 결코 백성들의 교화를 포기하지 않는 것이다. 어떠한 경우에라도 백성들이 선하고 믿음직스러워지기를 소망하는 것이 진정한 정치의 믿음이다. 또한 그것이 믿음을 가진 위정자의 태도이다. 『순언』은 송나라 휘종의 『어주도덕진경(御注道德眞經)』을 원용하여,[60] 순임금이 보여준 믿음의 고사를 인용한다. "순임금이 이복동생 상(象)에 대해 선하게 보고 믿어준 것이야말로 지극한 일이다."[61]

왜냐하면 순임금의 이복동생인 상은 순의 계모와 아버지까지 가담시켜 몇 차례 순을 죽이려 하였기 때문이다. 그럼에도 순은 그때마다 슬기롭게 위기를 모면하였고, 자신을 죽이려고 하였던 이들을 도리어 믿음으로 성심성의껏 대해 주었다. 결국 순은 지극한 효성과 믿음으로써 자신을 죽이고자 하였던 사람들의 마음을 돌려놓았다고 한다.[62] 율곡은 이러한 순임금과 같은 종류의 믿음이야말로 지극한 것이 아닐 수 없다고 평가한다.

율곡은 순임금의 고사를 통하여 '덕의 선함'(德善)과 '덕의 믿음'(德信)을 제안한다. 백성들의 교화의 가능성과 그 전제는 오로지 덕의 선함에서 확인되며, 그 선함의 실천적 의지는 믿음을 통해 구현된다고 본 것이다. 본래 이러한 믿음관은 맹자로부터 기인한다. 맹자의 다음과

信者, 吾旣許之, 不善不信者, 亦必敎之, 以善信爲期. 若棄而不敎, 則非所謂德善德信也."

60) 물론 율곡이 직접 『어주도덕진경』을 보았을 리는 없다. 이것은 동사정의 『도덕진경집해』에 인용된 내용이다. 『도덕진경집해』를 저본으로 삼아 『순언』을 작성한 율곡의 당시 정황을 참고할 때, 율곡은 휘종의 원본을 참고하였다기보다는 동사정의 『도덕진경집해』 제49장의 주석을 참고하였다고 보아야 한다.

61) 『순언』 제29장 주, "宋徽宗曰: 舜之於象, 所以善信者至矣."

62) 『사기』, 「五帝本紀」 및 袁珂, 『中國古代神話』, 北京: 華夏出版社, 2013, 162~170쪽 참조.

같은 말이 이를 방증한다. "가히 욕구할 만한 것을 욕구하는 것이 선이며, 이러한 선을 자기의 몸에 잘 간직하고 있는 것이 믿음이다."[63)]

이 말을 참고할 경우, 유가적 믿음은 자신의 몸 안에 도덕적 선의지를 간직하고 있는 상태라고 할 수 있다. 유가가 볼 때, 믿음의 대상이 될 수 없는 존재는 단 하나도 없다. 또한 어떠한 존재라도 포기될 수 있는 존재는 없다. 이것이 진정한 믿음이며, 이러한 믿음의 토대 위에서 믿음의 정치는 구현된다. 위정자가 믿음의 교화에 나서야 하는 이유이다.

이와 같이 볼 때, 율곡은 특히 정치에 믿음이 전제되지 않는다면 그것은 진정한 정치일 수 없으며, 믿음이 정치적 구현을 통해 자기 확장력을 갖추어내지 못한다면 그것은 관념적 믿음에 지나지 않을 뿐임을 경계한 대표적 인물이었음이 확인된다. 이러한 믿음의 정치관은 아무리 강조해도 지나치지 않다.

5. 요약 및 남은 과제

나는 이상과 같이 『순언』에 나타난 정치철학적 믿음의 문제를 논의의 대상으로 삼아 이를 중점적으로 검토해봄으로써, 율곡이 본 노자해석의 특징을 확인해보았다. 이제 마지막으로 본문에서 논의하였던 『순언』의 세 가지 정치철학적 믿음관의 내용에 대해 간단하게 요약하여 정리해보기로 한다.

(1) 율곡은 유가의 주요이념인 '천명'에 대한 믿음과 그에 대한 자

63) 『맹자』, 「盡心下」, "何謂善? 何謂信? 曰: 可欲之謂善, 有諸己之謂信." 참조.

각을 요청한다. 율곡은 노자가 생각한 저절로 그러한 하늘(자연)의 특징을 유가적 방식으로 전환시켜 인격적 도덕의 주체로 상정함으로써, 하늘과 인간의 일원적 구조에 대한 믿음을 종용한다. 그리고 특히 군왕의 자리라는 것은 '천명'과 '하늘의 역수'에 대한 자각과 인격의 완성을 통해 이루어지게 되는 정치와 도덕의 합일점이어야 함을 강조한다. '천명'과 '하늘의 역수'에 바탕을 둔 이러한 믿음관은 정치철학적 성격을 띤다.

(2) 율곡은 언어와 정치적 믿음의 관계에 관하여 논의하면서 믿음의 중요성을 강조한다. 말이 화려하고 번잡할수록 믿음의 영역은 줄어든다. 이러한 측면에서 위정자는 정치적 언어의 남발보다는 말 없는 실천을 통해 백성들의 믿음을 얻어야만 한다. 율곡은 유학자답게 '무'의 범주와 맞닿아 있는 언어 부정적 믿음관을 보여주고 있는 노자와는 달리 믿음직스러운 최상의 언어라는 것이 이치와 도덕적 선의 덕목에 부합한 것이어야 한다는 종류의 언어 긍정적 믿음관을 표명한다. 확언(verification)으로서의 믿음의 의의가 이치와 도덕적 선의지와의 합일성 여부에 의하여 확증되어야 한다는 입장이다. 정치적 믿음은 확언에 바탕을 두고 하늘과 인간과 물상의 세계에 상호 소통되지 않으면 안 된다.

(3) 율곡은 믿음을 통한 정치와 도덕의 상호 소통적인 실천을 강조한다. 이것은 믿음의 정치적 구현에 관한 문제이다. 율곡이 볼 때, 진정한 믿음이란 사물에 대한 양자택일적 선택지를 통해 구현되는 것이 아니라, 선한 것과 불선한 것 일체를 객관화하여 상호 포월하는 방식을 통해 구현된다. 율곡은 특히 정치에 믿음이 전제되지 않는 한 그것은 진정한 정치일 수 없으며, 믿음이 정치적 구현을 통해 자기 확장력을 갖추어내지 못하는 한 그것은 관념적 믿음에 지나지 않을 뿐임

을 경계한다. 믿음의 주체에게 포기할 수 있는 대상은 단 하나도 없다. 율곡은 모든 개별적 존재를 교화의 범주 안에 포용한다. 이러한 믿음을 갖는 것이야말로 위정자의 책무라고 보는 것이다.

나는 이상과 같은 논의를 통하여 믿음의 문제를 정치철학적 문맥에서 서술하고 있는 『순언』의 함의에 대해 살펴보았다. 이 과정에서 『순언』은 노자와 유학의 상호 소통의 접점을 믿음이라고 하는 세부 주제를 통하여 검토한 학술사적 의의가 있음을 알 수 있었다. 그럼에도 『순언』에 표현된 믿음관은 유학을 기준으로 삼아 노자를 해독한 결과 일정 부분 노자로부터 일탈할 수밖에 없는 한계로부터 자유로울 수 없다는 점도 확인할 수 있었다.

이제 믿음의 회복문제와 관련하여 그 구체적인 방법론적 고찰이 과제로서 남겨진다. 『순언』은 믿음의 문제에 대한 긍정적인 논의와 다소 선언적인 실천의 요구를 전면에 내세우고 있음에 비해 믿음을 상실한 사람과 사회의 문제를 어떻게 풀어나갈 것인지에 대한 구체적인 담론이 부재한다. 이에 대한 해명이 없이는 『순언』의 믿음관은 여전히 공허한 메아리로 남을 수밖에 없는 한계가 있다.

제 10 장

큰길과 곁길: 『순언』의 선택지

1. 문제의 제기

율곡은 『순언』의 제39장과 마지막 제40장의 내용이 서로 연관되어 있다고 설명한다. 율곡은 이와 관련하여 "제39장과 제40장은 사람들이 아무도 도를 행하지 않는다는 것을 한탄하면서 마쳤다"[1]라고 밝히고 있다. 나는 여기에서 『순언』의 결론에 해당하는 제40장의 내용을 제39장의 내용과 연계시켜 그 입론의 의의를 검토해보고자 한다.

『순언』 제39장과 제40장은 필연적으로 『순언』의 결론에 해당하는 내용을 담고 있다고 볼 수 있다. 그것은 율곡의 표현대로 대도가 실현되지 못하고 있는 현실에 대한 안타까움의 토로이다. 그리고 그 안타까움의 토로 이면에는 대도 실현에 대한 강력한 요청이 깃들어 있다고 볼 수 있다.[2] 요컨대 『순언』의 결론은 현실에서 대도가 실현되지

---

1) 『순언』 제40장 말미의 종결부분, "三十九章四十章歎人之莫能行道以終之." 이 인용문은 『순언』의 「후서」에 해당하는 부분에서 『순언』 제39장과 제40장의 특징을 전체적으로 설명한 말이다. 그런데 대도를 행하지 못하는 것과 행하지 않는 것은 그 의미하는 바가 다르다. 이 문장은 맹자가 말한 것처럼 인간이 하지 못하는 것이 아니라 하지 않는 것(『맹자』, 「梁惠王上」, "不爲也, 非不能也.")에 초점을 맞추어 마땅히 사람들이 대도를 행하지 않는 현실을 율곡이 한탄한 것으로 해석하여야만 옳다. 이런 점에서 김학목이 "도를 행하지 못하는 것을 한탄하면서 책을 마쳤다"(김학목 옮김, 『율곡 이이의 노자』, 서울: 예문서원, 2001, 124쪽)고 한 번역은 재고될 필요가 있다.

2) 특히 『순언』의 종장에 해당하는 『노자』 원문의 내용에 대해 오강남은 다음과 같이 그 의미를 해석한다. "자기 한 몸의 이익이나 쾌락을 구하는 데만 전력을 다하는 대신 도의 길을 생각하고 거기서 벗어나는 일이 없는가 걱정하게 된다는 것이다. 말하자면 우리의 '궁극 관심'이 홍청망청 내가 누릴 수 있는 물질적, 경제적 풍요로움의 추구가 아니라, 진리와 사랑과 정의 같은 대도(大道)의 길을 걸으면서 거기에서 벗어나는 일이 없도록 힘쓰는

못하고 있는 것에 대한 안타까움을 토로하는 데 그치는 소극주의적인 태도에 의의가 있는 것이 아니라, 보다 적극적인 대도의 실천과 구현에 힘쓰라는 실천적 지혜에 대한 제안을 요청한 점에 그 의의가 있다고 보아야 한다.

율곡이 『순언』의 종장 마지막 부분에서 직접 언급하고 있는 것처럼 『순언』의 마지막 두 개의 장인 제39장과 제40장은 상호 유사한 맥락을 갖추고 있다. 그럼에도 두 개의 장이 매우 밀접한 연관성을 가지고 있는 것은 사실이지만, 결정적으로 저서의 구성상 제40장이 『순언』의 최종 결론에 해당한다는 점에서, 제39장의 내용은 제40장의 내용 안에 전체적으로 수렴되는 특징을 보인다. 결과적으로 제39장의 내용은 제40장의 내용을 보완하여 설명해주는 역할을 담지하고 있다고 볼 수 있다.

이 글에서는 먼저 『순언』의 종장인 제40장의 내용이 어떻게 구성되어 있는지 그 내용을 살펴봄으로써 율곡이 말하고자 한 노자철학의 핵심에 대해 고찰해보고자 한다. 그리고 이와 관련성을 갖는다고 본 『순언』 제39장의 내용을 검토해봄으로써 『순언』 제40장과의 사상적 연관관계에 관하여 보다 구체적으로 살펴볼 계획이다.

노자의 철학정신을 『순언』 안으로 포섭하여 최종적인 결론을 내리고 있는 율곡적 사유의 정점이 과연 어떻게 요약되고 있는지 그 내용을 살펴본다는 것은 매우 의미 있는 일임에 분명하다. 『순언』의 종장은 노자철학에 대한 율곡적 시각의 총체적 결론에 해당하며, 또한 성리학적 입장에서 표명된 철학적 고뇌의 산물이라는 점에서 의의가 있기 때문이다.

그런데 이 글이 주목하는 것은 율곡이 『순언』 제40장에서 노자의

일이 되리라는 것이다." 오강남 풀이, 『도덕경』, 서울: 현암사, 1995, 229쪽.

철학정신을 원용하여 큰길과 곁길이라는 두 가지 길을 제시하고, 큰길을 따를 것을 제안하고 있다는 점이다. 그렇다면 과연 큰길은 어떠한 특징이 있고, 곁길은 어떠한 특징이 있는지, 두 길에 대한 성격을 구분하여 볼 필요성이 요청된다. '곁길로 가지 말고 큰길로 가라'고 하는 말이 단순한 이념적 선언이나 강요가 아니라는 점을 확인하기 위해서라도 큰길의 특징과 곁길의 특성은 반드시 구분하여볼 필요가 있다고 본다.

2. 『순언』 종장의 구성과 내용

1) 『순언』의 종장 제40장의 내용

율곡은 『순언』의 마지막 장에서 "큰길은 아주 평탄한데도 사람(民)은 곁길을 좋아한다"[3]고 말한다. 이것은 통행본 『노자』 제53장의 문구인데, 율곡은 이것을 자신이 편집한 『순언』의 최종 결론으로 삼았다. 그리고 이에 대해 다음과 같은 주해를 달아 그 의미를 설명하고 있다. "도는 큰길과 같으니 어찌 알기 어렵고 행하기 어렵겠는가? 단지 사람(民)의 정이 사사로운 뜻에 이끌려 곁길을 찾고 큰길을 따라가지 않고 있을 뿐이다."[4]

율곡이나 또는 율곡이 본 『노자』의 저본인 『도덕진경집해』에서 말하는 '사람'(民)[5]은 일상의 일반인을 가리킨다. 그들은 세속을 평범

---

3) 『순언』 제40장, "大道ㅣ 甚夷어늘 而民이 好徑ᄒᆞᄂᆞ니라"

4) 『순언』 제40장 주, "道若大路, 豈難知而難行哉? 只是民情牽於私意求捷徑, 而不遵大路耳."

하게 살아가는 일상인을 말한다. 그들은 아주 평탄하고 쉬운 큰길이 눈앞에 있어도 이것을 가로질러 곁길로 가고자 하는 성향이 크다고 본 것이다. 그런데 이 문장에 대해서는 전통적으로 판본상 문자의 개념 문제가 제기되어 왔던 점이 주목된다. 판본에 따라 길을 걸어가는 주체인 '사람'의 의미가 두 가지 방식으로 설명되어 온 것이다.

경룡(景龍)본과 이약(李約)본 등은 '사람'을 '人'으로 보는데 반하여,[6] 세덕당(世德堂)본, 화정장씨(華亭張氏)본 등은 『순언』에 기술되고 있는 것과 같이 '民'으로 표기하고 있는 특징이 있다.[7] 전자와 같이 '사람'을 '人'으로 표기한 판본들에서 '사람'의 의미는 전적으로 '임금'을 가리킨다. 이와 같이 본다면, 앞의 내용은 경세의 주체인 임금이 눈앞에 펼쳐져 있는 넓고 큰길을 놓아두고 매사 곁길을 통해 빠르게 가고자 하는 성향이 강하다는 특징을 설명한 것으로 그 해석이 바뀌어야만 한다.

해동(奚侗, 1878~1939)의 다음과 같은 주장은 상당한 설득력이 있다. "'人'은 임금을 가리키는 말이다. 여러 판본에서는 대부분 '民'으로 잘못 썼는데, 다음에 나오는 구절의 뜻과 서로 이어지지 않는다. 옛날 문헌에서는 종종 '인'과 '민'을 함께 사용하였는데, 아마도 그 둘이 서로 통하기 때문일 것이다. 이 '인'자는 임금을 말하는 것으로 자연히 '민'자를 빌려 쓸 수 없었기 때문에 여기서 고쳤다."[8]

사실 이와 같이 보아야만 주어에 해당하는 내용뿐만 아니라, 이어지는 『노자』의 다음 문구와도 내용상의 정합성을 이루게 된다. 이어

---

5) 董思靖, 『道德眞經集解』(『老子集成』, 初編11, 臺北, 藝文印書館, 영인본), 제40장, 124쪽. 참고로 동사정의 『도덕진경집해』는 판본에 따라서 『도덕경집해』 또는 『태상노자도덕경집해』라는 제명으로 출간되기도 했다.

6) 陳鼓應, 『老子今註今譯』, 臺北: 臺灣商務印書館, 1980, 180쪽.

7) 세덕당본은 하상공의 주석을 상재하고 있는 반면 화정장씨본은 왕필의 주석을 싣고 있다. 이들 두 판본은 모두 해당 문구를 '民'으로 표기하고 있다.

8) 陳鼓應, 『老子今註今譯』, 181쪽에서 재인용.

지는 문구는 다음과 같다.

> 조정이 아주 번쩍번쩍 빛이 나면 농토는 매우 황폐해지고, 창고는 텅텅 비게 마련이다. 그럼에도 오히려 비단옷을 입고, 날카로운 칼을 차고, 맛있는 음식을 물리도록 먹고, 쓰고 남을 만한 재화를 수탈했으니, 이것이 바로 '도적의 우두머리'(盜夸)이다. 이 얼마나 무도한가![9]

이렇게 보면 전체 내용의 주체가 임금인지 백성인지는 명약관화하다. 이 말은 임금이 큰길을 저버리고 곁길을 선택하여 걸어간다면 도리어 백성(民)의 삶에 크나큰 재앙을 끼치게 된다는 말이다. 이때 곁길이란 굽고 좁은 길로서 삿된 길을 의미한다. 그것은 한쪽으로 기울어져서 바르지 않은 길을 가리킨다.[10]

그럼에도 율곡이 『노자』의 원문에서 '사람'(民)을 일반명사로 본 것은 틀림없는 사실이다. 다만 한 가지 주목할 점이 있다면, 율곡이 본 '사람'의 예로 등장하는 구체적인 인물이 누구인가 하는 점이다. 이 점을 확인하기 위해서는 『순언』 제40장의 종결부분을 살펴볼 필요가 있다. 율곡은 다음과 같이 말한다. "앞 장을 이어 사람들이 (도를) 알 수 없고 행할 수 없는 것은 천성을 따르는 길을 알지 못해 제멋대로 곁길을 찾기 때문임을 설명하였다. 굴원이 '오직 곁길로 걸음을 재촉했기 때문이네'라고 말한 것도 이런 의미이다."[11] 율곡은 이 인용문에서도 사람을 일반명사로 사용하고 있음이 확인된다. 누구든 천성을 알지 못하면 제멋대로 곁길을 찾게 된다는 것이 율곡의 생각이기

---

9) 『노자』 제53장, "朝甚除, 田甚蕪, 倉甚虛; 服文綵, 帶利劍, 厭飮食, 財貨有餘; 是謂盜夸, 非道也哉!"

10) 『노자』 제53장, 하상공 주, "徑, 邪不正也."

11) 『순언』 제40장 종결부분, "右第四十章. 承上章, 而言人之不能知不能行者, 由不知率性之道, 而妄求捷徑故也. 屈原曰: 夫惟捷徑而窘步, 亦此意也."

때문이다.

그러나 율곡이 인용한 굴원(屈原)의 말을 주의 깊게 살펴볼 경우 사람의 의미가 단순한 일반명사에 지나지 않는 것이 아님을 알게 된다. 율곡이 인용한 굴원의 말은 다음과 같은 『이소(離騷)』의 내용에 기원을 둔다. "요임금과 순임금의 현명하고 지조 있음이여! 이미 도를 따라 길을 얻었기 때문이네. 어째서 걸주가 그리도 서둘렀는가? 오직 곁길로 걸음을 재촉했기 때문이다."[12] 여기서 굴원이 큰길과 곁길을 걸어간 각각의 구체적인 역사적 사례를 들고 있음이 주목된다. 즉 큰길을 걸어간 인물은 요임금과 순임금인 반면 곁길을 걸어간 인물은 걸왕과 주왕이다. 굴원이 언급하고 있는 네 명의 인물은 모두 왕이었던 사람들이다.

다만, 걸왕과 주왕은 그 포악함으로 인하여 일찍이 천명을 상실한 사람으로 평가됨으로써 맹자로부터 '한 사람의 지아비'에 지나지 않는다는 평가를 받았던 인물들이다. 그들이 '한 사람의 지아비'에 지나지 않았던 이유는, 그들이 모두 인과 의를 해쳤기 때문이다. 주왕을 '한 사람의 지아비'로 규정한 맹자의 다음과 같은 평가가 이를 잘 말해준다. "인을 해치는 자를 흉포하다고 하고, 의를 해치는 자를 잔학하다고 한다. 흉포하고 잔학한 인간은 '한 사람의 지아비'에 지나지 않는다. '한 사람의 지아비'에 지나지 않는 주를 죽였다는 말은 들었어도 임금을 시해했다는 말은 아직 듣지 못하였다."[13]

이렇게 본다면, 큰길과 곁길을 걸어가는 행위의 주체는 모두 임금된 자들이었다고 볼 수 있다. 다만 자신의 온전한 삶의 질서 속에서

---

12) 屈原, 『離騷』, "彼堯舜之耿介兮, 旣遵道而行路. 何桀紂之昌披兮, 夫唯捷徑以窘步."

13) 『맹자』, 「梁惠王下」, "賊仁者謂之賊, 賊義者謂之殘, 殘賊之人謂之一夫. 聞誅一夫紂矣, 未聞弑君也."

큰길을 걸어감으로써 천명을 상실하지 않았던 사람들만이 큰길을 걸어간 인물로 평가되었음을 알 수 있다. 상대적으로 임금의 자리에 있었지만 천명을 상실하고 곁길을 선택하여 걸어간 인생의 실패자들이 있었는데, 이들의 존재성은 일반명사의 성격을 갖는 보통사람들이라는 성격을 벗어나지 못함을 알 수 있다.

율곡은 『성학집요』에서도 큰길과 곁길의 경계에 대해 언급하고 있다. 그는 손씨의 말을 인용하여, "큰길은 매우 평탄하지만 사람들은 곁길을 좋아한다. 왕의 도와 왕의 길은 이른바 매우 평탄한 길이다"라고 하여,[14] 큰길이 왕도와 관련된 것임을 명백히 보여주고 있다. 그런데 여기서 인용되고 있는 손씨의 문장은 『노자』 제53장의 내용을 풀이한 것인데, 율곡이 노자라는 말을 소개하지 않고 주석가인 손씨만을 언급한 특징이 있다.

율곡은 성리학의 사유반경 안에서 성리학의 이념에 배치되는 논의를 『순언』에서 최대한 적출하여 배제한 특징이 있는데, 여기서는 사람과 백성의 구분 내지는 임금과 일반인의 구분을 심각하게 표면화하지 않는 선에서 사람의 특성을 일반화하는 면모를 보여준다. 그럼에도 율곡은 굴원이 지은 『이소』의 내용을 인용함으로써, 앞서 언급한 사람(民)일반이 일찍이 일반인이기 이전에 왕의 신분이었던 걸왕이나 주왕과 같은 인물들이었음을 간접적으로 묘사한 점은 매우 시사적이다. 어떠한 임금이라도 '천명'을 잃고 왕의 자격을 박탈당하면 길거리의 필부필부나 다를 바가 없다. 『순언』의 종장은 간접적으로 이 점을 강조하고 있는 것이다.

---

14) 『율곡전서』 권22, 『성학집요』, 「수기 하」, "孫氏曰: 大道甚夷, 而民好徑. 王之道, 王之路, 所謂甚夷者也."

2)『순언』 종장과 제39장의 연계성

『순언』 제39장은 “나의 말이 알기 쉽고 행하기 쉬운데도 세상 사람들은 아무도 알려고 하지 않고 행하려고 하지 않는다”[15]고 한탄한다. 이것은 『노자』 제70장의 첫 문장을 옮겨온 것이다. 이때 ‘나’라고 하는 주어는 노자를 가리키기도 하지만 그것은 ‘도’를 인격화하여 은유한 것이기도 하다.[16] 만일 이러한 가정이 성립한다면, 도가 전달하는 언어와 행위는 아주 쉽다는 것을 의미한다.

이 말은 『순언』의 종장인 제40장에서 언급한 ‘큰길은 아주 평탄한데도 사람은 곁길을 좋아한다’고 한 말과 매우 유사한 맥락을 보여준다. 율곡은 『노자』 제53장의 내용과 제70장의 내용이 서로 상관성이 있다고 본 것이다. 그래서 율곡은 『순언』 제40장과 함께 제39장을 함께 언급하면서, 이것이 『순언』의 최종 결론에 해당한다고 규정한 것이다.

율곡은 도가 전달하는 언어가 알기 쉽고 행하기 쉬운 이유를 설명하기 위하여 성리학자답게 『중용』의 문구를 인용한다. 바로 율곡이 『순언』 제39장에서 “본성은 본래 고유한 것이고 도는 사람에게서 멀리 있지 않다”[17]고 주해한 말에서, “도는 사람에게서 멀리 있지 않다”[18]고 표현한 것이 이에 해당한다. 율곡은 자신이 이 말을 원용한

15) 『순언』 제39장, “吾言이 甚易知며 甚易行이로ᄃᆡ 而天下ㅣ 莫能知ᄒᆞ며 莫能行ᄒᆞᄂᆞ니”

16) 심규호 옮김, 『도설천하 노자』, 서울: 시그마북스, 2010, 423쪽.

17) 『순언』 제39장 주, “性本固有, 道不遠人.”

18) 『중용』 제13장, “道不遠人.” 이 말은 전체 문장은 다음과 같다. “子曰: 道不遠人, 人之爲道而遠人. 不可以爲道.” ‘道不遠人’에 대한 일반적인 해석은 ‘원’을 타동사로 보아 ‘사람을 멀리 한다’고 풀이한다. 그러나 나는 김용옥이 지적한 것처럼 ‘원’을 자동사로 보아 ‘사람에게서 멀리 있다’는 의미로 풀이하여야 논리적 정합성이 갖추어진다고 본다(김용옥, 『중용 한글역주』,

이유가, 이것을 지시하여 사람들에게 보여주면 당연히 쉽게 알고 쉽게 행할 것 같았기 때문이라고 한다.

그러나 이른바 슬기롭다고 하는 사람들은 그 이상까지 나아가 지나치고, 어리석고 못난 사람들은 반대로 그에 미치지도 못한 결과를 초래하는 것이 현실이라고 한다. 율곡은 이렇게 중용을 넘어 지나치거나 모자라기 때문에 사람들이 도를 알지 못하고 행하지 못하는 것이라고 평가한다.[19] 중용의 도가 알기 쉽고 행하기 쉬운 것처럼 노자의 도 또한 알기 쉽고 행하기 쉬운 것이라는 것이 율곡의 입장이다.

『순언』 제39장은 앞의 문구에 이어 계속하여 『노자』 제70장의 문장들을 인용하여 다음과 같이 말한다. "말에는 근본이 되는 것이 있고, 일에는 으뜸이 되는 것이 있는데, 오직 무지할 뿐이라서 나를 알아보지 못한다. 나를 알아보는 자가 별로 없으며 나를 본받는 자가 희귀하니, 이런 까닭에 성인은 갈옷을 입은 것처럼 초라하나 가슴속에는 옥을 품고 있다."[20] 이 말은 도가 알 수 없는 대상도 아니고 실천하기 어려운 대상도 아님을 전제로 그 알 수 없고 실천할 수 없는 이유가 '무지' 때문이라고 진단한 것이다.

노자가 말하는 무지에는 긍정되는 측면의 무지도 있고 부정되는 측면의 무지도 있다. 여기서 말하고 있는 '무지'는 당연히 부정되어야 할 무지로서, 진정한 의미의 무지라고 할 수는 없다. 그래서 율곡은 이것을 '도에 대한 식견이 없는 무지'로 풀이한다. '도에 대한 식견이 없는 무지' 때문에 끝내 도를 알아볼 수 없다는 것이다.[21]

서울: 통나무, 2013, 349쪽 참조.

19) 『순언』 제39장 주, "性本固有, 道不遠人, 指此示人, 宜若易知易行, 而賢智過之, 愚不肖不及, 所以莫能知莫能行也."

20) 『순언』 제39장, "言有宗이오 事有君이어늘 知我者希ᄒᆞ며 則我者貴니 是以聖人은 被褐懷玉이니라"

21) 『순언』 제39장 주, "衆人於道無識見, 故終莫我知也."

오강남의 다음과 같은 해석 역시 '도에 대한 식견이 없는 무지'를 가진 사람들의 태도를 잘 보여준다. "상식의 세계, 이분법적 의식의 세계, 분별지의 세계를 넘어서 초상식의 세계, 초의식의 세계, 합일의 세계를 접한 사람은 보통 사람이 이해할 수 있는 범위를 넘어서 있기 때문에 보통 사람은 그를 이해할 수도 따를 수도 없다."[22]

노자는 스스로 자신이 말하는 도가 알기 쉽고 행하기 쉬운 것이라고 한다. 그럼에도 세상 사람들은 노자가 말하는 도가 알기도 어렵고 행하기도 어려운 것이라고 생각한다. 뿐만 아니라 비현실적인 추상적 담론에 불과할 뿐이라고 배격하는 경우도 많다. 이러한 점 때문에 노자가 걱정하는 것은 다른 것이 아니다. 세상 사람들이 자신이 말하는 도에 관심이 없을 뿐만 아니라, 그것을 난해하고 실천하기 곤란한 대상으로 생각한다는 현실이 걱정스러울 뿐이다. 남들이 자신을 알아보지 못함을 탄식하고 사람들이 도를 행하기 어려움을 슬퍼한 것이다. 이것이 『순언』 제39장의 종합적인 내용이다. 이러한 내용은 모두 율곡이 『순언』 제40장에서 토로한 바와 같이 '간절하게 사람들을 위한 것' 이외의 다른 것이 아니었다.[23]

율곡은 『순언』 제39장을 통해 도의 특성이 '중(中)' 또는 '중도'에 있음을 명시적으로 선언한다. 이것은 유가의 고유한 세계관이기도 한데, 율곡은 사람이 중도를 잡고 있으면 도를 자연스럽게 알게 되어 있고, 또한 실행할 수 있게 되어 있다고 본다. 그것은 '지극한 선'(至善)의 세계로서, 언어의 근본이며 행위 실천의 으뜸이기도 하다.[24]

---

22) 오강남 풀이, 『도덕경』, 서울: 현암사, 1995, 297쪽.

23) 『순언』 제39장 종결부분, "右第三十九章. 歎人之莫知, 而悼道之難行, 是終篇惓惓爲人之意也."

24) 『순언』 제39장 주, "言以明道, 事以行道, 隨言隨事, 各有天然自有之中, 乃所謂至善而言之宗也, 事之君也." 참조. 이와 같은 율곡의 이해는 다분히 유학적이다. 인식과 행위의 최종 목표가 '지극한 선'과 '중' 또는 '중도'라고

일상 인륜의 행위들이 모두 도 아닌 것이 없다. 율곡이 제안하는 '지극한 선'에로의 지향 역시 너무나 당연한 것이다. 너무나 당연하기 때문에 그것은 어려운 것이 아니라는 것이다. 그럼에도 사람들은 그것을 멀리 떠나 높고 추상적인 곳에서만 도를 좇고 있기 때문에 그것은 알기도 쉽지 않고 행하기도 쉽지 않다고 불평하게 되는 것이라고 율곡은 본다.

이러한 일상의 사유방식에 대해 일침을 가한 것이 『순언』 제39장과 최종 결론인 제40장이다. 이러한 점에서 제39장, 제40장은 서로 유기적인 연계성을 갖는다. 제39장이 제40장의 구체적인 원인에 해당하는 내용을 담고 있다면, 제40장은 제39장의 축약으로서 종합적인 결론에 해당한다고 할 수 있다. 두 개의 장은 모두 세상에 도가 실행되지 못하고 있는 문제 상황에 대한 한탄으로 구성되고 있음이 특징이다.

이것은 물론 노자의 한탄이다. 그러나 율곡은 이러한 노자의 한탄을 외면하지 않고, 서로 분리되어 있던 두 개의 장을 앞뒤로 배치하여 서로 연계시켜 논의하고 있다. 이러한 한탄은 거꾸로 도를 제대로 이해하고, 이를 구체적인 현실세계에서 실천하기를 희구하는 바람의 표명이라고 할 수 있다. 율곡은 『순언』의 결론을 통해 도의 실천을 권면하고 있는 것이다. 실천되지 않는 도란 진정한 도라고 볼 수 없기 때문이다.

도를 실천하는 행위의 주체는 '성인'이다. 그는 도를 간직하고 이를

하는 유가적 덕목들로 제시되기 때문이다. 이러한 사유는 유가의 기본정신을 담고 있는 『대학』과 『중용』의 정신으로부터 비롯된 특징이 있다. 특히, 여기에서 "도가 알기 쉽고 행하기 쉽다"고 한 노자의 정신은 유가의 중용의 정신과 서로 맞닿아 있다. 이러한 사유의 공통지표로부터 율곡은 유가와 노자의 철학적 사유의 접점을 확인해보고자 한 것이다.

즐겨 실천하면서 살아가지만 세상 사람들은 그를 알아주지도 않고, 또한 본받으려고 하지도 않는다. 그러나 그는 화내거나 자신을 드러내서 과시하는 법이 없다. 그는 마음속에 '지극한 덕'을 온축하고 있기 때문에 남들이 자신을 알아주기를 구하지 않는다.[25] 이것은 마치 공자가 "남들이 자신을 알아주지 않는다 하더라도 화를 내지 않는다면 또한 군자가 아니겠는가?"[26]라고 한 『논어』의 정신과도 같다. 율곡이 노자의 철학과 공자의 유학사상으로부터 상호 회통적인 사유의 접점을 포착한 것이라고 할 수 있다.[27]

한편 왕필(王弼, 226~249)은 율곡이 주목한 주석가는 아니었지만,[28] 『노자』 제70장에 표현된 성인의 특징과 관련하여 다음과 같은 자신의 생각을 밝혔다. "갈포를 걸쳤다는 것은 세속과 함께한다는 뜻이고, 옥을 품고 있다는 것은 그 참됨을 보물처럼 간직하고 있다는 뜻이다. 성인을 이해하기 어려운 까닭은 그가 속세에 있지만 보통 사람들과 달라 보이지 않고 옥을 품고 있지만 전혀 퇴색하지 않기 때문이다."[29]

---

25) 『순언』 제39장 주, "內蘊至德, 而不求人知."

26) 『논어』, 「學而」, "人不知而不慍, 不亦君子乎?"

27) 『논어』에도 『노자』나 『순언』처럼 '곁길'(徑)을 부정하는 내용이 있다. 공자의 제자 자유가 무성의 책임자가 되어 담대멸명(澹臺滅明)이라는 인재를 얻었는데, 그는 걷고 곁길로 다니는 일이 없었다고 한다. 『논어』, 「雍也」, "子游爲武城宰. 子曰: 女得人焉爾乎? 曰: 有澹臺滅明者, 行不由徑. 非公事, 未嘗至於偃之室也." 참조.

28) 『순언』에서 율곡은 자신이 왕필의 주석을 인용하여 해석했다고 명시한 곳이 단 한 곳도 없다. 율곡이 저본으로 삼은 『노자』 역시 왕필본이 아닌 동사정의 『도덕진경집해』이다. 후일 『신주도덕경』을 지은 서계 박세당은 왕필이 도리어 노자의 원의를 왜곡하여 도가철학을 공소함에 빠뜨렸다고 평가하기도 한다. 사실 이러한 서계의 입장은 율곡에게서 전승된 것이다. 율곡은 하안과 왕필에 의한 청담의 화가 노자철학을 왜곡하게 한 주요 원인이라고 보았기 때문이다(『율곡전서』 권20, 『성학집요』, 「수기 상」, "淸談之禍, 至王弼何晏而極." 참조).

29) 王弼, 樓宇烈 校釋, 『老子周易王弼集校釋』(臺北: 華正書局, 1983), 『노자도덕경주』 제70장, 176~177쪽, "被褐者, 同其塵; 懷玉者, 實其眞也. 聖人

이것은 진정한 지도자의 특성이 어떠하여야 하는지에 대한 정확한 진단이라고 할 수 있다. 진정한 왕은 '도적의 우두머리'가 아니라 세속과 함께할 수 있는 덕성을 갖춘 성인이라야 한다는 것이다.

3. 큰길과 곁길의 구분

율곡이 『노자』를 통해 큰길과 곁길을 구분하고, 곁길로 가로질러 가고자 하는 일상의 태도를 지양하면서 큰길을 갈 것을 제안한 것을 보면, 곁길은 부정의 대상이고 큰길은 긍정의 대상임을 알 수 있다. 그러나 이와 같은 선언적인 표명처럼 곁길이 무엇을 가리키며 큰길이 무엇인지에 관해서는 구체적인 언급이 제시되지 않은 한계가 있다. 이에 큰길과 곁길의 특징과 그 구분에 대해 좀 더 구체적으로 살펴볼 필요가 있다고 본다.

노자는 "저것을 버리고 이것을 취하라"고 선언한다. 이 말은 『노자』 안에서 세 차례 발견된다.[30] 이것은 노자의 가치체계에 대한 모색을 가능케 하는 발언이라서 주목된다. 가치에 대해 부정적인 입장을 취하는 것이 노자이기 때문이다. 그러나 '가치 부정적 가치'의 진정한 가치의 체계에 대해 관심을 갖는 노자이고 보면, 그가 모든 종류의 가치를 부정했을 것이라고 볼 수는 없다.

이러한 측면에서 노자에게서도 부정되는 가치의 범주들이 있을 수밖에 없고, 긍정되는 가치의 범주들이 존재할 수밖에 없다고 할 수 있

之所以難知, 以其同塵而不殊, 懷玉而不渝."

30) 『노자』 제12장, 제38장, 제72장, "去彼取此."

다. 노자에게서 그것은 '인위'와 '자연'의 범주로 요약된다. '인위'는 부정의 대상인 반면 '자연'은 긍정의 대상이다. 물론 '자연'은 대상 아닌 대상이라고 할 수 있다. 일체의 '인위'는 곁길에 해당한다. 반면 '자연'은 큰길이라고 할 수 있다.

그렇다면 곁길로서의 '인위'와 큰길로서의 '자연'에 해당하는 것들은 무엇이 있을까? 우선 노자가 부정하고자 한 '인위'의 대명사는 『노자』 제29장에서 언급한 너무 지나친 유위의 행위, 사치스러운 행위, 교만한 행위 등이라고 할 수 있다.[31] 반면 『노자』 제67장에 표현된 세 가지 보배로서 자애, 검약, 겸허 등의 행위는 '자연'에 충실한 행위라고 보지 않을 수 없다.[32] '인위'는 제거의 대상이지만 '자연'은 간직해야 할 덕목이다.

『노자』에 표현된 일체의 '외물'적 대상들은 모두 '인위'의 원인이 되지만, 자기 자신에 충실한 무의 범주적 행위들은 '자연'을 반영한다. '외물'의 유혹으로 인한 소유의 욕망은 '인위'와 연대한다. 반면 무소유의 정신은 '자연'의 세계와 연대한다. 일체의 명예와 재물은 화와 욕됨을 가져다주지만, 자기 자신의 본연성에 충실한 행위는 족함을 가져다준다. 이러한 내용을 담고 있는 『순언』 제10장에 대한 율곡의 주해를 보자.

> 명예와 재물을 얻으면 자신은 반드시 망하니, 이것이 바로 망함이다. 자신을 얻으면 비록 명예와 재물은 잃더라도 얻는 데 해가 되지

---

31) 『노자』 제29장, "是以聖人去甚, 去奢, 去泰." 및 『순언』 제30장, "是以聖人은 去甚去奢去泰니라" 참조.

32) 『노자』 제67장, "我有三寶, 持而保之. 一曰慈, 二曰儉, 三曰不敢爲天下先. 慈故能勇; 儉故能廣; 不敢爲天下先, 故能成器長." 및 『순언』 『순언』 제13장, "我有三寶ᄒᆞ야 保而持之ᄒᆞ노니 一曰慈ㅣ오 二曰儉이오 三曰不敢先이니라" 참조.

않는다. 그렇다면 자신을 얻는 것과 잃는 것 가운데 어느 것이 병이 되겠는가?[33]

『노자』 안에서 이와 관련된 예들은 매우 많다. 그러나 이들을 일일이 예거할 필요는 없다고 본다. 다만 분명한 것은 '저것'은 '인위'의 대명사인 반면 '이것'은 '자연'의 대명사라는 점이다. 그리고 '저것'은 버려야 할 대상이고 '이것'은 취해야 할 대상임이 분명하다는 점이다. 이와 같은 논리를 위의 인용문에 적용할 경우 명예와 재물은 버려야 할 '저것'이고, 자신의 몸은 취해야 할 '이것'이다.

'이것'과 '저것'이란 문제의식과 관련해서도 율곡은 『노자』를 유학 특히 주자학적 방식으로 독해한다. 『순언』에서는 노자가 부정하는 '인위'가 '인욕'으로 대체되고,[34] 노자가 긍정하는 '자연'은 '천리'로서 대신하게 된다. 이른바 '천리는 보존하고 인욕은 제거하라'(存天理, 遏人欲)[35]는 주자학적인 당위론이 노자의 '인위'와 '자연'의 범주를 대신하는 것이다. 『순언』은 이렇게 '인욕'의 곁길과 '천리'의 큰길로 다시 편성된 『노자』 주석서라고 볼 수 있다. 그렇다면 율곡에 의해 재편성된

---

33) 『순언』 제10장 주, "得名與貨, 則身必亡, 是乃亡也. 得身, 則雖亡名與貨, 而不害乎爲得也. 然則得身與亡身, 孰爲病乎?"

34) 율곡은 재앙과 욕됨이 생겨나는 근본을 검토해보면 욕망을 좇는데 그 근원이 있다고 한 동사정의 주석(『순언』 제12장, "董氏曰: 究其根本, 原於縱欲.")을 토대로, 노자의 '인위'를 성리학적 '인욕'의 문제로 전환하여 이해한다.

35) 『순언』에서는 '존천리' 및 '천리'라는 개념이 단 한 차례도 등장하지 않는다. 반면, '알인욕'이라는 말은 제5장에서 율곡의 주해를 통해 한 차례 등장하고 있다. 또한 '인욕'이라고 독립적으로 사용된 경우도 제9장의 주해에서 한 차례 등장한다. '존천리'와 '알인욕'은 상호간에 없어서는 안 될 필요충분조건들이다. 그러므로 '존천리'가 전제되지 않는 '알인욕'이 있을 수 없고, '알인욕'이 전제되지 않는 '존천리'가 있을 수 없다. 이러한 특징 때문에 비록 『순언』에 '존천리'라는 말이 등장하지 않는다고 하더라도 그에 대한 사유내용조차 존재하지 않는다고 볼 수는 없는 것이다.

『순언』 안에서 곁길로 표상되는 '인욕'의 대상들과 큰길로 표상되는 '천리'의 내용은 어떤 것들일까?

우선 『노자』 제12장에 제시된 '외물'에 해당하는 대상들은 모두 '인욕'의 대표적인 대상들임을 부정할 수 없다. 『순언』 제5장에서 인용하고 있는 『노자』 제12장의 곁길의 표상은 다음과 같은 내용 안에 자리를 틀고 있다. "다섯 가지 색깔이 사람의 눈을 멀게 하고, 다섯 가지 소리가 사람의 귀를 멀게 하고, 다섯 가지 음식이 사람의 입맛을 상하게 한다."[36]

여기서 표현되고 있는 다섯 가지 색깔과 다섯 가지 소리와 다섯 가지 맛은 인간의 심성을 유혹하는 대표적인 '외물'들이다. 그것은 인간의 삿되고 충동적인 욕망의 대상들이다. 일상의 인간은 이들 갖가지 '외물'의 유혹으로부터 자유롭지 못하다. 그래서 율곡은 다음과 같은 걱정을 한다.

> 다섯 가지 색깔과 다섯 가지 소리, 다섯 가지 맛은 본디 사람을 기르는 것이지 사람을 해치는 것이 아니다. 그런데 사람들은 대부분 인욕으로 인해 절제할 줄 모른다. 그러므로 색깔의 아름다움에 빠진 자는 바른 시각을 잃고, 소리의 아름다움에 빠진 자는 바른 청각을 잃고, 음식의 맛에 빠진 자는 바른 미각을 잃어버리게 된다.[37]

『순언』 제40장의 내용을 기준으로 본다면, 『순언』 제5장에 제시된 위와 같은 현상들은 곁길인 '인욕'의 범주를 좇았기 때문에 발생한 것이라 볼 수 있다. 그래서 율곡은 이상과 같은 철학적 담론이 '인욕을

36) 『순언』 제5장, "五色이 令人目盲ᄒᆞ며 五音이 令人耳聾ᄒᆞ며 五味ㅣ 令人口爽ᄒᆞ며"

37) 『순언』 제5장 주, "五色五音五味, 夲以養人, 非所以害人, 而人多循欲, 而不知節. 故悅色者, 失其正見, 悅音者, 失其正聽, 悅味者, 失其正味也."

막기 위한 방편'(遏人欲)으로 설정된 것임을 밝힌다. 즉 『순언』 제5장의 종결부분에서 "초학자의 인욕을 막는 공부를 설명하는 것으로 시작하여 천지의 성대함에 참여하여 돕는 것을 설명하는 것으로 끝을 맺었다"[38]라고 한 율곡의 설명이 이를 잘 말해준다.

주자학에서 '인욕'의 반대개념은 '천리'라고 할 수 있다. 『순언』 제5장의 경우만 하더라도 율곡이 '천지의 성대함에 참여하여 돕는 것'을 강조하는데, 그것은 주자학적 범주의 '인욕'을 버리고 '천리'에 참여하여야 함을 제안한 것과 다른 것이 아니다. 다양한 '인욕'은 곁길로만 가로질러 가려고 하지만, 이를 막게 된다면 '천리'의 큰길로 나아갈 수 있음을 밝힌 것이다. 『순언』 제5장에서 '천리'의 범주는 '하늘의 문'이 열리고 닫히는 음양 동정의 변화원리로 표상된다.[39]

율곡의 관점을 통해본다면, '인욕'의 반대개념으로서 '천리'는 '시간성의 원리'와 '변화의 원리'라는 자체적인 존재의 원리를 지닌다. 인간이 '천리'를 깨닫게 되면 사통오달의 경지에 도달하며, 능히 '무지'할 수 있게 된다.[40] 물론 이때의 '무지'란 '도에 대한 식견이 없는 무지'가 아니고, 도리어 그러한 '무지'를 파기한 반성적 의미의 '무지'에 해당한다. 이와 같은 근원적 의미의 '무지'란 '인욕'도 배제한다. 왜냐하면 지식도 하나의 욕망이라는 특징이 있기 때문에, 지식이 배제된 욕망 또는 욕망이 배제된 지식은 마땅히 '지식 아닌 지식'이거나 '욕망 아닌 욕망'이어야하기 때문이다. 율곡이 『노자』 독해를 통해 '천리'의 특징

---

38) 『순언』 제5장 종결부분, "而始之以初學遏人欲之功, 終之以參贊天地之盛." 參조.

39) 『순언』 제5장, "天門開闔애 能爲雌乎아" 및 이에 대한 율곡의 주해, "開闔, 是動靜之意. 雌, 是陰靜之意. 此所謂定之以中正仁義而主靜者也." 참조.

40) 『순언』 제5장, "明白四達호딕 能無知乎아" 및 이에 대한 율곡의 주해, "愚按, 此言於天下之事, 無所不知, 無所不能, 而未嘗有能知之心, 詩所謂不識不知, 順帝之則者也. 夫如是, 則上下與天地同流參贊育, 而不自居也." 참조.

을 살펴보고자 한 이유가 여기에 있다고 하겠다.

4. 큰길과 곁길에 대한 본말론적 해석

『순언』의 종장에서 제시한 큰길과 곁길의 두 가지 길의 양상은 '이것'과 '저것'이란 범주선택의 문제와 밀착되어 있지만, 이것은 기본적으로 '근본'과 '말단'이라고 하는 성리학의 또 다른 범주와 연관되어 있다. '근본'과 '말단'의 관계를 성리학에서는 이른바 '본말론'이라고 부른다.

이것은 성리학의 기본경전 중의 하나인 『대학』이 사물의 근본과 말단의 관계를 언급한 것에 그 기원을 둔다. 이른바 "사물에는 근본과 말단이 있다"[41]는 것이 그것이다. 그런데 한 가지 주의할 것은 근본과 말단이 본래 이분법적으로 분리된 것이 아니라는 점이다. 그것은 마치 나무의 뿌리와 가지의 관계처럼 '체용일원(體用一源)', '현미무간(顯微無間)'이라는 일원론적 구조의 관계를 갖는다.[42]

이와 같은 사유의 연장선상에서 '수기'와 '치인'의 문제도 별개의 범주로 각각 개별적으로 독립될 수 없는 본말관계에서 논의된다. '수기'가 '치인'으로 확장되어 그 공효가 구현되지 않는 한 '수기'는 단지 한 개인의 고결한 인격연마의 방편에 머물고 만다는 생각 때문이다. 그런데 '치인'의 문제는 항상 현실의 문제를 반영한다는 점에서 '변통론'의 구조를 띤다. 현실의 문제 상황은 끊임없이 변화하는 도정에 있기

41) 『대학』 제1장, "物有本末."
42) 『순언』 제19장 注, "體用一源, 顯微無間之妙."

때문이다. 그래서 성리학자들은 '수기'를 근본으로, '치인'을 말단으로 인식한다. 율곡 또한 예외가 아니다.[43]

이런 경우 성리학적 본말론은 근본이 말단에 우선하기는 하지만, 그렇다고 말단을 배제하지는 않는다는 특징이 있다. 이것이 이른바 성리학에서 말하는 '선후본말론(先後本末論)'이다. 우선 이와 같은 '선후본말론'의 내용을 담고 있는 몇 개의 용례를 『순언』에서 찾아보면 다음과 같다.

> ① 사마온공은 "모두가 근본을 따라 말단을 다스리고, 가까운 것으로 말미암아 먼 것에 미치는 것이다"라고 하였다.[44]

> ② 오직 스스로 천시하기만 하면 사람들이 반드시 귀하게 대우하며 스스로 낮추기만 하면 사람들이 반드시 높여주니, 이 때문에 천한 것을 근본으로 삼고 낮은 것을 기반으로 삼는다.[45]

인용문①은 율곡이 당시 조선에서 온공(溫公)이라 일컬어지던 사마광(司馬光, 1019~1086)[46]의 말을 인용하여 본말론의 구조를 언급한 경우이다. 인간이 사는 세상에는 '근본'과 '말단'의 구분이 있다. 그래서 율곡

---

43) 이상익, 「도학파 경세론의 본말론적 구조」, 『한국철학논집』 제4집, 한국철학사연구회, 1995, 78쪽 참조.

44) 『순언』 제26장 주, "溫公曰: 皆循本以治末, 由近以及遠也."

45) 『순언』 제16장 주, "夫惟自賤, 則人必貴之, 自下, 則人必高之, 是以賤爲本, 以下爲基也. 侯王之自貶, 是自賤自下之道也."

46) 섬주(陝州) 지방의 하현(夏縣) 속수향(涑水鄉) 사람으로 자는 군실(君實)이고, 호는 우수(迂叟), 또는 속수선생(涑水先生)이라고 한다. 북송 시대의 사상가이자 정치가이며 사학가, 문학가이다. 인종(仁宗), 영종(英宗), 신종(神宗), 철종(哲宗) 등 네 왕조에 걸쳐 벼슬을 했다. 특히 그는 신종(神宗) 때 반산(半山) 왕안석(王安石)의 변법을 반대한 것으로 유명하다. 그는 왕안석의 변법이 시행된 이후 조정에서 물러나와 15년 동안 『자치통감(資治通鑑)』을 편찬하였다.

은 모든 일이 '가까운 것'에서부터 시작하여 '먼 것'에로 나아가는 것처럼 '근본'을 따라 '말단'을 다스려야 한다고 본 것이다.

특히 경세론의 입장에서 본다면, 여기서 말하는 '근본'은 '수기'에 해당하고 '말단'은 수시로 변화하는 현실의 문제에 대한 '치인'의 문제에 해당한다고 볼 수 있다. 중요한 것은 어떠한 경우라도 '수기'를 버리고 '치인'의 공효를 얻을 수는 없다는 점이다. 요컨대 이러한 논의는 '치인'의 도를 설명하면서 '수기' 또는 '수신'에서 그 '근본'을 추구하여야 함을 밝힌 점에 그 특징이 있다.[47]

인용문②는 『순언』 제16장의 첫 구절이다. 이것은 『노자』 제39장의 "귀한 것은 천한 것을 근본으로 삼고, 높은 것은 낮은 것을 기반으로 삼는다"는 말을 원용한 것이다.[48] 『노자』 제39장은 다음과 같이 '하나의 힘'[49]을 강조한다.

> 예로부터 하나를 얻은 것들이 있다. 하늘은 하나를 얻어 맑고, 땅은 하나를 얻어 평안하고, 신은 하나를 얻어 영묘하고, 골짜기는 하나를 얻어 가득하고, 온갖 것은 하나를 얻어 자라나고, 왕과 제후는 하나를 얻어 세상을 얻어 세상의 어른이 되니, 이 모두가 하나의 덕이다.[50]

이것은 하나의 존재론적 논의이다. 그런데 오강남은 "이런 존재론적 논의의 궁극 목적은 존재론적 체계를 수립하는 데만 있는 것이 아니고, 이를 구체적인 삶에 적용하는 데 있다"[51]고 본다. "'하나'는 자

47) 『순언』 제26장 종결부분, "右第二十六章. 始言治人之道, 而推夲於修身." 참조.

48) 『순언』 제16장, "貴以賤爲本ᄒᆞ며 高以下爲基라 是以侯王이 自謂孤寡不穀ᄒᆞᄂᆞ니"

49) 오강남 풀이, 『도덕경』, 171쪽.

50) 『노자』 제39장, "昔之得一者: 天得一以清; 地得一以寧; 神得一以靈; 谷得一以盈; 萬物得一以生; 侯王得一以爲天下貞."

기 낮춤의 최고 상징이다. 인간도, 특히 지도자도 이처럼 자기를 낮추고 겸손해야 한다고 한다.”[52]

그래서 천한 것을 ‘근본’으로 삼고 낮은 것을 ‘기반’으로 삼아야 한다. 일반적으로 천하다고 평가되는 ‘말단’이 ‘근본’이 되어야 한다는 역설이다. 율곡은 이러한 노자의 역설을 수용하여 ‘근본’과 ‘말단’이 서로 분리되어서는 안 된다는 일원론적 본말론을 제안하고 있는 것이다.

율곡철학에 나타난 본말론의 특징이 이와 같이 ‘근본’과 ‘말단’의 상호 조화의 관계로만 언급되는 것은 아니다. 특히 『순언』의 경우가 그렇다. 율곡의 다른 저서들, 특히 그의 경세론의 입장이 강하게 나타나고 있는 「무신봉사」와 「만언봉사」를 비롯한 『성학집요』 등은 대체로 ‘선후본말론’의 체계를 갖추고 있다. 그러나 『순언』에는 ‘숭본거말론(崇本去末論)’[53]의 특징까지 발견된다. 이것은 위진 시대 왕필철학의 핵심이라고까지 인식되는 ‘숭본식말론(崇本息末論)’과 같은 사유의 맥락을 갖는다.[54]

물론 율곡이 『순언』 안에서 ‘숭본거말’이라는 말이나 ‘숭본식말’이라는 개념을 사용한 적은 단 한 차례도 없다. 그럼에도 『순언』의 곳

---

51) 오강남 풀이, 앞의 책, 173쪽.

52) 오강남 풀이, 앞의 책, 174쪽.

53) 이는 왕필이 말하는 ‘숭본거말론(崇本擧末論)’과는 다른 의미로서, 필자가 논의의 방편 상 왕필이 말한 ‘거(擧)’의 의의를 ‘거(去)’로 바꾸어 달리 표현한 것이다. 이 글에서는 왕필철학과의 혼동을 배제하고 주자학적 사유를 강조하기 위한 방편으로 ‘숭본식말론’을 ‘숭본거말론(崇本去末論)’으로 대체하여 이해하기로 한다.

54) 왕필의 철학에서 논의되는 본말론은 ‘숭본식말론’의 입장과 ‘본말조화론’이라는 두 가지 특징이 있다. 이에 대해서는 다음의 논문을 참고하라. 이재권, 「왕필 본말론의 성격」, 『철학논총』 제78집, 새한철학회, 2014, 101~128쪽.

곳에서 산견되는 근본과 말단에 대한 율곡의 논의들은 '숭본거말론' 이나 '숭본식말론'의 특징을 보여주는데 전혀 문제가 없다. 그렇다면 이러한 특징과 관련된 본말론적 요소들을 『순언』에서 찾아보기로 하자.

① 사마온공은 "근본을 잘 몰라서 말단을 좇는다"고 했다. 내가 생각하기에 마음을 잃어 본성에서 멀어지면 멀어질수록 도를 알기가 더욱 어려워진다.[55)]

② 동사정은 다음과 같이 말했다. "… 마음을 기준으로 설명할 경우, '마음의 주체'(心君)가 태연하다면 '말처럼 날뛰는 기운의 질서'(氣馬)를 물리치고 되돌려서 그 '근본'(本根)을 배양하니, 이렇게 하지 않는다면 말처럼 날뛰는 기운이 외부로 내달리게 된다."[56)]

③ 소자유는 다음과 같이 말했다. "… 사람들이 본업에 충실하지 않고 말단의 재주를 추구하면 일상생활에 필요 없고 무익한 물건을 만들어낸다. 사람들이 속임수를 쓰는 것을 근심하여 법령을 많이 내놓음으로써 그들을 억눌러 백성이 손발을 둘 곳이 없어지면 날로 도적의 무리가 된다."[57)]

인용문①의 경우 '마음을 잃어버린 상태'(放心)는 말단에 해당하고, '본성'과 '도'는 근본에 해당한다. 당연히 '마음을 잃어버린 상태'는 극복과 제거의 대상이고 '본성'과 '도'는 보존의 대상이다. 이러한 본말론적 이해는 '천리를 보존하고 인욕을 제거한다'고 하는 주자학의 입장과 크게 다르지 않다. '천리'는 근본이고 '인욕'은 말단이다. '근본'은

---

55) 『순언』 제11장 주, "溫公曰: 迷本逐末也. 愚按心放而愈遠, 則知道愈難矣."

56) 『순언』 제12장 주, "董氏曰: …以內言之, 心君泰然, 則却返氣馬, 以培其本根, 反是則, 氣馬馳於外境矣."

57) 『순언』 제31장 주, "蘇氏曰: …人不敦本業, 而趨末伎, 則非常無益之物作矣. 患人之詐僞, 而多出法令以勝之, 民無所措手足, 則日入於盜賊矣."

보존하여 지켜내야 할 가치이지만, '말단'은 극복하여 제거해야 할 대상이다. 고유한 '인심'과는 그 성격이 크게 다른 '인욕'의 범주는 '천리'의 보존을 위하여 반드시 제거되어야 할 대상이다. 결정적으로 이와 같은 논의는 '숭본거말'의 한 형태를 보여준다.

인용문②의 경우, 말처럼 날뛰는 기운의 질서는 말단에 해당하고 마음의 주체는 근본에 해당한다. 역시 '말처럼 날뛰는 기운의 질서'는 제거의 대상이고 마음의 주체는 보존의 대상이다. 율곡은 특히 '리기지묘(理氣之妙)'의 철학적 사유를 지향한 인물이지만, 말처럼 날뛰는 기운의 질서조차 포용의 대상으로 삼지는 않는다. 그것은 '천리'를 통하여 제어 극복하여야 할 대상이기 때문이다. 이러한 이유 때문에 율곡은 『순언』 제14장을 주해할 때, 리와 기의 상관 대대적 측면을 논의하기보다는 도리어 "리로써 기를 이겨야 한다"[58]고 말했던 것이다. '리'는 '천리'이며, '기'는 비유적으로 '말처럼 날뛰는 기운의 질서'로서 일체의 개별적 삿된 욕망을 표상한다. 요컨대 '천리'로써 '말처럼 날뛰는 기운의 질서'와 연대하고 있는 '인욕'을 극복 제어하여야 한다는 논리이다. 이러한 논의 역시 '숭본거말'의 특징을 잘 반영한 경우라고 하겠다.

인용문③에서는 근본과 말단이 '본업'과 '재주'로 대비되어 설명되고 있다. 특히 말단에 해당하는 '재주'가 일으키는 폐단에 대해서 주목한다. 일상생활에서 근본을 방치하여 본업을 잃게 될 경우 무익한 수많은 일들이 발생한다. 말단의 '재주'를 가지고는 결코 안정된 삶을 유지할 수 없다. 말단의 재주는 속임수를 동반하기 때문이다. 만일 이러한 속임수 때문에 법령을 강화하게 될 경우 백성들은 손발을 둘 곳이 없게 된다. 살 수가 없다는 이야기이다. 이것은 『노자』 제57장

---

58) 『순언』 제14장 注, "以理勝氣."

에 대한 소자유의 견해로서, 말단을 제거하고 근본을 지켜야 함을 밝힌 것이다.

율곡은 이 주장을 적극 수용하여, 말단을 제거하고 천리를 회복할 것을 주장한다. 특히 나라의 위정자가 말단을 제거한다면, 백성들의 삶은 저절로 풍성해진다고 본다. 이러한 내용과 관련하여 『순언』 제31장은 『노자』 제57장을 원용하여 앞의 내용을 이어서 다음과 같이 말한다.

> 그러므로 성인은 내가 무위(無爲)하니 백성이 저절로 교화되고, 내가 무사(無事)하니 백성이 저절로 부유해지며, 내가 고요함을 좋아하니 백성이 저절로 바르게 되고, 내가 무욕(無欲)하니 백성이 저절로 소박해진다.[59]

'무위', '무사', '무욕'은 모두 '고요함'의 질서들이다. 이들은 모두 말단의 일들을 제거하는 방법이자 그 경지를 가리키는 것이다. 노자가 '무위하지만 안 되는 것이 없다'[60]고 한 말에 비추어볼 때, '무위', '무사', '무욕'은 모두 '무위'라는 개념으로 수렴된다.

또한 위의 인용문에서 언급된 '저절로'(自)는 모두 '자연'의 의미를 벗어나지 않는다. '자연'은 안 되는 것이 없다는 특성을 갖는다. 요컨대 임금이 '무위'하면 백성은 '저절로' 잘 살게 된다는 것이다. 이 경우 노자의 '자연'은 정치철학적 의의를 갖는다. 율곡은 노자의 '자연'을 '지극한 다스림'(至治)의 상태로 본 것이다. 다른 한편 노자의 '자연'은 율곡에 의하여 '천리'로 환치되어 이해되기도 한다. 이 경우 '자연'은

59) 『순언』 제31장, "故로 聖人云ᄒᆞ샤ᄃᆡ 我無爲而民自化ᄒᆞ며 我無事而民自富ᄒᆞ며 我好靜而民自正ᄒᆞ며 我無欲而民自樸이라ᄒᆞ시니라"

60) 『노자』 제37장, 제48장, "無爲而無不爲."

인간이 마땅히 보존하여야 할 존재의 이법이 된다.

이상에서 살펴본 것과 같이 근본과 말단에 대한 율곡의 본말론적 논의는 근본과 말단의 일원론적 구조에 대해 언급한 것과 더불어 '숭본거말론'과 같이 근본을 중시하고 말단을 극복하여 제거한다는 의미의 두 가지 해석이 거론된다. 그런데 아래의 인용문은 이와 같은 두 가지 해석의 관점이 함께 공존하는 대표적인 발언으로서 파악된다.

> 무거운 것은 근본이 되고 가벼운 것은 말단이 되니, 근본을 버리고 말단을 따라서는 안 된다. 고요한 것은 왕이고 조급한 것은 졸개이니, 왕을 버리고 졸개를 따라서는 안 된다.[61]

율곡은 노자가 "무거운 것은 가벼운 것의 뿌리가 되고, 고요한 것은 조급한 것의 왕이 된다"[62]고 말한 『노자』 제26장의 문장을 인용하여 앞의 인용문과 같이 근본과 말단의 관계를 구분한다. 이 인용문에 표현된 근본과 말단의 관계에서는 존재론적인 것과 가치론적인 해석이 공존한다.

일상의 사물들은 무거운 것과 가벼운 것이 병존한다. 이것은 일종의 존재론적 현상론에 해당한다. 율곡이 볼 때, 인간 세상에도 무거운 것과 가벼운 것이 현상론적으로 존재한다. 율곡은 동사정의 말을 인용하여 무거운 것은 백성이요 가벼운 것은 임금이라고 간주한다.[63] 이러한 이해는 대단히 민본주의적인 성격을 갖는다. 백성이 중요하

---

61) 『순언』 제20장 주, "重是本, 輕是末, 不可捨夲而趨末. 靜是君, 躁是卒徒, 不可捨君而逐卒徒也. 董氏曰: 輜, 大車也. 君子之道, 以靜重爲主, 不可須臾離也, 如輜車之重, 不敢容易其行."

62) 『노자』 제26장, "重爲輕根, 靜爲躁君."

63) 『순언』 제20장 주, "董氏曰: 萬乘之尊, 不可縱所欲之私, 而不顧天下之重也. 君輕則失於臣, 臣躁則失於君矣." 참조.

다는 생각이 반영되어 있기 때문이다.

그럼에도 율곡은 여전히 왕조 시대가 갖고 있는 인간 관계론의 전형을 따라 세상을 이해한다. 그에게서는 세상에 왕과 백성이 존재한다는 현상론적 이해와 함께 그것이 또한 기본적으로 가치론적인 관계로 해석되기에 앞서서 우선 존재론적인 것으로까지 파악된다는 특성이 있다. 그리고 그 관계구조는 변할 수 없다고 본다. 이로부터 근본과 말단, 즉 백성과 임금은 상호 대대적인 관계를 갖는다.

그런데 인간의 심식은 가치의 양산과 함께 병증까지 유발할 때가 있다. 심식이 조급한 것이 극단화되면 조급증이 된다. 이것은 하나의 병증이며 전연 근원적이지 못하다. 조급증이 발생하면 당연히 건강한 마음을 갖기 위한 치유의 필요성이 대두될 수밖에 없고, 그것은 마땅히 제어되어 극복되지 않으면 안 되는 대상이 된다. 율곡은 이러한 조급증이 외물에 대한 욕망과 밀접한 관련을 갖는다고 본다. "비록 화려하고 부귀하게 되더라도 그것에 얽매여 연연하는 마음이 없이 항상 초연하게 외물의 욕망으로부터 벗어나 있다"[64]고 한 말이 이를 방증한다.

이러한 이유 때문에 조급증을 치유한다는 것은 '인욕'을 제거한다는 말과도 통한다. 율곡은 외물에 대한 욕망이 조급증뿐만 아니라 강박증까지 유발한다고 본다. 이로부터 벗어나기 위해서는 '수기'라고 하는 공부가 필요하며 이를 통해 마음을 초연하고 고요하게 하지 않으면 안 된다고 본 것이다.

또한 율곡은 건강한 심식과 조급한 마음을 왕과 졸개의 관계로 환치시켜서 가치론적인 것으로 평가하기도 한다. 지위가 높은 왕은 마

---

64) 『순언』 제20장 주, "雖在繁華富貴之中, 而無所係戀, 常超然自得於物欲之外也."

땅히 신하와 졸개를 제어하여야 한다고 생각한 것이다. 이것은 근본이 바로서야 타자를 다스릴 자격이 있다는 것을 비유적으로 표현한 것에 지나지 않는다. 마음의 왕이 조급증을 치유하는 방식은 '수기' 이외의 다른 것일 수 없다는 은유이다.

이상과 같은 본말론적 해석은 『순언』의 종장에서 언급한 큰길과 곁길에 대한 성리학적 해석의 반영이라고 할 수 있다는 점에서 그 의의가 있다. 앞서 살펴본 것처럼 율곡은 큰길과 곁길의 관계를 본말론적으로 해석하였는데, 그것이 특히 '천리'와 '인욕'의 관계로 이해되는 한 곁길은 부정 극복되어야 할 대상인 반면 큰길은 인간이 마땅히 지향하여야 할 참다운 목표로 상정되었음이 확인된다. '천리를 보존하고 인욕을 제거한다'고 하는 성리학적 입장이 『노자』의 본말론적 해석을 대체하고 있는 것이다.

5. 논의의 종합

이상의 논의를 통해, 나는 『순언』의 결론에 해당하는 『순언』 제40장의 내용을 제39장의 내용과 연계시켜 그 입론의 의의를 검토해보았다. 율곡은 『노자』 제53장의 내용 중에서 큰길과 곁길에 관한 선택의 문제를 『순언』의 최종 결론으로 선택하였는데, 여기에는 『순언』을 편집한 율곡 자신의 분명한 목적의식이 있었을 것이라는 점에 주목한 것이다.

큰길이 대도를 상징하는 것과는 다르게 곁길은 샛길이나 옆길, 또는 삿되게 기울어진 길을 의미한다. 『순언』에서 대도에 해당하는 큰길은 일반적으로 '자연'이나 '천리'로 인식되는 반면 곁길은 '인위'나 '인욕'으로 파악된다. 노자는 '저것을 버리고 이것을 취하라'고 한다. 율곡 역시 이러한 노자의 사유를 자신의 성리학적 사유방식 안으로 원용하여 '저것을 버리고 이것을 취하라'는 노자의 입장에 동조한다. 이때 버려야 할 부정의 대상은 '인위'와 '인욕'으로 대변되는 반면 취해야 할 대상은 '자연'과 '천리'로 대변된다. 다만 노자는 '인위'를 버리고 '자연'을 취하라고 한 반면 율곡은 '인욕'을 버리고 '천리'를 취하라고 한 서로간의 입장의 차이가 발견될 뿐이다.

『순언』은 큰길과 곁길의 구분을 통해 『노자』에 나타난 본말론적 요소를 성리학적인 차원으로 전환하여 해석한 특징이 있다. 그런데 율곡이 구상하고 있는 성리학적 본말론은 사실상 단순하게 논의될 수 없는 중층적 의의가 있다. 그것은 존재론적 차원의 일원론적 구조를 지니기도 하지만, 가치론적 차원에서는 말단을 제거하고 본질을 보존한다는 이원론의 특징을 보여준다는 점이다.

이러한 사례들은 『순언』의 곳곳에서 확인된다. 율곡은 특히 성리학에서 논의하는 '천리를 보존하고 인욕을 제거한다'고 하는 당위의 논리를 『노자』 독해의 본말론에 적용한다. 큰길과 곁길의 갈림길 위에서 율곡이 곁길을 버리고 큰길을 갈 것을 제안하는 철학적 근거는 이와 같은 본말론의 구조 위에서 논의되는 '숭본거말론'의 정신에 입각해 있다.

최종적으로 볼 때 율곡이 『순언』의 종장에서 큰길과 곁길의 문제를 거론한 이유는, 도의 실천이 매우 쉬운 것임에도 사람들이 아무도 이를 실행하지 않는 현실이 한탄스러웠기 때문이다. 누구나 도를 행할 수 있다는 가능성이 열려 있음에도 세상 사람들은 큰길보다는 곁길만 선택하는 현실이 안타까웠던 것이라 할 수 있다.

결국 율곡이 본 노자철학의 핵심은 공허한 관념의 유희나 허무주의적 도피주의와는 거리가 멀다. 율곡이 본 노자철학의 핵심은 도를 실천하는 일 이외의 다른 것이 아니다. 그리고 곁길로 가지 말고 큰길로 가라고 종용하는 노자의 철학정신은 궁극적인 측면에서 볼 때 성리학에서 본 '수기치인'의 정신과 다르지 않다. 율곡이 본 『노자』는 '수기치인'의 도리를 밝힌 책, 그 이상도 그 이하도 아니었다. 큰길과 곁길 사이에서 큰길을 가라고 종용하는 노자의 정신은 도를 실천하며 살 것을 권면하는 강력한 진리 실천에의 요청을 대변한다.

다만 큰길과 곁길 가운데 어느 길을 갈 것인지, 그에 대한 선택은 인간의 자유의지에 달려있다. 노자와 율곡은 모든 사람들이 큰길을 선택하여 그 길을 따라 주체적으로 살아가기를 요청한다. 율곡의 입장에서 볼 때 주체적으로 살아간다는 것은 언제 어디서나 항상 타자와의 관계를 고려하며, 타자와의 상호 소통을 매개로 사사로운 욕망을 배제하면서 '천리'를 좇아 살아가는 것을 의미한다.

이러한 점에서 주체적으로 살아간다는 것은 큰길을 걸어가며 사는 삶 이외의 것이 아니다. 큰길을 걸어가며 사는 사람이야말로 유가나 도가가 제안하는 이상적 인간으로서, 다름 아닌 성인인 것이다. 비록 성인에 내재된 유가와 도가의 사상적 내용의 차이점은 있을지 몰라도, 적어도 유가와 도가는 모두 성인이 될 것을 제안한다는 점만큼은 부정할 수 없는 사실이다. 이러한 점에서, 율곡은 유가와 도가의 일치점을 성인의 존재에서 확인한 것이며, 이를 통해 모든 사람들이 성인의 길을 걸으며 살 것을 제안하였던 것이라고 볼 수 있다.

특히 율곡은 경세의 주체자인 군왕이야말로 성인의 길을 걷지 않으면 안 된다고 본다. 이것이 『노자』를 빌어 군왕의 존재의의를 살펴보고자 한 율곡적 노자관의 의의이다. 『순언』의 종장 제40장에 인용된 『노자』의 원문에서 제외된 문장에 따르면, 노자가 볼 때 이 세상에는 "도둑이 따로 없다. 노자에 의하면 한쪽에서는 굶어죽는데 우리가 이를 못 본 체 내 돈 내가 쓴다고 하며 흥청거리면 그것이 바로 도둑이라는 것이다. 아니 어쩌면 이럴 경우 우리는 도둑보다 더 못할지도 모른다."[65)]

이것은 오강남이 본 『노자』 제53장의 일부 내용에 관한 해석이지만, 동일하게 『순언』 제40장에도 해당한다. 큰길을 걷지 않고 곁길을 걸어갈 경우 우리는 도둑이 될 수도 있고, 도둑이나 도적보다 못한 사람으로 전락할 수도 있다. 만일 경세의 담당자인 군왕이나 소수의 위정자들이 도둑으로 전락한다거나 도적보다 못한 존재로 전락한다면, 그 나라는 도적떼의 소굴과 다를 바 없을 것이다. 이렇게 볼 때, 『순언』 종장의 이면에서 확인되는 율곡의 제안은 다른 것일 수 없다. 큰길은 성인의 길이지만 곁길은 도적의 길이기 때문에 도적이 되지 말고 성인이 되라는 것이다.

누가 보더라도 곁길로 가지 말고 큰길로 가라고 한 『순언』 종장의 내용은 너무나 뻔한 결론이다. 일찍이 노자도 이 점을 잘 알고 있었고, 율곡도 또한 마찬가지였다. 그러나 그 뻔한 결론에 대해 사람들은 누구나 잘 알고 있음에도 자신이 알고 있는, 그것도 너무나 뻔하게 잘 알고 있는 것을 실행에 옮기지 못하는 한계가 있다. 이 점이 문제인 것이다. 율곡은 이 점을 지적하면서 큰길을 따라 성인의 길을 추구하며 살아갈 것을 『순언』의 최종 결론으로 제안함으로써 『순언』을 마무리한 것이라고 볼 수 있다.

실천하지 못하는 앎이란 아무런 의미가 없다. 『순언』은 『노자』를 빌어 이 점을 확인하고자 하였던 것이다. 어쩌면 실천이라는 범주에

---

65) 오강남 풀이, 앞의 책, 229-230쪽.

서 본다면 유가로부터 가장 먼 반대편에 있다고 평가되던 이단의 대명사인 노자를 예로 삼은 것은 하나의 역설로까지 비쳐진다. 그 노자조차 실천의 문제를 결코 좌시하지 않았다는 특징이 있음을 예로 들어 유가의 실천의지를 강화해보고자 한 전략적 의도가 『순언』에서 살펴지기 때문이다. 아무튼 율곡이 볼 때 유가 성리학이나 노자는 모두 실천적 지혜를 통한 진리의 실천을 자신의 철학적 궁극의 목표로 삼고 있다. 『순언』의 종장은 이 점을 강조하고 싶었던 것이라 여겨진다.

제11장

『순언』의 연구동향과 전망

1. 『순언』 연구사 고찰의 의의

『순언』은 율곡이 통행본 『노자』 81장을 대본으로 삼아 이를 자신의 방식에 따라 다시 40장으로 재편장하여 출간한 것으로서 율곡 당대에는 참으로 보기 드문 저술에 해당한다. 『순언』이 율곡의 작품이라고 말할 수 있는 것은 우리가 그 발문에 적힌 담와 홍계희의 전언을 믿기 때문이다. 이 발문이 없었다면 우리는 『순언』의 작자가 누구인지 그렇게 쉽게 알기는 어려웠을 것이다. 담와는 율곡이 『노자』 중에서 순정한 내용의 경구들만 뽑아서 『순언』이라 이름하고 거기에 주해와 구결을 달았다고 설명한다. 또한 그는 이것이 2,098자였음을 세밀하게 지적하는 배려까지 아끼지 않았다.

한편, 율곡이 접한 『노자』의 대본이 동사정의 『도덕진경집해』였다는 점은 우리의 주의를 끄는 대목이기도 하다. 당대 최고의 성리학자이기도 한 율곡이 실제적으로 『노자』를 이해하는 대본으로 사용한 『도덕진경집해』의 저자 동사정의 신분은 도관의 사제로서 도사의 신분이었기 때문이다. 『노자』를 통한 율곡과 동사정의 정신세계의 만남은 유가가 아니면 도가라는 방식의 양자택일을 배제하고 있다는 연구사적 의의를 남기기에 충분하다. 학문의 문호적 개방성이 없이는 불가능한 만남이 텍스트와의 소통과정에 작동하고 있었던 셈이다. 이 같은 율곡의 유도사상에 대한 회통적 세계관이 결국 율곡을 가장 율곡답게 자리 잡게 하였음은 두 말할 나위가 없다.

그런데 율곡 노자관의 결정체이기도 한 『순언』은 오랜 기간 동안 세상과 조우하지 못하고 역사의 뒤안길에 묻혀 있었다. 거기에는 여러 가지 역사적 상황논리가 작용하였던 측면이 분명 있었을 것이라 여겨진다. 그 상황논리가 어떠한 것이었든 간에 오랜 기간을 역사의 그늘 아래 해묵은 먼지와 함께 동거하면서도 사장되지 않고 숨결을 유지해 온 『순언』의 생명력이 있었기에 우리는 또 하나의 율곡을 만날 수 있는 행운을 얻게 된 것이다.

먼지에 쌓여 있던 『순언』이 자신의 얼굴을 처음으로 학계에 드러내게 된 배경에는 류칠노(전 한남대 철학과 교수)의 숨은 공이 있다. 김길환에 따르면, 『순언』은 1974년 류칠노에 의하여 규장각에서 처음 발굴되었다. 류칠노에 의하여 세상에 모습을 드러내게 된 『순언』은 규장각에서 발굴된 다음 해인 1975년 김길환에게 전해졌고, 이를 토대로 김길환은 1976년 율곡의 『순언』을 체계적으로 분석한 한 편의 논문을 세상에 공표하였다. 류칠노는 『순언』의 발굴에 공이 있을 뿐만 아니라 김길환에게 『순언』에 대한 연구를 제의함으로써 이후 본격적인 『순언』 연구의 초석을 다지게 한 장본인이라는 점에서,[1] 그가 비록 전문적인 논고를 발표한 적은 없으나 이 분야에 관한 한 일정 부분의 연구사적 의미를 갖추고 있다고 평가된다.

김길환의 논문이 효시가 된 '율곡의 노자관'에 관한 연구는 이후 지금까지 여러 학자들에 의하여 다방면의 검토가 이루어져 왔다. 송항룡, 김낙필, 김백현, 윤천근, 김학목, 정륜, 이영경, 이종성 등의 연구논문을 비롯하여 김석중, 심기섭, 김학재의 석사학위논문, 그리고 이주행, 김학목, 유성선, 조기영의 번역서[2]들이 세상에 차례차례 선을

---

1) 김길환, 「율곡의 노자관」, 『한국학보』 제5집, 일지사, 1976, 60쪽 참조.

2) 이 글의 검토대상은 연구논문과 학위논문의 논문류에 한정하기로 하고 번역서에 대한 검토는 배제하기로 한다. 다만, 이주행의 번역은 『순언』 번역의 선차성을 점유한다는 점에서 의의가 있으며, 김학목은 이전 번역서의 한계를 발전적으로 보완해 내는 해석학적 의의를 보여주고 있다는 점이 특징이다. 번역서에 대한 검토는 차후의 과제로 남기기로 한다.

보이며 율곡의 『순언』에 대한 관심이 적지 않음을 보여주었다.

이 글은 그동안 연구되었던 『순언』에 대한 여러 가지 성과들을 간략히 정리하여 소개하는 정도의 소묘적 성격을 띠게 될 것이다. 물론 나의 주관적 판단이 개입될 여지가 없지 않을 것이라는 한계도 자체적으로 자리 잡고 있기는 하겠지만, 그동안 우리 학계의 연구 성과들의 특징을 한 번쯤 짚고 넘어가는 것도 분명 의미있는 일일 것이라 본다.

좀 더 거칠게 말한다면, 정세근의 다음과 같은 발언은 참고할 만하다. "같은 이야기하는 글은 더 이상 쓰이지 않아야 한다. 학문적 반복은 우리 스스로를 위해서라도 안 될 일이다. 연구사 정리는 이와 같은 취지에서 중요하다. 여태까지의 연구를 상세하게 정리해줌으로써 앞으로 연구방향 설정을 쉽게 해주는 것이며, 기존의 논문과는 다른 새로운 논문을 쓰게 해주는 일이다."[3] 지금은 새롭게 거듭나야 할 인문학의 방향성이 이젠 율곡의 『순언』 연구에도 예외 없이 적용되어야 할 시점이 된 것이다.

이 글은 지금까지 발표된 『순언』의 연구 성과를 전체적으로 완벽하게 확보한 상태에서 분석에 들어가지는 못할 것이라는 자체적인 한계가 있다. 이러한 한계는 보다 완정한 내용의 연구동향을 소개하지 못하는 단점으로 지적될 수 있을 것이다. 그럼에도 중요한 연구사적 의미를 지닌 연구 성과들만큼은 크게 배제하지 않았을 것이라고 자위하면서, 내용이 상호 중복되는 결과물들에 대해서는 최대한 거리를 두고 논의해 나아가고자 하였음을 밝힌다.[4]

---

3) 정세근, 「우리 시대의 노장 연구사」, 『동서철학연구』 제37호, 한국동서철학회, 2005, 129~130쪽.

4) 여기에서는 구체적인 통계를 통한 분석에 관심을 두지 않기로 한다. 따라서 시대별 연구 성과의 발표 건수를 비롯한 분야별 연구 성과의 발표 건수에 대한 수리적 통계에 대해서는 민감하게 반응하지 않을 것이다.

2. 『순언』의 연구동향 및 특징

1) 연구논문류

(1) 최초의 연구

『순언』에 관한 연구는 김길환이 쓴 「율곡의 노자관」(『한국학보』 제5집, 일지사, 1976)으로부터 비롯된다. 앞서 밝힌 것처럼 김길환은 류칠노에 의하여 발굴된 규장각본 『순언』에 관심을 갖고 이를 체계적인 연구 논문의 형식으로 처음 세상에 공표하였다. 김길환의 『순언』 연구는 이 방면에 관한 한 개척적이며 선구적인 업적으로 평가된다. 이후 『순언』을 연구하는 대다수의 연구자들은 이 연구 성과를 토대로 자신의 새로운 구상과 발전적인 해석을 시도하고자 노력한 흔적이 곳곳에서 발견될 만큼 그 학문적 사색의 깊이가 심후할 뿐만 아니라 전체적인 논문의 완성도 면에서도 괄목할 만한 성공을 보인 논문이라고 평가된다.

이러한 측면을 반영이라도 하는 것처럼 지금도 율곡과 관련된 연구총서를 간행할 때면 으레 '율곡의 노자관'에 관한 한 김길환의 연구물을 총서에 상재하여 재출간하는 데 크게 주저하지 않는다. 예문서원에서 기발간한 '한국의 사상가 10인' 시리즈 중 『율곡 이이』에서 '율곡의 노자관'이라는 한 분야를 당당히 차지한 것도 김길환의 논문이다. 또한 율곡학회에서 발행한 율곡총서의 내용 중에도 이 연구 성과물이 상재되었다. 「율곡의 노자관」은 이미 이 분야에 관한 한 누구도 부정하기 힘든 고전 중의 고전이 되어 있는 셈이다. 그만큼 이 논문이 차지하는 연구사적 의의는 크다고 할 수 있다.

김길환은 이 논문의 서론을 통해 『순언』의 '작품과 정신'을 밝힌다는 취지에서 『순언』의 입수 경위와 내용을 언급한 다음 이것이 율곡의 작품임을 고증(62~64쪽)하는 절차를 거친 후 율곡의 노자에 대한 태도와 정신(64~65쪽)에 관하여 언급하였다. 그리고 논문의 범위를 다섯 분야로 나누어 ① 형이상학과 생성의 문제, ② 도의 자각과 구현의 문제, ③ 내성외왕과 수기치인의 문제, ④ 덕의 본질과 실현의 문제, ⑤ 노자의 사유형식과 유가의 사유형식을 상호 비교하여 검토하였다. 그는 율곡의 노자관이 '유가의 입장에서 노자를 해석'한 것이라고 보면서, 특히 그것은 '역'과 '리'로써 노자를 해석한 것이라고 규정한다(65쪽).

그는 먼저 노자의 '도'에 주목한다. 그리고 이를 '생성'의 측면에서 본다. 그가 통행본 『노자』 제25장의 일부를 다음과 같이 해석하는 부분을 보면 그는 '도'를 생성의 근원으로 보고 있음직하다고 여겨지게 한다. "혼연한 가운데 무엇이 있어 천지에 앞서 생겨나 고요하고 고요하여라."(66쪽) 그는 '혼연한 가운데 무엇'이라는 것이 '도'인데, 그것이 천지에 앞서서 '생겨'났다고 보는 것이다. 이러한 해석은 과연 타당한 것일까?[5] 그는 일종의 논리적 모순 속에서 '도'를 바라보았는지도 모른다는 생각이 든다. 그는 지나치게 '도'의 '생성'이란 문제에 침잠하여 고민하였던 것은 아닐까? 그럼에도 그는 생기적 자연과 근원적 자연의 문제를 구분하면서 '도'가 생기적 자연을 본받는 것은 아니라고 하는가 하면(70~71쪽 참조), 노자는 "생성 이전에서 도를 파지하려고 한다"(77쪽)라고 천명한 것을 보면 '도'의 생성의 문제에 관한 한 일정 정도의 혼란에 빠져 있는 것 같은 인상이 짙다.

더 나아가 그는 『노자』 제1장의 '무/무명/무욕'과 '유/유명/유욕'의

---

5) 나는 이러한 해석에 관하여 반대하는 입장이다. 이에 관한 지은이의 입장에 관해서는 이종성, 「『노자』 제25장의 존재론적 검토」(『철학논총』 제26집, 새한철학회, 2001)를 참고할 것.

범주상의 문제까지 단적으로 '무'와 '유'로서 본다. "상무(常無)와 상유(常有) 이 양자(兩者)는 동출이명(同出異名)의 존재(存在)이다. 바로 이 동일(同一)함이 신묘(神妙)함이고, 신묘(神妙)하고 또 신묘(神妙)한 것이 모든 신비(神秘)의 문(門)이다"(67쪽)라고 하는 그의 『노자』 제1장의 해석이 이를 단적으로 말해준다.[6] 이는 노자의 이른바 '무명론'의 맛을 상실케 한 것 같은 여운을 남긴다. 이러한 그의 『노자』 읽기는 계속된다. 『노자』 제2장의 내용을 그는 하나의 생기과정인 동시에 생기현상으로 본다(76쪽 참조). 즉, 노자적 의미의 상대론의 입장을 '생성'의 상대론으로 독해하는 것이다.[7] 그는 『순언』 읽기의 '생성론'을 생성한 것이다.

(2) 『순언』의 '도체론' 혹은 '도'에 관한 해석들

『순언』 연구사에 있어서 많은 연구가들이 '도'의 문제에 관하여 집중적인 관심을 보인 것도 하나의 특징이라면 특징이다. 동양철학을

---

6) 그럼에도 그는 노자로부터 '현동(玄同)'의 동일성과 일치점을 통하여 현미무간(顯微無間)/체용일원(體用一源)의 논리적 구조를 발견해 낸다. 그는 이것이 동정무간(動靜無間)/음양무시(陰陽無始)의 논리에 상응한다고 보고, '무위이무불위' 내지는 '무극이태극'의 의미성과 연관을 지니고 있음을 설파한다. '일원(一源)'과 '무간(無間)'은 동시적 동공간적 지평의 '이(而)'자의 의미를 지닌다고 본다(75쪽 참조). 이러한 체용론의 입장과 그 논리에 적용되고 있는 '이(而)'자에 대한 주목은 이후 『순언』을 연구하는 많은 연구자들의 공감을 형성함으로써 부지불식간에 큰 영향력을 행사하고 있다. 그러나, 이와 같은 긍정적인 평가에도 불구하고 그의 논의의 뒷받침이 되는 『노자』의 원문독해는 문제가 있다고 판단된다. 왜냐하면 '상유'와 '상무'의 범주는 그의 논리대로라면 동일성을 갖는 종류의 것이긴 하겠지만, '무'와 '유'의 범주가 동열에서 유비될 수 있는 차원의 것이어야 한다는 것은 문제이기 때문이다. '무'와 '유'의 범주는 과연 그의 해석처럼 '같이 나와서 이름을 달리한 것'인가? 아니면 '유'는 '무'로부터 나와야 하는 것인가?

7) 그는 '생성'이란 "일종의 전이 변전 즉 변화를 의미한다"(76쪽)고 하면서, 유가의 생성과 노자를 비롯한 도가의 생성이 다르다고 한다. 유가가 생기현상에 중점을 둔다면 도가는 소멸현상에 중점을 두고 있다고 한다(76쪽 참조).

연구하는 사람치고 '도'라는 범주에 무심한 사람이 흔치 않을 만큼 이 문제는 분명 동양철학적 주제 중에서도 단연 머리 부분을 차지하는 중요한 주제임에 틀림없다. 통행본 『노자』의 시작이 '도'라는 글자로부터 시작되는 것과 같이 『노자』가 재편장된 『순언』의 시작 역시 '도'라는 글자로부터 시작되고 있음은 시사해주는 바가 적지 않다.

전통시대의 철학적 담론은 '도'의 형이상학을 배제하고 논의하기가 어려운 측면이 없잖아 있다. 해방 이후의 한국철학계의 분위기 역시 즉물적 구체성을 갖추어내는 일종의 경험 과학적 사유의 방식에 의존하기보다는 다소 고원하고 추상적인 형이상학적 담론에 기대어 의견을 개진하는 일이 많았다. 이러한 이유 때문에 적어도 '도'에 관한 관심의 집중은 다른 주제들에 비하여 상대적으로 클 수밖에 없었던 것이 현실이다.

이러한 전통과 당대 철학계의 분위기 속에서 『순언』에 관한 연구도 자연스럽게 '도'에 관하여 집중되는 현상을 보여 왔다. 이 같은 '도'에 관한 논의가 전연 무의미한 것일 수는 없다. 그것이 동양철학의 단점이나 한계로 치부될지라도 그 단점 내지는 한계로 평가되는 부분이 역설적이게도 가장 동양철학적인 장점이나 요소로서 역할을 담당해내는 측면이 있기 때문이다. 이런 말이 가능할 수 있는 것은 '도'에 대한 해석이 그만큼 단순하지 않기 때문이다. 요컨대 우리가 『노자』를 볼 때 천의 얼굴을 가진 『노자』를 만나는 것처럼 '도'라는 난관 앞에서 우리는 단적으로 '이것이 바로 도다'라고 말할 수 없는 일이겠기 때문이다.

'도'를 주제로 논의한 연구는 다음과 같은 성과가 주목된다. ① 송항룡, 「율곡 이이의 노자연구와 도가철학의 이해」(『현담 유정동 박사 화갑기념논총』, 1981), ② 윤천근, 「이이의 『순언에 나타난 철학사상」(『제3회 한국철학자연합학술대회 대회보』, 1990), ③ 이종성, 「율곡의 『순언』에 나타난 형이상학적 세계관」(『유학연구』 제6집, 충남대학교 유학연구소, 1998), ④ 정륜, 「『순언』의 체용론적 구조」(『범한철학』 제27집, 범한철학회, 2002).

일종의 '도체론'적 관점에 대해서는, 1970년대 중반 김길환의 「율곡의 노자관」이 발표된 이후 『순언』 연구는 송항룡에 의하여 1980년대 초반에 이르러 새로운 전기를 맞이하게 되고, 이후 1990년대에 윤천근, 이종성에 의하여 『순언』에 대한 연구가 이어지고 있으며, 2000년대에 와서는 정륜의 관심까지 얻게 된다. 이러한 시대별 연구의 과정 중에는 이전 연구자의 성과가 후대로 전해지는 특징과 함께 자신의 독특한 관점 위에서 새로운 독해가 가능해지고 있다는 사실이 발견된다. 이에 관한 각각의 특징을 살펴보면 다음과 같다.

① 송항룡의 「율곡 이이의 노자연구와 도가철학의 이해」는 단지 '도'라고 하는 한 가지 주제에 대해서만 논의한 것은 아니다. 송항룡은 『순언』의 분장 구조라든가 저술된 동기 및 의의 등에 관하여 소개하기도 하였다. 그러나 전체적인 내용에 있어서 '도'의 문제에 대한 언급이 많고, 이에 대한 설명이 특징적이다 보니, 그의 연구논문의 특색은 '도'의 문제로 집중되고 있다고 평가할 수 있을 것 같다. 송항룡은 율곡이 학문적 개방성을 지니고 있었기 때문에 도가철학을 이단학으로까지는 규정하지 않았다고 한다. 그는 그 이유가 상달처에서는 유가와 도가가 서로 만난다는 관점을 가지고 있었기 때문이라고 하였다. 이 점이 이전의 삼봉 정도전이나 양촌 권근과는 뚜렷하게 차별화되는 점이라고 지적한다(47쪽 참조). 이처럼 율곡은 개방적이면서도 회통론적인 입장에서 노자를 이해하고자 한 점이 특징이다.

또한 송항룡은 율곡이 성리학적 '기포리(氣包理)' 사상과 그 논리성을 중시하는 입장에서 노자의 '묘용으로서의 자연'과 성리학적 '기포리'

의 묘용이 다른 의미가 아님을 천명하기도 하였다. 이것은 '기'를 중심으로 세계의 전개과정을 이해하고자 한 결과라고 여겨진다. 그럼에도 그는 '자연'의 묘용이 성리철학에서 논의하는 '리기'의 기철학과는 다른 것임을 강조한다(46쪽 참조). 그 다른 점이 구체적으로 논의되었더라면 좋았을 것이다.

송항룡과 같은 관점은 성리학적 입장에서 『순언』을 이해하면서도 도리어 노자의 세계관을 통해 『순언』을 바라보는 태도 때문에 가능한 것이라고 비쳐진다. 이 점이 송항룡이 본 『순언』 해석의 특징이라고 할 수도 있겠다. 그는 김길환이 보여준 '유가의 입장에서 노자를 해석'했다고 하는 주장을 일면 긍정하면서도, 그 다른 점을 노자로부터 확인받고자 하였던 것이다. 송항룡의 관심은 『순언』의 제1, 2, 3장에 집중된다. 이 장들은 율곡이 스스로 '도체장'이라고 규정한 장들이다. 송항룡은 우선 통행본 『노자』 제42장의 앞부분(道生一, 一生二, 二生三, 三生萬物)이 옮겨져 있는 『순언』 제1장의 주자 주에 주목한다. 그리고 이를 "주자의 말을 끌어다 설명하였다"(40쪽)고 한다. 물론 그의 지적은 의심할 데가 없다. 텍스트에도 그렇게 기록되어 있기 때문이다.

그러나 송항룡은 한 걸음 더 나아가 주자의 말이라고 한 말 안에 끼어들어가 있는 장자의 언구를 발견하는 데까지 주의를 기울이지는 못한 듯싶다. '이생삼(二生三)'에 대한 해석으로 인용된 문구가 바로 그것이다.[8] 이것은 주자 본인의 말이라기보다는 『장자』 「제물론」의 말이다. 장자의 말이 주자에 의하여 인용되었던 것인데, 결과적으로 2차적인 인용에는 충실했지만 1차적인 인용원문까지는 고려하지 못한 한계였다고 평가된다. 율곡 초년기의 명문으로 알려진 「천도책」 안에도 『장자』의 언구가 도사리고 있는 점을 볼 때,[9] 율곡은 『노자』

---

8) 『순언』 제1장, "其曰二生三, 猶所謂二與一爲三也."

이외에 『장자』에도 꽤나 많은 관심이 있었고, 또한 해박한 식견을 갖추고 있었다고 볼 수 있다.[10)]

다른 한편, 송항룡은 세계의 존재방식에 관한 『순언』의 입장이 '체용관계'를 통해 논의되고 있음을 주의 깊게 살피고 있다. '도'가 '무대적 절대성'을 가진 것이라면 그 '도'의 본체는 현상과의 관계 즉 '태극'과 '기'의 관계로서 설명되는데, 이들의 관계는 일종의 '체용관계'를 벗어나지 않는다는 입장이다. 이러한 체용론적 입장은 '무위이무불위'에서 '무위'와 '무불위'의 관계로까지 확대 적용된다는 것이 그의 입장이기도 하다(41쪽 참조). 그리고 '무위이무불위'에 관한 그의 이해는 '무위'와 '무불위'의 중간에 버티고 있는 '이'자에 초점이 맞추어져 그 '역설적 논리'의 의미성을 밝혀나가는 데까지 이른다(44~45쪽 참조). 이와 같은 『순언』에 대한 체용론적 관점의 이해는 송항룡의 탁견이라고 평가할 만하며, 이러한 독법은 이후 후배 학자들의 『순언』 읽기의 방법에까지 깊은 영향을 미치게 된다. 그러나 '체용관계'에 있어서 말해지는 '체'와 '용'의 구체적인 개념이 무엇인지 보다 분명하게 설명되어질 수 있었더라면,[11)] 아마도 독자들의 가독성이 좀 더 높아지지는 않

9) 『율곡전서』 권14, 잡저, 「천도책」 참조. 율곡의 「천도책」 안에는 『장자』의 「제물론」과 「대종사」 등에서 논의된 장자의 문구를 연상시키는 발언들이 발견된다.

10) 율곡이 『순언』에서 『장자』 「제물론」의 문구를 인용하여 『노자』의 '이생삼(二生三)'의 문구를 해석한 것 이외에도 『장자』를 원용한 곳은 또 있다. 『순언』 제10장, "名者, 實之賓." 및 『순언』 제22장, "紛, 衆理之肯綮也."이 그 예이다. 제10장은 『장자』 「소요유」의 문구(名者, 實之賓也.)를 인용한 것이고, 제22장은 「양생주」의 구절(技經肯綮之未嘗)에서 '肯綮'의 개념을 주해에 원용한 것이다.

11) 체용론에 대한 유불도 삼가의 관점이 서로 동일한 것이라면 모르지만, 이에 관한 유불도 삼가의 태도가 만일 상이한 차별성을 갖는 것이라면 우리는 적어도 이 문제에 관하여 좀 더 주의 깊고 신중한 태도를 가져야 할 것 같다. 율곡이 말한 체용의 입장과 노자가 본 체용의 입장이 제3의 회통론적 입장이라는 명분 아래 새로운 선율을 조율할 수 있는 것이라면, 이것이

았을까 하는 아쉬움이 남는다.

② 『순언』의 '체용관계'에 대한 관심은 2000년대에 들어서면서 정륜에 의하여 다시금 제기된다. 언제나 묵직한 주제로 남다른 사변세계의 깊이를 보여주는 그가 율곡에까지 관심을 갖고, 「『순언』의 체용론적 구조」를 발표한 것이다. 정륜은 특히 이 논문에서 '도'와 '물'의 관계에 주목한다. 그리고 이들의 관계가 '체용관계'에 있을 뿐만 아니라, 각각 '도'의 체용과 '물'의 체용이 논의될 수 있다고 본다. 제2장 '근원을 보면서-도의 체용'과 제3장 '현실과 연관하여-물의 체용'이 그것이다.

정륜은 먼저 『순언』의 기본 입장에 관하여 논의하면서 유도회통론의 한 전형으로서 『순언』이 의의가 있다는 입장을 밝힌다. 그는 무엇보다도 『순언』의 체용론적 논리에 주목한다. 그는 "노자는 원래 체용이라는 말을 사용하지 않고 도와 기, 혹은 도와 사물의 관계를 문제삼는다. 그것은 불교의 체・용, 혹은 체・상・용의 논리에서 차용한 것이다"(232쪽)라고 한다. 그리고 그 이유를 율곡이 모친의 삼년상을 치른 후 실제로 입산하여 불교를 몸소 공부하였던 측면에서 『노자』에 대한 체용론적 접근방법은 당연한 것이었다고 간주한다(232쪽).

이것이 과연 당연한 일이었을까 하는 점은 의문이 아닐 수 없다. 체용론은 성리학적 체용론, 현학적 체용론, 불교적 체용론의 범주가 모두 가능할 것 같은데, 단적으로 그 체용론의 기초가 불교에 놓여 있다고 보는 점은 상당한 검토를 요하는 문제가 아닐까 여겨진다. 뿐만

야말로 그 이론체계 자체가 진화한 것이거나 아니면 현실에 안주해버리는 태도 중 한 가지일 것이기 때문이다. 『순언』의 체용론에 관한 입장에 대해서는 대부분의 연구자들이 암묵적으로 전자의 입장을 취하는 것 같지만, 정작 그 진화를 설명하기 위한 기초적 개념정의에 대해서는 무심한 편이라는 것이 또한 앞으로 해결할 하나의 과제로 남는다.

아니라 도가적 의미의 체용론과 성리학적 의미의 체용론은 서로 동일한 맥락에서 논의될 수 있는 것일까도 의문이다. 이 같은 선결문제를 먼저 짚고 넘어갔더라면 정륜의 연구는 좀 더 성공적이었을 것이라고 판단된다.

이러한 문제는 그가 '물'의 체용을 논의하는 부분에서 보다 크게 나타나는 것 같다. 율곡이 『순언』 제4장에 인용한 노자의 문맥에서 '용'은 '유'와 '무'의 범주에 있어서 '유'와 관계 맺기보다는 '무'와 관계 맺고 있기 때문이다. 그렇다면 노자의 '무용'의 맥락이 어떻게 그가 말하는 방식의 체용론의 범주로 전환될 수 있는지가 의문이다. 정륜이 보는 '물'의 체용에 있어서 '마음 비움/용이없음/무분별/무'와 '밝은 지혜/사물의 대응/분별/유'라는 상호 관계(241쪽 참조)는 '무체유용'의 패러다임을 지닌 것으로서 '유체무용'의 구조를 띠는 것은 아닌 것으로 독해되기 때문이다. 과연 노자적 체용의 범주와 성리학적 체용의 범주는 상호 아무런 마찰 없이 율곡적 방식으로 그렇게 무리 없이 회통될 수 있는 것일까?

그럼에도 그가 '도'의 체용을 논의하는 부분에서 강조한 율곡적 의미의 체용의 문제는 상당한 참신성을 지닌다고 평가된다. 그는 '도'를 '무극-태극'이라고 하는 일종의 성리학적 구조 속에서 독해하면서 도가적인 성향과(특히, 그가 『열자』를 인용한 부분은 인상적이다) 성리학적인 성향의 접목을 시도한다(234~235쪽 참조).

이러한 입장, 즉 일종의 회통론적 입장의 체용론적 문맥 읽기는 그가 가진 평소의 학문적 입장이기도 하여 주장 자체에 강한 힘이 관류하고 있음을 느끼게 한다. 『순언』의 '도체장'에서 장자를 읽어낸 것(234~237쪽 참조)도 오랜 기간 동안 온축된 그의 장자적 공력의 발휘였다고 평가된다. 『순언』에 장자가 있고, 그 장자가 제대로 드러나게 된 것이다.

③ 윤천근은 1990년 충남대학교에서 열린 제3회 한국철학자 연합학술대회에서 「이이의 『순언』에 나타난 철학사상」이라는 발표를 통하여 개성이 상당히 강한 율곡의 노자관을 도출해 낸다. 그의 발표문은 소제목이 붙지 않은 4개의 장을 설정하고 있는데, 그는 본론에 해당하는 2개의 장을 통하여 대체적으로 『순언』의 '도체론'에 주목하는 모습을 보여주고 있다. 이렇게 논의의 초점이 '도체론'에 집중적으로 맞추어질 바에야 차라리 제목을 일반론적인 '철학사상'의 모색이라고 하기보다 '도체론 연구' 정도로 범위를 좁혀 잡았으면 좋았을 것 같다.

윤천근은 이 발표문의 서론 부분에서 『순언』이 차지하고 있는 철학사적 의의를 밝히고, 담와 홍계희의 설명을 통하여 『순언』의 저작 동기에 대해 설명한다(150쪽 참조). 이 지점에서부터 윤천근의 독자적 『순언』 읽기는 분명한 자기 색채를 띠기 시작한다. 『순언』에 채택된 『노자』의 5분의 2와 나머지 배제된 5분의 3의 경계선에 관한 담와의 주장을 일면 수용하면서도, 담와의 주장에 대해 강한 회의를 표출하기 때문이다. 그는 『순언』이 채택한 5분의 2 분량에 해당하는 『노자』의 구절들은 해롭지 않은 것인가, 그리고 채택되지 않은 5분의 3 분량의 『노자』의 구절들은 모두 해로운 것인가라고 하는 점에 강한 회의를 갖는다. 그렇지만은 않다는 것이 그의 주장이다(150~151쪽 참조). 이러한 그의 주장은 대단한 설득력을 갖는다고 여겨진다.

윤천근은 이 발표문을 통하여 무엇보다도 『순언』에 나타난 자연과 인간의 존재론적 문제에 관한 율곡의 사유를 추적하는데 진력한다. 그것은 아마도 율곡이 본 노자관에 충실하려는 태도 때문일 것이다. 율곡은 『노자』가 형이상학적 이치에 관한 상달처를 추구한 부분이 많다고 보았던 점을 통해서도 확인된다. 윤천근은 율곡이 『노자』의 근원적 이치인 '도'를 '하늘의 이치'로 보며, 그것이 '만물을 생성하는 것'으로 간주한다고 한다(151쪽). 그럼에도 그는 '도'가 존재 그 자체는 아니라고 한다. 그것은 존재를 있게 하는 바탕이고, 존재를 이끌어가는 원리라고 본다(151쪽).

그렇다면 윤천근은 존재와 존재자의 양자의 관계를 어떻게 보고 있는 것인지, 그리고 만일 이들의 관계가 서로 다른 것으로 구분되는 것이 가능한 일이라고 본다면 만물의 세계는 존재인건지 아니면 존재자의 범주에 배속되는 것인지가 의문시된다. 그는 원리적 차원이 '도'요, 이 원리에 바탕을 두고 드러난 세계가 만물의 세계라고 보는 것 같지만, 독자의 입장에서 본다면 『노자』의 텍스트 안에서 '도'가 지니고 있는 이중적 차원의 구도는 어떻게 해결해야 할 것인지가 묘연하다.

이러한 의문점을 뒤로 할 때, 윤천근의 『순언』 연구는 참으로 동양적 '기론'에 충실한 것으로 평가된다. 특히 『순언』의 '도체장'에 관한 설명에 있어서 '기론'의 문제에 관한 그의 고민의 흔적은 다른 어떤 연구자에 의해서보다도 상당히 치밀한 성격을 띠고 나타난다(151~154쪽 참조). '음'과 '양' 그리고 '충기'의 기론적 논리가 긴장감을 띠고 논의되고 있는 것이다. 특히 '충기'가 '제 3의 기'일 수는 없다는 것이 그의 주장이기도 하다(154쪽).

윤천근은 '한국에서 철학하는 일'에 관하여 관심이 많은 학자이며, 더욱이 '우리말로 철학하기'에 남다른 열정을 가지고 있는 학자이다. 이러한 점은 발표문에도 그대로 적용되고 있다. 본문의 내용 중에 한자가 거의 발견되지 않는 특징이 있으며, 몇 안 되는 한자들은 모두 괄호 안에 한글과 함께 부차적으로 병렬되어 있을 뿐이다. 당시 한국 동양철학계의 상황을 돌이켜 볼 때 이것은 상당히 진보적인 행위가 아닐 수 없다. 이 발표문의 의의를 찾으라고 한다면, 마땅히 '한글로 우리 철학하기'의 한 전범을 보여주고 있다는 점을 손꼽을 수 있겠다.

윤천근은 '자기의 철학하기'를 주장하는 대표적인 학자 중 한 명이다. 율곡적 방식으로 말하여 '의양'(모방)과 '자득'의 양 방향이 있다고 할 때 윤천근의 철학하기는 후자에 속한다고 말할 수 있다. 그의 논의는 언제나 치열하며, 빈틈이 없기를 요청한다. 이러한 특색은 그의 '자득'적 태도의 성향 때문에 오는 것임은 두 말할 나위가 없을 듯하다. 이러한 점 때문에라도 그의 논의에서는 제2차적인 텍스트의 개입이 별반 효력을 발휘하지 못한다. 윤천근의 이러한 태도는 상당한 지적 파괴력을 갖는 종류의 것이다.

그럼에도 자기 방식의 기준을 스스로가 위배하는 혼란이 가끔 일어나는 점은 어쩔 수 없는 한계이다. 그는 '우리말로 철학하기'의 입장에서 전통시대의 인물명도 호나 자보다는 이름을 드러내어 논의하고자 한다. 그래서 율곡은 이이로, 퇴계는 이황으로, 그리고 공자는 공구로, 맹자는 맹가로, 주자는 주희로 일컬어진다. 그런데 『순언』에 대한 그의 연구에서는 이러한 일관성이 지켜지지 못한 사례가 있다. 이것은 그가 제2차적인 텍스트의 의미를 지나치게 배제하기 때문에 일어나는 현상이기도 하다.

이러한 점은 하나의 아쉬움이라고 할 수 있겠는데, 그가 만일 동사정의 『도덕진경집해』에 관한 사전 정보를 확보하고 있었더라면, 과연 동사정을 '동씨'(151쪽)[12]라고 표현하였을까가 의문시된다. 그의 논의 속에서 '동씨'는 분명 '동사정'이라는 이름으로 명기되었어야 마땅하였을 것이라 여겨진다. 주자나 퇴계, 율곡 등의 호는 존칭이지만,

---

12) 윤천근의 발표문은 그의 저서 『한국인의 철학』(서울: 외계출판사, 1992)에 그대로 상재되어 있다. 이 저서를 참고할 경우 '동사정'을 '동씨'라고 명기한 곳은 같은 쪽(225쪽)에서 세 차례나 발견된다.

상대적으로 '동씨'는 불교의 석가모니를 '석씨'라고 호칭하는 것과 같은 종류의 타자를 폄하하는 호칭이기 때문이다.

④ 이종성의 「율곡의 『순언』에 나타난 형이상학적 세계관」[13]은 김길환, 송항룡, 윤천근 등 선배 학자들의 관점을 최대한 반영하여 앞선 발자취를 정리하고 율곡의 존재론적 입장에 기준을 두고 연구된 것이다. 그는 한국철학사에서 차지하는 『순언』의 위상을 통해 그 의의를 밝혀보고자 하였고(199~202쪽 참조), 이를 통하여 『순언』의 위상이 조선조 500년의 역사 속에서 괄목할 만한 위치를 점유하고 있음을 강조하였다. 율곡의 앞을 보거나 뒤를 보더라도 그만큼 『노자』를 객관화하여 바라보고자 한 인물도 없기 때문이다. 물론 율곡의 사후에 그의 정신을 계승하고자 한 몇 명 안 되는 후배 학자들이 있기는 하였지만, 그것은 또한 율곡 이후의 사건이라는 점에서 율곡의 선구적인 학자적 자세를 높이 평가하지 않을 수 없게 한다.

그런데 무엇보다도 이종성이 주목하고자 한 점은 율곡의 '리기지묘'의 원리와 노자의 '묘'의 논리가 어딘가 상호 닮지 않았느냐 하는 문제의식이다. 그는 이를 존재적 관계, 존재론적 관계, 가치론적 관계의 존재양식으로 특징지을 수 있으며, 크게는 존재적 관계와 존재론

13) 이 논문은 그 골격을 유지한 채 「율곡의 노자관에 반영된 성리학적 존재론의 구조」(『한국사상과 문화』 제21집, 한국사상문화학회, 2003)라는 제명으로 일부의 내용이 수정 보완하여 발표되었다. 후에 보완된 내용은 처음에 제대로 보지 못했던 동사정의 『도덕진경집해』와 관련된 내용의 비교 검토를 비롯한 『순언』 제1장에 적용되고 있는 '도체론'에 관한 해석의 방식이 『주역』이나 『장자』와 긴밀한 연관관계를 지니고 있다는 점이다. 뿐만 아니라 『순언』의 서술방식이 유학적이면서도 도가적인 면이 상호 공존하고 있다는 점에 주목하였고, 양자의 접점을 성리학의 '리기지묘'와 노자의 '중묘지문'이라는 사유틀의 상호 유사성으로부터 확보하고자 하였다. 이로부터 "율곡의 '리기지묘'에 바탕을 둔 성리학적 구조는 노자철학의 존재론적 구조와 큰 마찰 없이 상호 조응할 수 있는 가능적 계기가 미리 마련되어 있었다"(395쪽)고 본 것이다.

적 관계라는 중층구조 안에서 논의가 가능할 것이라는 점에 주목한다(204쪽 참조). 그는 '도'와 '무위자연'의 관계(205~208쪽) 및 '도'의 자기전개와 '기'의 운동방식(208~210쪽) 등의 문제를 『순언』 '도체장'의 문맥을 중심으로 검토하였고, 결론적으로 '도'와 사물의 관계를 '하나이면서 둘이요, 둘이면서 하나'라고 하는 논리적 규정의 측면으로부터 확인하고자 하였다(210~211쪽). 그 관계가 '묘'의 범주 안에 상호 '묘합'되어 있다고 하는 존재구조로 본 것이다.

이러한 주장은 특히 통행본 『노자』의 제1장을 중시하고, 또한 이를 통하여 『순언』의 체계 중 '도체장'의 구조를 독해해 보고자 한 계산된 전략에서 나온 것이라 평가할 수 있다. 공교롭게로 『순언』의 전체 내용 중에서 『노자』 제1장의 구절은 그 어디에서도 발견되지 않음에도, 율곡이 『노자』를 해석하는 관점은 아이러니하게도 이러한 철학적 사유에 기반을 두고 있음을 살펴볼 수 있다는 주장이다(21쪽 참조). 그것은 비록 주자학적 사유체계 안에서 논의되는 '리기지묘'의 입장을 통하여 해석되는 측면이 노자적 관점을 통해 해석되는 측면보다 강하다고 할 수 있을지라도, 율곡이 청소년기부터 습득하고 있었을 도가철학에 관한 사전 정보가 의식적이든 무의식적이든 간에 일정 정도 작동하였을 가능성을 배제하기 어렵다는 점에 대한 시사이기도 하다.

(3) 『순언』의 수양론 또는 자아 수련의 문제

『순언』의 수양론적 측면에 관한 개별적 연구로는 현재 이종성의 논문 「율곡의 노자관에 있어서 자아 수련의 문제」(『대동철학』 제19집, 대동철학회, 2002)가 있다. 물론, 김길환의 「율곡의 노자관」에서 '도의 자각과 구현의 문제'를 비롯한 '덕의 본질과 실현의 문제'라는 주제가 수양론의 측면과 결부될 수 있는 측면이 있고, 김석중의 교육대학원 석사학위논문인 「「순언」을 통해 본 율곡의 노자이해」(1994)에서 '수양론'의 분야 중 『노자』로부터 『순언』이 취한 내용들에 대한 분석(38~58쪽)을 시도한 바 있기는 하지만, 이처럼 하나의 독립된 주제로 개별화된 것은 아직 확인되지 않았다는 점에서 연구사적 의의가 있다.

이 논문에서는 '수양/수양론'이라는 개념에 대한 의도적인 배제가 깃들어 있다. 이는 노자와 유가의 철학사상 안에 서로 다른 성격과 방법을 달리하는 경향성이 내재해 있다는 생각이 반영되었기 때문이다. 유가의 사유와 잘 맞아떨어지는 '수양/수양론'의 개념이 도리어 노자에게는 무언가 생경하다고 여겨지는 측면이 있다는, 개념 선정 자체의 고민이 전해진다. 그래서 논의의 표면으로 떠오르게 된 '수양/수양론'의 대체 용어가 '자아 수련'이란 개념이었다.[14)]

이종성은 이 논문을 통하여 먼저 자아 수련의 철학적 근거가 되는 몸과 마음의 구조가 일원론적 구조를 띠고 있음에 관하여 검토한 후, 율곡이 노자의 사유를 자신의 성리학적 입장에서 수용하고 있음을 확인한다. 그리고 노자의 욕망의 제어와 분별지의 부정에 관한 두 가지 철학적 문제가 율곡에서는 한 가지 사실에 토대를 둔 두 가지 문제일 뿐[15)]이라는 식으로 자신의 방식으로 변형된 사유 위에서 분별지

---

14) 『순언』과 관련하여 수양론이라는 개념이 보다 적극적으로 그 의미를 행사할 수 있다면, 이는 유도 회통의 주체를 유가의 입장에 놓을 경우에 해당한다고 본다. 이러할 경우 수양론의 개념 적용은 그렇게 낯선 것이 아닐 것이며, 상호 회통의 관계는 일방이 타방을 자기의 영역 안으로 수렴하여 통합하는 양상을 띠게 될 것이다.

15) 이와 관련하여 연구자는 율곡이 『순언』 제5장에 『노자』 제10장의 후반부를 배치하여 "마음의 물욕을 씻어내어 현묘한 이치를 통달하라"('滌除玄覽'에 대한 율곡의 주, "滌除者, 淨洗物欲也. 玄覽者, 照察玅理也")는 것을 강조하고 있음을 토대로 율곡이 욕망의 영역 안에서 지식의 문제를 함께 거론하고 있음을 본다(14쪽 참조).

의 문제가 자연스럽게 욕망의 문제로 귀결되고 있음에 주목한다. 그는 이것이 『순언』에 나타난 자아 수련의 핵심적 요지가 된다고 파악한다.

또한 율곡은 노자의 '덜어냄'과 '아낌'의 범주에 대해서도 성리학적 개념의 적용을 시도한다고 보고, 이것은 곧 '수렴'의 문제로서 '거경'의 공부에 다름 아니라고 파악한다. 율곡은 노자의 사상이나 성리학에서의 자아 수련의 공부 방법으로 제시되는 것들이 모두 '인간의 사사로운 욕망을 부정하고 하늘의 이치를 보존하는 일'일 수밖에 없다고 보는데, 이 논문은 이 같은 특징이 또 하나의 성리학적 『노자』 읽기의 표본이 된다는 점에 유의하고자 한다.[16] 율곡은 자아 수련의 실천적 공부가 완성되면 인간은 이상적 인격체인 '성인'이 된다고 한다. 그리고 이 일치점에 이르면 노자나 성리학이 목표로 한 것은 서로 배치될 것이 없다. 이 역시 유도 회통론적 사유가 자아 수련의 문제에 적용된 결과이다.

그럼에도 이 연구는 유도 회통론적 상호 공조의 체계를 찾는 일방향적 결론을 기대하면서 논의된 자체적인 한계를 안고 있다. 이러한 성격 때문에 도리어 유도 양가의 공부론이 『순언』 안에서 갈등의 양상을 띠고 마찰하거나 다소 애매하게 접목되고 있는 측면 등의 문제에 관해서는 간과하거나 보다 면밀한 검토를 수행하지 못한 한계를 보이고 있는 것이다.

---

16) 『순언』은 노자가 '저것을 버리고 이것을 취하라'(去彼取此)(『노자』 제12장)고 한 부분을 특히 욕망의 문제와 관련하여 문제 삼고 '하늘의 이치를 보존하고 인간의 욕망을 소멸하라'(存天理, 滅人欲)고 하는 성리학적인 맥락으로 파악한다(『순언』 제5장 결론 부분, "而始之以初學遏人欲."). 율곡의 이러한 입장은 성리학적 욕망관이 노자와의 접목을 시도한 대표적인 경우에 해당한다.

(4) 『순언』의 경세사상

2000년대 들어오면서 『순언』 연구에 남다른 애정을 갖고 약진을 보인 연구자를 찾는다면, 그것은 두 말할 것도 없이 김학목이라고 말할 수 있을 것이다. 그는 일찍이 박세당의 『신주도덕경』에 관한 연구로 박사학위를 받은 후,[17] 먼지 속에 묻혀 있던 한국 도가철학 관련 저서들을 밀도 있게 번역하는 일에 앞장섰을 뿐만 아니라, 이 분야에 관련된 개별연구들의 성과를 축적하는 데도 남다른 업적을 남기고 있다.

김학목의 『순언』에 관한 연구는 2000년대 초기에 집중적으로 이루어졌다. 그는 「『순언』에 대한 홍계희의 입장」(『도교학연구』 제17집, 한국도교학회, 2001)을 발표한 이후, 「『순언』에 나타난 율곡 이이의 사상」(『동서철학연구』 제23호, 한국동서철학회, 2002)과 「『순언』에 나타난 율곡의 경세사상」(『민족문화』 제25집, 민족문화추진회, 2002) 등을 발표한 바 있다. 이것은 모두 그 제명에 『순언』이라는 서명을 노출시킨 것들만을 추출한 것이다. 이 중에서도 특히 관심을 끄는 논문은 무엇보다 「『순언』에 나타난 율곡의 경세사상」이다.[18]

경세사상이라는 개별적 주제를 가지고 단편논문을 발표한 것은 김학목이 대표적이다.[19] 김학목이 『순언』에서 경세사상의 요소를 발

---

17) 김학목, 「박세당의 『신주도덕경』 연구」, 건국대학교 박사학위논문, 1998.

18) 물론 이러한 선택에 대한 선별기준은 문제가 될 수 있다. 왜 하필이면 이 논문이 김학목의 『순언』 연구를 대표한다고 할 수 있을까? 이러한 의문은 김학목 자신의 입장에서나 그의 연구 성과물을 접했을 다른 평자의 입장에 설만한 독자들의 입장에서도 마찬가지이다. 그러나 김학목의 『순언』 연구에 있어서 자타가 공히 이 논문을 김학목의 대표작으로 삼을 수 없다고 간주한다고 하더라도, 여기에서 이 논문을 김학목의 대표 논문으로서 제시하는 것은 제목으로 노출된 경세사상이라는 주제적 접근이 단독으로 시도된 것은 그 이전에 없었다는 점 때문이다.

19) 그러나 부제에 '경세이념을 중심으로' 삼아 『순언』의 유·도 교섭론을 다

견해 내려고 한 것은 『순언』의 자체적 성향을 반영하는 측면에서도 의의가 있겠지만, 이 주제는 전통적으로 유가들이 도가사상을 비판적으로 보던 근거 중의 하나였기 때문에 이러한 요소에 대한 율곡적 포섭의 양상은 큰 의미를 지니고 있는 것임에 틀림없다. 노자에게 발견되지 않는다는 특성의 하나를 역설적으로 『순언』에서 찾아보고자 한다는 것은 또 하나의 중요한 연구사적 통로를 제공하는 일임에 분명하다. 이 논문은 그만큼 중요한 연구사적 의미를 갖기에 충분한 주제적 접근이다.

이 논문의 내용에 들어가 볼 때, 우선 이 논문의 부제가 '『신주도덕경』 및 『정노』와 비교하면서'라는 점이 눈에 띈다. 이것은 이 논문이 『순언』만을 정밀하게 탐구해 들어간 연구는 아니었음을 확인케 한다. 그의 목차에 나타난 내용들 역시 우리가 본문의 내용을 훑어보기 이전에 벌써 이 논문의 범위가 산발적인 여러 가지 주제들을 끌어안고 있다는 점을 확인케 한다. 이 논문은 『순언』, 『신주도덕경』, 『정노』라는 세 가지 텍스트를 통하여 부제에 근거한 접근을 시도하기보다는, 즉 부제를 배제하고 차라리 논문의 큰 제목 그대로 『순언』만을 검토의 대상으로 삼아 충실한 논지를 펼쳐 나갔다면 좀 더 의미 있는

른 연구가 김낙필에 의하여 발표된 바 있다(이에 관해서는 김낙필, 「율곡 이이의 『순언』에 나타난 유·도 교섭」, 『원불교사상』 제20집, 원광대 원불교사상연구원, 1996을 참고할 것). 김낙필의 연구 성과는 7쪽 분량의 소략한 논문의 형태로 나타났다. 김낙필은 율곡이 『순언』을 저술한 동기가 '수기치인'의 이념에 맞는 책임을 드러내려는 것(452쪽)이라고 간주할 만큼 『순언』의 특징을 '수기치인'으로서 파악한다. 그리고 율곡이 노자의 도치주의와 유가의 덕치주의가 서로 상통하는 것으로 받아들이고 긍정적으로 평가하였다고 보면서(456쪽) 유도 교섭의 의의를 천명한다. 그럼에도 김낙필은 여전히 하나의 문제제기를 남긴다. 그것은 구봉 송익필의 문제제기와 그 궤를 같이 하는 종류의 것이다. 이는 율곡의 『순언』뿐만 아니라 사상적 회통을 도모하는 모든 시도에 해당될 수 있다(457쪽).

논문이 되지 않았을까 생각된다.

이 논문은 비록 그 주제가 '경세사상'이었음에도 다른 성격의 주제들을 앞뒤로 포진시켜 논구하다보니 연구자가 애초에 구상하였을 법한 논의보다는 선행연구의 중복을 가져올 수 있는 산만함을 자체적으로 내포하게 되었다.[20] 이러한 점 때문에 『순언』의 경세사상에 대한 본격적인 연구는 여전히 그 가능태로서 남겨진 부분이 많다. 이것을 이 논문의 긍정적인 특징이라고 평가할 수 있을 것이다. 그러나 역설적이게도 그것은 도리어 자신의 한계로써 과제처럼 남겨지게 되었다는 점에서, 하나의 피할 수 없는 단점으로 작용한다.

김학목은 『순언』의 편집 동기의 하나로 당대의 시대적 배경을 들고 나온다. 사실상 이러한 역사적 배경의 문제는 '경세사상'과 상호 밀착적인 긴밀한 연대를 맺고 있다는 것은 주지의 사실이다. "당시 조정이 선조 5년을 기점으로 동서로 분열되어 치열하게 정쟁을 벌이는 것에 대해 율곡은 세상에 대한 노자의 비판과 한탄을 가지고 자신의 심정을 대신 표현했을 가능성이 농후하다는 것이다."(174쪽) 이러한 연유로 말미암아 "율곡이 『순언』의 마지막 장인 39장과 40장을 도를 행하지 않는 세상 사람들에 대한 노자의 비판과 한탄으로 편집했다는 것이다."(174쪽)[21]

---

20) 이 논문은 목차상 여러 가지 주제들이 노출되어 있지만 실제로 제목 자체에 정합적으로 부합할 만한 것은 제3절 '『순언』에서의 수기치인론'이라는 한 부분이다. 그리고 '수기치인'의 개념은 또한 '자아 수련'의 수양론적 입장과 '타인에의 배려'의 문제를 동반하는 경세사상의 양 측면을 내함하고 있는 것이다 보니, 이것조차 반절의 경세사상일 수밖에 없는 한계가 있다. 목차에서부터 경세사상과 관련된 보다 직접적인 주제들을 노정하였더라면 이 논문의 충실도는 좀 더 높아지지 않았을까 여겨진다.

21) 이와 같은 주장은 그의 논문 「『순언』에 나타난 율곡 이이의 사상」(『동서철학연구』 제23호, 한국동서철학회, 2002), 299~301쪽 및 「조선조 유학자들의 『도덕경』 주석과 그 시대 상황」(『동서철학연구』 제24호, 한국동

그러나 과연 이것이 율곡 자신의 진실한 의도였을까? 단순히 당 시대의 역사적 배경을 통한 후대인들의 추측적인 발언일까? 우리는 율곡이 아니기에 그 정답을 정확히 말할 수는 없지만, 이 같은 김학목의 현실진단으로부터의 성서기원은 어느 정도 일리가 있는 것으로 인정할 수 있을 것이다. 그러나 그것만이 다는 아니다. 이 문제는 이후에 이영경도 지적한 바 있듯이 "『순언』의 전체 내용과 그 맥락을 보면 당시의 정치현실을 비판하려는 목적은 결정적인 비중을 갖는 것은 아니라고 보여진다."[22] 그것이 『순언』 저작의 제1차적인 목적이 되지 못한다는 것이다. 이영경의 이러한 주장은 공감이 가는 중요한 지적이다.

만일 율곡이 조정의 부패와 당시의 정치현실을 직접적으로 비판하려는 의도에서 『순언』을 저술한 것이라면, 율곡은 왜 『노자』 자체에 전적으로 충실하지 못하였던 것일까라는 의문이 남는다. 율곡은 자신의 시대 이전과 그의 당대에 일종의 정치적 권능과 학문적 권위를 가졌던 명망 있는 정치인과 지식인들을 서슴지 않고 비판하는 일에 남다름이 있었던 터에, 『순언』의 저술을 기획하면서 『노자』의 내용 중 과격하다고 판단되거나 또는 반유가적이라고 판단된다고 하여 이를 이유 없이 외면하지는 않았을 것이다.

율곡이 만일 『순언』의 저술배경으로 당시 조정 내부의 부패상이라든가 동서분당의 조짐[23] 등에 관한 문제들을 염두에 두었던 것이라

서철학회, 2002), 118~119쪽에도 다 같이 등장한다. 그만큼 동서분당의 사건이나 당시 조정의 분열상은 김학목의 관심을 끌기에 매력적인 요소로 작용하였던 것이다.

22) 이영경, 「율곡의 『순언』에 나타난 유가·도가적 윤리관의 갈등과 포섭 문제」(『철학논총』 제36집, 새한철학회, 2004), 116쪽.

23) 김학목은 강주진의 『이조 당쟁사 연구』(서울: 서울대학교 출판부, 1971, 235쪽)를 여과 없이 그대로 인용하여 『순언』 저술의 동기를 동서분당의

고 한다면, 『노자』 제53장[24]의 보다 직접적인 자료가 될 수 있는 부분은 왜 배제되어야만 하였는지가 설명되지 않고 있다. 그럼에도 당대의 정치현실에 초점에 두고 논의를 전개하는 김학목의 문제의식에는 역시 혼란한 정치현실의 모순현상 만큼 자신의 경세사상의 배경을 보다 직접적이면서도 생동감 있게 전달해줄 만한 매개체도 없었을 것이다.

(5) 『순언』의 윤리관

윤리적 측면을 중심으로 『순언』의 사상적 특성을 연구한 것으로는 이영경의 「율곡의 『순언』에 나타난 유가·도가적 윤리관의 갈등과 포섭 문제」(『철학논총』 제36집, 새한철학회, 2004)가 있다. 2002년도 한국연구재단(구 한국학술진흥재단)의 지원을 받고 연구된 이 논문은 기존의 연구 성과와의 차별화 전략을 스스로 윤리적 특성에서 찾고, 특히 유가·도가적 윤리관의 갈등과 포섭의 양상을 다루었다.

이영경은 이 논문의 결론 마지막 부분에서 "율곡은 성인됨의 문제를 『순언』의 도학적 이념으로 제시함에 있어서 도가적인 소극적, 자연적, 무위적 수양방법과 지향이념을 유가적인 적극적, 인문적, 참여적 수양방법과 지향이념으로 전개하였다. 이 과정에서 유가와 도가사상 간의 공분모성과 갈등성이 표출되거나 내함되는 방식으로 교차되고 있음을 확인할 수 있다"(119쪽)[25]라고 하면서 자신의 연구의의를

상황에 대한 비판에서 찾고 있다.

24) 『노자』 제53장, "朝甚除, 田甚蕪, 倉甚虛, 服文綵, 帶利劍, 厭飮食, 財貨有餘, 是謂盜夸, 非道也哉." 율곡이 만일 『노자』 제53장을 직접 원용하여 당시의 조정과 군주를 비판하고 나왔다면 『순언』의 현실 비판적 설득력은 더 강화되었을 것이다.

25) 이영경은 인용문에서 도가적인 수양방법과 유가적인 수양방법의 차이점을 밝히고 있는데, '수양'이라는 개념을 도가와 유가에 공통적으로 적용할

최종적으로 밝히고 있는데, 이러한 논의는 이 연구의 성격을 극명하게 드러내 준다.

이영경은 제2장 '『순언』의 구성관점과 문제의식', 제3장 '유가 · 도가적 윤리관의 포섭 양상', 제4장 '유가 · 도가적 윤리관의 갈등 양상', 제5장 '『순언』의 도학적 윤리성'이라는 네 개의 본론을 상정하고 각각의 논의를 충실히 수행해 낸다. 목차의 내용만을 보더라고 이 연구의 특징이 어디에 있는지가 분명하다. 제2장과 제3장의 논의는 전통적 『순언』 연구와 큰 차별성을 갖기 어려워 보이는 반면, 이 논문의 특징적 의의는 제4장과 제5장에서 부각된다.

특히 이영경 자신도 밝히고 있는 것과 같이 구봉 송익필의 말[26]을 부정만 할 것이 아니라 인정할 수 있는 부분도 있을 것이라는 소신이 그것이며,[27] 『순언』의 윤리관을 '도학적 윤리관'으로 규정하는 측면이 그렇다고 볼 수 있다. "대저 도학이란 격물치지하여 선에 밝고, 성의정심으로써 수신하여 몸에 온축함이 있으면 곧 하늘의 덕을 이루

수 있는 것인지는 의문이다. '수양'이란 개념은 유가와 같은 창진적 행위의 방식을 긍정하는 논리체계에는 적합한 개념일 수 있을 지라도 도가와 같은 부정적 행위의 방식에까지 동일한 방식으로 적용될 수 있을 것인지는 논의의 여지가 있다. 이것은 수양론의 유무를 넘어서 '수양'이란 개념 자체에 대한 적용 가능성 여부가 문제라는 것이다. 적어도 '수양'의 논의가 도가에 적용될 수 있는 여지가 있기라도 한 것이라면, 이것은 특히 유도 양가의 습합과정에 나타나는 특정한 시대적 역사성과 관련을 갖는 종류의 것일 수 있다고 여겨지기 때문이다.

26) 구봉 송익필은 『순언』이 "노자 본래의 의미가 아니니 구차하게 (유학에) 일치시키려는 혐의가 있다"고 하였다(『순언』, 「발」, "非老子之本旨, 有苟同之嫌"). 이 내용은 율곡의 『순언』뿐만 아니라 송익필의 『구봉집』에도 기록되어 있어 『순언』이 율곡의 저작이라는 점을 보다 분명하게 해주고 있다.

27) 특히, 그는 "송익필의 이러한 문제의식이 타당하다고 수긍하고"(101쪽) 있다. 이러한 논의를 전면에 내세워 율곡의 유도 갈등의 양상에 대해 집중적으로 주의를 환기시킨 것은 이영경 연구의 큰 장점이고 특징이다.

게 되어 이것을 다스림에 시행하면 왕도가 됨에 이르게 된다."[28] "도학이란 인륜의 내면을 밝히는데 근본이 있으므로 인간의 도리를 극진히 하는 것이기도 하다."[29] 이영경은 이 같은 도학사상의 의의에 대하여 주목한다.[30]

그리고 이러한 도학적 관점을 『순언』에 적용하고, 『순언』이 도학의 기치를 토대로 유도 양가의 사상을 포섭하는 양상을 띠면서 전개된다고 본다. 그는 특히 율곡이 '수기치인'에 대해 말하는 경우에 이를 유가적인 관점에서 도가적 사유를 포섭하는 것으로 나타난다고 설명한다. 이와 같은 이영경의 주장은 설득력이 있다고 본다. 그러나 이러한 종류의 논점만을 가지고는 이 논문의 의의는 기존의 연구 성과들과 비교해 별반 달라진 것이 없었을 것이다.

이영경은 무엇보다도 『순언』 안의 유도 갈등의 양상이 존재한다는 가정 아래 그 요소를 구명코자 시도한다. 그것은 다음과 같은 다섯 가지 요소로 정리될 수 있다.

① 율곡은 『순언』 제9장의 일부를[31] '의리'와 '예'라는 규범으로 풀고 있다.[32] 노자가 비판한 것이 유가적 '예'인데 율곡이 다시 '예'로 돌아가라고 했으니 이는 노자의 사상을 유가적 관점으로 강변한 것으로써 유가와 도가의 갈등 양상을 함축한 한 예라고 볼 수 있다(107~108

---

28) 『율곡전서』 권15, 『동호문답』, "夫道學者, 格致以明乎善, 誠正以修其身, 蘊諸躬則爲天德, 施之政則爲王道."

29) 『율곡전서』 권31, 「어록」, "道學本在人倫之內, 故於人倫盡其理則是乃道學也."

30) 『순언』의 도학적 측면에 주목하고 있는 연구 성과는 이영경의 경우가 대표적이며, 이종성의 「율곡과 노자」(『율곡사상연구』 제10집, 율곡학회, 2005) 역시 『순언』의 도학적 인간이해에 관한 구명을 시도한 특징이 있다.

31) 『순언』 제9장, "勝人者ㄴ 有力ᄒᆞ고 自勝者ㄴ 强이니"

32) 『순언』 제9장 주, "勝人者, 血氣之力也, 自勝者, 義理之勇也. 克己復禮, 則不屈於人欲, 而强莫加焉."

쪽 참조).

② 『순언』은 『노자』 제5, 18, 19, 38장의 내용을 삭거하고 있다. 이들은 유가의 명분론을 극명하게 부정하는 내용들을 담고 있다. 그런데 이 4개의 장이 『순언』에서 삭거된 것을 보면 율곡이 도가사상의 일정한 내용을 부정하는 반증일 수 있다. 이러한 이유로 『순언』은 일종의 '숭인의식'을 곳곳에 노정하고 있는 것이다(108~109쪽 참조).

③ '학'과 '도'에 대한 접근의 태도에 있어서 노자는 '학'을 부정하고 '도'를 따라야 한다는 대립적 관점을 보이고 있다. 이영경은 이것이 반문화적, 반학문적 특성을 반영하는 것이라고 한다.[33] 그러나 율곡은 '학'과 '도'를 완연한 대립적 관계로 보는 것이 아니라, 일종의 보완적 관계로 상정하고 있다(109~111쪽 참조).

④ 율곡은 노자의 자연주의적 성향을 철저히 인간학적인 맥락에서 인간중심적으로 읽어내고 있다. 이에 율곡은 노자가 '도를 통하여 무위의 경지에 이른다'는 것을 '본연지성을 회복한다'는 것으로 주석하여 '인간 본성'의 관점으로 이해한 것이다(111~113쪽 참조).

⑤ "제사와 신령의 문제를 언급하는 율곡의 입장에서 도가적 윤리관을 온전히 포섭할 수 없는 갈등적 양상이 분명하게 드러난다." 도가는 제사나 귀신에게 지나치게 의존하고, 귀신을 획책하여 일상사에서 변란을 의도하는 행태를 나타내는 경우가 있는데, 율곡은 유가의 합리적 인문주의의 입장에서 이를 경계하고 있다(113~114쪽 참조).[34]

---

33) 그러나 '반문화적', '반학문적'이라는 규정이 노자나 도가적 사유에 마땅한 것인가 하는 점은 재고할 필요가 있을 것 같다. 문화나 학문을 대하는 태도에 있어서 '반'이 지니고 있는 규정성은 노자와 도가의 핵심을 지나친 현실 배제적 성향의 노선으로 이끌고 나가는 경향성이 짙기 때문이다. 노자를 비롯한 도가의 철학적 정신이 문화나 학문의 범주 밖에서 논의된 것이 아니라는 점을 인정한다면, 노자적 비판의식의 특성은 차라리 '비문화적', '비학문적'이라는 범주에서 논의되는 것이 보다 적절할 것이라고 생각된다.

이영경이 읽어낸 『순언』 내의 유도 갈등의 양상은 다른 연구자들의 연구 성과들에 비하여 남다른 특징을 보여주기에 충분하다. 다만 좀 더 세밀한 검토가 이루어졌더라면 이 연구의 의의는 보다 큰 반향을 불러일으킬 수 있었을 것이다.

(6) 해외에 소개된 『순언』의 사상

율곡의 『순언』을 국외에 소개한 경우는 김백현의 「노자율곡주천석(老子栗谷注淺釋)」(『도가문화연구』 제15집, 북경: 삼련서점, 1999)이 대표적이다. 이 논문은 본래 1996년 북경대학 철학과에서 주최한 제1차 도가여도교국제학술연토회(道家與道敎國際學術硏討會)에서 발표한 것을 중국의 도가철학 관련 권위지인 『도가문화연구』에 상재한 글이다. 이러한 특징 하나만 가지고도 『순언』 연구사에서 이 연구 성과가 차지하고 있는 비중은 크다고 말할 수 있다.

시기적으로 1900년대를 마감하는 마지막 해에 발간된 논문집을 통해 독자들 앞에 그 실체를 공개적으로 드러내기는 했지만, 이 연구의

---

34) 제사와 신령에 대한 율곡의 지적과 이 문제를 통하여 노자와 유가의 갈등 양상을 발견해 내는 이영경의 태도는 표면적으로 인정될 부분이 없지 않다. 그러나 당시 사회적 의례의 한 양식으로 나타나 있었던 현상적 취지의 내용들이 노자의 핵심이 되기에는 어려운 측면이 있다. 제사나 신령에 대한 도가적 접근은 노자 이후에 문제적 상황으로 드러나는 경우가 많았음을 부정할 수는 없을 것이지만, 이러한 특징은 대개 종교적 의례 양상을 띠고 나타나는 도교적 사유 및 그 행위의 측면과 관련을 갖는 것이라고 할 수 있다. 제사나 신령에 대한 노자의 본래적 태도는 결코 이들의 존숭 자체에 있지는 않았을 것이라는 점을 헤아릴 필요가 있다. "천지가 어질지 않으니 오히려 만물을 추구처럼 여긴다"(『노자』 제5장, "天地不仁, 以萬物爲芻狗")라거나 "천도는 친애함이 없다"(『노자』 제79장, "天道無親")라는 등의 노자의 언급을 역추해 볼 경우, 하늘에 대한 인간의 태도는 그것을 경배의 절대 타자로 상정하지 않는다는 점을 확인케 하기 때문이다. 노자가 본 세계는 '정령적 세계'나 '인문적 세계'가 아니라 '자연적 세계'라는 점을 상기할 필요가 있다.

결과물이 실제로 발표된 시점은 1990년대의 중반이었다는 점이 또한 시선을 끈다. 김백현은 2000년대에 이르러 증폭되는 소장파 학자들의 『순언』의 연구열에 일정 부분의 자극을 건네는 중간적 교량역할을 충실히 담당해냈다고 볼 수 있다. 아직 영문이나 일문 등 여타의 외국어를 통하여 『순언』을 국제적으로 소개한 글이 발견되지 않는다는 점에서도, 이 연구 성과는 『순언』의 국제화에 하나의 시금석이 되었다고 평가하기에 충분하다.

김백현의 연구 성과는 기존의 연구를 충실히 반영한 교과서적인 전형을 보여준다. 그의 논문은 서론과 결론을 포함해 소제목을 노출시키지 않는 구조를 띠면서 총 7개의 장으로 논의의 장소를 마련하고 있다. 그는 조선의 성리학자들이 강한 이단의식을 견지하는 상황 속에서도 율곡이 『노자』에 대한 강한 긍정을 보여준 것은 대단한 의미를 갖춘 하나의 사건이었음을 전제로 율곡의 학문적 태도가 갖는 개방성에 주목한다. 그리고 율곡의 '묘합'의 논리에 주목하면서, 『순언』이 '유가의 입장에서 노자를 해석'한 대표적인 경우에 해당한다고 주장한다. 이러한 김백현의 주장은 이전 연구자들의 연구 성과와 비교해 볼 때 별반 달라진 것은 없는 내용이다. 그러나 김백현 『순언』 읽기의 특징은 서론 부분보다는 본문의 내용 속에 잘 드러나 있다고 평가된다. 그는 『순언』의 '도체론'이 '기화론'의 측면을 지니고 있으며, 이러한 이유로 세계의 전개과정은 '기'의 운동성을 토대로 이루어진다고 주장한다(379~380쪽 참조).

한편 김백현은 다른 연구자들에게서는 발견할 수 없었던 그만의 주장을 내세우기도 하는데, 특히 『순언』 제1장에 대한 해석이 이를 잘 말해준다. 『순언』 제1장의 첫 부분은 『노자』 제42장으로부터 옮겨져 있다. 그런데 김백현은 이렇게 『순언』 제1장에 인용된 내용 중

1→2→3의 문제를 『노자』 제1장의 문장으로써 해석한 특징이 있다. 『순언』 제1장의 첫머리에 제시된, 이 논란이 많은 1→2→3의 구조에 대하여 김백현은 '무'→'유'→'현'으로 배대하여 풀이한다. 그리고 이를 '노자로써 노자를 해석'한 것이라고 한다(381쪽 참조). 이러한 문제는 『노자』 제1장의 해석문제와 관련되는 또 하나의 문제를 자체적으로 동반하는 것이기도 하여 주장 자체에 하나의 난점을 공유할 수밖에 없다. 이러한 해석은 김백현이 타이완의 노장학자들, 그 중에서도 특히 양링펑(嚴靈峯)의 강한 훈도를 받고 있다고 여겨지게 한다.[35]

김백현에게서 '무'와 '유'의 전개과정은 '생성'의 논리체계 위에서 논의된다. 이것은 그가 본 노자나 율곡의 '기화론'적 특징 때문일 것이라 파악된다. "기화론의 해석은 우주 생성론적 해석이라고 말할 수 있다"(380쪽)는 그의 언급이 이 점을 보다 분명하게 말해준다. 그는 『순언』의 '도체론'이 갖는 철학적 특징뿐만 '무위자연'의 성격과 마음의 구조를 통한 공부론의 문제까지도 일관성 있게 풀이해 내는 공력을 과시하기도 한다.[36] 또한 그 현대적 의의를 밝히는 시사적 주장을 아

35) 그의 논문에 인용된 양링펑의 『노자장구신편』의 예가 이를 추정해 보게 하는 대표적인 경우이다. 金白鉉, 「老子栗谷注淺釋」, 『道家文化硏究』 제15집, 北京: 三聯書店, 1999, 381쪽 참조. 『노자』 제1장의 구독법은 전통적으로 이론이 분분한 채 오늘에 이르고 있다. 특히, 문제가 되는 구독의 방법이 '무/유'인가, 아니면 '무명/유명, 무욕/유욕'인가의 문제이다. 이러한 구독법은 국내 『순언』 연구에 있어서 그 효시를 이루기도 하는 김길환 이후 오늘날에 이르기까지 오랜 전통을 지니고 있다. 이러한 구독법의 경우엔 노자 특유의 '무명론'적 성향이 상당히 희석될 우려가 남는다.

36) 김백현은 노자에게서 '허심'의 문제가 중요하다고 판단한다. 그래서 노자의 '척제현람'을 율곡이 '물욕을 씻어버리는 것'과 '현묘한 이치를 환히 살피는 것'으로써 이해한 것(『순언』 제5장의 내용 및 주해 참조)이야말로 율곡 공부론의 가장 명확한 부분이라고 강변한다. 율곡의 이러한 특징은 주자의 공부론을 교량으로 삼고 순자의 '대청명심'에 다가간 접근이라고 평가한다(387쪽 참조). 만일 그렇다고 하더라도 그 각각의 차이점에 대한 설명이 있었다면, 논지의 가독성이 좀 더 확연해졌을 것이라 여겨진다. 또

끼지 않는다. 그것은 '현대 신도학'적 세계관의 발양과 적용을 통한 도가의 현대화라고 평가된다(389쪽 참조).

김백현은 율곡이 본 노자철학의 의의가 영구할 것이라는 기대를 갖고 『노자』 제7장을 그의 논문 마지막에 제시한다. 그것은 바로 '천장지구'에 대한 논의이다. 노자의 이 유명한 언구가 역사적으로는 백낙천에 의하여 〈장한가〉라는 사랑의 노래 안에 인용되기도 하였고, 오늘날에 와서는 영화의 매체를 통하여 다시금 그 전통이 확인되기도 하였는데,[37] 노자의 본래 취지가 어떠한 것이었든 간에 우리는 '천장지구'의 새로운 만남을 시도할 단계에 와 있는 것만큼은 분명하다. 이제 우리는 '현대 신도가'의 과학적 세계관을 만나 새로운 소통의 장을 마련해야 할 자리에까지 와 있는 것이다.

(7) 그 밖의 논문들

앞서 살펴본 연구논문 이외에도 『순언』을 중심 텍스트로 고찰한 연구 성과로는 다음과 같은 것들이 있다.

- 이선순, 「通過『醇言』看栗谷如何理解『道德經』」, 『중국어문학논집』 제16집, 중국어문학연구회, 2001.

한, 그는 마음의 이중구조 안에 내포된 '유'와 '무'의 상호 작용 중에서 '허심'의 영역을 '무'의 범주에서 독해하면서, 특히 이것이 '무용지용'의 전개라고 설명한다(388쪽). 그런데 그 '무용지용'은 '무의 용'이라고 보는 것이 더 적절한 것은 아니었을까? '무의 용'이 노자적 논지라면, '무용지용'은 오히려 장자의 논지에 가까운 면이 있기 때문이다.

37) 찬묵심 감독의 작품으로서 류더화, 우첸롄이 출연한 영화 『천장지구』(1990)는 'To Love With No Regret'이라는 영문 제목이 보여주는 것처럼 사랑에 관한 메시지를 전달하는 내용을 담고 있다. 아화(류더화)와 죠죠(우첸롄)의 사랑을 담고 있는 이 영화는 이후 제2, 제3의 후속작을 낳기도 하였다.

- 임안오, 「『醇言』, 『道德經』與「儒道同源互補」-以『醇言』前五章爲核心展開的一些思考」, 『율곡사상연구』 제13집, 율곡학회, 2006.
- 이강수, 「율곡 『순언』과 조선조의 도가연구」, 『율곡사상연구』 제13집, 율곡학회, 2006.
- 이선경, 「수양의 관점에서 본 율곡의 『순언』 이해」, 『한국철학논집』 제18집, 현국철학사연구회, 2006.
- 김주수, 「순언과 정언묘선(精言妙選)의 시학사상」, 『한국한시연구』 제14호, 한국한시학회, 2006.
- 유성선, 「『순언』의 무위 경계: 율곡의 노자철학 이해」, 『한중인문학연구』 제20집, 한중인문학회, 2007.
- 조민환, 「율곡 『순언』의 한국철학사적 위상에 관한 연구」, 『동양철학』 제32집, 한국동양철학회, 2009.
- 주용성, 「『순언』에서의 '색'의 의미」, 『간재학논총』 제11집, 간재학회, 2011.
- 황국하, 「율곡의 『노자』 독법 묘처로서의 '도즉천도'」, 『열린정신 인문학연구』 제11집 제1호, 원광대학교 인문학연구소, 2010.
- 김시천, 「이이의 『순언』과 이단의 문제-조선조 유가 지식인의 내면 풍경에 대한 한 가지 고찰」, 『시대와 철학』 제23집, 한국철학사상연구회, 2012.
- 김학재, 「『순언』에 드러난 율곡의 『노자』 해석의 지평」, 『철학연구』 제48집, 고려대학교 철학연구소, 2013.
- 윤금자, 「『순언』의 본체론과 자아수양공부론 연구」, 『한국의 청소년문화』 제26호, 한국청소년효문화학회, 2015.

이상의 연구목록은 RISS의 자료검색 결과 도출된 것들이다. 이들은 주로 철학계의 연구자들에 의하여 연구된 것들이 주종을 이루지만, 드물게는 시학사상의 측면에서 연구된 논문이 한 편 있고, 중국어로 연구된 것도 두 편이 발견된다. 두 편의 중국어 논문은 각각 국내 연구자 1명과 중국 측 연구자 1명에 의하여 발표된 것이다.

이들 연구논문들은 각각의 의의가 분명한 것들이지만, 여기에서는 그에 대한 구체적인 비평은 생략하기로 한다. 이들은 연구사 검토의 자료적 측면에서뿐만 아니라 『순언』에 대한 새로운 접근의 시각을 제공할 수 있다는 점에서 충분한 의의가 있는 것들임에 분명하다.

특히 위에서 예시한 연구논문들 중 몇몇의 연구 성과는 독자적인 관점을 통해 『순언』 연구의 새로운 지평을 제시하고 있다. 이러한 점에서, 이들은 향후 『순언』 연구에 새로운 길잡이 역할을 충실하게 담당할 수 있을 것이라 예상된다.

2) 학위논문류

『순언』에 대한 학위논문으로서 박사학위논문은 아직까지 발표된 것이 단 한 편도 없다. 다만, 김석중의 교육대학원 석사학위논문(연세대 교육대학원 역사교육전공, 1994. 8)을 비롯한 심기섭의 석사학위청구논문인 「율곡 『순언』의 철학체계 연구-색을 중심으로-」(공주대학교 교육대학원 한문교육전공, 1996. 12)와 김학재의 석사학위논문(한국정신문화연구원 한국학대학원, 2002. 2)이 이 분야에 대한 전문적인 연구 성과로 되었을 뿐이다. 이 세 개의 석사학위논문 중 두 개는 교육대학원논문으로서 역사교육전공 및 한문교육전공 분야에서 제출되었고, 한 편만이 철학전공 분야의 일반대학원 학위논문으로서 제출되었다. 이들의 특징은 다음과 같다.

(1) 『순언』의 철학적 특징에 대한 조명

처음 『순언』을 학위논문의 대상으로 삼은 것은 김석중이다(1994). 김석중은 학위논문의 대상 주제로 『순언』을 선택한 시간적 선차성을 갖는다는 점에서 『순언』 연구사에 있어서 족적을 남기기에 충분한 위치를 점유하고 있다. 특히 그의 논문은 연구자의 전공 분야가 역사 교육이라는 장점을 충분히 살려내고 있는 특징이 있다. 그것은 논문의 제3장에서 『순언』에 인용된 『노자』의 문장들과 배제된 문장들을 그 내용에 따라 추출하여 정리하고, 그 이유를 밝히는 시도를 수행하였다는 점에서도 확인된다. 연구의 관심이 우선적으로 텍스트 자체의 문제에 초점이 맞추어지고 있는 것이다. 김석중은 『순언』의 문장과 『성학집요』의 내용이 서로 부합되는 측면이 있음을 지적해 낸다든가, 『순언』의 핵심이 유가적 '수기치인'의 맥락을 벗어나지 않는다는 지적도 잊지 않았다.

김석중은 이러한 검토의 결과 "『순언』에서 산거된 내용이 모두 유학과 어긋나는 것이 아니라는 것"(84쪽)으로 결론을 지을 수 있다고 본다. 특히 『순언』에서 산거된 『노자』의 내용은 우리의 관심을 끌기에 충분한데, 그는 그 이유가 ① 유학과 어긋나는 것,[38] ② 『순언』에 실린 내용과 유사한 것으로서 유학과 일치될 수 있는 것, ③ 중복되거나 불필요한 것의 세 가지 요소 때문이라고 밝힌다(85쪽). 그리고 그 각각의 이유를 구체적인 자료들을 제시하여 설명함으로써 자기 주장의 객관성을 높이고자 하였다. 그것은 자신이 말한 『노자』에 대한 율곡의 입장이 긍정적이고 객관적이라는(100쪽) 정신의 계승이기도 할 것이다. 그러나 『순언』의 정신이 반드시 객관적이라고만 판단할 수 있다는 기준은 모호하다. 그 판단의 기준이 주관적일 수도 있기 때문이다.

김석중은 『순언』과 『노자』의 상호 텍스트적 대조를 시도한다. 그

38) 이 문제와 관련된 논지의 불일치가 발견된다. 그는 율곡이 "홍계희의 말과 같이 반경패리(反經悖理)한 부분을 찾아서 산거하려는 의도는 없는 것 같다. 「도덕경」 전체를 유가의 학설로 일치시키는데 아무런 문제가 없다는 것이 율곡의 입장인 듯 싶다"(100쪽)라는 결론을 도출하고 있는데, 이러한 연구의 결과는 연구자 스스로가 '논점의 불일치'를 유발하고 있는 대표적인 경우에 해당한다.

리고 『순언』의 『노자』에 대한 인용과 배제의 내용을 가지고 『순언』에 나타난 '율곡의 노자관'을 밝히고자 하였다. 이에 관한 연구자의 진술이 다른 주제에 비해 상대적으로 많은 점을 감안한다면, 김석중의 논문은 이것을 가장 중요한 과제로 삼고 있는 듯하다. 왜냐하면 이 주제의 앞부분에는 '율곡 철학의 특징과 요지'를 밝히는 부분이 있기는 하지만 그것은 율곡 성리학의 개별적 특징들[39]을 밝히는 것이기 때문에 『순언』의 직접적인 검토와는 거리감이 있으며, 뒷부분에서 논의되는 '율곡 노자관의 특징'은 상대적으로 대단히 소략한 논의에 그치고 있다는 점 때문이다.[40] 차라리 전체적으로 '율곡 노자관의 특징'이 부각되어 설명되었더라면 이 논문의 구조는 좀 더 체계적인 특징을 드러낼 수 있었을 것이다.

한편 김석중의 논문에서는 보만재 서명응의 노자관의 일단이 『순언』을 해석하는 관점 속에 융해되어 일정 정도의 역할을 담당한다는 특징도 발견되고 있다. '도체론'의 영역에 있어서 보만재는 노자의 '도'를 『주역』의 '태극'과 같은 류의 개념으로 파악하고 있는데 이는 율곡의 견해와 똑 같은 것이라고 본 것(103쪽)을 비롯하여 율곡의 '무위설'과 보만재의 '무위설'이 흡사하다는 주장(105~106쪽 참조), 그리고 도덕

---

39) 김석중이 제2장의 검토대상으로 삼은 주제는 ① 율곡의 학문적 입장, ② 태극 음양론, ③ 리기론, ④ 심성론, ⑤ 수양론이라는 다섯 가지이다. 이러한 주제들은 『순언』 연구의 간접적인 토대를 형성할 뿐 『순언』의 직접적인 검토는 아니라는 점에서 논의의 과정이 생략되든가 간략한 고찰에 그쳤더라도 큰 문제는 없었을 것이다. 오히려 제2장의 주제에 관심을 경주하기보다는 소략한 논의에 그친 제4장 '율곡 노자관의 특징'을 강화하여 논의를 전개할 필요가 있었을 것이라고 평가된다.

40) 오히려 그 특징이 부각되어 논의되었어야 할 것으로 판단되는 '율곡 노자관의 특징'은 앞선 논의들의 중복적인 확인 작업으로 흐르고 있다. 연구자는 ① 도체설, ② 무위설, ③ 양생설을 '율곡 노자관의 특징'으로 분류하여 논의를 전개하고 있으나, 표면으로 노출된 이들의 주제만을 가지고는 율곡적 노자관의 특징은 거의 드러나지 않는다는 점이 한계이다.

과 인의의 경계를 통한 도에의 참여 문제에 대한 보만재의 입장이 율곡과 유사하다는 것(88쪽 참조), 율곡 사후 200년 후에 태어나 '양생'을 긍정적으로 보며 주자의 설을 인용하면서 양생을 '하늘을 섬김'으로 간주하는 보만재의 입장과 율곡의 주장이 서로 가깝게 일치된다고 본 것(83쪽, 108쪽 참조) 등이 그것이다. 이는 그의 논문지도를 맡았던 이강수의 영향이며,[41] 학계에 관례화되어 있는 인용의 태도가 그의 문제의식에 적용된 결과이다.

김석중은 『순언』의 양생론을 검토하면서, 율곡이 다른 유학자들과 다르게 양생의 문제를 긍정적으로 보았다고 주장한다(81쪽, 107쪽 참조). 그는 이러한 논의의 과정을 통하여 노자가 말하는 '양생'의 의의가 유가의 '도덕'과 다르지 않다고 한다. 이는 마치 맹자가 '자기의 본 마음을 보존하고 본성을 기르는 것이 하늘을 섬기는 소이'라고 한 것과 같은 것이라고 본다(81~82쪽, 106쪽 참조). 그러나 노자가 말한다는 '양생'이란 개념이 구체적으로 무엇을 말하는 것인지가 불분명할 뿐만 아니라, 그것이 노자의 본래적 사유를 대변하는 중심개념으로 제시될 수 있는 것인지의 문제에 대한 근거를 소개할 필요가 있었다고 판단된다. 뿐만 아니라, 율곡이 설혹 노자적 의미의 '양생'을 유가적 '도덕'의 의미로 풀이하였다손 치더라도 양자의 관계맺음이 과연 타당한 것인가의 문제는 연구자의 입장에서 비판적으로 검토되었어야 마땅하다고 생각된다. 이것은 노자의 하늘과 맹자의 하늘이 담고 있는 의미내용이 전연 다른 것과도 관련된다.

---

41) 김석중은 서명응의 노자관에 대한 기본 입장을 이강수의 다음 논문을 통하여 이해하고 있다. 이강수, 「서명응의 노자이해」(『동방학지』 제62집, 연세대 국학연구원, 1989). 본문에 인용된 노자에 대한 서명응의 관점은 이강수의 논지를 그대로 취하고 있음이 확인된다. 율곡과 서명응의 노자관에 대한 일치성 여부는 별도의 논의를 필요로 한다고 여겨진다.

그리고 김석중은 『순언』의 저작동기에 대한 구봉 송익필의 주장[42]이 담와 홍계희의 발문을 통하여 전해지고 있는데, 이러한 주장은 『순언』에 나타난 율곡의 철학적 입장을 살펴볼 때 타당성이 없었다고 결론적으로 주장한다(109쪽). 이와 같은 주장은 일정 부분의 의미성을 갖는다고 평가된다. 그럼에도 무언가 미진한 여운이 남는 것은, 율곡이 표면적으로 유도의 갈등 양상을 소거하고자 의식적인 노력을 경주했을지라도 그의 내면에 살아있는 무의식적인 유가적 사유의 발동은 잠재울 수 없었을 것이라는 점에서, 이 문제는 재검토될 필요성이 남는다. 이에 율곡적 사유의 저변에서 이야기되는 또 다른 언어의 체계에 대하여 우리는 귀를 기울일 준비를 하지 않으면 안 된다.

(2) 수기치인의 핵심과 '아낌'(嗇)에 관한 논의

심기섭의 석사학위청구논문인 「율곡 『순언』의 철학체계 연구-색을 중심으로-」(공주대학교 교육대학원 한문교육전공, 1996)는 『순언』을 학위논문의 연구대상으로 삼은 두 번째 결과물이다. 이 연구에서 서론과 결론을 제외하면 율곡철학의 도가수용의 가능성과 『순언』의 철학체계를 검토한 것이 주된 내용을 이룬다.

심기섭은 율곡의 도가철학 수용의 가능성을 염두에 두고 유가와 도가의 근원적 동질성의 문제를 주시하고 있고, 이러한 이론적 배경 아래서 율곡이 도가철학을 수용할 수 있었던 원인을 확보하고자 하였음이 주목된다. 그는 유가와 도가의 상충성을 주장하는 연구자들과 상호 동일한 근원론을 주장하는 연구자들을 대비하고, 후자의 입장을 좇아 유가와 도가의 근원적 동일성에 관하여 논의한다. 그 근거

---

42) "『순언』은 노자의 본 뜻이 아니고 구차하게 유학의 도리에 맞추려 한다는 의심을 받기 쉽다"라는 경계의 말이 그것이다. 이 내용은 『순언』에 담와 홍계희의 인용을 통해 기록되어 있을 뿐만 아니라 『구봉집』에서도 발견된다.

는 『주역』의 세계관으로서, "인간을 포함한 모든 우주현상을 상호 연계된 유기체로 보고 그 유기체 간의 흐름과 변화로부터 비롯하는 세계관"(3쪽)을 『주역』의 정신에서 확보하고자 한다. 그는 "〈인간과 자연의 조화〉 속에서 탐구되는 유기체적 세계관은 유가와 도가의 근원적 일치점이라고 할 수 있다"(4쪽)고 하며, "두 사상의 논지가 다르게 나타나지만, 근원적으로는 유기체적 세계관의 범주를 공유"(12쪽)한다고 본다.

이러한 입장은 피상적인 관점이다. 왜냐하면 세계를 유기체적 세계관으로 본다는 점에서 유가와 도가의 사상적 접점을 확인한다고 하더라도, 그 유기체적 세계관을 구성하고 있는 구체적 범주의 내용은 상이할 수 있기 때문이다. 유기체적 근원자의 존재의 속성이 인문주의적인 것일 수도 있고, 자연주의적인 것일 수도 있기 때문이다. 더군다나 심기섭이 주목하고 있는 송대 성리학의 세계관과 도가철학의 세계관이 근원적 동질성을 갖는 것이라고 한다면, 도가와 유가의 역사적 대립도 사실상 무의미했을 것이라 여겨진다.[43] 그는 도리어 송대 성리학이 도가와 불교를 형이상학적 측면을 섭취하여 자가화한 특징(13쪽)을 사상적 동질성의 근거로 확보하고자 한다. 그렇다면 형이상학의 문제야 그렇다 할지라도, 현실의 실천적 측면의 사상적 동질성의 문제는 과연 어떻게 설명되어야 하는 것인지는 여전히 문제로 남을 수밖에 없다.

이밖에도 심기섭은 유가와 도가의 근원적 동질성을 논의하기 위한 방편으로 『노자』의 주요 철학적 개념들과 사상내용들을 인용하고 있

---

43) 물론 이 논문의 연구자가 유가와 도가의 사상적 차이점에 대해 외면하는 것은 아니다. 그럼에도 그는 '인간과 자연의 조화'라는 대전제가 중국철학의 기본정신이라고 간주하면서, 인간과 자연의 개념적 차이점이나 범주상의 관계성에 대해서 면밀하게 분석하지 못한 한계가 있다. 대전제에 대한 믿음의 종용보다는 소전제들의 구체성을 통해 대전제의 동질성이 어떻게 확보되고 있는지를 밝히는 것이 차라리 나았을 것이라 평가된다.

는데, 이들이 과연 얼마나 유가적 개념 내지 사상내용과 동질성을 확보할 수 있을 것인지는 의문이다. 대표적인 예가 바로 '자연'의 개념과 내용이다. 주류 유가에서 언급되지 않은 '자연'이 『노자』와 어떠한 동질성을 갖고 있다는 것인지, 그 근거로 『노자』 제25장을 인용하고 있는(10쪽) 이유는 아무래도 석연치 못함이 있다. 그럼에도 그는 "유가와 도가의 공통점"(10쪽)을 『노자』 제25장에서 찾고 있는 것이다.

심기섭의 연구의 초점은 사실상 제Ⅲ장에 있다. 그는 여기서 「『순언』의 철학체계」라는 주제를 내세워 『순언』에서의 '아낌'(嗇)의 개념을 검토한 후 이것을 '수기'와 '치인'의 범주로 각각 나누어 검토하였다. 심기섭이 『순언』을 '아낌'의 실천적 측면을 중심으로 분석함으로써, 노자의 '아낌'이 율곡에 있어서 실천윤리로 수용되는 과정과 그 실천적 전개를 드러내고자 한 것은 이 연구의 최대 장점이다. 더군다나 '아낌'의 위치와 개념, 주체 확립의 과정, 실천적 전개의 순서로 서술하고자 한 논지는 매우 분명하고 체계적인 특징이 있다.

그는 "율곡이 노자를 수용함에 있어서 색은 가장 중요한 개념을 갖고 있다"(23쪽)고 간주할 정도로 '아낌'의 덕목을 『순언』의 핵심개념으로 파악하고 있는 것이다. 이것은 '수기'의 입장에서뿐만 아니라 '치인'의 입장에서도 중요한 개념임에 분명하다. 『순언』의 '아낌'의 철학은 노자의 철학이 '허무의 사상이 아닌 것이라는 관점'(23쪽)을 알려주는 결정적인 근거가 된다는 것이 그의 입장이다. 이와 같은 주장은 노자철학의 실천성을 제대로 주목하였다는 점에서 큰 의의를 갖는다.

다만 그 '아낌'의 실천성을 세 가지 보배론과 관련하여 처세의 방편으로 논의한 점(36쪽)은 유가의 입장에서나 노자의 입장에서도 그리 돈독한 범주적용이라고 볼 수 없다는 점이 문제이다. 현실에 대한 섭세론적 태도가 강한 노자에게서나 우환의식을 통한 현실 대응론을 갖는 유가의 입장에서 처세란 소극적이고 기회주의적인 개념일 수 있기 때문이다. 개념선별의 신중성이 요청되는 부분이다.

또한 이 논고는 '치인'의 결론적 담론으로서 '무위지화를 통한 대동사회'에 대해 논의한 점이 특징이다(48쪽~50쪽). 그러나 '대동사회'에 대한 언급이 『순언』의 그 어디에서 확인되는 것일까? 『순언』에 단 한 차례도 등장하지 않는 '대동사회'에 대한 주제의식 아래 이 논고 역시 성인의 정치, 덕치, 지극한 정치, 무위의 정치 정도만을 언급하고 있을 뿐이다. 나는 이러한 기술방식에 문제가 있다고 본다. 특히 율곡은 대동사회에 대한 각별한 자기의견을 가지고 있었던 인물이라는 점에서, 이 논고는 『율곡전서』 안의 대동사회에 대한 율곡의 입장을 먼저 살펴볼 필요가 있었을 것이라 여겨진다. 율곡은 당대의 현실에서 대동의 이념은 아직 요원한 것이라서, 소강(少康)이 급선무였음을 강조하였기 때문이다.[44] 요컨대 소강(小康)도 문제라서 소강(少康)을 주장하고 나선 율곡의 현실대응의 관점이 도리어 논의의 기초가 되었어야 하지 않았을까 하는 것이다.

(3) 텍스트의 체계와 학문적 감응의 토대

김학재는 「율곡 『순언』의 연구」(2002)를 가지고 석사학위논문을 공표한다. 세 번째 나온 학위논문이며, 일반대학원에서 나온 논문으로는 또한 처음 발표되었다는 점이 인상적이다. 왜냐하면 당시의 시대적 분위기를 감안한다면, 일반대학원과 특수대학원에 대한 학계의 암묵적 등급화나 선입견이 학위논문에까지 개입되어 평가되는 기이한 현상이 퍼져 있었기 때문이다.

---

44) 이에 대해서는 다음의 논고를 참고하라. 강정인, 「율곡 이이의 정치사상에 나타난 대동 · 소강(小康) · 소강(少康)」, 『한국정치학회보』 제44집 제1호, 한국정치학회, 2010.

김학재의 논문은 그가 정한 차례만을 볼 때 이전의 연구 성과를 얼마나 넘어선 것인지 가늠하기 힘들게 하는 면이 있다. 논문의 체계가 '율곡『노자』 연구의 배경', '율곡의 개방적 이단관과『순언』', '『순언』의 체계와 주석양식', '율곡의『노자』 이해'로 구성되어 있기 때문이다. 표층적인 구도를 볼 때 이 논문은 기존의 연구 성과들을 충실히 반영하여 짜임새 있게 직조해 냈다는 평가를 받기에 충분한 성실성을 갖추고 있다. 논문의 분량으로 보더라도 거의 130쪽에 달하는 상당한 양의 지면을 할애하고 있으며, 많은 참고자료를 인용하고 있는 것 등이 외형상의 성실성을 갖추기에 손색이 없다.

김학재는 기존의 연구 성과가 "주로 개괄적인 소개를 중심으로 하였으며, 본격적인 연구는 이루어지지 않았다"(1쪽)라고 평가하면서 자신의 연구가 참으로『순언』에 대한 본격화된 연구가 될 것이라는 암시를 남긴다. 이는 그만큼 큰 그림을 그려 보이겠다는 의욕에 찬 자신감의 노출로 비쳐진다. 이러한 자신감이 있었기에 그의 목표는 일정 부분 긍정적 성과를 거두어들일 수 있었다고 여겨진다. 그는 '유학적 논지의 재확인'도 중요하지만, 왜 그렇게 되었는가라는 철학적 범주의 연관성에 주목하고, 이를 통한 이해 가능성과 그의 현실화라는 과정 자체의 문맥 읽기에 대하여 고민한다. 그리고 그는 율곡적『노자』 연구의 배경이 조선의 정치 · 학술적 상황과 무관하지 않다고 보았다. 특히 이정 이래 주자에 이르는 송대 신유학자들의 노장관의 일단으로부터 율곡적『노자』 읽기의 위치와 긍정적 가능성의 토대에 대하여 논의한 것은 또 하나의 특징이다. 이러한 측면은 조선조 유학자들의 도가 연구에 대한 본격적 연구를 수행해낸 조민환의 영향[45]에

[45] 조민환,『유학자들이 보는 노장철학』(서울: 예문서원, 1996) 참조. 김학재는「들어가는 말」의 논의 중 각주를 통하여 조민환의 연구 성과에 의미가 있음을 간접적으로 지적하고 있다. 실제로 많은 곳에서 김학재는 조민환

감응한 발전의 결과라고 평가된다.

김학재는 무엇보다 『순언』의 외적 연구의 부분에 대한 측면에서 남다른 성과를 나타낸다. 특히, 『순언』 독해를 위한 문헌적 고찰과 더불어 『순언』의 전체적 함의를 율곡의 신유학사상과의 관련 속에서 논구한 점은 그의 연구 성과가 자랑하는 대표적인 경우에 해당할 것이다. 이 부분에서 김학재는 동사정의 『도덕진경집해』에 주목하고, 다른 한편 『성학집요』, 『근사록』과 『대학』의 체계에 관하여 주목한다. 그는 이러한 텍스트의 세밀한 추적을 통하여 『순언』의 체계가 『성학집요』, 『근사록』 등과 유관한 면이 있을 뿐만 아니라 특징적일 만큼 『대학』의 구조를 닮았다고 지적한다.[46] 이러한 주장은 결코 허황되지 않다고 여겨진다.

김학재는 『순언』의 외적 연구로부터 내적 연구로 진입한다. 그것은 『노자』의 경문 배치 방식과 주석 내용 분석 등을 통해 율곡 노자 독해의 특징 및 신유학사상과의 연관성을 살피는 것으로 나타난다. 이 과정에서 그는 철학사적 연계성에 관한 독창적 특징이 『순언』에 잘 나타나 있다고 평가한다. "이러한 분석과 정리를 통해 나는 『순언』에서 보이는 율곡의 관점이 철저히 주자학적이면서도 주자학을 위협할 수 있는 매우 대담한 것이었음을 말하였다."(114쪽) 김학재는 텍스트의 체계를 통하여 학문적 감응의 토대를 이루어낸 대표적인 경우에 해당하는 것이다.

그런데 김학재는 "정리하자면, 율곡은 노자를 '천인합일'의 수양론

의 저술에 알게 모르게 영향을 받고 있음이 산발적으로 발견된다.

46) 그러면서도 김학재는 『대학』 8조목의 구도를 통한 공부의 완성이 따지고 보면 모두 '천도'의 참됨, 즉 '성(誠)'을 기반으로 한 '치중화(致中和)'와 직결된 문제였다고 본다(111쪽). 이러한 주장의 저변에는 『중용』적 세계관이 공부론의 최종 목표로 제시되고 있었다는 점을 확인케 한다.

에 입각하여 해석하였는데 이러한 해석은 노자의 덕에 대한 수양론적 이해에 기초하였다”(111쪽)고 본다. 그러나 과연 노자와 율곡은 다 같이 ‘천인합일론자’라고 말할 수 있는가? 그래서 노자와 율곡의 사상적 기저는 근원에서 그렇게 닮아 있는 것인가? 만일 양자가 서로 다른 ‘천인관계론’을 지니고 있기라도 한 것이라면, 어떠한 이유로 ‘천인합일’의 구조 안에 모든 관계적 범주가 수용되어질 수 있는 것인가? 수용된다고 하더라도 거기에는 어떠한 모순이나 갈등이 존재하지 않는다는 말인가? 김학재의 논문은 이와 같은 물음들에 대해서는 침묵하고 있다. 이러한 측면은 그가 아무리 거리감을 두고 객관적으로 『순언』을 보고자 노력하였더라도 은연 중 율곡의 회통론적 관점에 남모르게 동화되어 있었기 때문에 나타난 한계일 것이다.

김학재는 마지막 「정리와 과제」에서 김형효가 주장한 율곡 사유의 초점 불일치에 관한 세 가지 측면을 인용하면서 자신이 본 『순언』에 대한 논지와 남은 과제를 간접적으로 제시하면서 글을 맺는다. 시사해주는 바 있다고 판단되기에 김형효가 본 율곡 사유의 초점 불일치에 대한 내용을 김학재의 글에서 재인용해 본다. “첫째, 재야의 선비로서 가졌던 도학/실학의 초점 불일치. 둘째, 재조의 선비로서 가졌던 왕도/패도의 초점 불일치. 셋째, 유학/비유학(노장 및 불교)의 초점 불일치.”(김형효, 「율곡적 사유의 이중성과 현상학적 비전」(『율곡의 사상과 그 현대적 의미』, 한국정신문화연구원, 1995.)47) 물론 우리의 관심을 끄는 것은 『순언』과 관련된 마지막 초점 불일치의 문제임에 더 이상의 의문이 없다.

---

47) 이런 인용의 출처에 대한 서지정보가 학위논문 위에서 정확하게 제시되지 않은 것도 하나의 문제로 지적될 수 있겠다. 그는 그 게재지를 비롯한 연도를 오기하고 있기 때문이다.

3. 남은 과제 혹은 『순언』 넘어서기

앞에서 나는 『순언』 번역서에 대한 평가를 배제하고, 연구논문과 학위논문류를 주된 대상으로 삼아 자료적인 검토를 수행하였다. 김길환의 「율곡의 노자관」이 발표된 이후 여러 연구자들에 의해 조명을 받아온 『순언』은 아직도 연구의 대상으로 남아 있는 것만큼은 분명하다. 연구사적 가치를 명백히 지니고 있는 대상 자료를 묻어둔 채 이를 방치하여 사장시킬 수는 없는 일이다. 『순언』은 아직도 누군가에 의한 관심과 연구의 손길을 기다리고 있는 상태라고 할 수 있을 것이며, 이와 관련한 앞으로의 과제들도 남아 있을 것임에 분명하다.

무엇보다 먼저 『순언』 텍스트의 국내 환원 문제를 생각해 볼 수 있다. 1974년 발견된 『순언』의 규장각본(규장각 도서번호 7743)은 진본이 아니기 때문이다. 『순언』의 원본은 일제 강점기에 필경사들에 의하여 사본으로 다시 옮겨졌는데, 지금 국내에 남아 있는 『순언』은 이 사본인 것이다. 원본은 일제가 강탈해 간 지 이미 오래되었고, 우리의 기억에서 원본에 대한 향수(?)조차 멀어지는 기억상실의 시대를 맞이하는 것은 아닌지 걱정이다. 물론 개인적인 신분으로 일본의 어느 도서관에 있을 『순언』의 체취만이라도 느껴보고자 하였던 선배 학자들의 노력이 있었지만, 외부인에게 노출을 꺼리며 비공개를 원칙으로 하는 『순언』을 만날 길이란 애초에 요원하였다는 회고담을 들은 적이 있다.[48] 과거 일제의 침략적 흔적이 『순언』에까지 어두운 그림자를 드리우고 있는 것이다. 이젠 누구라도 용기 있게 민간단체나 중앙정

---

48) 이상의 내용은 규장각에서 『순언』을 처음 발굴해 낸 류칠노의 육성 증언에 따른 것이다.

부의 외교적 역할에 기대서라도 『순언』의 원본을 국내에 환수하는 일에 적극적인 의지를 갖고 노력할 필요가 있을 것이다.

다음으로 생각해 볼 수 있는 것은, 『순언』 연구에 대한 일방적 계승과 답습보다는 문제와 한계, 새로운 시대적 문제의식의 접목을 시도할 필요가 있다고 본다. 예컨대, 구봉 송익필의 『순언』에 대한 평가에 대해서도 보다 면밀한 재검토가 요청된다. 김낙필, 이영경의 연구가 이 방면에 남다른 문제의 제기를 보여준 것이 사실이지만, 이에 관해서는 좀 더 보완된 내용의 연구사적 진화가 요청된다.

지금까지의 연구 성과들은 노자와 유가철학의 회통론적 입장에 주된 관심을 갖고 그 긍정적인 의미만을 드러내는데 급급했다면, 이제는 율곡이나 그의 『순언』을 접하고 이를 독해해 왔던 연구자들이 암묵적으로 공유하였던 그 회통론적 관점의 쟁점의 문제보다는 그 쟁점의 이면에 자리 잡고 있는 한계라든가 갈등의 양상과 구조에 대해서 보다 폭넓은 논의를 시도할 필요가 있다. 또한 『순언』의 번역이라든가 연구에 있어서 국제화를 시도할 필요도 있을 것이다. 『순언』을 영문, 또는 기타의 외국어로 번역하는 문제나, 그 연구를 해외에 소개하는 것과 같은 방식의 우리의 울타리를 넘어서는 논의의 확장이 필요하다는 것이다.

그리고 마지막으로 생각해 볼 수 있는 것은, 이제 『순언』 이외의 다른 텍스트들을 통한, 즉 다시 말하자면 『율곡전서』의 문장들 속에 삼투되어 있는 도가적 개념들이나 사상들, 특히 노자와 관련을 맺고 있는 자료들을 선별하고 이를 분석함으로써 『순언』을 넘어서는 연구가 이루어져야 한다. 이와 관련한 박원재의 다음과 같은 발언은 시사해주는 바가 크다.

다음으로, 우리 자신의 사상적 맥락과의 연관관계이다. 이와 관련하여 하나 짚고 넘어가고 싶은 것은 이른바 '한국의 도가철학'을 조선조 성리학자들의 남겨놓은 알량한 노장주석서 몇 권을 가지고 재탕삼탕 우려먹는 일은 이제 그만두어야 한다는 것이다. 동아시아 역사에서 도가는 철학이기 이전에 하나의 문화로서 우리의 역사에 스며들어 있을 것이다. 그러므로 노장주석서 몇 권, 그것도 성리학적 편견으로 가득 찬 주석서 몇 권을 가지고 우리 역사에 도가가 남겨놓은 흔적들을 온전히 드러낸다는 것은 불가능하다. 그것은 수많은 유학자들의 문집 속에 은폐되어 있는, 그들이 의식적으로 도가를 배제하는 과정에서 무의식적으로 흘려놓은 흔적들을 끈기 있게 추적하여 독해해낼 때에만 그 맥락이 제대로 복원된다는 점을 기억할 필요가 있다.[49]

이는 앞으로의 율곡 노자관 연구의 새로운 방향타로 자리를 잡을 만한 중요한 문제제기가 아닐 수 없다. 우리는 『순언』에 충실하면서 『순언』을 넘어서는 새로운 담론을 이끌어낼 시점에 와 있는 것이다.

49) 박원재, 「서양인이 바라 본 도가(Taoism)를 읽고」, 『중국 · 일본 · 서구의 노장/현학 담론의 형성과 전개』, 충북대 우리시대의 노장/현학 담론의 형성과 전개 연구팀 학술세미나, 충북대 인문대학 2층 회의실, 2004. 6. 5., 3쪽.

참고문헌

『醇言』
『老子』
『莊子』
『列子』
『周易』
『書經』
『詩經』
『論語』
『孟子』
『大學』
『中庸』
『荀子』
『禮記』
『離騷』
『呂氏春秋』
『淮南子』
『春秋繁路』
『三國史記』
『崔文昌侯全集』
『花潭集』
『南冥集』
『龜奉集』
『栗谷全書』
鄭道傳, 『三峯集』, 서울: 景仁文化社, 1987.
宋時烈, 『宋子大全』, 서울: 斯文學會발행(影印縮刷本), 1971.
『新唐書』, 北京: 中華書局, 1995.
『抱朴子』(『中華道藏』 第25册), 北京: 華夏出版社, 2004.

『雲笈七籤』(『中華道藏』 第29册), 北京: 華夏出版社, 2004.
董思靖, 『道德眞經集解』(『老子集成』 初編11, 臺北: 臺灣藝文印書館, 영인본).
司馬光, 『道德眞經論』(『中華道藏』 第10册), 北京: 華夏出版社, 2004.
蘇轍, 『道德眞經注』(『中華道藏』 第10册), 北京: 華夏出版社, 2004.
嚴靈峯, 『道家四子新編』, 臺北: 臺灣商務印書館, 1977.
王國維, 『觀堂集林』, 臺北: 河洛圖書出版社, 1975.
王弼, 樓宇烈 校釋, 『老子周易王弼集校釋』, 臺北: 華正書局, 1983.
魏源. 『老子本義』(『魏源全集』 第2册), 長沙: 岳麓書社, 1982.
李榮, 『道德眞經注』(『中華道藏』 第9册), 北京: 華夏出版社, 2004.
任繼愈, 『老子新譯』, 上海: 上海古籍出版社, 1982.
林希逸, 『道德眞經口義』(『中華道藏』 第11册), 北京: 華夏出版社, 2004.
張錫昌, 『老子校詁』, 四川: 成都古籍書店, 1988.
張志聰 集註, 『黃帝內經集註』, 杭州: 浙江古籍出版社, 2002.
朱熹, 『四書章句集註』, 北京: 中華書局, 2001.
____, 『朱子語類』, 北京: 中華書局, 1999.
____, 『朱熹集』, 四川: 四川教育出版社, 1996.
____, 『近思錄』(『中國思想叢書』, 권43, 서울: 중앙도서, 1988, 영인본).
____, 『周易本義』(『周易折中』 소재본).
____, 『易學啓蒙』(『性理大全』 소재본).
陳鼓應, 『老子註譯及評介』, 香港: 中華書局, 1990.
陳來, 『朱子哲學研究』, 上海: 華東師範大學出版社, 2000.
蔡仁厚, 『孔孟荀哲學』, 臺北: 學生書局, 1994.
焦竑, 『老子翼』(『漢文大系(9)』), 臺北: 新文豐出版有限公司, 1983.
河上公, 『道德眞經注』(『中華道藏』 第10册), 北京: 華夏出版社, 2004.
許愼, 『說文解字』, 北京: 中華書局, 1992.
侯才, 『郭店楚墓竹簡『老子』校讀』, 大連: 大連出版社, 1999.
『漢語大詞典』, 上海: 漢語大詞典出版社, 1993.
諸橋轍次, 『大漢和辭典』, 東京: 大修館書店, 1986.
大賓皓, 『老子の哲學』, 東京: 勁草書房, 1983.
務臺理作, 홍윤기 옮김, 『철학개론』, 서울: 도서출판 한울, 1982.

福永光司,『老子』, 東京: 朝日新聞社, 1974.
齋藤晌,『老子』, 東京: 集英社, 1983.
紫田淸繼,『中國古代養生思想の綜合的硏究』, 平河出版社, 1998.
赤塚忠, 金谷治 외, 조성을 옮김,『중국사상개론』, 서울: 이론과 실천, 1990.
戶川芳郞 외, 조성을 · 이동철 옮김,『유교사』, 이론과 실천, 서울 1990.
Herrlee G. Creel, *What is Taoism? and Other Studies in Chinese Cultural History*, Chicago and London, The Univ. of Chicago Press, 1970.
『두산세계대백과사전』, 서울: 두산동아, 2002.
국어국문학회,『국어대사전』, 서울: 민중서관, 2000.
김승동,『도교사상사전』, 부산: 부산대학교 출판국, 2004.
민중서림 편집국 편,『한한대자전』, 서울: 민중서림, 2003.
유교사전편찬위원회,『유교대사전(상)』, 서울: 박영사, 1990.
철학사전편찬위원회,『철학사전』, 서울: 중원문화, 2009.
강주진,『이조 당쟁사 연구』, 서울: 서울대학교 출판부, 1971.
고형곤,『선의 세계』, 서울: 삼영사, 1981.
금장태,『한국 유학의『노자』이해』, 서울: 서울대학교 출판부, 2006.
김용옥,『동양학 어떻게 할 것인가』, 서울: 민음사, 1995.
______,『노자와 21세기(하)』, 서울: 통나무, 1999.
______,『중용 한글역주』, 서울: 통나무, 2013.
김충열,『중국철학산고(Ⅰ)』, 청주: 온누리, 1988.
______,『김충열교수의 노장철학 강의』, 서울: 예문서원
김탄허,『현토역주 도덕경』, 서울: 도서출판 교림, 1996.
김태완 역,『성학집요』, 서울: 청어람미디어, 2007.
김학목 옮김,『율곡 이이의 노자』, 서울: 예문서원, 2001.
김형효,『사유하는 도덕경』, 서울: 소나무, 2004.
김홍경,『노자: 삶의 기술, 늙은이의 노래』, 서울: 도서출판 들녘, 2003.
다카하시 도루, 이형성 역,『다카하시 도루의 조선유학사』, 서울: 예문서원, 2001.
사라 알란, 오만종 옮김,『공자와 노자 그들은 물에서 무엇을 보았는가』, 서울: 예문서원, 1999.

송인창, 『천명과 유교적 인간학』, 서울: 심산출판사, 2011.
송항룡, 『동양철학의 문제들』, 서울: 여강출판사, 1987.
신동준, 『덕치 인치 법치』, 서울: 예문서원, 2003.
심규호 옮김, 『도설천하 노자』, 서울: 시그마북스, 2010.
오강남 풀이, 『도덕경』, 서울: 현암사, 1995.
올리비에 르블, 홍재성 · 권오룡 옮김, 『언어와 이데올로기』, 서울: 역사비평사, 1994.
위앤커, 전인초 · 김선자 옮김, 『중국신화전설(1)』, 서울: 민음사, 2002.
유성선, 『순언』, 서울: 국학자료원, 2002.
윤천근, 『한국인의 철학』, 서울: 외계출판사, 1992.
______, 『새로 보는 노자 도덕경』, 서울: 법인문화사, 1995.
이종성, 『믿음이란 무엇인가: 신信에 관한 열두 가지 입장』, 파주: 글항아리, 2014.
이주행, 『순언』, 서울: 여강출판사, 1984.
정재서, 『불사의 신화와 사상』, 서울: 민음사, 1995.
조광조, 『정암집』(『한국문집총간』 22), 서울: 경인문화사, 1996.
조기영, 『순언』, 서울: 지식을만드는지식, 2010.
조민환, 『유학자들이 보는 노장철학』, 서울: 예문서원, 1996.
차주환, 『한국도교사상연구』, 서울: 서울대학교 출판부, 1993.
최진석, 『노자의 목소리로 듣는 도덕경』, 서울: 소나무, 2001.
프란츠 카프카, 이주동 옮김, 『악은 인간을 유혹할 수는 있지만 인간이 될 수는 없다: 죄, 고통, 희망, 그리고 진실된 길에 관한 성찰』, 서울: 솔출판사, 1998.
함석헌, 『뜻으로 본 한국역사』, 서울: 한길사, 1983.
황의동, 『율곡사상의 체계적 이해(1)』, 서울: 서광사, 1998.
______, 『위기의 시대 유학의 역할』, 서울: 서광사, 2004.
강영안, 「레비나스의 '평화의 형이상학'」, 『평화의 철학』, 서울: 철학과 현실사, 1995.
강신주, 「소통」, 『21세기의 동양철학』, 서울: 을유문화사, 2005.
강정인, 「율곡 이이의 정치사상에 나타난 대동 · 소강(小康) · 소강(少康)」, 『한국정치학회보』 제44집 제1호, 한국정치학회, 2010.
김길환, 「율곡의 노자관」, 『한국학보』 제5집, 일지사, 1976.
김낙필, 「율곡 이이의 『순언』에 나타난 유 · 도 교섭」, 『원불교사상』 제20집, 원광대 원불교사상연구원, 1996.
김백현, 「老子栗谷注淺釋」, 『道家文化硏究』 제15집, 北京: 三聯書店, 1999.
김석중, 「「순언」을 통해 본 율곡의 노자이해」, 연세대 교육대학원 역사교육전공 석사학위논문, 1994. 8.
김시천, 「이이의 『순언』과 이단의 문제-조선조 유가 지식인의 내면 풍경에 대한 한 가지 고찰」, 『시대와 철학』 제23집, 한국철학사상연구회, 2012.
김주수, 「순언과 정언묘선(精言妙選)의 시학사상」, 『한국한시연구』 제14호, 한국한시학회, 2006.
김태영, 「퇴율 성경 사상 연구」, 충남대학교 박사학위논문, 1988.
김학목, 「박세당의 『신주도덕경』 연구」, 건국대학교 박사학위논문, 1998.
______, 「『순언』에 대한 홍계희의 입장」, 『도교학연구』 제17집, 한국도교학회, 2001.
______, 「『순언』에 나타난 율곡 이이의 사상」, 『동서철학연구』 제23호, 한국동서철학회, 2002.
______, 「조선조 유학자들의 『도덕경』 주석과 그 시대 상황」, 『동서철학연구』 제24호, 한국동서철학회, 2002.
______, 「『순언』에 나타난 율곡의 경세사상」, 『민족문화』 제25집, 민족문화추진회, 2002.
김학재, 「율곡 『순언』의 연구」, 한국정신문화연구원 한국학대학원 석사학위논문, 2002. 2.
______, 「『순언』에 드러난 율곡의 『노자』 해석의 지평」, 『철학연구』 제48집, 고려대학교 철학연구소, 2013.
김형효, 「율곡적 사유의 이중성과 현상학적 비전」, 『율곡의 사상과 그 현대적 의미』, 한국정신문화연구원, 1995.
박원재, 「도가의 이상적 인간상에 대한 연구-'자아의 완성'을 중심으로-」, 고려대학교 박사학위논문, 1996.

______, 「서양인이 바라 본 도가(Taoism)를 읽고」, 『중국 · 일본 · 서구의 노장/현학 담론의 형성과 전개』, 충북대 우리시대의 노장/현학 담론의 형성과 전개 연구팀 학술세미나, 충북대 인문대학 2층 회의실, 2004. 6. 5.

송인창, 「공자의 천명사상에 대한 검토」, 『논문집』 제6권 제2호, 대전대학교, 1987.

송항룡, 「율곡 이이의 노자연구와 도가철학의 이해」, 『현담 유정동 박사 화갑기념논총』, 1981.

______, 조민환, 「조선조 노장 주석서 연구(1)」, 『동양철학연구』 제26집, 동양철학연구회, 2001.

신동호, 「노자사상의 존재론적 검토」, 『인문과학논문집』 제8권 2호, 충남대학교 인문과학연구소, 1981.

______, 「선진유학에 있어서의 인본사상의 전개」, 『새마음논총』 창간호, 충남대학교 부설 새마을연구소, 1977.

심기섭, 「율곡 『순언』의 철학체계 연구-색을 중심으로-」, 공주대학교 교육대학원 한문교육전공 석사학위논문, 1996.

유남상, 「역학의 역수성통원리에 관한 연구」, 『논문집』 제11권 1호, 충남대학교 인문과학연구소, 1984.

유성선, 「『순언』의 무위 경계: 율곡의 노자철학 이해」, 『한중인문학연구』 제20집, 한중인문학회, 2007.

윤금자, 「『순언』의 본체론과 자아수양공부론 연구」, 『한국의 청소년문화』 제26호, 한국청소년효문화학회, 2015.

윤천근, 「이이의 『순언』에 나타난 철학사상」, 『제3회 한국철학자 연합학술대회 대회보』, 1990.

이강수, 「서명응의 노자이해」, 『동방학지』 제62집, 연세대 국학연구원, 1989.

______, 「선진 시대 유가와 도가의 학의 개념」, 『인문과학』 제59집, 연세대학교 인문과학연구소, 1988.

______, 「율곡 『순언』과 조선조의 도가연구」, 『율곡사상연구』 제13집, 율곡학회, 2006.

이규상, 「노자의 부정적 사유방법에 대한 모색」, 『동서철학연구』 제11호, 한국동서철학연구회, 1994.

이상익, 「도학파 경세론의 본말론적 구조」, 『한국철학논집』 제4집, 한국철학사연구회, 1995.

이선경, 「수양의 관점에서 본 율곡의 『순언』 이해」, 『한국철학논집』 제18집, 현국철학사연구회, 2006.

이선순, 「通過 『醇言』 看栗谷如何理解 『道德經』」, 『중국어문학논집』 제16집, 중국어문학연구회, 2001.

이영경, 「율곡의 『순언』에 나타난 유가 · 도가적 윤리관의 갈등과 포섭 문제」, 『철학논총』 제36집, 새한철학회, 2004.

이재권, 「노자 철학에 있어서의 「무」의 문제」, 충남대학교 석사학위논문, 1983.

이재권, 「왕필 본말론의 성격」, 『철학논총』 제78집, 새한철학회, 2014.

이종성, 「율곡의 『순언』에 나타난 형이상학적 세계관」, 『유학연구』 제6집, 충남대학교 유학연구소, 1998.

______, 「율곡의 노자관에 있어서 자아 수련의 문제」, 『대동철학』 제19집, 대동철학회, 2002.

______, 「율곡의 노자관에 반영된 성리학적 존재론의 구조」, 『한국사상과 문화』 제21집, 한국사상문화학회, 2003.

______, 「『순언』의 연구동향과 과제」, 『율곡사상연구』 제13집, 율곡학회, 2006.

______, 「율곡 『순언』의 경세론적 기본 입장」, 『동서철학연구』 제44호, 한국동서철학회, 2007.

______, 「『순언』과 '양생': 그 정치철학적 양생론의 가능성에 대한 모색」, 『대동철학』 제40집, 대동철학회, 2007.

______, 「율곡 『순언』의 경세론적 기본 입장」, 『동서철학연구』 제44호, 2007.

______, 「'정치적 진실성의 결여'로부터의 탈주: 『순언』의 경세론적 과제와 의의에 관하여」, 『동서철학연구』 제46호, 한국동서철학회, 2007.

______, 「『순언』과 세 가지 보배: 그 정치철학적 맥락에 관한 검토」, 『동양철학』 제27집, 한국동양철학회, 2007.

______, 「『순언』의 덕론과 그 구현의 문제」, 『도교문화연구』 제44집, 한국도교문화학회, 2016.

______, 「『순언』에 나타난 정치철학적 믿음의 함의」, 『동서철학연구』 제80

호, 한국동서철학회, 2016.

______, 「큰길과 곁길: 『순언』의 최종 선택지에 관하여」, 『대동철학』 제75집, 대동철학회, 2016.

______, 「『노자』 제25장의 존재론적 검토」, 『철학논총』 제26집, 새한철학회, 2001.

______, 「존재와 언어 그리고 자연」, 『도가철학』 제4집, 한국도가철학회, 2002.

______, 「노자의 자연관」, 『동서철학연구』 제24호, 한국동서철학회, 2002.

______, 「서계 박세당의 『신주도덕경』에 있어서의 노자관」, 『동양철학연구』 제16집, 동양철학 연구회, 1996.

임안오, 「『醇言』, 『道德經』與「儒道同源互補」-以『醇言』前五章爲核心展開的一些思考」, 『율곡사상연구』 제13집, 율곡학회, 2006.

정 륜, 「『순언』의 체용론적 구조」, 『범한철학』 제27집, 범한철학회, 2002.

정세근, 「우리 시대의 노장 연구사」, 『동서철학연구』 제37호, 한국동서철학회, 2005.

조광제, 「몸 · 욕망 그리고 권력」, 『시대와 철학』 제7호, 한국철학사상연구회, 1993.

조민환, 「율곡 『순언』의 한국철학사적 위상에 관한 연구」, 『동양철학』 제32집, 한국동양철학회, 2009.

주용성, 「『순언』에서의 '색'의 의미」, 『간재학논총』 제11집, 간재학회, 2011.

황국하, 「율곡의 『노자』 독법 묘처로서의 '도즉천도'」, 『열린정신 인문학연구』 제11집 제1호, 원광대학교 인문학연구소, 2010.

西田長左衛門, 「德の概念とその發展」, 『漢學會雜誌』 第2卷 第1號, 東京: 東京大學文學部內漢學會, 1934.

부록

1 『순언』 원문

2 『노자』 원문

부록 1

『순언』 원문

제1장[1]

道生一ᄒᆞ고 一生二ᄒᆞ고 二生三ᄒᆞ고 三生萬物ᄒᆞ니[2]

朱子曰: 道卽易之太極, 一乃陽之奇, 二乃陰之耦, 三乃奇耦之積. 其曰二生三, 猶所謂二與一爲三也. 其曰三生萬物, 卽奇耦合而萬物生也.

天地之間이 其猶槖籥乎ᆫ뎌[3]

董氏曰: 槖, 鞴也, 籥, 管也, 能受氣鼓風之物. 天地之間, 二氣往來屈伸, 猶此物之無心, 虛而能受, 應而不藏也.

虛而不屈ᄒᆞ며 動而愈出이니라[4]

古本, 皆釋屈作竭. 無形可見, 而無一物不受形焉. 動而生生, 愈出而愈無窮焉. 朱子

---

1) 규장각본 『순언』은 장제목이 별도로 설정되어 있지 않다. 다만 각 장의 말미에 "오른쪽은 제00장에 해당한다"고만 밝히고 있을 뿐이다. 이 책에서는 원문과 무관하게 편의상 해당 장이 몇 장에 해당하는지, 그 표제를 밝히기로 한다.

2) 『노자』 제42장.

3) 『노자』 제5장.

4) 『노자』 제5장.

曰: 有一物之不受, 則虛而屈矣. 有一物之不應, 是動而不能出矣.

萬物이 負陰而抱陽ᄒᆞ고 冲氣以爲和ㅣ니라[5)]

董氏曰: 凡動物之類, 則背止於後, 陰靜之屬也, 口鼻耳目居前, 陽動之屬也. 植物則背寒向煖. 故曰負陰而抱陽, 而冲氣則運乎其間也. 溫公曰: 萬物莫不以陰陽爲體, 以冲和爲用.

右第一章. 言天道造化發生人物之義.

5) 『노자』 제42장.

제2장

道生之ᄒᆞ고 德畜之ᄒᆞ고 物形之ᄒᆞ고 勢成之라 是以萬物이 莫不尊道而貴德ᄒᆞᄂᆞ니 道之尊과 德之貴ᄂᆞᆫ 夫莫之爵而常自然이니라[1)]

道卽天道, 所以生物者也. 德則道之形體, 乃所謂性也. 人物非道, 則無以資生, 非德, 則無以循理而自養, 故曰道生德畜也. 物之成形, 勢之相因, 皆本於道德, 故道德最爲尊貴也.

右第二章. 承上章, 言道德有無對之尊也.

1) 『노자』 제51장.

제3장

道常無爲호ᄃᆡ 而無不爲니라[1]

上天之載, 無聲無臭, 而萬物之生, 實夲於斯, 在人則無思無爲, 寂然不動, 感而遂通天下之故也.

右第三章, 亦承上章, 而言道之夲體無爲而妙用無不爲, 是一篇之大旨也.

1) 『노자』 제37장.

제4장

三十輻이 共一轂애 當其無ᄒᆞ야 有車之用ᄒᆞ고[1]

朱子曰: 無是轂中空處, 惟其空中, 故能受軸, 而運轉不窮. 董氏曰: 謂輻轂相湊以爲車, 卽其中之虛, 有車之用.

埏埴以爲器애 當其無ᄒᆞ야 有器之用ᄒᆞ고[2]

董氏曰: 埏, 和土也, 埴, 粘土也, 皆陶者之事. 此亦器中空無然後, 可以容物, 爲有用之器. 下意同.

鑿戶牖ᄒᆞ야 以爲室애 當其無ᄒᆞ야 有室之用ᄒᆞ니[3]

鑿, 穿也.

故有之以爲利오 無之以爲用이니라[4]

外有而成形, 中無而受物, 外有譬則身也, 中無譬則心也. 利者, 順適之意, 利, 爲用之器, 用, 爲利之機也. 非身則心無所寓, 而心不虛則理無所容. 君子之心, 必虛明無物然後, 可以應物. 如轂中不虛, 則爲不運之車, 器中不虛, 則爲無用之器, 室中不虛, 則爲不居之室矣.[6]

右第四章. 三章以上, 言道體, 此章以後, 始言行道之功, 而以虛心爲先務, 蓋必虛心然後, 可以捨己之私, 受人之善, 而學進行成矣.

---

1) 『노자』 제11장.
2) 『노자』 제11장.
3) 『노자』 제11장.
4) 『노자』 제11장.

제5장

五色이 令人目盲ᄒᆞ며 五音이 令人耳聾ᄒᆞ며 五味ㅣ 令人口爽ᄒᆞ며[1]

爽, 失也. 五色五音五味, 夲以養人, 非所以害人, 而人多循欲, 而不知節. 故悅色者, 失其正見, 悅音者, 失其正聽, 悅味者, 失其正味也.

馳騁田獵이 令人心發狂ᄒᆞ며[2]

董氏曰: 是, 氣也, 而反動其心. 愚按好獵者, 夲是志也, 而及乎馳騁發狂, 則反使氣動心.

難得之貨ㅣ 令人行妨ᄒᆞᄂᆞ니[3]

董氏曰: 妨, 謂傷害也, 於善行, 有所妨也

是以聖人은 爲腹不爲目이라 故去彼取此ㅣ니라[4]

董氏曰: 去, 除去也. 腹者, 有容於內, 而無欲, 目者, 逐見於外, 而誘內. 蓋前章言虛中之妙用, 故此則戒其不可爲外邪所實也.

---

1) 『노자』 제12장.
2) 『노자』 제12장.
3) 『노자』 제12장.
4) 『노자』 제12장.

滌除玄覽ᄒ야 能無疵乎아[5]

滌除者, 淨洗物欲也. 玄覽者, 照察妙理也. 蓋旣去聲色臭味之慾, 則心虛境淸, 而學識益進, 至於知行竝至, 則無一點之疵矣.

愛民治國애 能無爲乎아[6]

修己旣至, 則推以治人, 而無爲而化矣.

天門開闔애 能爲雌乎아[7]

開闔, 是動靜之意. 雌, 是陰靜之意. 此所謂定之以中正仁義而主靜者也.

明白四達호ᄃᆡ 能無知乎아[8]

董氏曰: "此寂感無邊方也." 愚按, 此言於天下之事, 無所不知, 無所不能, 而未嘗有能知之心, 詩所謂不識不知, 順帝之則者也. 夫如是, 則上下與天地同流參贊育, 而不自居也. 下文乃申言之.

---

5) 『노자』 제10장.
6) 『노자』 제10장.
7) 『노자』 제10장.
8) 『노자』 제10장.

生之畜之호ᄃᆡ 生而不有ᄒᆞ며 爲而不恃ᄒᆞ며 長而不宰ᄒᆞ니[9] (是謂玄德이니라)[10]

天地生物, 而不有其功, 運用造化, 而不恃其力, 長畜羣生, 而無有主宰之心. 聖人之玄德, 亦同於天地而已. 玄德, 至誠淵微之德也.

右第五章. 此承上章, 而始之以初學遏人欲之功, 終之以參贊天地之盛. 自此以後諸章所論, 皆不出此章之義.

---

9) 『노자』 제10장.

10) 원문에는 생략되었으나, 앞 구절 '長而不宰'에 현토가 '하니'라고 붙은 것을 보면 문장이 아직 종결된 것이 아님을 알 수 있다. 『노자』 원문의 '是謂玄德'이라는 뒤의 구절이 생략된 것으로 보아야 마땅하다. 이에 '是謂玄德이니라'를 보충한다. 이에 대해서는 일찍이 김학목이 지적한 바 있는데, 그의 지적이 정확하다고 판단된다(김학목 옮김, 『율곡 이이의 노자』, 서울: 예문서원, 2001, 44쪽 참조).

제6장

爲學은 日益ᄒᆞ고 爲道ᄂᆞᆫ 日損이니 損之又損ᄒᆞ야 以至於無爲니라[1]

學以知言, 道以行言. 知是博之以文, 故欲其日益, 行是約之以禮, 故欲其日損. 盖人性之中, 萬善自足, 善無加益之理, 只當損去其氣稟物欲之累耳. 損之又損之, 以至於無可損, 則復其本然之性矣.

右第六章. 承上章以起下章之義.

---

1) 『노자』 제48장.

제7장

治人事天이 莫若嗇이니[1]

董氏曰: 嗇, 乃嗇省精神, 而有歛藏貞固之意. 學者久於其道, 則心廣氣充, 而有以達乎天德之全矣. 愚按事天是自治也. 孟子曰: 存其心養其性, 所以事天也, 言自治治人, 皆當以嗇爲道. 嗇是愛惜收歛之意. 以自治言, 則防嗜慾養精神, 愼言語節飮食, 居敬行簡之類, 是嗇也. 以治人言, 則謹法度簡號令, 省繁科去浮費, 敬事愛人之類, 是嗇也.

夫惟嗇이면 是謂[2]早復이오 早復이면 謂之重積德이니[3]

董氏曰: 重, 再也. 朱子曰: 早復者, 言能嗇, 則不遠而復. 重積德者, 言先已有所積, 復養以嗇, 是又加積之也. 愚按人性本善, 是先已有所積也.

重積德이면 則無不克ᄒᆞ고 無不克이면 則莫知其極이니 莫知其極이면 可以長久ㅣ니라[4]

不遠而復, 則己私無不克矣. 克己復禮, 則天下歸仁, 其德豈有限量哉? 德無限量, 至於博厚高明, 則是悠久無疆之道也.

右第七章. 言入道成德, 以嗇爲功, 是損之之謂也. 此下五章, 皆申言此章之意.

---

1) 『노자』 제59장.
2) 원문의 '謂'자는 『도덕진경집해』에 '以'자로 되어 있으나, 통행본은 원문과 같이 '謂'자로 표기되어 있다.
3) 『노자』 제59장.
4) 『노자』 제59장.

第8장

少則得이오 多則惑이라[1]

董氏曰: 道一而已, 得一則無不得矣. 凡事多端則惑.

跂者不立ᄒᆞ며 跨者不行ᄒᆞᄂᆞ니[2]

跂則不能立, 跨則不能行, 疑惑於兩端, 而不能主一者也.

是以聖人은 抱一ᄒᆞ야 爲天下式이니라[3]

董氏曰: 隨時趨變以道, 而在乎以謙約爲主. 抱一則全體是道也.

不自見故明ᄒᆞ며 不自是故彰ᄒᆞ며 不自伐故有功ᄒᆞ며 不自矜故長이니 夫惟不爭이라 故天下ㅣ 莫能與之爭이니라[4]

董氏曰: 見, 顯也. 此養德之方也. 蓋抱一則無我. 若更自見自是, 自伐自矜, 則是我見未忘, 烏可以言一哉? 惟無我則光明盛大, 愈久愈新, 何爭之有? 愚按, 書曰: 汝惟不矜, 天下莫與汝爭能, 與汝(惟)[5]不伐, 天下莫與汝爭功, 卽此意也.

自見者不明ᄒᆞ며 自是者不彰ᄒᆞ며 自伐者無功ᄒᆞ며 自矜者不

---

1) 『노자』 제22장.
2) 『노자』 제24장.
3) 『노자』 제22장.
4) 『노자』 제22장.
5) 『서경』에 의거하여 원문에 생략된 '惟'자를 보충한다.

長이니 其於道也애 曰餘食贅行이라 物或惡之ㄹ싀 故有道者不處ㅣ니라[6]

溫公曰: 是皆外競, 而內亡者也, 如棄餘之食, 附餘之形, 適使人惡. 董氏曰: 有道者, 足於內, 而不矜於外也.

右第八章.

6)『노자』 제24장.

제9장

知人者ㄴ 智오 自知者ㄴ 明이오[1]

知人之善惡, 固智矣. 自知之智, 爲尤明, 明者, 智之實也.

勝人者ㄴ 有力ᄒᆞ고 自勝者ㄴ 强이니[2]

勝人者, 血氣之力也, 自勝者, 義理之勇也. 克己復禮, 則不屈於人欲, 而强莫加焉.

知足者ㄴ 富ᄒᆞ고[3]

自知旣明, 無求於外而常足, 則富莫加焉. 顔淵簞瓢陋巷, 孔子曲肱飮水, 而其樂自如, 擧天下之物, 無以易其所樂, 則豈非至富乎? 彼牽於物欲, 而有求於外者, 則心常不足, 雖富有天下, 猶非富也.

强行者ㄴ 有志ᄒᆞ고[4]

董氏曰: 惟自勝, 故志於道, 而自强不息, 則物莫奪其志, 而與天同健矣.

不失其所者ㄴ 久ᄒᆞ고[5]

董氏曰: 知道而能行, 則自得其所, 而居安矣. 愚按, 知之明, 而守之固, 則素位而行,

---

1) 『노자』 제33장.
2) 『노자』 제33장.
3) 『노자』 제33장.
4) 『노자』 제33장.
5) 『노자』 제33장.

無願乎外, 無入而不自得焉. 此乃不失其所也, 是悠久之道也.

死而不亡者ᄂᆞᆫ 壽ㅣ니라[6)]

孔顔旣歿, 數千載, 而耿光如日月, 豈非壽乎?

右第九章.

---

6)『노자』 제33장.

제10장

名與身이 孰親고 身與貨ㅣ 孰多오[1]

名者, 實之賓, 於身爲外物也. 身, 一而已, 貨財則衆多. 若棄身而循名與物, 則捨親而從賓, 役一而求多, 惑莫甚焉.

得與亡이 孰病고[2]

得名與貨, 則身必亡, 是乃亡也. 得身, 則雖亡名與貨, 而不害乎爲得也. 然則得身與亡身, 孰爲病乎?

是故로 甚愛면 必大費ᄒᆞ며 多藏이면 必厚亡ᄒᆞᄂᆞ니[3]

愛名者, 必損實, 是大費也. 藏財者, 必失身, 是厚亡也.

知足이면 不辱이오 知止면 不殆라 可以長久ㅣ니라[4]

董氏曰: 惟審於內外之分, 則知止知足, 而無得失之患. 故能安於性命之常, 亦何殆辱之有? 所以可長久也.

右第十章

---

1) 『노자』 제44장.
2) 『노자』 제44장.
3) 『노자』 제44장.
4) 『노자』 제44장.

제11장

不出戶ㅣ라도 知天下ᄒᆞ며 不窺牖ㅣ라도 見天道ㅣ니[1]

萬物皆備於我, 豈待他求哉? 求其放心, 則可以見道矣. 程子所謂自能尋向上去下學而上達者, 是也.

其出이 彌遠이면 其知彌少ᄒᆞᄂᆞ니[2]

溫公曰: 迷本逐末也. 愚按心放而愈遠, 則知道愈難矣.

是以聖人은 不行而知ᄒᆞ며 不見而名ᄒᆞ며 不爲而成이니라[3]

此言聖人淸明在躬, 而義理昭徹, 乃自誠而明之事也. 學者不可遽跂於此, 但當收斂放心, 以養其知, 而勉其所行也.

右第十一章.

---

1) 『노자』 제47장.
2) 『노자』 제47장.
3) 『노자』 제47장.

제12장

天下有道ㅣ면 却走馬以糞ᄒᆞ고 天下無道ㅣ면 戎馬ㅣ 生於郊ᄒᆞᄂᆞ니[1]

董氏曰: 糞, 治田疇也. 戎馬, 戰馬也. 郊者, 二國之境也. 以內言之, 心君泰然, 則却返氣馬, 以培其本根, 反是則, 氣馬馳於外境矣.

禍莫大於不知足이오 咎莫大於欲得이니[2]

董氏曰: 究其根本, 原於縱欲.

故知足之足은 常足矣니라[3]

無求於外, 則內德無欠, 故應用無窮, 而常足矣.

右第十二章. 以上五章, 言守道克己, 不自矜伐, 常知止足之義, 皆推演嗇字之義也.

---

1) 『노자』 제46장.
2) 『노자』 제46장.
3) 『노자』 제46장.

제13장

我有三寶ᄒᆞ야 保[1]而持之ᄒᆞ노니 一曰慈ㅣ오 二曰儉이오 三曰不敢先이니라[2]

不敢先者, 謙也. 慈儉謙三者, 持身接物之寶訣也.

夫慈故能勇ᄒᆞ고[3]

董氏曰: 仁者, 必有勇也.

儉故能廣ᄒᆞ고[4]

董氏曰: 守約而施博也.

不敢先이라 故能成器長이니라[5]

器, 物也. 自後者, 人必先之, 故卒爲有物之長也. 董氏曰: 乾之出庶物, 亦曰: 見羣龍無首吉.

今애 捨其慈ᄒᆞ고 且勇ᄒᆞ며 捨其儉ᄒᆞ고 且廣ᄒᆞ며 捨其後ᄒᆞ고

---

1) 『도덕진경진해』에는 '寶'자로 표기되어 있으나, 원문과 통행본은 모두 '保'자로 표기되어 있다.
2) 『노자』 제67장.
3) 『노자』 제67장.
4) 『노자』 제67장.
5) 『노자』 제67장.

且先ᄒᆞ면 死矣니라[6]

矜勇則必忮, 矜廣則必奢, 矜先則必爭, 皆死之徒也.

夫慈ᄂᆞᆫ 以戰則勝ᄒᆞ고 以守則固ᄒᆞᄂᆞ니 天將救之ᄂᆞᆫ댄 以慈衛之니라[7]

董氏曰: 慈者, 生道之流行, 乃仁之用也. 故爲三寶之首. 以慈御物, 物亦愛之, 如慕父母, 效死不辭, 是以戰則勝, 守則固. 故曰: 仁者, 無敵於天下也. 苟或人有所不及, 天亦將以慈救衛之, 盖天道好還, 常與善人故也. 程氏曰: 去邠而歧[8], 周以興, 是其救也.

右第十三章. 言三寶爲修己長物之要道. 其下六章, 皆推廣此章之義, 盖因嗇字之義, 而伸長之也.

---

6) 『노자』 제67장. 규장각본 원문에는 '死矣'의 뒤에 현토가 생략되어 있는데, 문의에 따라 현토를 보충한다.

7) 『노자』 제67장.

8) 원문의 '歧'자는 『맹자』 「양혜왕 하」에 의하면, '岐'자로 표기되어 있다. 두 글자 모두 '갈림길 기'로서 서로 통용된다.

제14장

人[1]之生也애 柔弱ᄒᆞ고 其死也애 堅强ᄒᆞ며 草木之生也애 柔脆ᄒᆞ고 其死也애 枯槁ᄒᆞᄂᆞ니 故堅强者ᄂᆞᆫ 死之徒ㅣ오 柔弱者ᄂᆞᆫ 生之徒ㅣ니라[2]

冲氣在身, 則體無堅强之病, 以理勝氣, 則事無堅强之失矣.

是以兵强則不勝ᄒᆞ고 木强則共ᄒᆞᄂᆞ니 故堅强이 居下ᄒᆞ고 柔弱이 處上이니라[3]

董氏曰: 共謂人共伐之也. 列子云: 兵强則滅, 木强則折, 是矣. 物之精者, 常在上, 而粗者, 常在下. 其精必柔, 其粗必强, 理勢然也.

天下柔弱이 莫過於水ㅣ로ᄃᆡ 而攻堅强ㅐ 莫之能勝ᄒᆞᄂᆞ니 其無以易之니라[4]

善下而柔弱, 故必勝堅强, 其理不可易也.

故로 柔勝剛과 弱勝强을 天下莫不知호ᄃᆡ 莫能行ᄒᆞᄂᆞ니[5]

觀水之攻堅, 則其理昭然, 豈難知哉? 非知之難, 行之惟難, 故人鮮克行之.

---

1) 두주(頭註)에 "人一作民"이라고 적혀 있다. 즉, '人'자가 '民'자로 적혀 있는 판본도 있다는 것이다.
2) 『노자』 제76장.
3) 『노자』 제76장.
4) 『노자』 제78장.
5) 『노자』 제78장.

是以聖人이 言ᄒᆞ사ᄃᆡ 受國之垢ㅣ 是爲社稷主ㅣ오 受國不祥이 是爲天下王이라ᄒᆞ시니라6)

溫公曰: 含垢納汚, 乃能成其大. 愚按, 仁覆如天, 無物不容, 是謂受垢與不祥也.

右第十四章. 因上章戰勝之說, 而推明慈柔勝剛暴之義. 夫所謂柔者, 只言仁慈之形耳, 非一於柔弱而已. 若一於柔弱, 則豈能勝剛暴哉? 且其勝之者, 亦出於理勢之當然耳, 非有心於欲勝, 而故爲柔弱也.

---

6)『노자』 제78장.

제15장

持而盈之ㅣ 不如其已며 揣而銳之ㅣ 不可長保ㅣ니[1)]

恐盈之或溢, 而持固之, 不若不盈之爲安也, 恐銳之或折, 而揣量之, 不若不銳之可保也. 蘇氏曰: 無盈, 則無所用持, 無銳, 則無所用揣矣.

金玉滿堂이면 莫之能守ㅣ며 富貴而驕ㅣ면 自遺其咎ㅣ니 功成名遂身退ᄂᆞᆫ 天之道ㅣ니라[2)]

劉師立曰: 盈則必虛, 戒之在滿, 銳則必鈍, 戒之在進, 金玉必累, 戒之在貪, 富貴易淫, 戒之在傲. 功成名遂必危, 在乎知止, 而不失其正.

右第十五章. 言儉之義.

1) 『노자』 제9장.
2) 『노자』 제9장.

제16장

貴以賤爲本ᄒᆞ며 高以下爲基라 是以侯王이 自謂孤寡不穀ᄒᆞᄂᆞ니 此其以賤爲本邪이 非乎아[1]

夫惟自賤, 則人必貴之, 自下, 則人必高之, 是以賤爲本, 以下爲基也. 侯王之自貶, 是自賤自下之道也.

右第十六章. 言不敢先之義. 下章同此.

---

1) 『노자』 제39장.

제17장

上善은 若水ᄒᆞ니 水ㅣ 善利萬物ᄒᆞ고 又[1]不爭ᄒᆞ며 處衆人之所惡ㅣ라 故幾於道ㅣ니라[2]

董氏曰: 守柔處下, 乃俗之所惡, 而實近於道.

江海所以能爲百谷王[3]者ᄂᆞᆫ 以其善下之라 故能爲百谷王이니 是以聖人은 以言下之ᄒᆞ며 以身後之라 是以處上而人不重ᄒᆞ며 處前而人不害ᄒᆞ며 天下ㅣ 樂推而不厭ᄒᆞᄂᆞ니라[4]

水固近道, 而江海又水之大者也. 宋徽宗曰: 屯初九曰: 以貴下賤, 大得民也. 得其心也. 處上而人不重, 則戴之也懽, 處前而人不害, 則利之者衆. 若是則無思不服, 故不厭也. 董氏曰: 楊雄曰: 自下者, 人高之, 自後者, 人先之. 故天下樂推戴, 而無厭斁之心也.

右第十七章.

---

1) 통행본과 『도덕진경집해』에는 '又'자가 '而'자로 표기되어 있다.
2) 『노자』 제8장.
3) 두주에 '王一作主'라고 적혀 있다. 즉 어떤 판본에서는 '王'자가 '主'자로 적혀있는 곳이 있다는 말이다.
4) 『노자』 제66장.

제18장

善爲士者ᄂᆞᆫ 不武ᄒᆞ고[1]

董氏曰: 不尙力也.

善戰者ᄂᆞᆫ 不怒ᄒᆞ고[2]

不得已而用兵, 非出於血氣之怒也.

善勝敵者ᄂᆞᆫ 不爭ᄒᆞ고[3]

只以征伐, 正其不正而已, 非有爭奪之心也.

善用人者ᄂᆞᆫ 爲之下ᄒᆞᄂᆞ니[4]

致敬盡禮, 屈己以下賢, 然後能用賢. 孟子曰: 湯之於伊尹, 學焉而後臣之.

是謂不爭之德이며 是謂用人之力이니 是謂配天이라 古之極ㅣ니라[5]

謙卑自牧, 與人爲善, 故人樂爲用. 其德配天, 無以尙矣.

右第十八章. 極言慈柔謙下之德, 可以配天也.

---

1)『노자』 제68장.
2)『노자』 제68장.
3)『노자』 제68장.
4)『노자』 제68장.
5)『노자』 제68장.

제19장

上士ᄂᆞᆫ 聞道애 勤而行之ᄒᆞ고 中士ᄂᆞᆫ 聞道애 若存若亡ᄒᆞ고 下士ᄂᆞᆫ 聞道애 大笑之ᄒᆞᄂᆞ니 不笑ㅣ면 不足以爲道ㅣ니라[1]

上士聞道, 篤信不疑, 中士, 疑信相半, 下士, 茫然不曉, 反加非笑, 若合於下士所見, 則豈聖人之道哉?

建言애 有之하니 明道ᄂᆞᆫ 若昧ᄒᆞ며 進道ᄂᆞᆫ 若退ᄒᆞ며 上德은 若谷ᄒᆞ며 大白은 若辱ᄒᆞ며[2]

建言, 古之所立言也. 明道者, 若無所見, 進道者, 退然若不能行. 德之高者, 自謙如谷之虛, 潔白之至者, 自處如有玷汚也.

大器ᄂᆞᆫ 晩成이라ᄒᆞ니라[3]

積之久, 然後發之洪, 故大器不速成.

大成은 若缺ᄒᆞ니 其用不敝ᄒᆞ며[4]

董氏曰: 敝, 敗壞也. 體至道之大全, 而盛德若不足, 故其用愈久, 而愈新也.

大盈은 若冲ᄒᆞ니 其用不窮ᄒᆞ며[5]

---

1) 『노자』 제41장.
2) 『노자』 제41장.
3) 『노자』 제41장.
4) 『노자』 제45장.

道備於己, 而謙若冲虛, 故積愈厚, 而用愈不窮. 董氏曰: 此兼用而言. 愚按, 中間二句, 言其用, 上下則皆略文也.

大直은 若屈ᄒᆞ며 大巧ᄂᆞᆫ 若拙이니라[6]

與物無競, 故其直若屈, 曲當而無跡, 故其巧若拙.

大辯은 若訥이니[7] 善者ᄂᆞᆫ 不辯ᄒᆞ고 辯者ᄂᆞᆫ 不善ᄒᆞ며 信言은 不美ᄒᆞ고 美言은 不信이니라[8]

不事乎辯, 而發必當理者, 謂之大辯. 吉人辭寡, 故其辯若訥. 以善爲主, 則不求辯, 以辯爲主, 則未必善也. 美者, 華飾也. 忠信之言, 不必華美, 華美之言, 未必忠信.

大音은 希聲ᄒᆞ며 大象은 無形ᄒᆞ니 道隱無名이니라[9]

希者, 聽之不聞也. 道夲無聲無臭, 而體物不遺, 强名之曰道, 其實無名也. 體用一源, 顯微無間之妙, 豈中下士之所能聽瑩哉?

右第十九章. 推明謙虛之德, 合乎道體之本然. 文王望道, 而如未之見, 顔子以能問於不能, 以多問於寡. 有若無, 實若虛, 犯而不校, 卽此章之意也. 申言十三章三寶之義者, 止此.

---

5) 『노자』 제45장.

6) 『노자』 제45장.

7) 『노자』 제45장.

8) 『노자』 제81장. 통행본과 『도덕진경집해』의 원문은 다음과 같다. "① 信言不美, 美言不信. ② 善者不辯, 辯者不善."(원문자①과 ②는 원문에 없는 것이나, 논의의 방편 상 임의로 표기한 것이다). 『순언』의 원문은 ①과 ②의 문장 전후순서를 서로 바꾸어 표기하였음을 알 수 있다.

9) 『노자』 제41장.

제20장

重爲輕根이오 靜爲躁君이라 是以君子ㅣ 終日行호ᄃᆡ 不離輜重ᄒᆞᄂᆞ니라[1)]

重是本, 輕是末, 不可[2)]捨本而趨末. 靜是君, 躁是卒徒, 不可捨君而逐卒徒也. 董氏曰: 輜, 大車也. 君子之道, 以靜重爲主, 不可須臾離也, 如輜車之重, 不敢容易其行.

雖有榮觀이나 燕處超然ᄒᆞᄂᆞ니라[3)]

雖在繁華富貴之中, 而無所係戀, 常超然自得於物欲之外也. 董氏曰: 榮觀[4)]在物, 燕處在己, 惟不以物易己. 故遊觀榮樂, 而無所係著也.

奈何萬乘之主ㅣ 而以身輕天下ㅣ리오 輕則失臣ᄒᆞ고 躁則失君이니라[5)]

董氏曰: 萬乘之尊, 不可縱所欲之私, 而不顧天下之重也. 君輕則失於臣, 臣躁則失於君矣. 近取諸身, 則以心爲君, 以氣爲臣, 輕則心妄動, 而暴其氣, 躁則氣擾亂, 而動其心.

飄風不終朝ㅣ오 驟雨不終[6)]日이니 天地도 尙不能久이어든

---

1) 『노자』 제26장.

2) 원문에는 '可不'로 표기되어 있는데, 필사의 과정에서 오기된 것으로 보인다. 『도덕진경집해』에 근거하여 '不可'로 정정한다.

3) 『노자』 제26장.

4) 원문에 '觀榮'으로 표기되어 있으나, 『도덕진경집해』에 근거하여 '榮觀'으로 정정한다.

5) 『노자』 제26장.

6) 원문에는 '從'으로 표기되어 있는데, 필사의 과정에서 오기된 것으로 보인

而況於人乎ㅣ ᄯᆞ녀[7]

董氏曰: 狂疾之風, 急暴之雨, 此陰陽擊搏, 忽然之變, 故不能久. 自朝至中, 爲終朝. 愚按, 有輕躁之病, 則必有急暴之行, 暴怒者, 必有後悔, 以至暴富暴貴者, 必有後禍, 皆非長久之道也.

右第二十章. 言君子主乎靜重, 而不動於外物, 亦嗇之義也.

다. '終'자로 정정한다.

7) 『노자』 제23장.

제21장

躁勝寒ᄒᆞ고 靜勝熱이어니와 淸靜이 爲天下正이니라[1]

董氏曰: 動屬陽, 靜屬陰. 故躁勝寒, 靜勝熱, 皆未免於一偏也. 淸靜者, 動靜一致, 故爲天下正. 愚按淸靜者, 泊然無外誘之累, 而動靜皆定者也.

右第二十一章. 因上章躁靜之義, 而言淸靜之正, 恐人之偏於靜也.

1) 『노자』 제45장.

제22장

知者ᄂᆞᆫ 不言ᄒᆞ고 言者ᄂᆞᆫ 不知니[1]

知道者, 默而識之, 有知輒言, 非知道者也.

塞其兌ᄒᆞ며 閉其門ᄒᆞ며[2]

兌, 說也. 塞其兌者, 防窒意慾也. 門, 口也. 閉其門者, 淵默自守也.

挫其銳ᄒᆞ며 解其紛ᄒᆞ며 和其光ᄒᆞ며 同其塵이 是謂玄同이니라[3]

銳, 英氣也. 挫其銳者, 磨礱英氣, 使無圭角也. 紛, 衆理之肯綮也. 解其紛者, 明察肯綮, 迎刃而解也. 和光同塵者, 含蓄德美於中, 而不自耀立異於衆也. 玄, 玅也. 旣不隨俗習非, 而又非離世絶俗, 故曰玄同.

故로 不可得而親이며 不可得而踈ㅣ며 不可得而利며 不可得而害며 不可得而貴며 不可得而賤이라 故爲天下貴니라[4]

君子周而不比, 和而不同, 出處合義, 動靜隨時, 豈世人之私情, 所能親疎利害貴賤者哉? 其所以然者, 以通乎道, 而無欲故也. 爲天下貴者, 是天爵之良貴也.

右第二十二章. 承上章而言淸靜自守之功, 而因言其效, 下二章, 皆推說其效也.

---

1) 『노자』 제56장.
2) 『노자』 제56장.
3) 『노자』 제56장.
4) 『노자』 제56장.

제23장

含德之厚ᄂᆞᆫ 比於赤子ㅣ니[1]

含懷至德之人, 誠一無僞, 如赤子之心也.

毒蟲이 不螫ᄒᆞ며 猛獸ㅣ 不據ᄒᆞ며 攫鳥不搏ᄒᆞᄂᆞ니라[2]

董氏曰: 全天之人, 物無害者.

右第二十三章.

1) 『노자』 제55장.
2) 『노자』 제55장.

제24장

蓋聞호니 善攝生者는 陸行不遇兕虎ᄒᆞ며 入軍不被甲兵ᄒᆞ야 兕無所投其角ᄒᆞ며 虎無所措其爪ᄒᆞ며 兵無所容其刃이니 夫何故오 以其無死地니라[1)]

善攝生者, 全盡生理, 故所遇皆正命, 必無一朝之患也. 或疑聖賢亦有未免禍患者, 曰: 此只言其理而已, 若或然之變, 則有未暇論也.

右第二十四章. 與前章, 皆申言全德之效. 七章所謂嗇以事天者, 其義止此.

1) 『노자』 제50장.

제25장

大道ㅣ 汎兮여 其可左右ㅣ니[1]

(董)[2]氏曰: 汎, 無滯貌. 惟不麗於一物, 不離乎當處, 無處不有, 無時不然, 是以左右逢其原也.

萬物이 恃之以生而不辭ᄒᆞ며 功成不名有[3]ᄒᆞᄂᆞ니[4]

萬物之資始生成, 莫非此道之流行, 體物不遺, 而不自有其能也.

是以聖人이 終不爲大라 故能成其大니라[5]

聖人無我, 與道爲一, 故雖成如天之事功, 而終無自大之心, 此聖人之所以爲大也.

右第二十五章. 以聖人體道之大, 爲修己之極, 而起下章治人之說也.

---

1) 『노자』 제34장.
2) 원문에 '董'자가 생략되어 있다. 『도덕진경집해』에 근거하여 보충한다.
3) 『도덕진경집해』에는 '功成不居'로 되어 있지만, 통행본은 원문과 같이 '功成不名有'라고 되어 있다.
4) 『노자』 제34장.
5) 『노자』 제63장.

제26장

善建者ᄂᆞᆫ 不拔ᄒᆞ며 善抱者ᄂᆞᆫ 不脫이니 子孫祭祀ㅣ 不輟[1]이니라[2]

建中建極, 是謂善建. 如保赤子, 是謂善抱. 溫公曰: 不拔者, 深根固蔕, 不可動搖, 不脫者, 民心懷服, 不可傾奪, 不輟者, 享祚長久, 是也.

修之身애 其德乃眞이면 修之家애 其德乃餘ᄒᆞ고 修之鄕애 其德乃長ᄒᆞ고 修之國애 其德乃豊ᄒᆞ고 修之天下애 其德乃普ㅣ니라[3]

眞者, 誠實無妄之謂也. 以眞實之理, 修身, 推其餘, 以治人, 家國天下, 不外乎是而已. 溫公曰: 皆循夲以治末, 由近以及遠也.

右第二十六章. 始言治人之道, 而推夲於修身. 此下六章, 皆申此章之義.

---

1) 통행본과 『도덕진경집해』에는 '子孫祭祀不輟'에 '以'자가 추가되어 '子孫以祭祀不輟'로 되어 있다.

2) 『노자』 제54장.

3) 『노자』 제54장.

제27장

聖人은 不積ᄒᆞ야 既以爲[1]人이라 己愈有ᄒᆞ며 既以與人이라 己愈多ㅣ니라[2]

聖人以己及人, 己立而立人, 己達而達人, 博施濟衆, 而於己未嘗有費, 其仁愈盛, 而其德愈不孤矣.

天之道ᄂᆞᆫ 利而不害ᄒᆞ고 聖人之道ᄂᆞᆫ 爲而不爭이니라[3]

天道只以生物爲心, 故利而不害, 聖人順理而無私, 故有所爲而不爭, 此聖人所以與天爲徒者也.

右第二十七章.

---

1) 두주에 '爲一作與'라고 적혀 있다. 즉 어떤 판본에서는 '爲'자가 '與'자로 적혀있는 곳이 있다는 말이다.

2) 『노자』 제81장.

3) 『노자』 제81장.

제28장

善行은 無轍跡[1]ᄒᆞ고 善言은 無瑕謫ᄒᆞ고 善計ᄂᆞᆫ 不用籌策ᄒᆞ나니[2]

從容中道, 而無跡可見, 發言爲法, 而無瑕可指, 不思而得, 泛應曲當, 此聖人之事也.

是以聖人은 常善救人이라 故無棄人ᄒᆞ며 常善救物이라 故無棄物ᄒᆞ니 是謂襲明이니라[3]

有教無類, 而人無不容, 物無不化, 以先知覺後知, 以先覺覺後覺. 故其明傳襲無窮也.

故善人은 不善人之師ㅣ오 不善人은 善人之資ㅣ니라[4]

因其不善, 而教之使善, 則我之仁愈大, 而施愈博矣, 此之謂善人之資也. 夫善者, 吾與之, 不善者, 吾教之, 則天下歸吾仁矣. 民吾同胞, 物吾與也之義, 於此可見矣.

右第二十八章. 言聖人有善行善言善計, 故能化不善之人. 下章同此.

---

1) '跡'자는 통행본과 『도덕진경집해』에 '迹'자로 되어 있다. 두 글자는 모두 '자취 적'자로서, 서로 통용된다.
2) 『노자』 제27장.
3) 『노자』 제27장.
4) 『노자』 제27장.

제29장

聖人은 無常心ᄒᆞ야 以百姓心爲心ᄒᆞᄂᆞ니[1)]

聖人於天下, 無一毫私心, 只因民心而已.

善者ᄅᆞᆯ 吾善之ᄒᆞ며 不善者ᄅᆞᆯ 吾亦善之면 德善이오 信者ᄅᆞᆯ 吾信之ᄒᆞ며 不信者ᄅᆞᆯ 吾亦信之면 德信이니라[2)]

人之有生, 同具此理, 聖人之於民, 莫不欲其善信. 故善信者, 吾旣許之, 不善不信者, 亦必敎之, 以善信爲期. 若棄而不敎, 則非所謂德善德信也. 宋徽宗曰: 舜之於象, 所以善信者至矣.

右第二十九章.

---

1) 『노자』 제49장.
2) 『노자』 제49장.

제30장

將欲取天下而爲之면 吾見其不得已로다 天下ᄂᆞᆫ 神器라 不可爲也ㅣ니 爲者敗之ᄒᆞ며 執者失之니라[1)]

天下, 乃神明之器也. 帝王之興, 自有曆數, 不可有心於取天下也. 欲爲天下者, 必敗, 欲執天下者, 必失矣. 三代以上, 聖帝明王, 皆修身盡道, 而天下歸之, 非有心於天下者也. 後之帝王, 或有心於天下而得之者, 此亦有天命存焉, 非專以智力求也.

故物이 或行或隨ᄒᆞ며 或煦或吹ᄒᆞ며 或强或羸ᄒᆞ며 或載或隳ᄒᆞᄂᆞ니[2)]

董氏曰: 煦, 暖也. 吹, 寒也. 强, 盛也. 羸, 弱也. 載, 成也. 隳, 壞也. 有爲之物, 必屬對待, 消息盈虛, 相推不已.

是以聖人은 去甚去奢去泰니라[3)]

去, 除也. 聖人之治天下, 因其勢, 而利導之, 因其材, 而篤焉, 只去其已甚者耳, 所謂裁成天地之道, 輔相天地之宜, 以左右民者也.

右第三十章. 言以無事爲天下也.

---

1) 『노자』 제29장.
2) 『노자』 제29장.
3) 『노자』 제29장.

제31장

以正治國ᄒᆞ고 以奇用兵ᄒᆞ고 以無事取天下ᄒᆞᄂᆞ니라[1)]

蘇氏曰: 古之聖人, 柔遠能邇, 無意於用兵. 惟不得已, 然後有征伐之事. 故以治國爲正, 以用兵爲奇. 夫天下神器, 不可爲也. 是以體道者, 無心於取天下, 而天下歸之矣. 愚按, 成湯非富天下, 爲匹夫匹婦復讎, 而東征西怨, 是也.

天下애 多忌諱[2)]ᄒᆞ면 而民彌貧ᄒᆞ고 人多利器ᄒᆞ면 國家滋昏ᄒᆞ고 人多伎巧ᄒᆞ면 奇物滋起ᄒᆞ고 法令滋彰ᄒᆞ면 盜賊多有ᄒᆞᄂᆞ니라[3)]

蘇氏曰: 人主多忌諱, 下情不上達, 則民貧困, 而無告矣. 利器, 權謀也. 上下相欺以智, 則民多權謀, 而上益眩而昏矣. 奇物, 奇怪異物也. 人不敦本業, 而趨末伎, 則非常無益之物作矣. 患人之詐僞, 而多出法令以勝之, 民無所措手足, 則日入於盜賊矣.

故로 聖人云ᄒᆞ샤ᄃᆡ 我無爲而民自化ᄒᆞ며 我無事而民自富[4)]ᄒᆞ며 我好靜而民自正ᄒᆞ며 我無欲而民自樸이라ᄒᆞ시니라[5)]

董氏曰: 此自然之應, 而無爲之成功也.

其政悶悶ᄒᆞ면 其民淳淳ᄒᆞ고[6)]

---

1) 『노자』 제57장.

2) 원문의 '天下多忌諱'는 통행본과 같다. 그러나 『도덕진경집해』에는 이 구절 앞에 '夫'자 한 글자가 더 붙어있다.

3) 『노자』 제57장.

4) 원문의 '富'자는 통행본과 같다. 그러나 『도덕진경집해』에는 '正'자로 표기되어 있다.

5) 『노자』 제57장.

悶悶, 寬仁不察之象也. 董氏曰: 爲政以德, 則不察察於齊民, 以俗觀之, 若不事於事. 然民實感自然之化, 乃所以爲淳和之至治也.

其政察察ᄒᆞ면 其民缺缺이니라[7]

董氏曰: 不知修德爲本, 而專尙才智, 欲以刑政齊民, 則必有所傷, 故缺缺也.

禍兮福所倚오 福兮禍所伏이니 孰知其極이리오[8]

一治一亂, 氣化盛衰, 人事得失, 反復相因, 莫知所止極, 而惟無爲者, 能治也.

右第三十一章. 承上章, 而言無爲之化也.

---

6) 『노자』 제58장.
7) 『노자』 제58장.
8) 『노자』 제58장.

제32장

不言之敎와 無爲之益은 天下希及之니라[1)]

聖人不言, 而軆道無隱, 與天象昭然, 常以示人, 此謂不言之敎也. 無所作爲, 物各付物, 而萬物各得其所, 此謂無爲之益也.

右第三十二章, 申上章無爲之義, 而結之, 夫以無爲治人, 亦嗇之義也. 推說二十六章之義者, 止此.

1) 『노자』 제43장.

제33장

以道佐人主者ᄂᆞᆫ 不以兵强天下ᄒᆞᄂᆞ니 其事好還○旋이라 師之所處애 荊棘生焉ᄒᆞ며 大軍之後애 必有凶年이니라[1]

宋徽宗曰: 孟子所謂反乎爾者, 下奪民力, 故荊棘生焉, 上干和氣, 故有凶年.

故善者ᄂᆞᆫ 果而已오 不敢以取强ᄒᆞᄂᆞ니[2]

董氏曰: 兵固有道者之所不取, 然天生五材, 亦不可去, 譬水火焉, 在乎善用. 惟以止暴濟難, 則果決於理而已, 何敢取强於天下哉?

果而勿矜ᄒᆞ며 果而勿伐ᄒᆞ며 果而勿驕ᄒᆞ며 果而不得已니 是果而勿强이니라[3]

董氏曰: 果以理勝, 强以力勝. 惟果, 則有必克之勢, 初非恃力好戰. 故臨事而懼, 好謀而成, 不得已而後應之, 勿强而已.

物壯則老ㅣ라 是謂不道ㅣ니 不道ᄂᆞᆫ 早已니라[4]

董氏曰: 物壯極則老, 兵强極則敗, 皆非合道, 宜早知止. 此章謂輔相以道, 則人心愛戴, 而用兵爭强, 不足服人.

右第三十三章. 旣盡治人之說, 而兵亦有國之勢不能去者, 故言用兵之道, 宜果而不務强, 且宜早知止. 下章亦同.

---

1) 『노자』 제30장.
2) 『노자』 제30장.
3) 『노자』 제30장.
4) 『노자』 제30장.

제34장

夫佳兵은 不祥之器라 物或惡之ᄒᆞᄂᆞ니 故有道者不處ㅣ니라[1]

董氏曰: 佳兵者, 用兵之善者也. 兵終爲凶器, 惟以之濟難, 而不以爲常. 故不處心於此也. 愚按, 孟子曰: 善戰者, 服上刑, 亦此意也.

君子ㅣ 居則貴左ᄒᆞ고 用兵則貴右ᄒᆞᄂᆞ니[2]

董氏曰: 左爲陽, 陽好生, 右爲陰, 陰主殺.

兵者ᄂᆞᆫ 不祥之器라 非君子之器니 不得已而用之ᄂᆞᆫ댄 恬[3]惔이 爲上이니 勝而不美니라[4]

勝而不美, 雖勝戰, 而不以爲美也. 董氏曰: 惔, 安也. 好生惡殺, 而無心於勝物也.

而[5]美之者ᄂᆞᆫ 是樂殺人이니 夫樂殺人者ᄂᆞᆫ 不可得志於天之下ㅣ니라[6]

勝戰而以爲美者, 是嗜殺者也. 孟子曰: 不嗜殺人者, 能一之, 亦此意也.

右第二ㅣ四章.

---

1) 『노자』 제31장.
2) 『노자』 제31장.
3) 원문에는 '活'자로 표기되어 있는데, 필사의 과정에서 오기된 것으로 보인다. 통행본과 『도덕진경집해』에 근거하여 '惔'자로 정정한다. 아래의 주해에서 율곡이 인용하고 있는 동사정의 언급에서도 '惔'의 의미로 논의하고 있는 것으로 본다면, 이 글자는 오기된 글자임이 분명하다. '염담(恬惔)'이란 욕심이 없이 조용하고 담담한 상태를 형용한 말이다.
4) 『노자』 제31장.
5) 『도덕진경집해』에는 '若'자로 표기되어 있으나, 원문과 통행본에는 '而'자로 되어 있다.
6) 『노자』 제31장.

제35장

以道莅天下[1])ㅣ면 其鬼不神ᄒᆞᄂᆞ니 非其鬼不神이라 其神이 不傷民이오 非其神不傷民이라 聖人이 亦不傷民이니 夫兩不相傷이라 故로 德交歸焉이니라[2])

聖人之治天下, 人神各得其道, 陰陽和, 而萬物理, 無有邪氣干其間. 故鬼神無眩怪之變, 此謂其鬼不神也. 豈有鬼怪傷民者乎? 聖人之治, 不傷於民. 故人神胥悅, 衆德交歸如此. 列子曰: 物無疵癘, 鬼無靈響, 是也. 朱子曰: 若是王道修明, 則不正之氣, 都消鑠了. 愚按, 後世崇尙佛老, 廣張淫祀, 寺觀相望, 必欲使其鬼有神, 眞此書之罪人也. 治世者, 旣不能禁, 又從而惑之, 豈不悖哉?

右第三十五章. 言王道之效, 至於人神各得其所. 七章所謂嗇以治人者, 其義止此.

---

1) 『도덕진경집해』에는 '以道莅天下' 뒤에 '者'자 하나가 더 추가되어 있으나, 통행본에는 원문과 같이 기록되어 있다.

2) 『노자』 제60장.

제36장

合抱之木이 生於毫末ᄒᆞ며 九層之臺ㅣ 起於累土ᄒᆞ며 千里之行이 始於足下ᄒᆞᄂᆞ니[1)]

此設喩, 言凡大事必始於微細也.

圖難於其易ᄒᆞ며 爲大於其細니 天下之難事ㅣ 必作於易ᄒᆞ며 天下之大事ㅣ 必作於細니라[2)]

善惡, 皆由積漸而成. 若以細事爲微而忽之, 以易事爲無傷而不愼, 則細必成大, 易必成難, 言當愼之於始, 而慮其所終也.

夫輕諾이면 必寡信[2)]ᄒᆞ고 多易면 必多難이니[3)]

不愼於始, 則後必有悔.

是以聖人은 猶難之라 故終無難이니라[4)]

聖人於易事, 猶難愼, 故終無難濟之事也.

其安은 易持며 其未兆ᄂᆞᆫ 易謀ㅣ며 其脆ᄂᆞᆫ 易破ㅣ며 其微ᄂᆞᆫ 易散이니 爲之於未有ᄒᆞ며 治之於未難[5)]이라[6)]

---

1) 『노자』 제64장.
2) 『노자』 제63장.
3) 『노자』 제63장.
4) 『노자』 제63장.
5) 원문의 '難'자는 『도덕진경집해』에 '亂'자로 표기되어 있다.
6) 『노자』 제64장.

凡事愼始, 則終必無患, 在修己, 則爲不遠而復, 在爲國, 則爲迨天未雨, 綢繆牖戶之意.

右第三十六章. 言愼始善終之意, 以盡修己治人之道, 蓋足其未足之義也.

제37장

勇於敢則殺이오 勇於不敢則活이로ᄃᆡ 此兩者ㅣ 或利或害ᄒᆞᄂᆞ니 天之所惡를 孰知其故ㅣ리오 是以聖人이니 猶難之니라[1]

剛强者, 死之徒, 柔弱者, 生之徒, 是常理也. 或有時而反常, 强利弱害, 則天之所惡, 難曉其故, 聖人猶難言也. 雖然要其終, 則未始少失, 故下文歷陳之.

天之道ᄂᆞᆫ 不爭而善勝ᄒᆞ며[2]

溫公曰: 任物自然, 而物莫能違.

不言而善應ᄒᆞ며[3]

董氏曰: 天何言哉? 四時行焉, 其於福善禍淫之應, 信不差矣.

不召而自來ᄒᆞᄂᆞ니[4]

董氏曰: 神之格思, 夲無向背, 如暑往則寒來, 夫豈召而後至哉?

天網恢恢ᄒᆞ야 疎而不失ᄒᆞᄂᆞ니라[5]

董氏曰: 要終盡變然後, 知其雖廣大, 而微細不遺也.

---

1)『노자』 제73장.
2)『노자』 제73장.
3)『노자』 제73장.
4)『노자』 제73장.
5)『노자』 제73장.

民不畏威면 則大威至ᄒᆞᄂᆞ니라[6)]

民當畏威如疾, 若不畏威, 則必有可畏之大威至矣, 不可以天道爲無知也.

右第三十七章. 言天道福善禍淫之理, 以爲戒. 下章同此.

---

6) 『노자』 제72장.

제38장

天之道ㅣ 其猶張弓乎ㄴ뎌 高者抑之ᄒᆞ고 下者擧之ᄒᆞ며 有餘者損之ᄒᆞ고 不足者與[1]之ᄒᆞᄂᆞ니 天之道ᄂᆞᆫ 損有餘而補不足이니라[2]

董氏曰: 天道無私, 常適乎中. 故滿招損, 謙受益, 時乃天道.

天道無親ᄒᆞ야 常與善人ᄒᆞᄂᆞ니라[3]

書曰: 皇天無親, 克敬惟親, 卽此意也.

右第三十八章. 與上章, 皆言天道, 而天道虧盈益謙[4]而已, 亦不出嗇之義也.

---

1) 통행본과 『도덕진경집해』에는 '補'자로 되어 있다. 두 가지 모두 '준다'(與) 또는 '보태준다'(補)고 하는 뜻을 가지고 있기 때문에 의미상의 큰 차이는 없다.

2) 『노자』 제77장.

3) 『노자』 제79장.

4) 원문에는 '兼'자로 표기되어 있는데, '謙'자로 정정하지 않으면 안 된다. 필사의 과정에서 오기된 것으로 보인다.

제39장

吾言이 甚易知며 甚易行이로ᄃᆡ 而天下ㅣ 莫能知ᄒᆞ며 莫能行ᄒᆞᄂᆞ니[1)]

性夲固有, 道不遠人, 指此示人, 宜若易知易行, 而賢智過之, 愚不肖不及, 所以莫能知莫能行也.

言有宗이오 事有君이어늘[2)]

言以明道, 事以行道, 隨言隨事, 各有天然自有之中, 乃所謂至善而言之宗也, 事之君也.

夫惟無知라 是以不我知니라[3)]

衆人於道無識見, 故終莫我知也.

知我者希ᄒᆞ며 則我者貴[4)]**니**[5)]

溫公曰: 道大, 故知者鮮也.

是以聖人은 被褐懷玉이니라[6)]

---

1) 『노자』 제70장.
2) 『노자』 제70장.
3) 『노자』 제70장.
4) 두주에 "者貴一作貴矣"라고 적혀 있다. 즉, '者貴'라는 글자는 판본에 따라 '貴'라고 적고 있는 것이 있다는 것이다.
5) 『노자』 제70장.
6) 『노자』 제70장.

內蘊至德, 而不求人知, 如被褐衣, 而懷寶玉也.

右第三十九章. 歎人之莫知, 而悼道之難行, 是終篇惓惓爲人之意也.

제40장

大道ㅣ 甚夷어늘 而民이 好徑ᄒᆞᄂᆞ니라[1)]

道若大路，豈難知而難行哉? 只是民情牽於私意求捷徑，而不遵大路耳.

右第四十章. 承上章，而言人之不能知不能行者，由不知率性之道，而妄求捷徑故也. 屈原曰: 夫惟捷徑而窘步，亦此意也.

1) 『노자』 제53장.

敍[1]

右醇言, 凡四十章. 首三章言道體, 四章言心體, 第五章摠論治己治人之始終. 第六章七章, 以損與嗇爲治己治人之要旨, 自第八章止十二章, 皆推廣其義. 第十三章因嗇字, 而演出三寶之說, 自十四章止十九章, 申言其義. 二十章言輕躁之失, 二十一章言淸靜之正. 二十二章推言用功之要. 二十三章四章申言其全天之效, 二十五章言體道之效, 二十六章止三十五章言治人之道及其功效. 三十六章言愼始慮終, 防於未然之義. 三十七章八章言天道福善禍淫虧盈益謙之理. 三十九章四十章歎人之莫能行道以終之.

大抵此書以無爲爲宗, 而其用無不爲, 則亦非溺於虛無也. 只是言多招詣, 動稱聖人, 論上達處多, 論下學處少, 宜接上根之士, 而中人以下, 則難於下手矣. 但其言克己窒慾, 靜重自守, 謙虛自牧, 慈簡臨民之義, 皆親切有味, 有益於學者, 不可以爲非聖人之書, 而莫之省也.

醇言終.

---

1) 규장각본 『순언』에는 '敍'라는 제명이 없으나, 편의상 그 제명을 붙였다. '敍'는 권말(卷末)에 붙이던 '서론'으로서, 일종의 '후서(後序)'에 해당한다.

跋

栗谷先生，嘗鈔老氏之近於吾道者二千九十有八言，爲醇言一編，仍爲之註解口訣．昔韓愈以荀氏爲大醇而少疵，欲削其不合者，附於聖人之籍，曰：亦孔子之志歟．先生編書命名之意，或取於此耶．

啓禧攷本文，蓋去其反經悖理者五之三尒，其取者，誠不害乎謂之醇也．去取如衡稱燭照，註解又明白亭當，必援而歸之於吾道．識者以爲非先生知言之明，莫能爲也．

異端之所以倍於吾道者，以其駁也．不駁者，固不無可取，去其駁，則醇矣．高明之士，墮落而不悟者，特見其醇而忘其駁也．苟無如先生之大公至明，惡而知其美，則醇駁相混，可用者，卒歸於不可用，而不可用者，或以爲可用，其爲害不貲．曷若區別醇駁，去其不可用，而存其可用哉?

當先生之編此也，龜峯宋先生止之曰：非老子之本旨，有苟同之嫌．其言亦直截可喜．而至若先生之範圍曲成，雖於異端外道，尙惜其可用者，混歸於不可用，必欲去其駁，而俾歸乎醇．百世之下，眞可以見其心矣．於乎至哉!

啓禧按湖西巡過連山，偶得此編於愼齋金先生後孫，乃金先生手筆也．或恐泯沒，以活字印若干本，仍識其顚末如右云．

庚午正月上澣

後學洪啓禧謹書

부록 2

『노자』 원문

제1장

道可道, 非常道. 名可名, 非常名. 無名天地之始; 有名萬物之母. 故常無欲, 以觀其妙; 常有欲, 以觀其徼. 此兩者同, 出而異名, 同謂之玄. 玄之又玄, 衆妙之門.

제2장

天下皆知美之爲美, 斯惡已. 皆知善之爲善, 斯不善已. 故有無相生, 難易相成, 長短相較, 高下相傾, 音聲相和, 前後相隨. 是以聖人處無爲之事, 行不言之教; 萬物作焉而不辭, 生而不有. 爲而不恃, 功成而弗居. 夫唯弗居, 是以不去.

제3장

不尚賢, 使民不爭; 不貴難得之貨, 使民不爲盜; 不見可欲, 使心不亂. 是以聖人之治, 虛其心, 實其腹, 弱其志, 強其骨. 常使民無知無欲. 使夫知者不敢爲也. 爲無爲, 則無不治.

제4장

道沖而用之或不盈. 淵兮似萬物之宗. 挫其銳, 解其紛, 和其光, 同其塵. 湛兮似或存. 吾不知誰之子, 象帝之先.

제5장

天地不仁, 以萬物爲芻狗; 聖人不仁, 以百姓爲芻狗. 天地之間, 其猶橐籥乎? 虛而不屈, 動而愈出. 多言數窮, 不如守中.

제6장

谷神不死, 是謂玄牝. 玄牝之門, 是謂天地根. 綿綿若存, 用之不勤.

제7장

天長地久. 天地所以能長且久者, 以其不自生, 故能長生. 是以聖人後其身而身先; 外其身而身存. 非以其無私耶? 故能成其私.

제8장

上善若水. 水善利萬物而不爭, 處衆人之所惡, 故幾於道. 居善地, 心善淵, 與善仁, 言善信, 正善治, 事善能, 動善時. 夫唯不爭, 故無尤.

제9장

持而盈之, 不如其已; 揣而銳之, 不可長保. 金玉滿堂, 莫之能守; 富貴而驕, 自遺其咎. 功遂身退天之道.

제10장

載營魄抱一, 能無離乎? 專氣致柔, 能嬰兒乎? 滌除玄覽, 能無疵乎? 愛民治國, 能無知乎? 天門開闔, 能爲雌乎? 明白四達, 能無知乎? 生之、畜之, 生而不有, 爲而不恃, 長而不宰, 是謂玄德.

제11장

三十輻, 共一轂, 當其無, 有車之用. 埏埴以爲器, 當其無, 有器之用. 鑿戶牖以爲室, 當其無, 有室之用. 故有之以爲利, 無之以爲用.

제12장

五色令人目盲; 五音令人耳聾; 五味令人口爽; 馳騁田獵, 令人心發狂; 難得之貨, 令人行妨. 是以聖人爲腹不爲目, 故去彼取此.

제13장

寵辱若驚, 貴大患若身. 何謂寵辱若驚? 寵爲下, 得之若驚, 失之若驚, 是謂寵辱若驚. 何謂貴大患若身? 吾所以有大患者, 爲吾有身, 及吾無身, 吾有何患? 故貴以身爲天下, 若可寄天下; 愛以身爲天下, 若可託天下.

제14장

視之不見, 名曰夷; 聽之不聞, 名曰希; 搏之不得, 名曰微. 此三者不可致詰, 故混而爲一. 其上不皦, 其下不昧. 繩繩不可名, 復歸於無物. 是謂無狀之狀, 無物之象, 是謂惚恍. 迎之不見其首, 隨之不見其後. 執古之道, 以御今之有. 能知古始, 是謂道紀.

제15장

古之善爲士者, 微妙玄通, 深不可識. 夫唯不可識, 故強爲之容. 豫兮若冬涉川; 猶兮若畏四鄰; 儼兮其若容; 渙兮若冰之將釋; 敦兮其若樸; 曠兮其若谷; 混兮其若濁; 孰能濁以靜之徐清? 孰能安以久動之徐生? 保此道者, 不欲盈. 夫唯不盈, 故能蔽不新成.

제16장

致虛極, 守靜篤. 萬物並作, 吾以觀復. 夫物芸芸, 各復歸其根.

歸根曰靜, 是謂復命. 復命曰常, 知常曰明. 不知常, 妄作凶. 知常容, 容乃公, 公乃王, 王乃天, 天乃道, 道乃久, 沒身不殆.

제17장

太上, 下知有之; 其次, 親而譽之; 其次, 畏之; 其次, 侮之. 信不足, 焉有不信焉. 悠兮, 其貴言. 功成事遂, 百姓皆謂我自然.

제18장

大道廢, 有仁義; 智慧出, 有大僞; 六親不和, 有孝慈; 國家昏亂, 有忠臣.

제19장

絕聖棄智, 民利百倍; 絕仁棄義, 民復孝慈; 絕巧棄利, 盜賊無有. 此三者以爲文不足. 故令有所屬: 見素抱樸, 少私寡欲.

제20장

絕學無憂, 唯之與阿, 相去幾何? 善之與惡, 相去若何? 人之所畏, 不可不畏. 荒兮其未央哉! 衆人熙熙, 如享太牢, 如春登臺. 我獨怕兮其未兆; 如嬰兒之未孩; 儽儽兮若無所歸. 衆人皆有餘, 而我獨若遺. 我愚人之心也哉! 沌沌兮, 俗人昭昭, 我獨若昏. 俗人察察, 我獨悶悶. 澹兮其若海, 飂兮若無止, 衆人皆有以, 而我獨頑似鄙. 我獨異於人, 而貴食母.

제21장

孔德之容, 唯道是從. 道之爲物, 唯恍唯惚. 忽兮恍兮, 其中有象; 恍兮忽兮, 其中有物. 窈兮冥兮, 其中有精; 其精甚真, 其中有信. 自古及今, 其名不去, 以閱衆甫. 吾何以知衆甫之狀哉? 以此.

제22장

曲則全, 枉則直, 窪則盈, 弊則新, 少則得, 多則惑. 是以聖人抱一爲天下式. 不自見, 故明; 不自是, 故彰; 不自伐, 故有功; 不自矜, 故長. 夫唯不爭, 故天下莫能與之爭. 古之所謂曲則全者, 豈虛言哉! 誠全而歸之.

제23장

希言自然, 故飄風不終朝, 驟雨不終日. 孰爲此者? 天地. 天地尚不能久, 而況於人乎? 故從事於道者, 道者, 同於道; 德者, 同於德; 失者, 同於失. 同於道者, 道亦樂得之; 同於德者, 德亦樂得之; 同於失者, 失亦樂得之. 信不足, 焉有不信焉.

제24장

企者不立; 跨者不行; 自見者不明; 自是者不彰; 自伐者無功;

自矜者不長. 其在道也, 曰: 餘食贅行. 物或惡之, 故有道者不處.

제25장

有物混成, 先天地生. 寂兮寥兮, 獨立不改, 周行而不殆, 可以爲天下母. 吾不知其名, 字之曰道, 強爲之名曰大. 大曰逝, 逝曰遠, 遠曰反. 故道大, 天大, 地大, 王亦大. 域中有四大, 而王居其一焉. 人法地, 地法天, 天法道, 道法自然.

제26장

重爲輕根, 靜爲躁君. 是以聖人終日行不離輜重. 雖有榮觀, 燕處超然. 奈何萬乘之主, 而以身輕天下? 輕則失本, 躁則失君.

제27장

善行無轍迹, 善言無瑕讁; 善數不用籌策; 善閉無關楗而不可開, 善結無繩約而不可解. 是以聖人常善救人, 故無棄人; 常善救物, 故無棄物. 是謂襲明. 故善人者, 不善人之師; 不善人者, 善人之資. 不貴其師, 不愛其資, 雖智大迷, 是謂要妙.

제28장

知其雄, 守其雌, 爲天下谿. 爲天下谿, 常德不離, 復歸於嬰兒. 知其白, 守其黑, 爲天下式. 爲天下式, 常德不忒, 復歸於無極.

知其榮, 守其辱, 爲天下谷. 爲天下谷, 常德乃足, 復歸於樸. 樸散則爲器, 聖人用之, 則爲官長, 故大制不割.

제29장

將欲取天下而爲之, 吾見其不得已. 天下神器, 不可爲也, 爲者敗之, 執者失之. 故物或行或隨; 或歔或吹; 或強或羸; 或挫或隳. 是以聖人去甚, 去奢, 去泰.

제30장

以道佐人主者, 不以兵強天下. 其事好還. 師之所處, 荊棘生焉. 大軍之後, 必有凶年. 善有果而已, 不敢以取強. 果而勿矜, 果而勿伐, 果而勿驕. 果而不得已, 果而勿強. 物壯則老, 是謂不道, 不道早已.

제31장

夫佳兵者, 不祥之器, 物或惡之, 故有道者不處. 君子居則貴左, 用兵則貴右. 兵者不祥之器, 非君子之器, 不得已而用之, 恬淡爲上. 勝而不美, 而美之者, 是樂殺人. 夫樂殺人者, 則不可以得志於天下矣. 吉事尚左, 凶事尚右. 偏將軍居左, 上將軍居右, 言以喪禮處之. 殺人之衆, 以哀悲泣之, 戰勝以喪禮處之.

제32장

道常無名. 樸雖小, 天下莫能臣也. 侯王若能守之, 萬物將自賓. 天地相合, 以降甘露, 民莫之令而自均. 始制有名, 名亦旣有, 夫亦將知止, 知止所以不殆. 譬道之在天下, 猶川谷之與江海.

제33장

知人者智, 自知者明. 勝人者有力, 自勝者強. 知足者富. 強行者有志. 不失其所者久. 死而不亡者壽.

제34장

大道汎兮, 其可左右. 萬物恃之而生而不辭, 功成不名有. 衣養萬物而不爲主, 常無欲, 可名於小; 萬物歸焉, 而不爲主, 可名爲大. 以其終不自爲大, 故能成其大.

제35장

執大象, 天下往. 往而不害, 安平大. 樂與餌, 過客止. 道之出口, 淡乎其無味, 視之不足見, 聽之不足聞, 用之不足旣.

제36장

將欲歙之, 必固張之; 將欲弱之, 必固強之; 將欲廢之, 必固興之; 將欲奪之, 必固與之. 是謂微明. 柔弱勝剛強. 魚不可脫於淵, 國之利器不可以示人.

제37장

道常無爲而無不爲. 侯王若能守之, 萬物將自化. 化而欲作, 吾將鎮之以無名之樸. 無名之樸, 夫亦將無欲. 不欲以靜, 天下將自定.

제38장

上德不德, 是以有德; 下德不失德, 是以無德. 上德無爲而無以爲; 下德爲之而有以爲. 上仁爲之而無以爲; 上義爲之而有以爲. 上禮爲之而莫之應, 則攘臂而扔之. 故失道而後德, 失德而後仁, 失仁而後義, 失義而後禮. 夫禮者, 忠信之薄, 而亂之首. 前識者, 道之華, 而愚之始. 是以大丈夫處其厚, 不居其薄; 處其實, 不居其華. 故去彼取此.

제39장

昔之得一者: 天得一以清; 地得一以寧; 神得一以靈; 谷得一以盈; 萬物得一以生; 侯王得一以爲天下貞. 其致之, 天無以清, 將恐裂; 地無以寧, 將恐發; 神無以靈, 將恐歇; 谷無以盈, 將恐竭; 萬物無以生, 將恐滅; 侯王無以貴高將恐蹶. 故貴以賤爲本, 高以下爲基. 是以侯王自稱孤、寡、不穀. 此非以賤爲本耶? 非乎? 故致數譽無譽. 不欲琭琭如玉, 珞珞如石.

제40장

反者道之動; 弱者道之用. 天下萬物生於有, 有生於無.

제41장

上士聞道, 勤而行之; 中士聞道, 若存若亡; 下士聞道, 大笑之. 不笑不足以爲道. 故建言有之: 明道若昧; 進道若退; 夷道若纇; 上德若谷; 太白若辱; 廣德若不足; 建德若偷; 質真若渝; 大方無隅; 大器晩成; 大音希聲; 大象無形; 道隱無名. 夫唯道, 善貸且成.

제42장

道生一, 一生二, 二生三, 三生萬物. 萬物負陰而抱陽, 沖氣以爲和. 人之所惡, 唯孤、寡、不穀, 而王公以爲稱. 故物或損之而益, 或益之而損. 人之所教, 我亦教之. 強梁者不得其死, 吾將以爲教父.

제43장

天下之至柔, 馳騁天下之至堅. 無有入無間, 吾是以知無爲之有益. 不言之教, 無爲之益, 天下希及之.

제44장

名與身孰親? 身與貨孰多? 得與亡孰病? 是故甚愛必大費; 多藏必厚亡. 知足不辱, 知止不殆, 可以長久.

제45장

大成若缺, 其用不弊. 大盈若沖, 其用不窮. 大直若屈, 大巧若拙, 大辯若訥. 躁勝寒靜勝熱. 淸靜爲天下正.

제46장

天下有道, 卻走馬以糞. 天下無道, 戎馬生於郊. 禍莫大於不知足; 咎莫大於欲得. 故知足之足, 常足矣.

제47장

不出戶知天下; 不闚牖見天道. 其出彌遠, 其知彌少. 是以聖人不行而知, 不見而名, 不爲而成.

제48장

爲學日益, 爲道日損. 損之又損, 以至於無爲. 無爲而無不爲. 取天下常以無事, 及其有事, 不足以取天下.

제49장

聖人無常心, 以百姓心爲心. 善者, 吾善之; 不善者, 吾亦善之; 德善. 信者, 吾信之; 不信者, 吾亦信之; 德信. 聖人在天下, 歙歙爲天下渾其心, 百姓皆注其耳目, 聖人皆孩之.

제50장

出生入死. 生之徒, 十有三; 死之徒, 十有三; 人之生, 動之死地, 十有三. 夫何故? 以其生, 生之厚. 蓋聞善攝生者, 陸行不遇兕虎, 入軍不被甲兵; 兕無所投其角, 虎無所措其爪, 兵無所容其刃. 夫何故? 以其無死地.

제51장

道生之, 德畜之, 物形之, 勢成之. 是以萬物莫不尊道而貴德. 道之尊, 德之貴, 夫莫之命常自然. 故道生之, 德畜之; 長之育之; 亭之毒之; 養之覆之. 生而不有, 爲而不恃, 長而不宰, 是謂玄德.

제52장

天下有始, 以爲天下母. 既得其母, 以知其子, 既知其子, 復守其母, 沒身不殆. 塞其兌, 閉其門, 終身不勤. 開其兌, 濟其事, 終身不救. 見小曰明, 守柔曰強. 用其光, 復歸其明, 無遺身殃; 是爲習常.

제53장

使我介然有知, 行於大道, 唯施是畏. 大道甚夷, 而民好徑. 朝甚除, 田甚蕪, 倉甚虛; 服文綵, 帶利劍, 厭飮食, 財貨有餘; 是謂盜夸. 非道也哉!

제54장

善建不拔, 善抱者不脫, 子孫以祭祀不輟. 修之於身, 其德乃真; 修之於家, 其德乃餘; 修之於鄕, 其德乃長; 修之於國, 其德乃豐; 修之於天下, 其德乃普. 故以身觀身, 以家觀家, 以鄕觀鄕, 以國觀國, 以天下觀天下. 吾何以知天下然哉? 以此.

제55장

含德之厚, 比於赤子. 毒蟲不螫, 猛獸不據, 攫鳥不搏. 骨弱筋柔而握固. 未知牝牡之合而全作, 精之至也. 終日號而不嗄, 和之至也. 知和曰常, 知常曰明, 益生曰祥. 心使氣曰強. 物壯則老, 謂之不道, 不道早已.

제56장

知者不言, 言者不知. 塞其兌, 閉其門, 挫其銳, 解其分, 和其光, 同其塵, 是謂玄同. 故不可得而親, 不可得而踈; 不可得而利, 不可得而害; 不可得而貴, 不可得而賤. 故爲天下貴.

제57장

以正治國, 以奇用兵, 以無事取天下. 吾何以知其然哉? 以此: 天下多忌諱, 而民彌貧; 民多利器, 國家滋昏; 人多伎巧, 奇物滋起; 法令滋彰, 盜賊多有. 故聖人云: 我無爲, 而民自化; 我好靜, 而民自正; 我無事, 而民自富; 我無欲, 而民自樸.

제58장

其政悶悶, 其民淳淳; 其政察察, 其民缺缺. 禍兮福之所倚, 福兮禍之所伏. 孰知其極? 其無正. 正復爲奇, 善復爲妖. 人之迷, 其日固久. 是以聖人方而不割, 廉而不劌, 直而不肆, 光而不燿.

제59장

治人事天莫若嗇. 夫唯嗇, 是謂早服; 早服謂之重積德; 重積德則無不克; 無不克則莫知其極; 莫知其極, 可以有國; 有國之母, 可以長久; 是謂深根固柢, 長生久視之道.

제60장

治大國若烹小鮮. 以道莅天下, 其鬼不神; 非其鬼不神, 其神不傷人; 非其神不傷人, 聖人亦不傷人. 夫兩不相傷, 故德交歸焉.

제61장

大國者下流, 天下之交, 天下之牝. 牝常以靜勝牡, 以靜爲下. 故大國以下小國, 則取小國; 小國以下大國, 則取大國. 故或下以取, 或下而取. 大國不過欲兼畜人, 小國不過欲入事人. 夫兩者各得其所欲, 大者宜爲下.

제62장

道者萬物之奧. 善人之寶, 不善人之所保. 美言可以市, 尊行可以加人. 人之不善, 何棄之有? 故立天子, 置三公, 雖有拱璧以先駟馬, 不如坐進此道. 古之所以貴此道者何? 不曰: 以求得, 有罪以免耶? 故爲天下貴.

제63장

爲無爲, 事無事, 味無味. 大小多少, 報怨以德. 圖難於其易, 爲大於其細; 天下難事, 必作於易, 天下大事, 必作於細. 是以聖人終不爲大, 故能成其大. 夫輕諾必寡信, 多易必多難. 是以聖人猶難之, 故終無難矣.

제64장

其安易持, 其未兆易謀. 其脆易泮, 其微易散. 爲之於未有, 治之於未亂. 合抱之木, 生於毫末; 九層之臺, 起於累土; 千里之行, 始於足下. 爲者敗之, 執者失之. 是以聖人無爲故無敗; 無執故無失. 民之從事, 常於幾成而敗之. 愼終如始, 則無敗事, 是以聖人欲不欲, 不貴難得之貨; 學不學, 復衆人之所過, 以輔萬物之自然, 而不敢爲.

제65장

古之善爲道者, 非以明民, 將以愚之. 民之難治, 以其智多. 故以智治國, 國之賊; 不以智治國, 國之福. 知此兩者亦稽式. 常知稽式, 是謂玄德. 玄德深矣, 遠矣, 與物反矣, 然後乃至大順.

제66장

江海所以能爲百谷王者, 以其善下之, 故能爲百谷王. 是以聖人欲上民, 必以言下之; 欲先民, 必以身後之. 是以聖人處上而民不重, 處前而民不害. 是以天下樂推而不厭. 以其不爭, 故天下莫能與之爭.

제67장

天下皆謂我道大, 似不肖. 夫唯大, 故似不肖. 若肖久矣. 其細也夫! 我有三寶, 持而保之. 一曰慈, 二曰儉, 三曰不敢爲天下先. 慈故能勇; 儉故能廣; 不敢爲天下先, 故能成器長. 今舍慈且勇; 舍儉且廣; 舍後且先; 死矣! 夫慈以戰則勝, 以守則固. 天將救之, 以慈衛之.

제68장

善爲士者, 不武; 善戰者, 不怒; 善勝敵者, 不與; 善用人者, 爲之下. 是謂不爭之德, 是謂用人之力, 是謂配天古之極.

제69장

用兵有言: 吾不敢爲主, 而爲客; 不敢進寸, 而退尺. 是謂行無行; 攘無臂; 扔無敵; 執無兵. 禍莫大於輕敵, 輕敵幾喪吾寶. 故抗兵相加, 哀者勝矣.

제70장

吾言甚易知, 甚易行. 天下莫能知, 莫能行. 言有宗, 事有君. 夫唯無知, 是以不我知. 知我者希, 則我者貴. 是以聖人被褐懷玉.

제71장

知不知上; 不知知病. 夫唯病病, 是以不病. 聖人不病, 以其病病, 是以不病.

제72장

民不畏威, 則大威至. 無狎其所居, 無厭其所生. 夫唯不厭, 是以不厭. 是以聖人自知不自見; 自愛不自貴. 故去彼取此.

제73장

勇於敢則殺, 勇於不敢則活. 此兩者, 或利或害. 天之所惡, 孰知其故? 是以聖人猶難之. 天之道, 不爭而善勝, 不言而善應, 不召而自來, 繟然而善謀. 天網恢恢, 踈而不失.

제74장

民不畏死, 奈何以死懼之? 若使民常畏死, 而爲奇者, 吾得執而殺之, 孰敢? 常有司殺者殺. 夫司殺者, 是大匠斲; 夫代大匠斲者, 希有不傷其手矣.

제75장

民之飢, 以其上食稅之多, 是以飢. 民之難治, 以其上之有爲, 是以難治. 民之輕死, 以其求生之厚, 是以輕死. 夫唯無以生爲者, 是賢於貴生.

제76장

人之生也柔弱, 其死也堅強. 萬物草木之生也柔脆, 其死也枯槁. 故堅強者死之徒, 柔弱者生之徒. 是以兵強則不勝, 木強則共. 強大處下, 柔弱處上.

제77장

天之道, 其猶張弓與? 高者抑之, 下者擧之; 有餘者損之, 不足者補之. 天之道, 損有餘而補不足. 人之道, 則不然, 損不足以奉有餘. 孰能有餘以奉天下, 唯有道者. 是以聖人爲而不恃, 功成而不處, 其不欲見賢.

제78장

天下莫柔弱於水, 而攻堅強者莫之能勝, 其無以易之. 弱之勝強, 柔之勝剛, 天下莫不知, 莫能行. 是以聖人云: 受國之垢, 是謂社稷主; 受國不祥, 是謂天下王. 正言若反.

제79장

和大怨, 必有餘怨; 安可以爲善? 是以聖人執左契, 而不責於人. 有德司契, 無德司徹. 天道無親, 常與善人.

제80장

小國寡民. 使有什伯之器而不用; 使民重死而不遠徙. 雖有舟輿, 無所乘之, 雖有甲兵, 無所陳之. 使民復結繩而用之, 甘其食, 美其服, 安其居, 樂其俗. 鄰國相望, 雞犬之聲相聞, 民至老死, 不相往來.

제81장

信言不美, 美言不信. 善者不辯, 辯者不善. 知者不博, 博者不知. 聖人不積, 既以爲人己愈有, 既以與人己愈多. 天之道, 利而不害; 聖人之道, 爲而不爭.